Ilse Langner

FLUCHT OHNE ZIEL

Ilse Langner

Flucht ohne Ziel

Tagebuch-Roman
Frühjahr 1945

Bergstadtverlag Wilhelm Gottlieb Korn
Würzburg

CIP-Kurztitelaufnahme der Deutschen Bibliothek
Langner, Ilse:
Flucht ohne Ziel: Tagebuch-Roman Frühjahr 1945 / Ilse Langner. – Würzburg: Bergstadtverlag Korn, 1984.
ISBN 3-87057-095-4

Gesamtherstellung: M. Liehners Hofbuchdruckerei GmbH & Co., Sigmaringen
Printed in Germany · ISBN 3-87057-095-4

Inhalt

Schloß Dianenhöhe

Für unsere Abfahrt aus Berlin wartet ein Lastwagen mit Anhänger auf der Straße vor der ausgebrannten Maschinenhalle. Es ist Ende März 1945, ein frischer, heller Tag; der Himmel leuchtet fern über den Trümmern der Werksgebäude. Berthold steht allein auf dem verwüsteten Fabrikgelände, ein kleiner Mensch zwischen riesigen Ruinen. Er war verantwortlich für den Betrieb und seine Angestellten in der vergangenen Zeit der Ordnung. Daß er verantwortlich bleibt im Chaos der Gegenwart, obgleich er doch selbst ohnmächtig den unheimlichen Gewalten des Todes, der Vernichtung ausgeliefert ist, macht ihn hilflos und verzweifelt. Aber es ist seine Pflicht, noch die letzte Rettung zu versuchen und die wichtigste Abteilung, die anfangs vor den Luftangriffen auf Berlin nach Gießen, dann, nach der Zerstörung Gießens, wieder nach Berlin verlagert wurde, aus der inzwischen zerbombten Fabrik in ein Ausweichlager an der Elbe, nach Schloß Dianenhöhe, zu schaffen. Daß er bei dieser Gelegenheit Frauen und Kinder in Sicherheit bringen kann, befriedigt ihn besonders. Er hebt den Kopf und wittert in die Luft, dann treibt er zur Eile und breitet dabei die Arme aus wie ein auffliegender Vogel.

Das Sirengeheul erfaßt uns, während wir noch auf dem Bürgersteig neben unseren Habseligkeiten darauf warten, daß die Kisten der Firma im Wagen verschwinden, damit wir unser Gepäck verladen können und uns selbst hinterdrein, Ingenieure mit Frauen und Kindern und die Sekretärinnen, selbstgefällig und mißgelaunt.

Schon hat sich der Drahtfunk eingeschaltet; der Feind ist bereits über Holstein eingeflogen. – Die Frauen geraten aus ihrer verlegenen Ruhe in eine hühnerhafte Beweglichkeit. Sie scharren um ihre Bündel und Körbe herum, stellen die Tasche auf den Koffer, den Bettsack neben die Kiste und schieben alles immer näher an die Räder des Lastwagens heran. Argwöhnisch beäugen sie das Gepäck der Mitreisenden; jede Last erregt ihren Platzneid. Fräulein Rose, eine ältliche Sekretärin mit spitzer Nase und spitzem Kinn, krümmt sich vor Sorge um ihre siebzehn Stück. Aus dem offenen Fabriktor treibt der Wind und schießt spielerisch um die langen Hosen der Frauen; er wirbelt meinen Rocksaum auf, ich spüre es wie eine herzhafte Neckerei und fühle mich aufgeheitert.

Ein roter Mantel leuchtet auf, darüber ein fahles Gesicht zwischen langen, blassen Locken, Frau Friesigk. Sie ist hochschwanger. Meine Freude über das unverhoffte Wiedersehen mischt sich mit Unruhe. Die Füße wollen zum Willkommen eilen, aber ein jähes Unbehagen hält mich zurück. Über das Gesicht der Schwangeren flackert ein Lächeln, doch in ihre blauen Augen steigt verdunkelnd die Erinnerung an eine Gefahr, die uns miteinander verband, nur um uns heftiger zu trennen. Wir reichen uns die Hände mit kurzem Druck: »Wie sind Sie damals aus Gießen herausgekommen?« Ich höre wieder die nahen Einschläge von Sprengbomben und den Hagelschlag der Brandstäbe und irre zwischen brennenden Häusern umher. Sie wendet rasch den Kopf fort und entgegnet, während sie nach etwas Verlorengegangenem Ausschau hält: »Wir hatten eine abenteuerliche Fahrt im Lastwagen bis nach Berlin – jetzt geht's weiter.« Sie versucht zu lachen. »Ich vertrage das Schüttern nicht mehr. Darum sitze ich auch vorn beim Chauffeur.« Ihr Blick konzentriert sich auf einen umherspringenden Punkt. »Christel«, ruft sie, »komm doch her!« Aber Christel versucht ein Fangespiel mit einem kleinen Mädchen in hellblauem Mäntelchen, das neben seiner rundgesichtigen, großen Schwester steht und die kindliche Erregung des Aufbruchs im Hin- und Herspiel ausdrückt. Zwei Mütter rufen nach ihren Kindern, Kind blickt Kind ins Auge, der Unartkobold hüpft ihnen in Blick und Gebein. Erst als die Sirenen wieder aufheulen, werden sie zahm, fügsame Kücken.

Wir lauschen mit klopfenden Herzen und atmen erleichtert auf: Nur Voralarm. Frau Friesigk entfernt sich schwerfällig, Christel an der Hand. Sie verschwindet mit dem Kind im Vorderteil des Wagens. Ich wende mich Mutter zu, die eben mit Berthold herankommt. Er grüßt mich mit den Augen und bespricht sich dann mit den Igenieuren. Mutter sieht gefaßt zu: »Besser am hellen Tag über die Landstraße fliehen als nachts wie Ratten in den Bunker.«

»Frau Friesigk fährt mit uns«, flüstere ich ihr zu.

Ihr Gesicht hellt sich auf. »Tapfere junge Frau – in dieser Zeit ein Kind bekommen.« Doch dann erklärt sie entschieden: »Wir dürfen uns jetzt nicht an Gießen erinnern, man soll kein Unglück mit auf die Reise nehmen!« Sie sieht plötzlich ängstlich aus. »Ich habe keine guten Zeichen bekommen. Jedesmal, wenn ich in der Wohnung beim Packen war, heulten die Sirenen so schrecklich und laut, wie ich sie nie gehört habe, als wollten mich die guten Geister warnen. Wenigstens die Porzellankisten im Keller hätte ich stehen lassen sollen und Großmutters rotes Kaffeeservice im Büfett. Es hat ja zwanzig Jahre ganz gut dort gestanden.«

»In den vergangenen zwanzig Jahren gab es keine Luftangriffe!« Ich blicke zu einem einzelnen Flieger auf, der über uns hinzieht, und führe Mutter unauffällig in den Schutz eines zerstörten Gebäudes. Das Radio hat Tieffliegergefahr gemeldet.

»Aber bevor ich die Wohnung verlassen habe«, fuhr Mutter unbeirrt fort, »bin ich noch einmal durch alle Räume gegangen und habe die Toten laut angerufen, Großmutter, Tante Frieda und Onkel Kuno, und habe ihnen alles übergeben. Sie haben mir immer geholfen, auch damals in Gießen.«

Dr. Friesigk läuft um das Pförtnerhaus zu uns auf die Straße. Sein hübsches Jungmännergesicht ist gerötet: »Die Flieger sind über Uelzen und Stendal und bei Brandenburg!«

Die Männer helfen die Sachen schneller verstauen. Dann klettern wir hastig über eine Hühnerleiter in den Wagen. Fräulein Rose schiebt Mutter beiseite; sie steigt grußlos an uns vorbei und setzt sich mit verbittertem Gesicht auf einen ihrer Koffer. Frau Pietzsch hingegen zerfließt in Freundlichkeit: sie ist auch nur mitgenommen und weiß sich vorläufig zu bescheiden. Ihre halbwüchsige Tochter Ingrid und die neunjährige Hannelore spiegeln auf ihren blanken Gesichtern das gefällige Lächeln wider. Herr Pietzsch hilft Mutter die Leiter erklimmen; Lieschen Fröhlich reicht ihr die Handtasche nach, die andern Ingenieure und Sekretärinnen gehen zum Anhänger.

Die Räder rucken und rollen an. Wir fahren durch kahle Straßen mit ausgebrannten oder zertrümmerten Häusern. Wenn sich einmal ein Mensch zeigt, rennt er geduckt vorüber. Endlich erreichen wir grüne Vororte, Seen und Wälder. Wir atmen auf. Bisher haben wir nicht gesprochen.

Ich sitze zwischen Mutter und Berthold. Sein Gesicht ist von Unruhe und Sorge verfallen, sein silbergraues Haar leuchtet milde. Er hält den Kopf gesenkt.

»Herr Direktor«, ruft eine dünne Stimme aus der Tiefe des Wagens, »mit dem Material, das wir mit uns führen, können wir die Firma wieder aufbauen – später.«

Berthold blickt auf: »So haben wir noch nie zusammengesessen, Kuntze, jetzt geht's erst einmal kopfüber bergab – und dann vielleicht« – er macht eine unbestimmte Bewegung. Erschrockene Augen blicken ihn rundum an. Er ist der Maßgebende. Er muß vertrauen. Es ist seine oberste Pflicht.

Berthold strafft sich. »Prokurist, arbeitet seit fünfzig Jahren mit uns. In seinem Gehirn hat er mehr registriert, als in den Kisten verpackt ist.« Leise fügt er hinzu: »Unersetzlich, aber schwer herzkrank.«

Im Hin- und Herrütteln der Fahrt versucht sich jemand zu verbeugen. Ein bleiches Gesicht taucht aus dem Halbdunkel, die Hand, die ich ergreife, ist zart und klein. »Ich höre, daß Sie in Gießen alles verloren haben. Aber Sie selbst leben ja, und das ist das Wichtigste.« – »Glauben Sie?« frage ich zurück. »Keiner kennt das Ende.« Betroffen zieht er sich auf seinen Platz im Hintergrund zurück.

»Wir fliehen, wir fliehen«, murmelt Berthold vor sich hin, »immer hin und her wie gehetzte Hasen. Von Berlin nach Gießen, von Gießen nach Berlin, von Berlin an die Elbe.«

»In Berlin konnten wir nicht bleiben, unsere drei Ausweichstellen am Spittelmarkt, in der Markgrafenstraße und am Halleschen Tor sind ja auch zerstört worden, und was nicht verbrannte, ist in den Kellern ersoffen.« Pietzsch löst sich aus seiner Versunkenheit, aus der er nur gelegentlich flinke, orientierende Blicke nach den rötlichen Locken von Lieschen Fröhlich entsandte, um gleich darauf wieder die Lider zu senken. Pietzsch ist Maschinenzeichner, strebsam, zuverlässig. Für ihn gehört mit Berechnungen, Linealstrichen und Kreisen bedecktes Papier zum Kostbarsten der Existenz überhaupt. Alles Wichtige wurde zuerst aufgezeichnet, danach erst trat es in die Wirklichkeit. Seine Frau blickt ihn überrascht an.

»Wir müssen die Zeichnungen retten! Siebenundvierzig Jahre bin ich jetzt bei der Firma, und die Zeichnungen würde ich auf meinem Buckel fortschleppen, wenn es nötig wäre«, erklärt Kuntze unerwartet heroisch.

»Und ich habe dreißig Jahre mitgearbeitet, dreißig Jahre in der Abteilung B.« Mit dieser knappen Feststellung sargt Fräulein Rose klaglos ihr Frauenleben ein.

»Es wird wohl notwendig sein«, gibt Berthold zu, »daß wir fliehen, aber wovor, wohin? Die Bomben oder die Russen holen uns doch ein. – Unnütze Mühe!«

»Was würdest du tun, wenn du nur für dich verantwortlich wärst?« frage ich ihn bedrückt.

»Bleiben, wo ich bin.«

»Aber das Archiv? Und deine Mitarbeiter?« Sein Mund verschließt sich.

»Ich glaube«, beginne ich, »in solchem allgemeinen Zusammenbruch kann man gar nicht für sich allein entscheiden. Bei den Luftangriffen haben wir uns alle im Bunker verkrochen, und jetzt begeben wir uns alle auf die Flucht, als wollte sich Deutschland auflösen.«

»Ich finde Flucht schön!« ruft Ingrid keck und läßt ihre strahlenden blauen Augen über unsere angestrengten Gesichter gleiten, »da geschieht doch immer etwas! Man sitzt nicht nur im Luftschutzkeller und wartet, bis man erschlagen wird!«

Wir blicken nach der Sechzehnjährigen wie Halbblinde nach einer Kerze, und Lieschen Fröhlich rückt aufgemuntert näher an sie heran.

»Nach meinen Karten –« beginnt Frau Pietzsch mitteilungslüstern, aber ihr Mann schiebt ihr seine Zigarette zwischen die Lippen, und sie verstummt.

»Richtig oder falsch«, bemerkt Mutter abschließend, »wir haben uns entschieden.«

Ich sehe über die blonden Köpfe der Pietzsch-Töchter und an dem verstockten Gesicht der Abteilungssekretärin vorbei in die weite, wellige Landschaft, die meinen Blick mit grüner Liebkosung empfängt. Wir fahren über die freundlichen Höhen zwischen Belzig und Treuenbrietzen. Frau Pietzsch knistert mit Frühstückspapier. Die Mädchen kauen mit glänzenden Backen. In einem Anfall von Gemeinschaftssinn bietet Frau Pietzsch uns von ihren Broten an. Fräulein Rose kann sich die spitze Bemerkung nicht sparen: »Ich könnte jetzt keinen Bissen herunterkriegen.« Hannelore kichert; ihre Mutter wirft ihr einen zurechtweisenden, aber pfiffigen Blick zu. Dann verfallen wir in Schweigen und überlassen uns den unsicheren Gefühlen und dem Schüttern des Wagens.

Uns allen ist durch den Krieg der Besitz zerstört und der Lebensmut erschöpft worden. Wir sind Elendsbrösel des großen, allgemeinen Zerfalls. Die berufliche Zusammengehörigkeit und Not, die uns jetzt auf die Flucht treibt, sind das einzige uns Gemeinsame. Wir sind uns fremd an Charakter, Bildung und politischer Gläubigkeit. Was wir auch in den kommenden Wochen erleben mögen, es wird verschiedenartig auf uns wirken und ganz verschieden bei uns zum Ausdruck kommen.

Schloß Dianenhöhe wurde für unsere letzte Evakuierung bestimmt, weil es in einer mitteldeutschen Landschaft liegt, die bisher nicht vom Kriege heimgesucht wurde; zudem nahe der Elbe, die als Grenzstrom zwischen westlichem und östlichem Feind gilt. Der Sprung über den Strom muß in der Stunde der Gefahr rasch gelingen. Das Leben gedeiht hier mit nur geringen Einschränkungen weiter. Die Felder umranden die Dörfer, die Wälder schwellen auf sanften Hügeln grün und blaudunstig um die Felder. Die Schornsteine des Stickstoffwerkes Piesteritz rauchen genau so unbekümmert wie die der großen Sprengstoffabrik der Wasag über den Wipfeln. Die Kuppel der Wittenberger Schloßkirche mit ihrer speerartigen Spitze hebt sich am östlichen Horizont empor. Im weiten Umkreis ist noch keine Bombe gefallen. Geheiligtes grünes Eiland.

Das Schlößchen auf einem Hügel des Fläming stammt aus einer Zeit, da sich die Lust und nicht die Not in die Wälder zurückzog. Zwei Meter dick sind seine Mauern und die Keller gewölbt und kühl; schlicht ist der Grundstein und der

Überrest vom ursprünglichen Bau, doch kokett fügen sich in wechselndem Zeitgeschmack übereinandergestufte Dächer dazu, sonnige und schattige Terrassen, vorspringende Giebel und Erker, – Remise, Garage und Stallungen auf der rückwärtigen Seite und am Eingang ein blinkender Vorbau aus Glas, zugleich Veranda und Diele. Das reizvolle Gebilde überragt ein Türmchen mit zugespitztem Dach.

Eine Waldchaussee zieht sich zu Füßen der Erhebung hin, und ein schön geschmiedetes Tor öffnet den sanft ansteigenden Weg der Einfahrt. Der Nadelwald umschmiegt Dianenhöhe schützend, hebt und senkt sich und möchte sich dichter herandrängen. Vor den Gemüse- und Obstkulturen im Vordergrund macht er halt, besinnt sich und schiebt sich erst wieder rückwärts, von der Mulde her, mit Buchengehölz und Kiefernstämmen näher herzu. Einzelne herrenstolze Bäume aber, Eichen und Weymouthskiefern, stehen wie grüne Wächter dicht ums Schloß und strecken die knorrigen Äste bis zu den hohen Fenstern empor. Zwischen ihren wulstigen Wurzeln gedeihen Schneeglöckchen und Leberblümchen, und bald springen die wilden, weißen Anemonen durch das braune Herbstgeraschel. Zu Hecken reihen sich Flieder und Forsythien, eine Trauerweide neigt sich über das ausgetrocknete Bassin vor einem anmutigen Pavillon, nahebei rundet sich eine Buche über braunem Holztisch und Stühlen – und weiße und lila Kissen blühen über kunstvoll-natürlichem Gestein. Die Knospen der Kastanie vor der Treppe schwellen und wachsen; die Blätter entfalten sich, sie spreizen ihre Finger, noch mit bräunlichem Flaum bedeckt, bald werden sie grün sein, und dann wird uns ein runder, blühender Baum die Welt und einen Teil des Himmels verdecken. Die junge Jahreszeit umschwelt uns mit zartem und berauschendem Duft und möchte uns zum Frohlocken verführen. Doch wir Armseligen sind nur Nochlebende und können den Frühling nicht genießen, denn die Kriegsnot verschreckt unser Gemüt.

Sie frißt unser Denken und Fühlen, ein unersättlicher Moloch, bis wir keine Lust mehr an der Freude haben, denn gleich können wieder die Sirenen aufheulen und uns über die Felder und Wälder hinweg ihre schauerlichen Warnungen zurufen.

Wir sind erst vor wenigen Tagen angekommen. Die Kisten stehen noch auf dem Rasen zwischen den Dioskuren. Die Unruhe der Abfahrt spukt noch in uns; wir sind schon im Wald und sind doch noch in der halbzerstörten Stadt, unsere Körper spüren noch das Rütteln der Fahrt.

Gleich bei der Ankunft kränkt es uns, daß wir nicht die einzigen Eindringlinge auf Dianenhöhe sind, das Herrn Butzke, dem Besitzer eines Tanzetablissements in Dessau, gehört. Mit herausfordernder Ironie finden wir uns von Möbeln und Hausrat umstellt, aus deren blinkenden Flächen uns der eigene Verlust höhnisch anzugrinsen scheint. Das Schloß ist Ausweichlager von Bäckern, Fleischern und Gastwirten aus Dessau und Magdeburg. Eichene Büfetts mit Fruchtarrangements oder üppigen Frauenleibern auf den Türfüllungen, blitzende Vitrinen voll prunkenden Porzellans und bunter Römer, steiflehnige Stühle, ledergepreßte Sessel, Kronen aus Bronzeblech, Sofas aus rotem Samt, runde Tische aus glänzendem Palisanderholz, Kleiderschränke mit riesigen Spiegeln, mannshohe Vasen aus Terrakotta, Ampeln aus rosigem Alabaster, Schalen und Truhen in altdeutschem Stil: das Arsenal spießbürgerlicher Haushaltungen hat sich in der großen Diele, in den Kellern und selbst noch im Pavillon des Parkes nebeneinander gehäuft, von nichts ausgezeichnet als von der Besitzsucht seiner Besitzer. Verständnislos blicke ich auf eine rosa Plüschcouch, auf der ich vielleicht morgen schon meinen müden Körper beglückt ausstrekken werde. Ein törichter Haß gegen die sichergestellten Möbel packt mich, in deren bombastischen Wülsten sich eine zerfallene Epoche zu erhalten sucht, auch wenn ihre

Besitzer längst schon mit zerbrochenen Gliedern unter dem Schutt liegen.

Aber wir sind alle armselige Sklaven unseres Besitzes: denn wer von uns ist frei genug, das einmal Erworbene leichtherzig aufzugeben? – Der Besitz ist längst ebensoviel wert wie das Leben, denn was das nackte Dasein bedeutet, haben wir alle zur Genüge erfahren. Es ist ein Auswurf, eine Entmenschlichung, eine Schande. Ein Mensch ohne Besitz wird zum Räuber. Ein Räuber, der nichts mehr zu rauben findet, wird zum Mörder, um einem anderen Besitzlosen noch seine warme Jacke, seine Schuhe zu entreißen. Wahrlich, der Besitz ist sogar mehr wert als das Leben.

Doch meine Mutter lehrt mich: »Lerne verlieren, wenn du das Leben behältst, kannst du alles wiedergewinnen.«

Wenn mich das Leben nur behält! Wer bin ich noch? Genau wie die Spießer, die ich verachte, habe ich meine schönsten Dinge: das steinerne Haupt einer Medusa, einen gelben Majolika-Löwen vom Dachfirst eines Palastes in Peking, das flammende Haupt eines Buddha wohlverwahrt in Kisten mitgenommen, statt meine freundlichen Eigenschaften, das Vermögen meines Wesens sicher zu verwahren. Schrecken und Angst haben mich in einen Unhold meiner selbst verwandelt. Fügsamkeit und Sanftmut und die fromme Geduld habe ich verloren – die Zuversicht, die auf das Gute vertraut. Ich lebe in steter Empörung, quäle mich mit dem Unglück und der Qual, es nicht ändern zu können. Aus dem ruhigen Hafen meines Lebens bin ich hinausgeschleudert in das Meer der Allgemeinheit, gerade in dem Augenblick, als die Wellen, sich überstürzend, die Schiffbrüchigen zu verschlingen drohen. – Die Tugenden hätte ich retten sollen in diesem Zeitalter des Untergangs, denn sie sind seltener als Götterbilder.

Trotzdem werde ich mich wie ein Hökerweib um meinen letzten Besitz raufen. Die Kisten werde ich mit mir schleppen, und wenn ich sie mit meinen Händen und Füßen den Schloßhügel hinabstoßen und schieben müßte, dann, wenn uns einmal die Gefahr weitertreibt. Denn mein Besitz ist nichts Geringeres als in Stein und Bronze erhärtete Vergangenheit.

Feindschaft aber besteht von Anbeginn nicht nur zwischen eingelagerten Möbeln und evakuierten Menschen, zwischen Besitz und Besitzlosen, sondern auch zwischen den Ausgebombten gedeiht Unrast. Sie vermögen ihrer selbst nicht mehr Herr zu werden. Sie sind in ein Vogel- und Nagetierdasein zurückverwandelt und finden zwischen Wesen und Unwesen keine Unterscheidung mehr.

Wie eine Schar Zugvögel sind sie auf Dianenhöhe eingezogen zur kurzen Rast vor dem Weiterflug. Sie nisten im Gezweig des Schlosses, in den Turmkammern, sie flattern aufgeregt über die Veranden, sie schwirren die Treppen hinab und hinauf, sie streichen durch die kahlen Zimmer und möchten zu den von Staub, Spinnweben und Fliegenschmutz erblindeten Fenstern hinaus; sie picken hilflos mit dem Schnabel gegen die Scheiben; sie stoßen sich die Köpfe am Mauervorsprung und sehnen sich heim, unbestimmt in eine Heimat zurück, die doch zerstört ist, ungewiß in eine neue Heimat voran. Sie möchten im eigenen Nest sitzen, auch wenn sie es sich erst aus einzelnen Stücken zusammentragen müssen. Nestglück, das möchten sie alle.

Aber da sind die anderen, die ihre Vogel- und Sehnsuchtsgestalt nicht rein bewahren können; sie werfen das Federkleid der Heimatlosigkeit hurtig ab, sobald sie nur wieder Räume und Plackerei um sich haben, und kriechen in Hamster- und Katzenbälge. Eine Schar von rotfleckigen und grauen Katzen streicht miauend umher, faul und behaglich und böse zischend, wenn jemand ihr Spiel stört. Sie warten, daß die Haushunde ihnen ein Bett zusammenschlagen, die breitschultrigen Männer mit den geschickten Händen und den gutmütigen Gesichtern, die immer beruhigend in das Gefauche und Gezwitscher knurren: »Ach, Fräulein, das wird schon gehen.« Und siehe, schon steht ein Bett, schon erhebt sich ein Schrank, ein Sofa ist auch heraufgeholt. Die Diele wird licht und frei, und die Zimmer werden möbliert; das Schloß wandelt sich vom Möbelmagazin wieder zum Wohnhaus. Wenn gar das Fräulein dem Mann noch zärtlich schmeichelt, dann wird dem Ingenieur so wohlig zumute, daß er für die rotlockige Sekretärin auch noch einen Spiegel entdeckt und ihn ihr zum Neid aller anderen Katzen ins kahle Dachstübchen hängt. Aus Lust und Not schließen die Katzen mit den Hunden Freundschaft, aber Feinde bleiben sie den Vögeln. Sie jagen die gefiederten Seelen gehässig, gelüstig über die Treppen und Korridore bis in ihre Zimmerkäfige, springen sie an und würgen sie.

Die Hamster aber rennen durch die Felder, sie laufen nach den Dörfern, sie nagen sich bei den Bauern ein in die Vorratskammern, in die Mieten, in die Scheunen. Halbe Tage lang sind sie unterwegs, und wenn sie heimkommen, trägt der Rücken einen riesigen Buckel, der Kopf hängt keuchend vornüber, und die Augen schielen von unten mißtrauisch den Fragenden an: Nein, sie kennen den Namen des Bauern nicht, und sie wissen den Weg nach dem Dorf nicht genau, sie seien nur immer querfeldein gelaufen und unversehens in einem reichen Dorf gelandet. Dann packt sie gegen ihren Willen die Protzsucht, die fette Stiefschwester des Geizes, und mit klotziger Gebärde hocken sie den Rucksack ab und packen auf dem Küchentisch aus, was ihnen ihr Bettelglück einbrachte: das weiße Mehl, den duftenden, runden Laib Brot, ein Säckchen Erbsen und einen Berg Kartoffeln. Kartoffeln soll man immer mitnehmen, Kartoffeln geben die Bauern gern, und wenn sie erst einmal im Geben sind, dann schenken sie vor lauter Großartigkeit auch noch ein Glas Sirup oder gar eine Scheibe Speck. – Schon zieht die Hamsterin ein weißschimmerndes Stück Speck aus der Tiefe des Sacks.

Die Augen im Kreise werden rund und groß, die Gaumen trocken, die Zunge wetzt sich gelüstig an den Zähnen. »Mutti, Speck!« ruft Christel und sucht von unten über den vorgewölbten Leib hinweg das Gesicht der Mutter. – »Christel bekommt ein schönes Müschen«, tröstet Frau Friesigk und will das Kind mit fortziehen. – »Christel will Speck!« schreit das schrille Stimmchen. Die Mutter beugt sich schwerfällig herab, nimmt das Kind auf den Arm und geht hastig zur Tür. »Speck! Speck! Speck!« hören wir Christel den Korridor entlang schmettern.

Der Haushund stößt das Hamsterweib in die Hüfte: »Brauchst auch nicht alles auszubreiten!«

»Warum denn nicht?!« faucht die Frau zurück, die sich vom Feldhamster schon wieder in die Hauskatze verwandelt hat, und zeigt die Krallen: »Sollen sich die andern doch auch anstrengen, statt verliebt herumzuflitzen!« Ida Pietzsch sieht wütend Lieschen Fröhlich an; mit gierigen Händen packt sie ihre Beute wieder ein. Je leerer der Tisch wird, desto freier atmet ihre Brust. »Fast fünfundzwanzig Pfund habe ich geschleppt«, flucht sie und drängt ihren verlegenen Mann zur Seite.

»Ich würde Ihnen gern tragen helfen«, schmeichelt Lieschen Fröhlich.

Der Mann schiebt sich zur Tür hinaus; er denkt an einen Spiegel und an einen roten Mund, der ihm daraus erregend entgegen leuchtete.

Ida Pietzsch schließt einen Augenblick die hellblauen, fast wimpernlosen Augen, dann schießt sie dem Kätzchen einen gefährlichen Blick zu, doch ihre Stimme bleibt sanft: »Haben Sie vielleicht eine Tasse Kaffee? Einen Durst habe ich!«

Danach hocken sie am Küchentisch, trinken braunes Gebräu, und die Hamsterin verteilt eine fette Bestechung, sie schneidet zwei mächtige Scheiben vom frischen Brot ab, kratzt mit einem scharfen Messer Speck vom Speck und streicht ihn auf die Schnitten. Lieschen Fröhlich kaut ahnungslos mit beiden Backen. – Ida grinst, daß ihr ein paar Krümel aus den Mundwinkeln fallen. ›Die werde ich schleppen lassen, und mucksen darf sie auch nicht, sonst putze ich den Spiegel mit ihren wüsten Locken. – Außerdem, wenn ich sie mit mir nehme, kann sie nicht um Kurt herumscharwenzeln‹ – und sie gießt sich noch eine Tasse Kaffee ein. »Es hat auch in den Karten gestanden: Kleiner Verdruß übern kurzen Weg.« – Lieschen reißt die Augen auf: »Können Sie Karten legen?« – Frau Pietzsch nickt selbstbewußt, auf ihren farblosen Backen zeigen sich rote Flecke. – Der Lockenkopf schnellt hoch: »Dann müssen Sie mir auch mal –.« Die Frau ist zusammengesackt und stiert vor sich hin: »Vielleicht heute abend« – murmelt sie. – »Ach ja!« seufzt Lieschen zukunftssüchtig. Dann steht sie auf und räumt das Geschirr in den Abwasch. Plötzlich schreit sie auf und wendet sich erschrokken um. Hinter ihr steht die Pietzsch, piekt mit dem Küchenmesser zwischen ihre Schulterblätter und lacht tückisch: »Vorsicht, scharf geladen. Wenn ich euch einmal erwische –.« Ihre Augen sind schwarz. Langsam geht sie über die Veranda fort. – Eine Tasse zerbricht klirrend auf dem Boden.

In den Kellergewölben nisten die Ratten. Sie scharren und kratzen und packen an den Kisten, schieben die Kartoffelsäcke hin und her, stehlen Zwiebeln und fressen vom Eingemachten. Niemals sehen wir sie im Garten, nur selten in der Küche, sie nähren sich vom Ungekochten, sie sind der Wohnung entwöhnt und den Kellern verfallen; sie verlassen die Verließe nicht mehr, und wenn die Sirenen ertönen, sitzen sie als Erste auf den sichersten Plätzen, das Köfferchen auf dem Schoß und nagen an einem Stück trockenen Brotes.

Die Ratten hassen die Katzen und fürchten sie, denn die Katzen springen und schleichen überall umher, sie wissen alles, und man kann sie schwer betrügen; sie entdecken die kleinen Diebstähle, den Mundraub und das Naschen von der fremden Ration. Die Katzen merken, wenn die Kartoffelhäufchen kleiner werden, aber sie miauen es nicht gleich heraus, wie es vielleicht dumme Hühner herausgackern würden, nein, sie bewahren das geheime Wissen und lassen die alte Ratte nur durch eine hingeworfene Bemerkung wittern, daß sie es wohl gemerkt haben. Da verkriechen sich die Nagetiere in ihre Schlupfwinkel, doch das Stehlen können sie nicht lassen. Wenn sie sich aber einmal ganz sicher glauben, dann springt ihnen die Katze mit einem Satz in den Nacken, am liebsten in der Küche vor der versammelten Gemeinschaft, damit der Katzengenuß möglichst groß ist. Ein Aufruhr flackert dann auf zwischen Abwaschschüssel, Küchentisch und Herd; die Hunde trotten zwischen Kohlenkasten und Türabtreter hin und her und finden sich zwischen dem Weibervolk nicht mehr zurecht. Die Vögel schwirren verängstigt umher. Die Hunde können plötzlich die Katzen nicht mehr riechen, und die Katzen mit den Krallen der Gerechtigkeit und mit den spitzen Zähnen der Schadenfreude verbeißen sich im Rattennacken, und ein Getier haßt das andere und ist sich selbst zuwider, weil es die fremde Art ertragen muß.

All dies Gezücht aber eint sich in lüsterner Neugier, als Frau Fabricius an der Seite des braven Herrn Schindler auftaucht und die Tragödie des Auerhahns beginnt.

Frau Fabricius wird von uns als ein Wunder weiblicher Verführungskunst angestaunt, denn sie ist keineswegs schön, auch nicht jung oder elegant. Ihre seelischen Lockungen äußern sich weder in einem beschwingten Tonfall, noch in einem verständnisvollen Blick. Es fehlt ihr an jener hinreißenden Aktivität, die selbst einem unedlen Gesicht und einem schwerfälligen Körper noch unwiderstehliche Anziehungskraft verleiht, dem willensschwache Männer leicht verfallen.

Auch mangelt es ihr an Heiterkeit, die ein dickflüssiges Temperament zur fröhlichen Kameradschaft verführen könnte, ja sie entbehrt selbst der Ausstrahlung einer groben Sinnlichkeit, und außer Herrn Schindler ist es nie jemandem geglückt, das Geheimnis ihrer Reize aufzuspüren. Frau Fabricius hat gewöhnliche und geistlose Züge, ihre Haut ist grobporig und gelblich, das Haar rostig verfärbt, und die Dauerwellen sind in ungekämmter Krause zu einem wirren Bubikopf verschnitten. Ihre Zähne sind schadhaft; wenn sie lacht, entblößt sie fahles, kränkliches Zahnfleisch. Die Hände sind frostrot mit blutigrot gelackten Nägeln. Rot ist ihre Lieblingsfarbe, rot hißt sie als Siegesfähnchen, vom Gelblichrot des Lippenstiftes zum Kirschrot des Halstuches, dem Violettrot der Schuhe und dem buntgeblumten roten Turban. Sie gleicht der Karikatur einer billigen Hetäre, sie ist eine Spießerin mit leichtgeschürzter Moral, und da sie die Leidenschaft als ihr wahres Gebiet entdeckt hat, verschmäht sie jede nützliche Betätigung. Sie erscheint erst in der Küche im Schutz des freundlichen Herrn Schindler, wenn das Essen gerade aufgetragen wird, denn auch Herr Schindler huldigt der vornehmen Lebensweise. Wenn er sich nicht gelegentlich im Pavillon beim Ordnen der Akten beteiligt, kann man ihn gelassen wie den distinguierten Gast eines Badeortes auf den Parkwegen promenieren sehen, in einem gutgeschnittenen braunen Ulster, einem schönfarbigen Halstuch, den braunen Hut lässig in der Hand schwenkend, um seinen angegrauten Kopf der Frühlingssonne darzubieten. Seine Untätigkeit erklärt er damit, daß sein Material noch auf dem Elbkahn schwimme. Auch er zeigt sich nur zur Mittagszeit mit der gleichen gewählten Zurückhaltung wie seine Freundin, meist hält er sich in dem Gasthof auf, der, neben dem Schloß gelegen, den Fläminghügel krönt. Dort bewohnt er, da alle Räume von einem Kinderheim beschlagnahmt sind, mit Frau Fabricius ein Zimmer. Sein Gesichtsausdruck gleicht dem eines

Nachtwandlers. Wenn Berthold ihn anredet, schreckt er aus seiner Versunkenheit auf und bemüht sich, eine verständige Antwort zu geben. Berthold versteht ihn so wenig, daß er nicht einzugreifen wagt. »Es ist schließlich nicht meine Sache, einem sechzigjährigen Mann sittliche Vorschriften zu geben. Sonst ist er ein tüchtiger Ingenieur. Mag sich doch Fabricius darum kümmern!« Denn zu Frau Fabricius gehört ein Herr Fabricius, ein bescheidener, fleißiger und intelligenter Ingenieur, der seiner Frau herzlich zugetan ist und für Schindler aufrichtige Freundschaft empfindet. Er hat sein Zimmer in Coswig, wo ein zweites Büro ist, und da er meist dort arbeitet, sieht man ihn selten im Schloß. Unsere Achtung für den stillen Mann ist so groß, daß wir in seiner Gegenwart sogar zu seiner Frau freundlich sein können.

Doch eines Mittags meldet sich auf der Küchenveranda eine hübsche, bürgerliche Frau. Sie nennt sich Frau Schindler und fragt nach ihrem Mann. Anfangs bemüht sie sich, Haltung zu wahren. Unter unseren mitleidigen Blicken aber hält ihre künstliche Sicherheit nicht stand. Unvermittelt bricht sie aus: »Nein, ich ertrage es nicht länger. Entweder er kommt mit nach Berlin oder ich lasse mich scheiden.« Wir versuchen, sie zu beruhigen; aber wie so häufig bei einem sonst nachgiebigen Menschen hat sich der endlich gefaßte Entschluß zu einer unabänderlichen Tatsache verhärtet. Der weiche, etwas runzlige Mund kneift sich zusammen; ihr rundes Gesicht verfällt.

Nichts entstellt eine Frau mehr als Jammern. Gerechtigkeit hat nichts damit zu schaffen. Wir erwarten vielmehr, daß ihre Lebensfreude noch durch Tränen und Kummer anmutig schimmert. Frau Schindler aber verliert mit ihrer Selbstbeherrschung ihre sympathische Adrettheit. Wenn die betrogene Gattin mit ihrem Lamentieren noch eine Weile fortfährt, werden wir bald dem ungetreuen Manne und der falschen Freundin Recht geben; ja wir werden wünschen, daß sie weiterhin hier in den idyllischen Wäldern betrogen wird, mögen wir die Nebenbuhlerin auch noch so garstig finden. Wir verschließen uns ihren Klagen immer schroffer. Nur einmal horchen wir auf: »Ich habe die beiden im Spiegel gesehen, zu Hause in unserer Wohnung, als sie dachten, sie wären allein.« – ›Ach, ungeschickter Spiegel!‹ denken wir fast gleichzeitig und lächeln verstohlen. Unvermutet erhebt sich Frau Schindler, sie hat ihren Mann bemerkt. Sie scheint gewachsen, ihre Züge sind länger geworden und streng. In der Rechten hält sie bedeutsam ihre Handtasche, als stecke eine Waffe darin. Uns beachtet sie nicht mehr. Frau Friesigk ruft ihr nach, doch nichts zu überstürzen, aber sie hört nicht. ›Scheidung in einem Krieg, der alles voneinander trennt und nicht nach menschlicher Gerichtsbarkeit!‹ Wir sind fassungslos und empört.

An der Fliederhecke trifft sie ihn. Gespannt erwarten wir einen Ausruf peinlicher Überraschung. Aber anfangs geschieht nichts Ungewöhnliches. Die Ehegatten begrüßen sich bieder und einträchtig. Doch dann stellt sie die entscheidende Frage, und er schüttelt erst unbestimmt, dann immer entschiedener den Kopf. Er wird blaß. Ihr Gesicht färbt sich in einem hektischen Rot. Sie fordert noch einmal, er lehnt noch einmal ab. Jetzt versucht er ihr klar zu machen, daß es sinnlos wäre, im Anrollen der Russen nach Berlin zurückzukehren, und daß Frau Fabricius zur Gefolgschaft gehört. – Aber was bedeutet Todesgefahr für diese Frau, deren Seele um ihren höchsten Besitz ringt: um die Seele ihres Mannes? Frau Schindler zückt die Handtasche, sie hält sie ihm vor die Brust – wir starren entsetzt durch die Fensterscheibe, gleich muß der Schuß knallen und der Mann getroffen hintenüber sinken. Aber ihre Waffee wirkt qualvoller als der erlösende Schuß ins Herz. Es ist der Schuß ins Schwarze ihres gemeinsamen Lebens: Sie zieht aus der abgeschabten Tasche, ihn immer fest anblickend, ein Photo und hält es ihm vor die

Augen. Wir können es nicht erkennen, aber der Anblick trifft ihn. Er weicht zurück, er wankt, dann nickt er. Sie steckt das Photo wieder in die Handtasche und hängt sie sich achtlos über den Arm. Später spazieren sie vor dem Schloß auf und ab, und schon am nächsten Tag kehren Herr und Frau Schindler nach Berlin zurück.

»Was für ein Bild mag das nur gewesen sein?« fragt Ida Pietzsch und glotzt uns der Reihe nach an. Wir zucken die Achseln. Dann sagt Mutter: »Sie hatten einen Sohn. Der ist im Osten vermißt.« Wir schweigen einen Augenblick. Nun beginnt Ida, während sie versehentlich ein zu großes Stück Fett ins Porreegemüse tut: »Gemein ist das. Ihn mit dem toten Sohn zu bedrohen.« – »Aber warum er sich die Frau Fabricius ausgesucht hat, verstehe ich trotzdem nicht«, flüstert Lieschen.

Am nächsten Tage steht Frau Fabricius ihres Sonderrechts beraubt am Abwaschtisch. Ihr Gesicht ist verschwollen von Tränen. Bald darauf zieht sie zu ihrem Mann nach Coswig.

Mitten zwischen uns sitzt die Schloßherrin Wilhelmine Butzke, genannt Minna. Auch sie ist vor den Bomben geflüchtet; sie hat in Dessau nur ihr Leben und ihren weißen Terrier gerettet. Das neuzeitliche Tanzetablissement ist eine Trümmerstätte. Ein zerzauster Mensch mit einem weißlichweichen Hefekloßgesicht, darin die schwarzen Augen wie aufgesparte Weihnachtsrosinen kleben. Ihr haltloser Leib, der stets in der gleichen schmuddligen Seidenbluse und demselben fleckigen blauen Rock steckt, ist mit einer weißen Latzschürze küchenfestlich bekleidet. Immer hockt sie nahe dem Herd, in dumpfer Ergebenheit dem Wirrwarr zuschauend. Entsetzt muß sie dulden, daß ihr Seelensalon, die herrliche weißgekachelte Küche, die vor Sauberkeit funkelte und mit allen erdenklichen Töpfen, Kasserollen, Sieben, Tiegeln, Deckeln und Näpfen ausgestattet war, mit eingebauten Schränken, in deren Ecken sich noch heimliche Vorkriegskostbarkeiten finden, von den Weibern der Wandalen beschmutzt, zerschlagen, zerstört wird. Ihr Herz krampft sich zusammen, wenn diese Pietzsch mit den roten Flecken im platten Gesicht auf die hellen Seidenbezüge eines Gartensessels den rußigen Kochtopf setzt oder wenn durch eine achtlose Bewegung der Deckel eines Gries-Graupen-Gefäßes am Boden zerschellt und die Scherben nicht einmal aufgefegt werden. Was die Eindringlinge in die Hand nehmen, wird vernichtet oder verschwindet auf unerklärliche Weise. Eine unheilvolle Zerstörung geht von den Berlinerinnen aus. Wilhelmine blickt stumm vor sich hin. Wohl versucht sie selbst mit ihrer schwachen Kraft, die Schäden auszugleichen; sie reibt und putzt die Kupferkessel, das Zinngeschirr; sie allein säubert die vom Herdfeuer verrußten Töpfe unterwärts wieder blank. Die jungen Frauen sehen sie bei dieser dienenden Beschäftigung und verspotten sie. Sie werfen sich belustigte Blicke hinter ihrem Rücken zu, die der hilflosen Alten wie vorüberzischende Pfeile ins Bewußtsein dringen. Gewiß, sie ist mehr eine Schloßbesitzerin als eine Schloßherrin; sie stammt eher aus der Küche als aus der guten Stube; das Deutsch glückt ihr nicht immer; sie bringt oft seltsame Satzgebilde hervor, und der Stolz ihres neuen Reichtums bekundet sich in der Erklärung, daß sie sich alle Zimmer komplett von einem Architekten aus Dessau habe einrichten lassen – mit allen Büchern! Nach diesem Ausspruch hält sie sich einen Augenblick stolz aufgerichtet auf ihrem Küchenstuhl, und das Hantieren, Töpfeklappern und Geschirrzerschlagen kann ihr Gemüt nicht verstören. Dann aber fällt ihr Butzke wieder ein, und der Kopf mit dem unordentlichen Haar sinkt tiefer zwischen die Schultern. Wie soll sie es wagen, ihm einmal den Verlust des kompletten Silberservices für 24 Personen, 800 gestempelt, mit dem schön verschnörkelten Monogramm WB zu gestehen, daß es buchstäblich vom Erdboden verschwunden ist? – Tage- und nächtelang war sie wie ein fülliges Gespenst vom Boden bis zum Keller gegeistert, hatte auch im Pavillon zwischen den schweren Möbeln herumgesucht, obgleich sie doch wußte, daß es sinnlos war. Denn das Silber hatte im Tresor gestanden, und der Tresor war aufgebrochen gewesen, als sie, den Hund an der Leine, nach den Angriffen auf Dessau sich zu ihrem Besitz heraufgeschleppt hatte. Zuerst hatte sie natürlich die Berliner verdächtigt. Pietzsch, den sie eines Nachts erwischte, wie er einen schweren Koffer zu sich hinüber ins Gärtnerhaus schleppte. Aber ein dumpfes Gefühl sagte ihr, daß es für Pietzsches nicht die Zeit war, Silber zu rauben. Daß Diebstahl überhaupt nicht ihre Sache war, höchstens Mundraub, und dies nur in einer so verworrenen Zeit, da jeder an sich und die Seinen dachte und wie er sie durch tüchtiges Futter widerstandsfähig erhalten könnte. Der gestohlene Schatz war dennoch im Gärtnerhaus, nicht in dem beschlagnahmten Zimmer der Berliner, sondern vielleicht unter Huldas Bett versteckt, und sei es für die kurze Spanne Zeit, die nötig war, um das Loch im Walde zu graben. Eine Welle des Zornes schießt über das Herz der Alten. Nicht die Berlinerinnen sind ihre wahren Gegner, ihre Urfeindin ist die Gärtnerin Hulda Weißmantel. Sie hat das Silber gestohlen, aus Gier und aus Rachsucht. Auch sie ist unbemannt. Auch ihr Mann ist nicht im Krieg. Mit fanatischem Arbeitseifer führt sie die Gärtnerei, die ihr Mann von dem Schloßbesitzer gepachtet hat, – ahnungslos, zu welchem Verderben diese an sich korrekte Beziehung führen würde. Oft schreckt Wilhelmine in der Nacht auf und glaubt, das Holzbein des Pächters Weißmantel über die Treppen und Flure stapfen zu hören. Dann fürchtet sie sich mehr als vor den Bomben in Dessau und hält sich die Ohren zu.

Hulda Weißmantel gleicht einem Erddämon. Braunhäutig, braunäugig, braunlockig, in einem braunen sackartigen Kleid steht sie mit nackten Beinen vom Morgengrauen bis zum sinkenden Abend auf ihrem Gemüseland, lenkt selbst den Pflug mit dem alten Schecken, schreit gellende Befehle vom Kartoffelacker über die Erdbeerplantage hinüber zum Grünkohlfeld, das sich unter Obstbäumen von der Schloßrampe bis an die Waldchaussee hinzieht, wo die beiden Russinnen arbeiten.

Die Russinnen schaffen nicht träge und nicht fleißig, sie tun ihre Arbeit zwangsmäßig, aber nicht unwillig. Sie können sich eine bessere Herrin denken, aber auch eine schlechtere. Es nimmt ihrer harten Arbeit den Stachel, daß die Gärtnerin selbst härter als sie schuftet. Ihr stummer Groll gilt der Gärtnerstochter, die jung, faul, mit einem bösen Glitzern im Auge ihre Leistung beargwöhnt und ihnen die Teller knapp füllt. Das einjährige Kind der Gärtnerstochter aber hassen sie aus Herzensgrunde, nicht weil es ihnen etwas zuleide tut, sondern weil es häßlich ist und mit Geschwüren besät. Nie rührt es eine der Russinnen an; sie tun ihr Bestes, indem sie über dieses kranke Klümpchen Leben hinwegschauen. Sie selbst werden Kinder haben mit dicken, roten Bäckchen, runden, festen Gliedern, köstliche Gottesdrechselarbeit. Aber sie wollen sich ihre Kinder erst gönnen, wenn sie wieder daheim sind in ihrem weiten, fruchtbaren Land. Solange werden sie sich gedulden, wohl nicht mehr sehr lange. Die bunten Kopftücher der beiden Russinnen leuchten über dem Grün des Kohlfeldes. Die Rothaarige, die einen Gang hat wie eine bäuerische Königin, greift sich mit der Hand ins Rückgrat, sie ist vor wenigen Tagen aus dem Krankenhaus in Halle zurückgekommen, wo sie sich ein Kind nehmen lassen mußte.

Sieht die Gärtnersfrau von der braunen Erde auf, dann fällt ihr Blick auf das Schloß, und ein Ausdruck gieriger Rachsucht zuckt über ihr Gesicht: ›Wartet nur, wartet nur, – wenn mein Mann erst wieder da ist.‹ – Sie lacht böse auf, bückt sich nieder und behackt die Erdbeerpflanzen.

›Solange ich die braune Hexe herumlaufen sehe, ist mir der Atem abgeschnürt‹, denkt die Schloßbesitzerin und seufzt unwillkürlich: Wann werde ihr Mann zurückkommen, um Ordnung zu schaffen? Und vielleicht nicht nur das Erdweib, sondern die Berlinerinnen mit hinauszutreiben?

In diesem Augenblick fegt die junge, schöne Gärtnerstochter zwischen den violetten Fliederbüschen daher. Sie drängt sich an den auf der Terrasse Essenden vorbei in die Küche. In jeder Hand schwenkt sie ein gewürgtes Huhn: »Ich vergifte Ihren Hund, diese verdammte Bestie!« kreischt sie und klatscht der Schloßfrau die beiden braungesprenkelten Hühner vor die Füße.

Der Terrier hat sich auf den Schoß seiner Herrin geflüchtet, die ihn gewohnheitsmäßig auch während des dramatischen Auftritts streichelt.

Die blauen Augen der Angreiferin stechen spitz aus dem braunen Gesicht, und ihre Lippen glühen wie rote Zornblüten: »Wenn erst mein Vater nach Hause kommt, dann erschlägt er den Köter mit einem Stein!«

Frau Minna ist zusammengefallen, hilflos blickt sie auf die lodernde Frau und auf die toten Hühner, ängstigt sich, empört sich gegen die freche Art und findet doch nur das Wort: »Ich zahle.«

»Meine Hühner will ich!« Die Arme fuchteln durch die Luft. Sie möchte zu einer neuen wilden Anklage ansetzen, da erscheint Ida Pietzsch in der Tür. Ihr Gesicht funkelt vor Schaulust. Sie freut sich, daß Gärtnerstochter und Schloßherrin sich anschreien, denn sie hätte gern beide erwürgt wie der Hund die Hühner.

»Ach, das Hündchen«, flötet sie, »kann doch so etwas Böses gar nicht tun!«

Die junge Furie zuckt mit dem ganzen Leib zu ihr herum.

»Tun Sie doch nicht so, Sie!« Dabei mißt sie Ida mit einem Blick voll Hohn und Verachtung, daß die Pietzsch errötet und schnell zum Tisch auf der Terrasse hinausgeht, wo die Gefolgschaft schweigend und hungrig weiter das Grünfutter in sich hineinfüllt.

Frau Wilhelmine aber wittert aus dieser Gebärde des Abscheus eine bisher noch ungeahnte Vertrautheit von gemeinsamer Lüge und Dieberei, daß ihr schwindlig zumute wird und sie ihrem Schoßliebling endlich einen Klaps gibt, der aufspringt und verwundert entwischt.

Die Gärtnerstochter zieht grußlos mit leeren Händen zwischen den Fliederbüschen davon. Die Schloßherrin hebt die Hühner auf, betastet sie prüfend, und auf ihrem verschreckten Gesicht erscheint ein Ausdruck von Zufriedenheit. Da tritt Ida Pietzsch rasch näher und greift die Hühner: »Ich werde sie rupfen.« Der Alten fallen die Hände kraftlos herab.

»Hier, Frau Butzke, haben Sie eine Pfanne.« Mutter reicht ihr eine blankgescheuerte Pfanne.

»Danke schön«, erwidert Wilhelmine und nimmt ihr eigenes Geschirr, nur weil es ihr freundlich gereicht wird und wirklich sauber ist, wie ein Geschenk entgegen. –

»Ein Segen, daß wir die Pietzsch haben«, erklärt Mutter, als sie mit einer Schüssel dampfender Kartoffeln bei uns eintritt. »Sie ist verlogen, geizig und frech, eine Kreuzung von Kuppelmutter und Gassenjunge. Das Essen, das sie den Ingenieuren vorsetzt, ist gekochtes Gänsefutter. Aber wenn die Gärtnerstochter für uns kochte, dann würde sie uns alle vergiften, mit einem süßen, scheußlichen Gift, und wenn wir uns in Krämpfen am Boden windeten, dann stünde sie mit ihren vollen, roten Lippen daneben und lachte. Wirklich ein Segen, daß wir die Pietzsch haben.«

In dieser Nacht ziehen zum ersten Mal die Bomber über uns dahin, – nach Sachsen, nach Berlin. Anfangs klingen die

Sirenen aus den Ortschaften längs der Elbe, aus den Flämingdörfern wie das Einspielen eines Orchesters; sie steigen wie Flötenklänge zu uns empor, lieblich und doch gewaltig, bis sie sich zum vollen Chor vereinigen und den Raum ringsum mit ihren Tönen erfüllen. Kaum sind sie verstummt, so beginnt die Luft zu erzittern vom dumpfen Klang der Maschinen. Drohend kreisen sie am nahen Himmel. Von den Einschlägen zittern die Fenster; die dicken Mauern scheinen zu wanken, und die Stille hallt von Explosionen. Der Horizont flammt purpurn wie ein brennender Dornbusch. Hoch oben schweben rotfunkelnde »Christbäume«, die Leuchtzeichen der Vernichtung.

Die Frauen stehen in der Küche, alle um den Herd versammelt, jede begierig, ihren Topf auf das Feuerloch zu schieben. Wir heben ungläubig den Kopf, unsere Blicke begegnen sich aufgestört. Dann ruft Ida Pietzsch gellend nach ihren Töchtern. Fräulein Rose ergreift die Schreibmaschine und holt ihren Vorgesetzten Kuntze aus seiner abgelegenen Kammer. Lieschen Fröhlich putzt sich den Mund rot. Meine Mutter sagt mehr erstaunt als mißbilligend: »Für wen?« Da wird Lieschen auch noch im Gesicht rot. Mutter beendet ihre Beschäftigung ohne Erregung, nur mit heftigen Zurufen kann ich sie hinabholen. Ich selbst stürze unter die dicke Decke des Kellers, von der mein Verstand doch weiß, daß auch sie einem Volltreffer nicht standhalten kann. Nun fliegen sie über uns. Wir hören die harten Stöße der Motoren bis in unser Verließ.

Die Männer sind auf den Turm gestiegen – aus Gleichmut oder in herausforderndem Trotz, seltsames Bündnis, das die Angst mit der Selbstbehauptung eingeht in dem Moment der Gefahr. Angst, die Frauen zu hockenden Hennen macht, verwandelt Männer in fliehende Gespenster. Sie geistern durchs Haus, vom Turm die steile Treppe hinab, öffnen Türen und Fenster, daß der Luftdruck sie nicht aufdrückt. Sie sind waffenlos wie wir, preisgegeben, und das dünkt sie eine

Schmach. Als ich Berthold mit hinunterziehen will, macht er sich heftig frei.

Frau Butzke sitzt auf einem Kartoffelsack, den Terrier auf dem Schoß. Ihr Gesicht erinnert an einen verschrumpelten Maiapfel; neben ihr der spitznasige Kopf von Fräulein Rose gleicht einem langgestreckten Rettich. Über das flache Gesicht von Ida Pietzsch streift erregte Röte. Sie zuckt hin und her mit flatternden Händen, ordnet am verwilderten Haarschopf, zupft an den Töchtern. Hannelore lehnt sich müde an die Mutter, bald an die Schwester, doch bietet ihr die Mutter aus Unruhe, die Schwester aus Unart keinen Ruheplatz; das Kind schwankt hin und her wie ein flackerndes Licht. Mutter hat einen Brief an meinen Bruder geschrieben; beim rötlichen Schein der Kerzen malt sie groß die Schlußzeilen: »Komm' gesund wieder! Wir sitzen gerade im Keller auf Schloß Dianenhöhe. Jetzt scheinen sie uns auch hier aufzuscheuchen.« –

Frau Friesigk hat den Alarm nicht gehört. Ich steige noch einmal die Treppe hinauf und rufe nach ihr. Jetzt reißt sie ihr Kind aus den Kissen und läuft barfüßig im dünnen Morgenrock hinunter. Die nackten Sohlen der Schwangeren auf den feuchten Steinen sind für mich qualvoller als das Dröhnen der Motoren. Rasch nehme ich aus einer Kiste das zu oberst liegende Kleid aus orangefarbenem Chiffon, in dem ich einmal mit einer grünen Jadekette als Gürtel auf einem Dachgarten in Peking tanzte. – Ich werfe es ihr zu Füßen, sie tritt auf die weiche Seide und lächelt mir dankbar zu. Dann hole ich noch einen weißen Badeanzug hervor, den ich in Miami in der Waikikibucht trug, und lege ihn Christel um die Schulter. Ballkleid und Badeanzug, Widersinn und Ironie des geretteten Gutes, während die nützlichen Kleider verbrannten.

Die gewundene Treppe herab stolpern Schritte, Berthold oder Pietzsch? Dr. Friesigk ist mit dem Motorrad unterwegs.

Es ist die Gärtnersfrau und ihre Tochter mit dem aussätzigen Kind. Sie dunsten nach feuchter Erde und Kraut. Wir empfangen sie grußlos vor Erstaunen, denn bisher haben sie unsere Kellerflucht verlacht. Es muß Gefahr drohen, wenn sie zu uns heruntersteigen. Wir horchen erregter nach oben. Uns wird nicht bewußt, daß der Keller gar nicht unter der Erde liegt. Das Gefühl der Sicherheit fällt von uns ab wie eine wärmende Hülle; wir frösteln. Die Bomber donnern über uns. Jetzt scheinen sich einige abzulösen; sie beginnen zu kreisen. Unser Körper wird ein einziges angstvoll pochendes Herz. Hannelore sitzt kerzengerade mit weit aufgerissenen Augen. Die Schloßherrin streichelt eifriger ihren Hund, der den Kopf hebt und zu winseln anfängt. Berthold und Pietzsch stehen plötzlich auf der untersten Treppenstufe. Das Geräusch ihrer Schritte haben wir beim angestrengten Lauschen auf die Flugzeuge überhört. Ida Pietzsch ruft halblaut: »Kurtl, gib mir eine Zigarette.« Der Mann raucht eine Zigarette an und reicht sie ihr stumm. Ich wünsche, daß Berthold zu mir kommt, aber meine Stimme hat sich in mir verkrochen.

Hulda Weißmantel hat zwei Stühle aus der Trinkstube nebenan geholt und setzt sich mit ihrer Tochter breit darauf nieder. Ihr braunes Gesicht mit den braunen Augen und dem rauhen, braunen Haar, schmutzig, boshaft und verschmitzt, wirkt alraunenhaft. Obgleich sie stumm ist, knistert um sie eine herausfordernde Dreistigkeit. Die Gefahr scheint sie nicht zu bedrücken, ihr eher eine willkommene Gelegenheit zu sein, sich einmal im Schloßkeller genau umzusehen. Ihre Blicke springen über Decken und Wände. Die Hände betasten das Holz der Stühle, und die Füße scharren auf dem sandigen Steinboden.

Die Gärtnerstochter hat einen grasgrünen Schal um den Hals, wiegt das Kind auf den Armen, das leise vor sich hinplärrt. »Da ist ja der Köter«, zischt sie, stößt mit dem Fuß in Richtung der Schloßherrin. – Frau Butzke preßt das Tier an sich und blickt verbittert, aber wortlos auf den Eindringling.

»Meine Hühner will ich wiederhaben, meine guten Legehühner!«

Die Bomber kreisen über uns. Wir hören mit einem persönlichen Ohr auf den gehässigen Ausbruch und mit dem allgemeinen Gehör auf das Dröhnen über uns. Die Gärtnerstochter, durch unsere Ablehnung gereizt, wagt sich nun unverschämt gegen uns alle vor: »Es gibt keinen Porree mehr und auch keinen Salat!« Als wir immer noch schweigen, schreit sie: »Nichts bekommen Sie mehr, gar nichts mehr!«

»Was wollen Sie denn mit dem Gemüse machen?« fragt Mutter.

Die Gärtnerstochter wirft den Kopf in den Nacken, daß sich der grüne Schal bläht: »Für gutes Gemüse findet man immer Abnehmer; wir sind nicht verpflichtet, es den Evakuierten zu geben!«

Hulda Weißmantel scharrt heftiger mit den Füßen. Ihr braunes Gesicht hat sich vor Vergnügen verbreitert: »Wir haben es aus reiner Gefälligkeit getan!« murrt sie.

Die Flieger, die sich entfernt hatten, sind drohender zurückgekehrt. Die Gärtnerin hebt ruckartig den Kopf, einen Augenblick sieht es aus, als wolle sie wie ein in die Höhle gehetztes Tier gegen die Raubvögel emporgeifern. Dann schleudert sie ihre in Wut verwandelte Angst gegen Minna, die greifbare Feindin: »Wollen wir nicht wieder einmal ein Schwein schlachten?«

Frau Butzke sackt in sich zusammen, der Terrier springt ihr vom Schoß: »Es ist doch verboten«, murmelt sie hilflos.

»Verboten?« kreischt das Wurzelweib. »Seit wann kümmert Sie das, ob Sie andere mit ins Unglück bringen?« Ihr Atem geht stoßweise. Ihr vorgebeugter Rücken malt einen Riesenbuckel an die Wand.

Die Kerze brennt still und stetig wie am Heiligabend.

Die Bomber sind jetzt direkt über uns. Berthold nickt mir beruhigend zu. Er möchte zu mir kommen, aber die Stühle der Gärtnersfrauen versperren ihm den Weg. Hannelore hat ihren Kopf in den Schoß der Mutter gelegt, die ihr beide Hände schützend auf die Ohren preßt. Die Zigarette hängt Ida Pietzsch erloschen im Mundwinkel. Sie hat die Augen geschlossen und die Stirn zusammengezogen. Ingrid flüstert: »Wie in Berlin.« Christel hat beide Ärmchen um den Hals ihrer Mutter geschlungen. Ich will Frau Friesigk gerade das Kind abnehmen, da bricht die Gärtnersfrau verstärkt aus: »Warten Sie nur, wenn der Krieg aus ist, dann fangen wir erst nochmal richtig an miteinander! Wenn mein Mann zurück ist, dann kommt alles umgekehrt! Jawohl!« Die Angreiferin hat sich mit vorgestreckten Händen gegen Frau Butzke geworfen, als wollte sie sie schlagen. Die alte Frau ist gegen die Lehne des Stuhles gesunken. Über ihr Gesicht rinnen Tränen. Die Gärtnerstochter schaukelt beruhigend ihr Kind. Der Ausbruch der Mutter hat sie von der eigenen Erregung befreit.

Noch sitzen wir starr vor Todesangst, doch die Empörung steigt wie ein belebendes Feuer in uns auf. Die Zigarette fällt der Pietzsch aus dem Mund: »Gemeines Weibstück!«

Die Gärtnersfrau stutzt, schweigt einen Moment und tobt dann los: »Sie, seien Sie doch still! Denken Sie, ich weiß nicht, was in Ihrem Zimmer drin ist?«

Ida Pietzsch reißt die Augen auf: »In unserem Zimmer?« Sie wendet den Kopf flehend zu ihrem Mann: »Kurtl?«

Pietzsch macht einen Schritt vorwärts, tritt den Hund, der losheult. »Unser Zimmer kann jeder nachsehen.« Seine ruhige Stimme wirkt überzeugend.

»Warum schließen Sie dann immer alles ab?« forscht Hulda herausfordernd.

»Damit wir nicht dauernd ausspioniert werden. Aber Sie haben wohl Nachschlüssel.« Pietzsch hält überlegend inne.

Als ihn aber seine Frau mit dem Fuß anstößt, fährt er in nüchternem Zorn fort: »Wir arbeiten nachts nicht mit der Schaufel – im Walde.« Dann zieht er den Schlüssel aus der Hosentasche und übergibt ihn der Schloßherrin.

Die Gärtnerin, überrascht, murrt nur dunkel, dann lacht sie glucksend. Minna blickt Hulda ins Auge, und der Schlüssel entfällt ihrer straffen Hand. Sie hat das Lachen der Gärtnerin verstanden. Unausgesprochenes führt oft die eindeutigste Sprache. Das Tafelsilber blinkt noch einmal vor ihr auf, um dann endgültig im Waldboden versenkt zu werden. Pietzsches haben es nicht.

Ingrid bückt sich flink, hebt den Schlüssel auf und reicht ihn ihrer Mutter, die ihn befriedigt einsteckt.

Fern und dünn ertönt Entwarnung. Unsere Glieder lösen sich aus der Verkrampfung. Der Gärtnersfrau entsinkt mit der Furcht die Lust am Krakeel. Beinahe verlegen drückt sie sich mit ihrer Tochter hinaus.

Mutter steht schwerfällig auf. Sie hält in der Rechten den fertiggeschriebenen Brief an meinen Bruder; sie sieht alt und verfallen aus: »Manchmal könnte man wirklich glauben, die Bomben wären geschickt, dieses Menschengezücht auszurotten!«

Das Dröhnen verschiebt sich an den Horizont. Wir steigen hinauf, um in der Halle die Berichte zu hören. Aber der Sender hat noch ausgeschaltet. Hinter uns her dringt ein Entrüstungsschrei aus dem Keller. Fräulein Rose tobt den überstandenen Schrecken in einer hysterischen Schimpferei aus: »Mein halber Fettnapf ist leer, hier wird alles gestohlen!« Und darauf die beruhigende Stimme von Frau Friesigk, während sie schon die Kellertreppe hinaufkommt: »Sie werden das Fett schon wiederfinden; vielleicht haben Sie es selbst verkramt.« Die junge Frau erscheint in der Diele, Christel ist auf ihrem Arm eingeschlafen: »Immerfort fehlt etwas, es ist wirklich ein verhextes Schloß.« Dann steigt sie groß und schwerfällig zum ersten Stock hinauf. Aus der Tiefe tönt noch das Keifen der alten Jungfer.

Unversehens steht Hannelore zwischen uns und trompetet: »Das Fett hat Frau Butzke. Ich habe es selbst gesehen –« und verschwindet.

Die Schloßherrin, nun völlig entkräftet, schlurft hinaus.

Durch die weiten Glasscheiben der Vorhalle leuchtet ein dunkelrotes Feuer südwestlich. Nur ganz im Osten funkeln die Sterne in unberührter Glorie. Ich trete zur Tür hinaus. »Wenn doch schon alles endlich ein Ende hätte!« Die Luft ist feucht, voll frischen, herben Waldgeruchs. Das Rot der brennenden Himmelsrose verflüchtigt sich zu sattem Orange, das langsam vergilbt, grau wird und verlöscht. Ich gehe fröstelnd ins Haus zurück.

Berthold steht am Radioapparat, der Drahtfunk hat sich wieder eingeschaltet: »Feind im Abflug!« Er hebt den Kopf: »Und dann immer neuer Widerstand! Soll denn auch Mitteldeutschland verwüstet werden?« – Er schlägt mit der Faust auf das Radio. Eine ungewöhnliche Erregung, deren Grund ich nicht kenne, erschüttert ihn.

»Wollen mal nachsehen«, sagt Pietzsch, »was noch übriggeblieben ist.« Nicht von den zertrümmerten Städten – von Deutschland.

Auf dem Flügel ist die Karte ausgebreitet, die wir täglich mehrmals studieren, als könne unsere genaue Kenntnis der Lage das Unheil aufhalten. Doch die Stecknadeln, mit denen wir den Vormarsch der Feinde kennzeichnen, rücken unaufhaltsam auf uns zu. – Ein großes Reich, wie es sich da vor uns ausdehnt. Ein kleines Land, wenn man die Erdoberfläche im Geiste hinzufügt. Berthold leuchtet mit seiner Taschenlampe über die Karte: Göttingen, Kassel, Hersfeld, Hannover sind besetzt – keine Hoffnung. Wir starren auf das bunte Papier.

Pietzsch murmelt: »Da werden sie wohl bald bei Dessau sein.«

»Vielleicht kommen sie doch über die Elbe!«

»Wer?«

»Die Amis.«

»Falls wir sie nicht doch noch aufhalten.«

»Die Amerikaner aufhalten?« Kuntze hüstelt. »Wer ist eigentlich unser Feind: der Feind oder der irrsinnige Verteidiger?«

»Verluste haben sie jedenfalls nicht mehr nötig, sie werden einfach stehen bleiben.«

»Wir hoffen tatsächlich nur noch auf die Feinde – letzte Hoffnung –«

»Auf die Amis« –

»Als ob es keine Russen gäbe –«

»Dabei bekommen die Russen doch Berlin.« Pietzsch klopft seine Pfeife am Flügeldeckel aus.

Da erklärt Berthold: »Die Russen sind bei Küstrin durchgebrochen. Am 17. April 1945.«

Wir rühren uns nicht, als schwirre ein Tiefflieger über uns. Gedanken und Gefühle sind gelähmt. Die Schrecksekunde dauert eine Ewigkeit lang.

Schließlich zieht Pietzsch den Kopf ein und öffnet die Tür: »Manches möchte man heute nicht erleben.« – Draußen bleibt er wie betäubt stehen und wendet sich dann langsam dem Gärtnerhaus zu.

»Wenn's nicht um die Zeichnungen ginge – mir wäre schon alles egal.« Kuntze schlurft durch den Korridor in die Küche.

»Was wird aus uns allen?« frage ich.

Der Mond schneidet mit hellem Strahl über Bertholds Gesicht: »Wie es den Alliierten gefällt –«

Jeden Tag geschieht Störendes, Verwunderliches. Fernab vom Bombenfall und dem kriegerischen Geschehen scheinen die Menschen ihren aufgespeicherten Seelenunrat in der Waldesidylle schleichend oder ruckartig zu entladen. Nie ereignet sich etwas Tröstliches. Die Gegensätze bleiben hart und unverbunden. Nicht für eine Stunde eint sich die Gefolgschaft zu einer Gemeinschaft. Besonders zermürbend wirkt es noch, daß es zur Arbeit der verlagerten Betriebe nicht mehr kommt. Ein Teil des notwendigen Materials ist in Berlin auf einen Elbkahn verladen worden, der wohl nicht mehr eintreffen wird. So ist der Aufenthalt der Ingenieure hier sinnlos. Aus tätigen Männern sind Arbeitslose geworden. Mit den Büros ist das letzte äußere Gerüst eingefallen.

Aber wenn sie sich untereinander auch belügen, betrügen und bemausen, so geschieht es noch im kameradschaftlichen Sinne: Was dir gehört, gehört uns allen. Mir gegenüber jedoch werden sie niederträchtig. Mein Vorrat besteht aus Werten, die ihnen fremd sind. Das macht mich verdächtig. Sie tuscheln und zischeln um mich her. Ich versuche, nichts zu hören. Das Heimliche soll heimlich bleiben. Da sie mich verdächtigen, daß ich mich vor der Küchenarbeit drücke, packe ich besonders kräftig zu. Doch als kränke es sie, daß ich mich auch in ihrem Bereich beweise, tritt ihr Hohn jetzt laut hervor: »Wie sie die Teller anfaßt!« – »Neulich hat sie eine Schüssel in der Hand behalten und vergessen, sie abzutrocknen.« – »Sie kann bestimmt nicht einmal kochen, aber die Mutter tut ja alles für sie.«

»Ich tue nicht alles für meine Tochter«, erklärt meine Mutter in das Gezischel hinein. »Ich tue alles für mich selbst. Weil es mich beruhigt, wenn ich die Hände rühre. Ich bedaure meine Tochter, weil sie nicht diese Zuflucht hat – beim Kücheaufwischen und Treppefegen.«

Fräulein Rose macht eine lange Nase. Die Pietzsch aber wirft frech ein: »Was tut denn Ihre Tochter eigentlich?«

Meine Mutter faßt den Kochlöffel fester in der Rechten und blickt von einer zur anderen: »Meine Tochter schreibt.« Mutter sagt nicht ›Schriftstellerin‹, sie nennt sogleich das Urwort, dem immer noch eine magische Kraft innewohnt. Schriftstellerei hingegen ist schon eine kommerzielle Angelegenheit. Frau Friesigk, die sich nie in den gehässigen Klatsch mischt, bekommt einen andächtigen Ausdruck, aber auf den dümmlichen Gesichtern der Töchter Pietzsch' und Lieschen Fröhlichs taucht ein Grinsen auf. Ida gibt sich noch nicht geschlagen: »Schreiben?« wiederholt sie so gedehnt, als brauche Verwunderung, Verachtung und Ablehnung für etwas so Unzeitgemäßes einen wahren Lastzug von Atem.

»Auch über Sie«, betont Mutter unbeirrt. »Über Ihren Mann und Ihre Kinder. Über das Gehamstere und das, was Sie in Ihren Koffern mitschleppen – aber, weil ihr doch nicht wichtig genug seid in eurer Bosheit, denkt sie über die Zeit nach und über die Gründe des Unglücks und warum wir alle aus unseren Häusern und Wohnungen geworfen wurden und warum man Erfindungen macht, die mit einem Fingerdruck eine kleine Stadt zerstören können, während doch viele hundert Hände nötig sind, um in vielen Jahren nur einen Teil des Zerstörten wieder aufzubauen.«

Die Frauen hören betroffen zu. Eine unbestimmte Scheu ergreift sie. Ida reißt Hannelore die angebissene Mohrrübe aus der Hand: »Knatsch nicht so laut beim Essen.« Mutter steckt den Kochlöffel wieder in die Suppe, murmelt: »Beinahe angebrannt«, und kehrt sich nicht mehr zu den Frauen um. Auch nicht, als Frau Friesigk in die Stille sagt: »Wenn heute einer dazu verdammt ist, sich Gedanken zu machen, dann hat er es wahrhaftig schwerer als die anderen.«

Trotzdem hört es nicht auf. Ich fühle mich verfolgt und heimatlos im doppelten Sinne: Nicht nur ein aus Haus und Besitz vertriebener Mensch, sondern ein aus seiner geistigen Heimat Verjagter. Ich leide wie ein auf den Strand geworfener Fisch. – Ihr Spott setzt sich in ein hinterlistiges, boshaftes Versteckspiel um. Immerfort fehlt mir etwas: ein Bleistift, Papier oder das Bändchen Schillers Gedichte, das ich aus Berlin mitgenommen habe. Dann fange ich an zu suchen, glaube mich zu irren, suche nochmals an der gleichen Stelle und finde das Vermißte schließlich an Orten, die ich gar nicht betreten habe. Beim Abwaschen belauern mich erwartungsvolle Blicke, aber ich sage nichts, bis eines Tages mein Tagebuch verschwunden ist. Da trete ich zwischen die Küchenmegären und sage: »Mein Tagebuch ist mir fortgenommen worden. Nur jemand von Ihnen kann es haben. Es ist ein gemeiner Schabernack, und ich verlange, daß es mir sofort wiedergegeben wird.«

Die Verblüffung über mein scharfes Auftreten ist so groß, daß Ida Pietzsch ehrlich verstört stammelt: »Wer soll denn so etwas genommen haben?« Sie meint: so etwas ganz ohne Wert, was man nicht essen kann oder wogegen man nichts eintauschen kann. Mutters Gesicht ist rot vor Zorn: »Nicht einmal Worte gönnt einer noch dem anderen – und dabei versteht Ihr sie ja gar nicht.« In diesem Augenblick reißt Pietzsch, der eben mit Berthold und Kuntze eingetreten ist, mit einem Ruck seiner Tochter das Heft unter der Schürze hervor: »Wenn mir einer meine Zeichnungen wegnähme, würde ich ihm rechts und links eine runterhauen.« Und schon schlägt er seiner Tochter zwei Ohrfeigen.

Berthold ist blaß geworden, so sehr schämt er sich für die anderen. Er legt mir die Hand auf die Schulter und sagt leise: »Komm«, und führt mich hinaus.

Daß es eine Schande sein soll, sich am Unfaßlichen vergriffen zu haben, kann die Pietzsch nicht begreifen. »Was ist denn eigentlich los?« schreit sie. »Wegen so einem vollgekritzelten Heft –« und blickt sich herausfordernd um. Aber sie steht allein am Küchentisch. Endlich sagt Kuntze in seiner stillen Art: »Ohne unsere Kisten mit den Zeichnungen sind wir alle nichts mehr.« Fräulein Rose nickt ihm beifällig zu. Den anderen teilt sich ein abergläubischer Schauer mit.

Von Stund an hockt der alte Prokurist Kuntze mit seiner Sekretärin im Gartenpavillon auf einer der Kisten und sortiert die Papiere. Er nimmt die Zeichnungen und Akten heraus, sieht sie durch, legt sie von einem Haufen auf den anderen, sehr sorgfältig mit seinen kleinen weißen Händen, als streichle er jede einzelne Seite. Manchmal murmelt er etwas kaum Verständliches Fräulein Rose zu, die neben ihm sitzt, selbstbewußt und beflissen, und seine Worte getreulich an ihre Schreibmaschine weitergibt. Die veränderte Umgebung stört sie nicht. Die innere Bürowelt ist wieder hergestellt und klappert wie gewohnt.

Zufriedenheit ist heute bereits Gnade. Nicht noch größeres Unheil bedeutet schon Segen. Das Schicksal empfinden wir nicht anders als den Kriegsfeind, gegen den wir das Äußerste an Widerstand und Geschmeidigkeit leisten. Es ist gleichbedeutend mit Zerstörung und Tod geworden. Das Verhängnis, das täglich fast zur gleichen Vormittags- oder Abendstunde dröhnend in gepanzerten Vögeln dahinzieht, erstickt die letzte Hoffnung. Wenn uns in den kommenden entscheidenden Wochen ein Ausschlupf aus dem Untergang gelänge, so geschähe es sicherlich gegen das Schicksal, ganz einfach durch das Glück. Das Glück aber gehört für uns nicht mehr zu den Möglichkeiten des Geschicks, Glück ist persönlicher Zauber.

Der Schloßherr hatte solches Glück. Er ist vorzeitig heimgekehrt. Nicht aus dem Felde, nicht aus einem Konzentrationslager, sondern aus einem Zuchthaus in Halle. Fünf Jahre sollte er wegen Schwarzschlachten absitzen, doch das veränderte Kriegsgeschick hat die hohe Strafe auf zwei Jahre verkürzt. Sein Kumpan, der Gärtner, war wegen Beihilfe nur zu Gefängnis verurteilt worden. Hulda Weißmantel erwartet ihn täglich. Seit dem Ausbruch im Keller ist sie zusammengesunken; die Füße scheinen tiefer in der Erde zu wurzeln. Nun, da die Wiederkehr ihres Mannes bevorsteht, fürchtet sie ihn. Sie kennt ihren Weißmantel. Seine wüste Grobheit, sein Fluchen und Randalieren. Sein Holzbein, das er, auf einem Bein springend, so geschickt als Prügel verwenden kann. Ihre giftig schöne Tochter aber möchte den Bankert am liebsten im Teich ersäufen, bevor der Vater sie beide den Russen vorwirft. Doch noch hält sie sich an ihrer Bosheit aufrecht und stößt triumphierend hervor: »Jetzt wird es euch Berlinern an den Kragen gehen, mit Butzke ist nicht zu spaßen!«

Der Strafentlassene tut, als sei er gar nicht da. Er ist nicht die breiten Stufen zur Vordertür hinaufgeschritten, wie es sich für den Besitzer des prächtigen Anwesens geziemt hätte, sondern er ist bescheiden zwischen den Fliederhecken über die hintere Veranda zur Küche eingetreten. Auf seinem eingeschrumpften Schädel sitzt eine Melone. Sein ausgemergelter Hals ragt aus einem viel zu weiten Kragen. Von den eingefallenen Schultern hängt der Mantel wie von einem Kleiderbügel herab. Sein zusammengesunkenes Gesicht ist nur noch faustgroß, mit einem verlegenen Ausdruck. Seine Hände sind grauschwarz, er hat sich seit zwölf Tagen nicht gewaschen, denn in Halle gab es nach den Angriffen kein Wasser. Er setzt sich an den Küchentisch, ein Gefängnisgespenst, der Wirklichkeit seit Jahren entronnen. Als wir ihn von der Seite betrachten, den vornüberhängenden, lockeren Schädel, die todmüden Schultern, das ganze verbrauchte Gerüst in dem fleckigen und verstaubten blauen Anzug, ist er uns bald keine fremde und verdächtige Erscheinung mehr, denn wir alle haben ja so oder ähnlich hingehockt gesessen, wenn wir aus den Bunkern auftauchten und am eigenen Tisch niedersanken. Wir empfinden keinen Hochmut, obgleich wir doch aus den boshaften Bemerkungen der Gärtnersfrau und aus den empörten und gehässigen Reden der Bauern erfahren haben, daß er wirklich ein unguter Mensch ist, ein Halsabschneider und Wucherer, der auf seinem Schloß berüchtigte Feste mit Filmstars dritter Klasse feierte. Bei seinem Anblick aber ist dieses peinliche Wissen in uns versunken. Die Vergangenheit gilt nichts, seine zweifelhafte Vergangenheit und unsere ehrbare, alles schmilzt ein in dem furchtbaren Schmelztiegel der Gegenwart, wo es auf die ethischen Werte des einzelnen nicht mehr anzukommen scheint. Der Mensch ist Mensch – nichts mehr. Physiologische, psychologische und körperliche Funktion, weder die Güte seines Herzens noch die Klarheit seiner Gedanken, weder seine Wohltaten noch seine Verbrechen gelten vor dem Vernichter Krieg. Darum ist auch der Schloßherr für uns ganz einfach ein Mitmensch, die Unterscheidungen haben aufgehört.

Verständnisvoll sehen wir zu, wie ihm seine Frau Setzeier mit Speck bereitet von den Eiern, die er aus seinem schäbigen Rucksack gezogen hat, und wie er dazu Kommißbrot dick mit Butter ißt. Er ist von Halle über Dessau gekommen, hat sein zertrümmertes Etablissement gesehen und sich bei Freunden getröstet und verproviantiert.

Die Heimkehr des Mannes verändert Frau Wilhelmine, ihre Augen funkeln, sie humpelt behende umher. Sie hat eine frische weiße Schürze umgebunden und brät und brutzelt den halben Tag. Eine unbestimmte Ähnlichkeit geistert über die Gesichter des Ehepaares, doch was bei ihr knittrige Gutmütigkeit ohne Halt ist, das ist bei ihm erwerbstüchtige Fügsamkeit, die von einem scharfen Blitz der Augen immer wieder bedenklich durchstoßen wird. Er steht spät auf, singt und pfeift, anfangs mehr absichtlich als fröhlich, aber bald trillert eine echte Heiterkeit auf, die wiederum nach wenigen Tagen vertönt, noch einige Male wie selbstvergessen aufklingt, um endlich ganz zu verstummen. Er ist ja nicht für den Frieden entlassen worden, sondern für ein gräßliches Kriegsende. Der Schloßherr schien unser Gast zu sein, der einzig unbeschwerte Bewohner von Dianenhöhe, aber nun ist auch er schon von Nöten durchsetzt, und der alles auflösende Zeitsturm, der Gefühle, Pläne und Wünsche wie die Sparren und Latten unserer zertrümmerten Häuser durch die Luft wirbelt, um sie achtlos zu verstreuen, beginnt auch den gefestigten Zement der Einsamkeit, mit dem Butzke im Zuchthaus die Bestandteile seiner Existenz zusammengefügt hatte, anzubröckeln, bis auch er in sich zusammenstürzen muß. Noch aber wandelt er wie ein verfallener Turm mit schief vornübergebeugtem Oberkörper durch den verwahrlosten Park, hebt einen trockenen Zweig empor, läßt ihn dann aber resigniert aus seinen knorpligen Händen fallen. Oder er steht am Rande des marmornen Bassins, blickt auf den schmutzigen, grün-verschlammten Grund und greift wohl wie Halt suchend in die herunterhängenden Äste der Trauerweide, die sich mit zarten, grünen Blättchen zu schmücken beginnen. Doch bald schüttelt er den Kopf, läßt die streichelnden Zweige los und geht mit schleppenden Schritten seinem Schloß zu. Selten leuchtet der Stolz über den herrlichen Besitz, den er sich so schlau und mühsam errafft hat, über seine verfallenen Züge. Was ihm heute noch gehört, kann ihm morgen durch den Krieg genommen werden. Peinlich vermeidet er es, in die Waldmulde hinunterzugehen, wo Soldaten ihr Lager aufgeschlagen haben.

Im Zurückrollen von der Front des Westens sammeln sich Soldaten bei uns. Die Wälder werden lebendig. Über die Chausseen rollen die Autos mit Befehlshabern, deren sorgenvollen Gesichtern man die Entscheidung ansieht.

Bald müssen die Amerikaner Dessau erreicht haben. Wenn die Russen, statt auf Berlin zu stoßen, südwestlich vordringen, können sie in kürzester Zeit an der Elbe sein.

Die Soldaten haben Zelte errichtet, ihre Bagagewagen und die Pferde unter den Bäumen in Deckung gebracht. Sie kochen an offenen Herdstellen, und ihr lautes Lachen, ihre Rufe und ihre Lieder schallen aus der grünen Mulde bis zu uns herauf. Fern ist die Todesgefahr, und nahe ist das dampfende Wellfleisch und der heiße Kaffee, das Laub vom Vorjahr, um sich darauf zu werfen. Und in der Küche bei den Frauen gibt es Scherz und heißes Wasser, um das schweißgetränkte Hemd auszuwaschen und in der Sonne zu trocknen.

Im Erdgeschoß des Pavillons ist die Sanitätsstube eingerichtet. Ingrid lacht mit dem Sanitäter, er gießt ihr süßen, grünen Likör in henkellose Mokkatassen und tätschelt sie. Sie beginnt, einen Begriff von Gefühlen zu empfinden, die ihr bisher unbekannt waren. Doch auch Lieschen Fröhlich eilt öfters mit flammenden Locken unter den knorrigen Ästen der Kiefer und den Zweigen der Trauerweide zum Pavillon. Ingrid zieht sich zurück, verschüchtert und aufgerührt.

Der Sanitäter schläft in einem Ledersessel, Lieschens Gekicher weckt ihn. Sie verwuschelt ihm das Haar und setzt sich keck auf seinen Schoß. Der Schloßbesitzer hat genug gesehen und kehrt auf seinen Platz in der Küche zurück, wo er neben seiner Frau dumpf und stumpf herumhockt.

Ida Pietzsch aber meint, ihr Mann solle einmal gründlich zusehen. Erst schleicht sie sich an, dann ruft sie ihn. Pietzsch nähert sich mißtrauisch. Er ist ein ordentlicher Mensch, der seine Arbeit im Büro und seine Familie daheim liebt. Das Durcheinander von Arbeit, die nicht getan wird, und Familie, die nicht gelebt wird, verwirrt ihn. Nachdem er einmal die inneren Grenzen überschritten hat, pirscht er sich immer tiefer ins verbotene Dickicht. Jetzt nähert er sich mißtrauisch. Das schlechte Gewissen seiner Frau gegenüber macht ihn nicht nachgiebig, sondern barsch. Aber erst seit Lieschen ihn nicht mehr beim heimlichen Vorbeiflitzen küßt, schnauzt er mit Ida. Sie gleitet ihm voran zwischen Gestrüpp hinter dem Pavillon, sie grinst schadenfroh und winkt. Er wird immer wütender, stapft mit den Füßen durchs vorjährige Laub und bricht einen trockenen Zweig krachend ab. Jetzt würde er mich schlagen, denkt Ida und zeigt mit dem Finger auf die rückwärtige Seite des Pavillons, da entfällt der knorrige Ast seiner Hand.

Er sieht rot: rote Locken, rote Bluse, roten, lachenden Mund um eine Uniform gerankt und zwischen einem Männermund und Mädchenlippen ein Likörglas, vollgeschenkt, aus dem beide gleichzeitig zu trinken versuchen. Mit einem Sprung ist Pietzsch an der Tür zum Pavillon, stößt sie auf, daß ein Vertiko hin- und hertorkelt, steigt an einem Büffet und einer Spiegelkommode vorbei, wirft wütend einen eisernen Garderobenständer um und steht vor den beiden. Lieschen ist aufgesprungen, der Bursche zieht seine Jacke zurecht.

»Verflucht«, brüllt Pietzsch, »wo ist denn bloß die verdammte Kiste?« Und er schlägt mit den Schuhen gegen zwei Koffer mit Porzellan, die ihm im Wege stehen. »Sind Sie eigentlich Sekretärin oder was sonst? Verleben Sie hier einen Frühlingsurlaub? Sie sind hier, um mir bei dem Ordnen der Akten zu helfen. Also: wo ist die Kiste? Die Kiste aus unserer Abteilung?« Er stößt mit den Füßen um sich, daß der vorgewölbte Bauch eines Büffets dröhnt und klirrt. Lieschens Augen füllen sich mit Tränen. Sie weiß keine Antwort. Sie hatte über der Verliebtheit vergessen, daß er ihr Chef war. Nun zeigt er es ihr. »Auch im Krieg soll man die berufliche Ordnung nicht verletzen.« »Und was tun Sie hier? Ist das draußen Ihre Kompanie?« Der Sanitäter ist zu verblüfft, um überhaupt zu antworten. Aber für Pietzsch ist er schon unwichtig geworden. Nur das Rachegelüst an der Rotblonden ist noch nicht befriedigt. Auch Ida, die mit offenem Munde hinter seinem Rücken steht, hätte nicht geahnt, daß ein Teewagen zu einer schmerzenden Waffe gegen hübsche Mädchenbeine werden kann. Mit den Füßen stößt Pietzsch das aus Glas und Metall gefügte zierliche Gerät immer wieder gegen ihre Beine. Die Flasche Likör ist umgekippt und über die Hosen des Sanitäters geflossen. »Teufel« brummt er, aber einen Ausbruch wagt er nicht. Es ist wohl mit seinen Papieren nicht alles in Ordnung. Als sich ihm Lieschens verheultes Gesicht zuwendet, ermannt er sich: »Was heißt jetzt noch

Sekretärin! War sie einmal und wohl keine schlechte.« Er lacht anzüglich. Lieschen schluchzt auf. Pietzsch hält die Füße plötzlich ruhig, steht einen Augenblick steif, denkt, ›Was redet der da. Es war doch gar nichts zwischen uns.‹ Unversehens packt ihn die Wut über den eigenen Anstand, die versäumte Gelegenheit. Noch kann er alles nachholen, ehe ihn die Russen nach Sibirien verladen. Er lacht breit heraus, wendet sich um und stapft immer noch lachend zur Tür hinaus. Seine Frau sieht er gar nicht. Sie hebt die Hand hilflos vor den Mund. Unsere Blicke begegnen sich durch die staubige Scheibe, als ich am Pavillon vorübergehe. Ida nestelt verlegen in den aufgesteckten Locken. In der Mulde wiehert ein Pferd. Am Abend verschwindet der Sanitäter.

Der Sturm fällt über uns her – aus graublauen Wolken, die über die fernen blauen Wälder heranziehen und das Licht verschlingen. Die Sonne ist verblichen und am Horizont südöstlich schweflig und gelb. Die Kastanie wird geschüttelt von der gewaltigen, unsichtbaren Macht der Lüfte, ihr Stamm steht unerschüttert, aber die Äste beugen sich zueinander, die Zweige klappern wie Castagnetten einer züchtigen Braut, die sich nicht vom Fleck rührt, ihre Füße bleiben dem Boden verhaftet, aber ihre Hände streckt sie aus in runden, erregten Gebärden, und in ihren Fingern rufen und locken die hölzernen Lippen des kleinen Instruments. Der Sturm fährt wie ein raublustiger Bräutigam daher, er umkreist den Baum, er zerreißt die rundgeschlossene Krone, er wirbelt das braune, verdorrte Laub zu seinen Füßen auf, er möchte die Erkorene herausheben aus ihrem angestammten Erdschoß, mit sich forttragen, durch die Lüfte wirbeln, um sie endlich sattgespielt aus seiner Bahn zu schleudern. Aber der Baum steht fest im klatschenden Regen, der Schnee erwärmt sich zu Regen, der kalte Sturm wird zum Wind, der wie ein mächtiges Segel daherfährt über die blauenden Wellen der Wälder hinweg und eine volle Ladung von Frühlingsdüften bei uns ablädt.

Die Artillerie donnert seit zwei Uhr mittag fast pausenlos. Die Fenster klirren. Die Kämpfe ziehen sich westlich der Elbe hin. Werden wir umgangen oder samt Wittenberg Kampfgebiet? – Wir stehen auf dem Turm. Es ist ein leuchtender Frühlingstag. Unter uns breiten sich die Wälder wie schwellende Kissen, die Elbe zieht breit und silbern südwestlich durch eine freundliche Ebene. Hinter dem Fluß sieht man aufzuckenden Feuerschein und aufwolkenden Rauch.

Dies also ist eine moderne Schlacht, die entscheidende Schlacht um Dessau. Und wir, kaum hundert Kilometer entfernt auf unserem Schloßturm, nehmen nichts anderes wahr als dumpfes Trommeln, wechselnde Farbe am Horizont und verstärktes Herzklopfen.

Jeder fern rollende Einschlag verkündet uns gleichzeitig die anrückende Kriegsgefahr und das gewalttätige Nahen des Friedens. Bricht der Amerikaner durch, dann wird er wohl kaum an der Elbe haltmachen, sondern Coswig und Dianenhöhe mit seinen Panzern überrollen, um auch von Süden her nach Berlin vorzudringen. Verzweiflung und Zuversicht wechseln in unserem Gemüt wie Röte und Blässe auf unseren Gesichtern. Nun erleben wir Geschichte, da wir früher zu bequem waren, sie zu lernen und richtig zu begreifen.

Als die Schlacht schon am späten Nachmittag verstummt, packt uns verstärkt die Furcht, daß die Amerikaner bei Dessau stehen bleiben und Berlin den Russen überlassen könnten. Wir steigen wie in einem schweren Traum die Stufen hinab, die enge Treppe im Turm, die breite Treppe im Haus. Frau Friesigk bleibt in der Diele stehen, blickt verstört vor sich hin und tastet über ihren Leib. Meine Mutter geht hinaus zu der alten Kastanie, streicht über die Rinde, murmelt etwas, was nur der Baum und sie verstehen. Ida Pietzsch geht stumm an uns vorbei in den Keller. Hannelore kommt nach einer Weile verschüchtert zu mir: »Mutter sitzt im Keller und weint. Im Dunkeln.« Fräulein Rose will

Kuntze zum Pavillon hinüberziehen, aber Kuntze bleibt unschlüssig stehen. So wartet sie auch mit unzufriedenem Gesicht. Wir warten alle, wissen aber nicht worauf. Da erscheint Ida Pietzsch wieder mit einem verzückten Ausdruck im Gesicht, ordnet aufgeregt die hochgesteckten Lokken und fragt voll Vorwurf und Angst: »Wo ist denn der Doktor?« Plötzlich sind alle um uns versammelt, auch Frau Butzke, die aus der Küche hergewatschelt kam. Pietzsch und Dr. Friesigk stehen in der Tür. Sie sind vom Volkssturm im nächsten Dorf, zu dem sie berufen worden sind, vorzeitig zurückgekehrt.

»In Piesteritz. Mit dem Fahrrad in Piesteritz«, antworte ich mit trockenem Gaumen.

Die Pietzsch öffnet den Mund, rennt dann an mir vorbei wieder die Treppe hinauf und ruft nach unten: »Ich will doch mal sehen – mir ist so –«

Ich gehe schnell hinter ihr her, die anderen folgen betroffen.

Wir stehen wieder auf dem Turm. Es ist ein Sonnenuntergang von durchdringender Klarheit. Wir stehen eng beieinander, sehen über die Wälder hinweg in Richtung Stickstoffwerke Piesteritz. Ida hat ein erloschenes Gesicht. Sie hat den Arm ausgesteckt, sagt aber kein Wort. Nichts zu hören, keine Maschine, kein Geschützdonner. Trotzdem bleiben wir wie festgebannt. Da ruft eine junge Frau, die ich bisher nicht bemerkt hatte: »Dort drüben.« Wir erkennen blinkende Punkte, die im Abendlicht herüberziehen. »Nein«, rufe ich beschwörend, »nein!« Und drehe mich zu Pietzsch um. »Dort liegt doch nicht das Stickstoffwerk.« Er sieht an mir vorbei.

»Sie fliegen ja direkt darauf los«, stellt Dr. Friesigk sachlich fest. Ida läßt ihren Arm sinken und seufzt auf.

»Wahrhaftig, ein Angriff! – Habe ich mir doch immer gedacht!« Pietzsch und Friesigk treten an die Brüstung. Wir alle drängen zu ihnen hin. Der Wind zerrt an unseren Haaren, wir frösteln. Über der Fabrikanlage jenseits der Wälder steigen Wölkchen auf, weiße, zierliche Pusteblumen. Zu hören ist nichts.

»Er wird schon wieder unterwegs sein.« Ich versuche, mir selbst Mut zu machen.

»Wann ist er denn gefahren?« fragt Friesigk.

»Mittags, zwei Stunden mit dem Fahrrad.«

Pietzsch bestärkt meine Hoffnung: »Dann ist er schon unterwegs.«

Fräulein Rose meint mit ihrer ätzenden Stimme: »Wir könnten eigentlich wieder hinuntergehen.«

Aber niemand rührt sich. Keiner denkt etwas Bestimmtes, keiner empfindet direkte Furcht, doch wir bleiben dicht beieinander auf der Seite des Turmes, die nach Piesteritz zeigt, von einem Gefühl zusammengeklumpt, das so stark ist, daß es sich noch nicht in Gedanken oder Worten ausdrückt. Jetzt hören wir ganz fern Detonationen. Die Pusteblumen sind dickköpfige weiße Wolken geworden. Die Sicht wird schlecht. Die Nacht kriecht über uns her. Jeder hat das Gefühl: ›Wenn der Doktor nicht zurückkommt, ist alles verloren, jenes alles, das erst die Gemeinschaft und damit das Leben selbst ausmacht. Er hält uns zusammen, einfach weil er da ist.‹ Ich selbst bin verstummt und erstarrt.

»Ich könnte ihm ja entgegenfahren«, sagt Pietzsch.

»Hat doch keinen Sinn«, antwortet Friesigk. »Wenn er überhaupt kommt, findet er auch allein.«

Die Dunkelheit hat den Angriff auf Piesteritz und uns auf dem Turm verschlungen. Fräulein Rose ist zuerst wieder hinuntergestiegen, Ida wartet noch unschlüssig, dann folgt sie mit den anderen noch immer wie benommen. Wilhelmine dreht sich auf der Treppe nach mir um, sie sagt aber nichts, senkt den Kopf und steigt weiter hinab. Jetzt steht nur noch die junge Frau neben mir. Ich habe beide Hände fest auf die

Brüstung gelegt, da merke ich, daß ich allein bin. Ich wende mich zur Seite. Die junge Frau ist umgesunken. Ich bin ganz steif und wende mich nur mühsam zu ihr hinab. Mit den Fingerspitzen streiche ich über ihr Haar. Das Gesicht ist ein heller Fleck. »Wir können hier nicht bleiben«, bringe ich hervor, »wir müssen hinunter.« Sie richtet sich taumelnd auf. Einen Augenblick lehnen wir schweigend gegeneinander. Ich kenne sie nicht, aber wahrscheinlich gehört sie dazu, zur Flucht, zum Unglück, zu uns.

Von unten tönt die Stimme meiner Mutter. »Was machst du noch da oben? Du wirst dich erkälten. Wir warten schon mit dem Abendbrot.«

»Wer?« frage ich und stürze die Stufen hinunter. In der ersten Etage wartet Mutter. »Berthold und ich«, antwortet sie möglichst nüchtern, »aber wie siehst du denn aus?« Sie schüttelt den Kopf. »Was wirst du tun, wenn wirklich einmal etwas passiert? Überhaupt sind Bäume immer noch ein besserer Schutz als Türme.«

In der Diele steht Berthold mit einem etwas verlegenen Lächeln. Alle fragen ihn und freuen sich, daß er wieder da ist. »Sie haben Piesteritz angegriffen«, antwortet er möglichst ruhig, »den Werksbahnhof. Es waren auch ein paar größere Einschläge auf Halle 8 und 4. Wir sind eben in Deckung gegangen.« Als er mich bemerkt, kommt er rasch auf mich zu. »Aber was hast du denn? Es war doch weiter gar nichts.«

»Weiter gar nichts«, murmele ich. Ich freue mich nicht einmal – so ausgehöhlt bin ich von Angst. Ich merke nur, daß ich seine Hand festhalte und mich an ihn lehne.

An diesem Abend sitzen wir lange in der Küche, und jeder kramt etwas Hoffnungsvolles aus seiner Erinnerung hervor. Jeder ist des anderen Freund.

Doch schon am nächsten Morgen wird unsere menschliche Zuversicht unter der Fülle von Nahrungsmitteln erstickt, die in Coswig und auf den Dörfern ausgeschüttet werden: zehn Pfund Maismehl, zwanzig Pfund Weizenmehl pro Kopf und nochmals fünfzehn Pfund Maismehl und zwanzig Pfund Kartoffelmehl und der süße Segen des Zuckers, das fette Büchsenfleisch, dicke, süße Konservenmilch, Kaffee und Bonbons werden aus den Heereslagern verteilt. Uns beginnen die ungewohnt guten Bissen im Munde zu quellen, das üppige Essen schmeckt uns wie Henkersmahlzeiten. Grausam aber wird die Groteske des Überflusses erst, als sich in die weiße Flut des Mehles der rote Springquell der frischgeschlachteten Tiere mischt.

Es ist Schlachtfreiheit erklärt worden. Und schon haben Dr. Friesigk und Pietzsch in einem der Dörfer ein junges Schwein, in einem anderen ein Kälbchen entdeckt. Die Beratungen sind eifrig und schnell. Zeit zum Überlegen ist nicht mehr. Vielleicht müssen wir noch heute Nacht fliehen, vielleicht morgen oder wirklich erst in acht Tagen, so daß wir die Tiere noch zunftgemäß schlachten, einsalzen, kochen, zu Wurst verarbeiten und essen können. Jeder will einen möglichst großen Anteil. Gier bläkt unverhohlen gegen Gier. Bevor die Tiere getötet und zerteilt sind, ja bevor sie überhaupt in unserem Besitz sind, werden sie von ihren künftigen Schlächtern zerfleischt. Der Streit fliegt in blutigen Fetzen durch die Küche.

Stumm im hitzigen Durcheinander sitzen Schloßherr und Schloßfrau nebeneinander, erinnern sich vergangener Schlachtfeste, die so bitter bestraft wurden, und fassen die Gerechtigkeit nicht mehr. Der Krieg selbst muß wie ein abgestochenes Ungeheuer im Verröcheln liegen, wenn nicht nur gestattet, sondern sogar gewünscht wird, was noch vor wenigen Jahren schwer geahndet wurde. Die Ironie vollendet sich, als sich Ida Pietzsch naiv um einen einschlägigen Rat an Butzke wendet. Er antwortet sachlich mit heiserer Stimme, doch steht er plötzlich auf, ausgemergelt und verkommen, und verläßt die Küche. Frau Minna kramt mit ruhelosen Händen zwischen ihren leeren Dosen.

Das Motorrad mit Anhänger fährt ratternd vor die Schloßrampe. Dr. Friesigk und hinter ihm Pietzsch auf dem Rücksitz steigen steifbeinig ab. Im Anhänger liegt zusammengebunden ein Schwein. Es sieht apathisch und traurig aus, der Schädel ist zur Seite gefallen. Widerspruchslos läßt es sich auf den Rasen werfen.

»Es krepiert«, sagt Mutter, »es muß sofort abgestochen werden.« Aus der elterlichen Oberförsterei versteht sie gesundes von krankem Vieh zu unterscheiden.

»Es hat nur Durst«, erklärt Dr. Friesigk bestimmt und stellt dem Schwein eine Schale mit Wasser hin. Der Rüssel läuft violett an, es rührt sich nicht mehr.

Unter einer Lärche, etwas entfernt, liegt angebunden ein Kälbchen. Es blökt jämmerlich.

Der Soldatenmetzger ist gegen Tabak und eine tüchtige Portion Fleisch für das Schlachten gewonnen. Die Küche, das ganze Haus ist in Aufruhr. Nichts anderes ist mehr wichtig als Fett, Fleisch, Blut und Grütze, mit der das Blut zur Wurst verkocht werden soll; lebhaft beredet werden großmütterliche Rezepte für selbsteingekochte Wurst und die Namen der Kräuter: Majoran, Thymian klingen fremdartig auf. Als ich an der Waschküche, in der das Morden geschah, vorbeikomme, wölkt bereits der Dampf des kochenden Wassers aus dem mächtigen Kessel, und Frau Pietzsch, Dr. Friesigk, Fräulein Rose und die Töchter Pietzsch, auch er selbst, sind eifrig dabei, das bereits gewellte Fleisch kleinzuschneiden, um es für Wurst oder Sülze zu verarbeiten.

Die schöne Terrasse an der westlichen Seite, die so poetisch unter den mächtigen Ästen einer Weymouthskiefer liegt, ist mit Blut besudelt, und die Kalbshaut, die Innenseite nach außen, hängt gelblichweiß mit bläulichen Adern und Flecken geronnenen Blutes über das Geländer. Mit hektischen roten

Flecken auf beiden Backen eilt Ida zwischen Küche und brodelndem Waschkessel hin und her, scharf geschliffene Messer holend oder Töpfe und Steingutgefäße, große Bunzlauer Schüsseln, zum Auffangen des Fleisches. Sie erklärt sich zur Sachwalterin des zerteilten, frischen Fleisches: Sie wiegt das Fleisch auf der blitzendweißen Küchenwaage, sondert es in Haufen und gibt jedem auf einem Teller das ihm zuberechnete Maß an Wellfleisch.

Frau Friesigk hat sich hoch oben in ihr Zimmer geflüchtet, ihr ist übel, die Schlachtfreude der anderen bereitet ihr Pein, sie muß sich erbrechen. Ungerührt verschlingt ihr Mann auch noch ihren Anteil an Frischgewelltem. Christel springt aufgeregt umher und schreit mit ihrem kieksigen Stimmchen: »Das Schwein ist tot, das Schwein ist tot.«

Mutter aber erklärt empört: »Das Schwein *war* tot.« Der kleine Doktor hat den Anhänger auf dem holprigen Landweg zweimal umgekippt, und zweimal haben sie das arme Vieh aus dem tiefen Sand wieder in den Karren geworfen! Tierschinderei! Die überhastete Schlächterei ist nichts als Menschenunvernunft für sie. Das Wellfleisch schiebt sie beiseite: »Ich vertrag' es doch nicht, man ist so viel Fett gar nicht mehr gewöhnt!« Dann richtet sie sich entschlossen auf, schiebt ihren Verdruß beiseite und begibt sich zum Futterkampf in die Küche: »Sieh dir nur die Pietzsch an! Ihr Gesicht glänzt wie mit Schmalz eingerieben. Sicher berechnet sie schon, wieviel Kaffee, Konserven und Tabak sie von den Soldaten für einen Schinken ergaunern wird. Es soll mich nicht wundern, wenn das Schwein zwei Schinken hat!« Von dem Wellfleisch kocht Mutter eine kräftige Suppe für mich, denn: Geschehen ist geschehen, geschlachtet ist geschlachtet.

Mir graut. Der Mensch, selbst ein gehetztes Tier, tötet noch auf der Flucht die schwächere Kreatur, um sich mit ihrem Fleisch und Blut für den letzten Widerstand zu stärken.

Ich fliehe zum Wald, aber mein Gehör nimmt dennoch die Todesschreie der Tiere auf.

Am Waldrand steht eine junge Frau und blickt über die bewaldeten Hügel hinweg nach den Schornsteinen von Piesteritz. Durch einen rieselnden Schleier von Tränen schimmert ihr zartes Gesicht. Ich trete unvorsichtig rasch näher und erkenne meine Gefährtin vom Turm, die junge Frau eines Chemikers, Brigitte Wohl, die jetzt in seiner früheren Abteilung Sekretärin ist. Sie haust still für sich in dem zu einem Stübchen zurechtgemachten früheren Ziegenstall. Verlegen will ich mich zur Seite wenden. Da aber beginnt das blasse Gesicht zu sprechen; der Handrücken fährt ungeschickt über die nassen Wangen: »Es ist alles verrückt, so entsetzlich durcheinander. Mir ist ganz taumelig zumute. Manchmal, wenn ich nachts im Bett liege, dann halte ich mich am Pfosten fest, weil ich fürchte, ich werde hinausgeschleudert. Es sind gar nicht die Bomben und auch nicht die Feinde, die immer näherrücken – oder, vielleicht sind sie es doch, und man weiß es nur gar nicht mehr, – unser eigenes Leben ist es, verstehen Sie das?« Sie sieht mich dringend an, ich bemerke die hellen Sterne in ihrer braunen Iris. »Unser ganzes Leben«, fährt sie hastig fort, als fürchtete sie, daß ich sie vorzeitig verlassen könnte, »preßt sich zusammen, eine furchtbare Faust schüttelt es, wie eine Flasche, in der noch einmal alles gemischt werden soll, das Gute und das Böse, und vor allem die Träume mit der Wirklichkeit. – Alles ist verrückt, und es ist natürlich auch verrückt, daß ich Ihnen das hier erzähle. Aber seit wir neulich nebeneinander auf dem Turm –«. Wir setzen uns auf einen Baumstumpf. Es riecht nach Frühling und feuchtem Holz. Vor uns im nassen Moos zwischen Kienäpfeln und rostbrauner Rinde liegt eine Patronentasche, die Munition darum verstreut. »Mein Mann ist seit drei Jahren vermißt, gleich im Anfang, in den Kämpfen bei Charkow, als wir noch siegten. Zuerst war ich verzweifelt, aber dann habe ich ihn vergessen, – einfach vergessen, als hätte er nie gelebt, – es ist fast noch schlimmer als der Tod, aber ich konnte mich wirklich nur mühsam an ihn erinnern. Wir waren nur so kurze Zeit verheiratet! Aber jetzt, seit wir hier auf dem Schloß sind und der Krieg uns immer näher rückt und uns schon fast an die Kehle springt, – jetzt träume ich von ihm – fast jede Nacht –« Sie ergreift meinen Arm und preßt ihn hilfesuchend. Dabei sieht sie mich mit aufgeschreckten Augen an und späht nach einer Erklärung in meinem Gesicht. Aber ich weiß keinen Trost. Ich streichele nur ihre magere, kleine Hand. Mit aufgescheuchten Sätzen springt sie weiter in ihrer Erzählung voran. »Im Traum sind wir immer noch in unserer kleinen Wohnung, die doch nun schon lange ausgebombt ist, ich habe ja nichts übrigbehalten als das, was ich bei mir habe, – alles ist verbrannt – und das ist das Unheimliche: wir sind in unserer Wohnung, die nicht mehr existiert, wir sprechen über Dinge, die nicht mehr da sind, und manchmal umarmt er mich, und dann weiß ich im Traum gewiß, daß er eigentlich tot ist.« –

Vom Boden zieht Feuchte herauf, unsere Füße werden naßkalt. Wir stehen auf und gehen ein paar Schritte, auf einen zweiten sich unter uns hinziehenden Wald zu. »Vielleicht lebt er noch«, wage ich einen schwachen Trost, aber sie schüttelt heftig den Kopf.

»Ich weiß gar nichts mehr von ihm, selbst, wenn er zurückkäme, ich weiß ja nicht, was ich sagen sollte, ich habe schon Angst vor jedem Soldaten, dem ich begegne, daß er es vielleicht ist. Nein, nein, –« Sie wehrt entschieden ab, als verweise sie ein Gespenst in sein Geisterleben zurück. »Aber dort unten«, sie zeigt mit dem Kinn nach den Schornsteinen von Piesteritz, »dort –« und sie stockt. – »Den habe ich nie ganz vergessen, auch in dem halben Jahr nicht, als mein Mann ausgebildet wurde und wir zusammenlebten, nur geträumt habe ich noch nie von ihm. Das hätte er auch nie getan, mir so hinterrücks im Traum zu erscheinen, dazu war er viel zu natürlich. Ich werde auch nie begreifen, warum ich meinen Mann geheiratet habe und nicht ihn.« Sie senkt den Kopf tief, unter dem bunten Tuch sehen blonde Locken hervor. Ihr Gesicht mit der schmalen, feinen Nase, dem spitz zulaufenden Kinn wirkt hilflos jung und doch verwelkt. Sicher hofft sie, daß ihre Gedanken den früher Geliebten herzaubern können, wenn sie mit brennenden Augen in die Richtung seines Arbeitsplatzes blickt. »Ich habe nie etwas von ihm gehört, ich weiß nur durch gemeinsame Bekannte, daß er reklamiert ist. Aber ob er heute noch dort ist, das weiß ich nicht.«

»Gehen Sie doch hin, es soll einen guten Weg durch den Wald geben –.« »Das wage ich nicht, ich will es gar nicht genau wissen. Vielleicht ist er auch verheiratet.«

»Aber noch eine schlechte Gewißheit ist besser als diese Qual der Ungewißheit«, rede ich ihr zu.

»Für starke Menschen vielleicht. Aber für mich bleibt das noch eine Hoffnung.«

Wir kehren schweigend zum Schloß zurück.

Die Hausfrauen sind in voller Tätigkeit. Da es nicht genug Fettdarm gibt, muß die Wurst eingekocht werden. Einmachgläser sind aus Coswig gekommen. Die einzelnen Fleischempfängerinnen sind dabei, ihre Dosen zu füllen. Mutter sieht erschöpft und verärgert aus. »Das schöne Fleisch! Wenn wir das einmal während des Krieges gehabt hätten, nur einen Teil davon! Aber Du wirst sehen, die Sülze und die Wurstfülle werden schlecht. Und wie werden wir das alles mitschleppen –. Der Soldat wollte nichts von dem Schwein essen – aber ich glaube, es war noch verwendbar.«

Butzke hat es wieder in die Küche gezogen. Er ist mitteilsam geworden und hantiert ungeschickt an den Töpfen herum. Das Schweineschlachtglück hat ihn unwiderstehlich ergriffen. Sein ausgehungertes Gemüt ergötzt sich an der Einkochwollust der Frauen. Wenn die Erregung nicht so fiebrig wäre, röche es nach fettem Frieden. Aber Krieg und Unruhe werden mitgekocht, und alles wird vorzeitig schlecht werden, wie Mutter es prophezeite.

Als ich am Abend noch einmal die Küche betrete, ist nur Ida da. Auf dem Küchentisch liegt ein frisch getötetes Rehzicklein – verblutend. Sie gesteht mir voll verlegenen Stolzes, daß der Schlächtersoldat ihr das Tier gegen Bohnenkaffee besorgt hat. Das Schmaltier war in der Schlinge gefangen und aus der Nähe abgeschossen worden. Ich sehe es mit einem Blick.

»Frau Pietzsch!« rufe ich entsetzt über das neue Tiertote. »Muß denn immer weiter ermordet und erschlagen werden! Wenn schon wir Menschen keine Schonzeit haben, aber für das Wild gibt es doch Gesetze!«

Ida Pietzsch sieht mich mit vorquellenden Augen an, dann ruft sie erbost: »Wer kann sich heute noch darum kümmern, was erlaubt oder verboten ist!«

»Daß es keiner mehr weiß und wissen will, gerade daran gehen wir ja zugrunde!«

Ida Pietzsch bietet mir geschwind eine Hehlermahlzeit an.

»Nicht einen Bissen könnte ich davon essen, nur Wilddiebe können das!« In mir erwacht das Gewissen meiner Försterahnen.

Das Rehkitz liegt auf dem Tisch, das hellbraune Fellchen blutbespritzt. Ida Pietzsch deckt es schnell mit Packpapier zu. Aber auch an dem Papier, in dem wohl das Tier gebracht worden ist, klebt Blut.

»Wenn Sie hungerten, dann könnte ich so etwas Gemeines noch verstehen. Aber wir haben doch gerade geschlachtet, es riecht ja im ganzen Hause nach Fleisch und Fett!«

Das flache runde Gesicht der Pietzsch wird weiß und fest wie Käse. Mit Moral kann ich sie nicht treffen. So flüstere ich geheimnisvoll: »Und außerdem bringt es Unglück! Jeder Jäger weiß, daß es Unglück bringt, wenn man ein so junges Tier in der Schlinge fängt und ißt.«

»Unglück?« fragt die Pietzsch betroffen.

»Jawohl, Unglück!«

»Da muß ich mir doch gleich einmal...« und schon zieht sie aus dem Kittel ihre schmierigen Karten.

Angewidert, mit einem kleinen boshaften Triumph verlasse ich die Küche. Sollten die Karten schlecht für sie liegen, wird sie wohl einen Augenblick abergläubisch erbeben, aber rasch gefaßt wird sie die Achseln zucken: Unglück kommt sowieso. Dann wird sie dem Schmaltier das Fell abziehen, es mit dem gehamsterten Speck spicken und es lecker in der Pfanne braten, und gegen Mitternacht wird die Familie Pietzsch den zarten Braten mit bestem Gewissen verspeisen.

20. April 1945.

Wir fürchten den Geburtstag Hitlers wie ein Vorspiel des Jüngsten Gerichts. Sicher wird dieser Tag von der feindlichen Luftwaffe schaurig-festlich begangen werden: Ein paar Städte eingeäschert, Tausende von Menschen getötet, Tieffliegerangriffe auf die Züge, herabstürzende Flugzeuge, die ihren tödlichen Kugelsegen auf das hetzende Menschenwild streuen.

Der schwarze Bismarckturm, der sich wie ein roher Klotz neben dem Gärtnerhaus erhebt, ist das Angstmal dieses Tages. Seit gestern ist er von Volkssturmmännern besetzt. Die biederen Männer sind sich selbst ein Hohn. Sie haben keine modernen Waffen, nur ein paar alte Knarren sind ihnen in die harten Bauernhände gedrückt worden und Munition genug, um sich selbst bei Gefahr zu den anderen Toten zu legen. Tatsächlich sind sie genau so zwecklos wie die Panzersperren in den Dörfern, die nur von den Kindern als Spielberge wichtig genommen werden.

Wir Frauen sind allein. Die Tieflieger umkreisen uns in weiteren oder engeren Bogen. »Ja, wenn der Turm nicht wäre«, sprechen wir in der Küche, während wir mit achtlosen Händen die Mahlzeit bereiten. »Aber warum muß der Mensch auch immer hoch hinaus!« ruft Fräulein Rose anklagend. »Nie kann er sich begnügen mit einem einfachen Dach, immer muß er einen Turm daneben stellen, um auch recht weit gesehen zu werden – und um herabblicken zu können!« Die Frauen haben die Köpfe gehoben und senken sie wieder zustimmend.

Gefahr ja oder nein: eine Schwangere braucht Milch. Frau Friesigk nimmt den weißen, großen Krug, und ich nehme die Flaschen, dann gehen wir zum Gasthof ins nächste Dorf, um Milch zu holen.

Die Luft ist weich und jung wie frische Weidenkätzchen. Sie streichelt uns mit zarten Windfingern; den aufblühenden Ahornbäumen, die die Chaussee säumen, und den grünenden Birken, die dazwischen stehen, entströmt ein berauschender Duft. Die Natur entsendet ihre ersten Fruchtbarkeitswogen.

Frau Friesigk hat ihren roten Mantel an. Sie schreitet kräftig aus und beginnt ein Lied zu summen. Fern ist der Krieg, wenn junge Frauen zwischen Wald und Feld dahinziehen, und die Flieger vermögen nicht, ihre Heiterkeit zu stören. Eine sinnlose Fröhlichkeit ist in uns aufgestiegen, wir fühlen uns befreit von Angst und der Betriebsamkeit der Frauen. Auf dem Feld steht ein Bauer mit Pferd und Pflug. Dieser tröstliche Anblick, der uns an Frieden und Ernte mahnt, beunruhigt uns dennoch durch eine unnatürliche Starrheit. Während unser Mund noch ein unbeschwertes Lied singt, kriecht uns das Vorgefühl einer Angst an, die gleich da sein wird, sich hinschleichend auf dem Felde, den Graben überkriechen und sich uns um die Fesseln legen wird. Jetzt hat sie uns erreicht. Der Tag ist nicht mehr frühlingshelll, der Duft von jungen Blättern erreicht uns nicht mehr. Die Angst ist uns ins Genick gesprungen. Wir ducken uns und beginnen, am Waldrand entlang zu laufen, obgleich wir doch wissen, daß bei Tieffliegergefahr nur Bewegungslosigkeit uns retten kann. Der rote Mantel der Schwangeren leuchtet. Verwünschter Mantel. Sie will ihn sich mit der Rechten abstreifen, drückt sich aber nur enger an den Stämmen entlang. Wir blicken nach oben. Der Flieger ist herangekreist wie ein Raubvogel. Wir stehen still, kauern uns in den Graben. Der Flieger stößt herab, zielt nach dem Bauern, das Pferd bäumt sich auf – wir wagen es nicht, noch einmal hinzusehen. Dann wieder Frieden, heller Himmel, der Flieger surrt hoch und fern.

Ich erhebe mich aus dem nassen Gras und helfe Frau Friesigk auf: »Wollen wir nicht umdrehen?« frage ich. Sie schüttelt den Kopf. »Überall das Gleiche.« Dann ziehen wir wieder nebeneinander dahin, doch nun hastig, kein Lied mehr, das uns von Herzen klingt.

Das erste Haus des Dorfes ist alt und halbverfallen, doch reckt sich ein weit verästelter blühender Kirschbaum darüber, über die Straße rennt ein Huhn. Sonst ist es vollkommen still. Die Häuser haben die Dächer tief über die Stirn gezogen, die Fenster und Türen geschlossen. Der Gasthof liegt an einer Kreuzung der Hauptstraße, wo sie sich zu einem kleinen dreieckigen Platz erweitert. Mich befällt plötzlich erstickend eine Angst. Ich drehe mich um und will Frau Friesigk sagen: »Gehen wir zurück!« Da antwortet sie mir schon mit einem versteckten Gesichtsausdruck: »Jetzt holen wir die Milch.« »Ich kann es allein besorgen«, sage ich. »Warten Sie doch im Wald auf mich.« Aber sie geht stumm an mir vorbei und steigt zwei Stufen zum Eingang des Gasthofes hinauf. In der Türnische stößt sie auf einen schönen blonden

Offizier, der den Kopf in den Nacken gelehnt, den Himmel absucht. Als er die Schwangere bemerkt, fragt er gereizt: »Was wollen Sie denn hier? Tieffliegergefahr! Es wird doch dauernd durchs Radio gewarnt.«

»Ich brauche Milch«, entgegnet Frau Friesigk kurz und öffnet die schwere Tür.

»Aber doch nicht jetzt!« ruft der junge Mensch, da knattert ein Motorrad um die Ecke der schweigenden Dorfstraße, hält vor dem Gasthof. Der Offizier springt die Stufen hinunter. »Angriff auf Straach. Sie grasen scheinbar die Dörfer ab.« Tritt auf den Gashebel: »Muß fort.« Er reicht dem Leutnant ein Schreiben, dann knattert er weiter.

Im Flur steht die große, blecherne Milchkanne. Die Tochter des Gastwirts taucht die Kelle ein und teilt die Milch Frau Friesigk und mir aus. Ihre Hand zittert: »Das geht nun schon seit früh um sieben –« – »Haben Sie keinen Luftschutzkeller?«

»Nicht einmal einen Keller.«

»Wo gehen Sie denn hin?« Das Mädchen zuckt die Achseln. Durch die Tür, die zum Hof führt, kommen zwei Soldaten. »Schweinerei«, sagt der eine. »Und dann in dieser Mausefalle«, sagt der andere. Als sie uns sehen, kneifen sie die Augen zu, murmeln einen Gruß und drücken sich an uns vorbei ins Gastzimmer. Über uns surren Flugzeuge. Nicht eines, mehrere. Wir bewegen uns nicht. Sogar die Gedanken sind uns erstarrt. Frau Friesigk sitzt auf einem Schemel und hält den gefüllten Krug im Schoß. Sie hat die Augen geschlossen. Jetzt wird die Tür aufgerissen oder vom Luftdruck eingedrückt. Die Detonation überdröhnt noch die Angst. Das Haus wankt. Die Fenster der Gaststube klirren auf den Boden. Der junge Offizier ist hereingeschleudert worden, er liegt quer vor uns. Frau Friesigk ist auf die Knie geglitten, die Milch ist verschüttet und schwimmt in kleinen Lachen auf dem Steinboden. Die beiden Soldaten kommen aus dem

Gastzimmer. »Warum steht er auch immer vor der Tür!« sagt der eine. »Den geringsten Schutz muß man wahrnehmen«, sagt der andere.

Etwas zwingt mich, die Augen zu öffnen. Von dem Gesicht des schönen jungen Offiziers ist ein blutiger Brei geblieben. Auch die Brust ist zerfetzt. Ich gleite ohnmächtig an der Wand zu Boden.

»Wenn bloß nicht die Frauen überall dazwischen steckten«, sagt der eine Soldat. – »Die Frauen mittendrin: Das ist das Schlimmste», sagt der andere.

Als wir hinaustreten, scheint die Sonne immer noch, nur der kleine Platz wirkt unordentlich. Vor dem Gasthof ist ein tiefes Loch. Von dem Haus ist die Vorderseite weggerissen. Der Kirschbaum am Anfang des Dorfes ist über das alte Gemäuer gestürzt, als blühte er daraus hervor.

Wir gehen schweigsam zum Schloß zurück. Es ist sehr lange her, daß zwei junge Frauen mit einem Lied am Wald entlang gingen.

Im Radio kreischt der entfesselte Wahnsinn. Der Werwolf ruft zum partisanenhaften Widerstand auf, – die Feinde predigen Ergebung; aus Berlin kommen nur noch bruchstückweise Meldungen. Der Äther ist an deutschen Lauten ebenso arm geworden, wie er im Rausch der Siege von deutscher Befehlsmacht durchtönt wurde.

Die Straßen nach Berlin sind gesperrt.

Von den Autobahnbrücken dringen die ersten Explosionen von Sprengungen über die Wälder hinweg zu uns.

Die Russen sind südlich von Berlin zur Elbe durchgebrochen. Schloß Dianenhöhe liegt auf ihrem Wege. Die Entfernung beträgt noch fünfzig Kilometer, jetzt nur noch dreißig. Der Feind rückt näher, und wir sind vor Schrecken hypnotisiert. Wir streichen mit lahmen Bewegungen umeinander, unsere Füße kleben am Boden.

Unser Geist hat die Schwungkraft, unser Gemüt den

starken Impuls verloren, der uns blindlings durch die Gefahr treiben könnte.

Auf Dianenhöhe die Russen abwarten oder über die Elbe ins Ungewisse ziehen? Wir können uns nicht entschließen. Das trostlose Gefühl, daß uns gar keine Freiheit der Handlung mehr gegeben ist, beherrscht uns immer verhängnisvoller. Wir sind Schicksalsstückwerk geworden, das umhergeworfen wird.

Die Männer besprechen sich. Ihre Worte gleichen Strohhalmen, die sie nicht vor dem Ertrinken bewahren werden.

»Ich habe mir wahrhaftig einmal ausgemalt, wie ich nach Amerika gehen werde«, er verbessert sich »geholt werde nach dem Kriege«, sagt Friesigk in verzweifelter Ironie. »Aber wo bleiben jetzt die ersehnten Feinde?« Er atmet tief und stößt dann hervor: »Die Russen knallen uns ab oder verschleppen uns nach Sibirien –.» Berthold antwortet leise: »Wissenschaftler, Techniker sind überall nötig.«

»Gasanstalten und Verfahren für Fetterhärtung werden immer gebraucht«, sekundiert Kuntze. Es ist sein Glaubenssatz, den er beschwörend ständig wiederholt.

»Möchten Sie hinter dem Ural weiter arbeiten?« fragt Friesigk Berthold herausfordernd, aber man sieht seinen fiebrigen Augen an, daß er zu allem bereit wäre, wenn er nur am Leben bliebe.

»Wer wird uns fragen?« gibt Berthold zurück. »Vielleicht wird es einmal für uns alle gleichgültig sein, wo wir arbeiten. Einmal müßte sich doch, vielleicht schon nach diesem Kriege, eine Menschheit herausbilden.« Seine Erfahrung läßt ihn nicht resignieren. Nichts verläuft geradlinig. Es gibt immer noch eine Möglichkeit. Man darf niemals vor sich selbst aufgeben. – Und doch würde er in ganz anderem Sinne als Friesigk, dem es um das blutwarme Dasein geht, weiter leben und weiter arbeiten. Ihm liegt nur noch am Zuendebringen.

»Abfall, wir sind bloß Abfall«, murrt Pietzsch mit der erloschenen Pfeife im Mund. Lieschen bekommt ihm nicht, aber er kann nicht von ihr lassen. Er hat nicht nur die allgemeine Ordnung der Arbeit zwangsmäßig, sondern die kleine Ordnung der Familie eigenwillig durchbrochen. Er wünscht, alles wäre schon vorbei. Und er selbst dazu.

Schließlich bestimmt Berthold: »Wir wollen bei der Fahrbereitschaft einen Lastwagen bestellen, damit das Material rechtzeitig nach Coswig und gleich über die Elbe geschafft werden kann.« Zuerst die Sache, dann der Mensch. Wir sind in dieser umgestülpten Zeit nur noch Anhängsel an das Werkgut.

Kuntze gibt zu bedenken: »Die Lastwagen sind für den Heeresbedarf beschlagnahmt. Aber vielleicht bekommen wir ein Pferdefuhrwerk.«

Friesigk, froh darüber, eine Aufgabe zu haben, erbietet sich sofort, mit dem Motorrad nach Coswig zu fahren und nachzufragen. Aber bevor er aufsteigt, erklärt er unvermittelt: »Ich lehne von nun an natürlich jede Verantwortung für meine Abteilungsmitglieder ab.«

»Dann werde ich sie mit übernehmen«, entgegnet Berthold ruhig. »Im übrigen trage ich ja immer die Verantwortung für uns alle.«

Friesigk schwingt sich auf das Motorrad, Pietzsch nach einigem Zögern auf den Sozius, und sie knattern davon.

»Mußte Dr. Friesigk das sagen?« fragt Kuntze.

»Jeder wirft seinen Ballast ab.«

Kuntze sieht Berthold überlegend an, eilt dann in den Pavillon zurück. Er will die Kisten für den Aufbruch fertig machen. –

Es ist eine Stunde vollkommener Stille. Berthold setzt sich auf einen Stuhl mitten im Rasen, ein Bein locker über das andere geschlagen, die Hände übers Knie gelegt, den Oberkörper leicht vorgebeugt. Er rührt sich nicht. Die Zeit scheint sich um ihn in Ewigkeit zu verwandeln, so still ist er. Er war kein Nazi, kein Held, ein emsiger Erfinder, Verbesserer technischer Verfahren. Trotzdem sitzt er nun mitten im Kriegschaos, kann nicht helfen, weiß keine Hilfe, alles war sinnlos. Fortschrittsglaube, die humanen Ideale seiner Jünglingsjahre: ein Wahn. Studium, Examina, Stellung im großen Betrieb, Aufstieg bis zur verantwortlichen Stelle; nichts blieb übrig davon, Bankrott des zivilen Menschen. Trotzdem erhielt sich genug, das Wesentliche: jener Berthold, wie er gefaßt, ohne zu resignieren, besonnen und überlegt auf dem Rasen in der Sonne sitzt.

Wir Frauen sind aus dem Haus getreten und blicken nach ihm hin. Gerade, daß er nicht zu ihnen spricht, tröstet sie. Eine gewisse Zuversicht geht von ihm aus, deren Ursache niemand zu erklären vermag. Das Betriebsame ist in uns ruckartig stehen geblieben. Beten wäre für uns das Sinnvolle wie Nachdenken für Männer, aber wir kennen keine Gebete mehr. Wir sind zu verworren, und die eigene Stimme ist zu dünn, um durch den Qualm der Geschehnisse hörbar emporzudringen. Auch wankt unser Vertrauen auf eine göttliche Macht, da sie sich nur offenbart, um zu zerstören und den Überlebenden keine Ruhe zu gönnen.

Berthold erhebt sich langsam, als er mich sieht. Er streicht mit beiden Händen über sein glattes, weißgraues Haar. »Trostreich, dieses Kriegsende.« Er atmet tief und breitet die Arme aus. »Alles sprießt und wächst darauf los, als wenn nichts gewesen wäre.«

Ich sehe ihn erstaunt an: »Ja, hier draußen in der Natur, aber auch das kann in der nächsten Stunde anders sein.«

»Die Ruinen, die Keller, die Toten, die Russen, alle Feinde und vor allem wir selbst. Furchtbar, dreimal furchtbar. Aber die Überlebenden können wirklich leben. Die Luft ist rein, das Brot, das sie essen, wird sie nähren, und das Wasser, das sie trinken, wird sauber sein. Wir haben Glück.«

»Aber das Elend, die Vertriebenen –«

»Ist das Elend groß, muß sich der Mensch ducken –«

»Wir sind noch nicht am Ende –«

»Es gibt gar kein Ende. Wenn sie mich hier lassen und am Leben, werde ich ganz bescheiden und mühsam von vorn anfangen.« Er bückt sich nach einem Veilchen, doch pflückt er es nicht ab. »Wunderbar, die Natur ist nicht verseucht.« Sich aufrichtend fährt er fort: »Und du hast deine Sprache behalten. Du kannst noch dichten. Das ist auch ein Zeichen von unzerstörter Natur. – Wirklich ein zukunftsvolles Kriegsende.«

Ich habe ihn nicht verstanden, aber ich spüre dunkel, daß in den geheimen Kammern der Wissenschaft schrecklichere Tode vorbereitet werden.

Wir gehen zu den Frauen, die auf uns zu warten scheinen. »Was wird denn aus Berlin, Herr Doktor?« ruft ihm Ida Pietzsch schon von weitem zu.

»Eine schöne Stadt war es nie«, schneidet Rose mit ihrer scharfen Nase hinein, »und großartig auch nicht. Was man an einem Tage verfahren hat!«

»Man konnte in Berlin leben und arbeiten, und jeder von uns hat sich sein Berlin zurechtgebaut mit dem Zuhause und mit dem Büro und mit dem Bäcker, mit dem Fleischer und mit dem Kino«, erwidert Berthold nachdenklich.

»Und das soll jetzt zerstört werden?!« Idas Gesicht ist rötlich entzündet vor Erregung. »Ich kann es mir nicht vorstellen, und was ich mir nicht vorstellen kann, das glaube ich nicht, und was ich nicht glaube, das gibt es nicht.« Sie schlägt bei jedem Satz mit der flachen Hand gegen den Bauch der Terrakottavase, die immer noch den Aufgang zum Schloß ziert. Requisit einstiger Herrlichkeit.

»Berlin wird nicht ganz zerstört werden, und es wird vielleicht auch nicht wieder ganz aufgebaut werden. Aber leben wird es.« Berthold nickt den Frauen zu. Da lachen alle, sogar Fräulein Rose. Hannelore klatscht in die Hände. Idas Mund zieht sich vor lauter Zukunftsfreude quer über das Gesicht, sie klatscht sich auf den Schenkel und schreit: »Und warum?« Sie stößt dabei die Rechte in die Luft, als wollte sie uns mit dem Zeigefinger aufspießen. »Weil es die Berliner gibt. Weil wir Grips haben und Herz – und alles.«

»Und Schnauze«, quietscht Ingrid.

»Schnaps mußt du im Laden haben, habe ich zu meiner Mutter gesagt. Ohne Schnaps kein Krieg«, sie sieht uns triumphierend über diese Schlauheit an, stutzt, als wir schweigen, und ihre eben noch breitgespannten Lippen ziehen sich kinnwärts. »Oder war es gerade falsch?«

»Schnaps ist nie gut«, antwortet Mutter bestimmt. »Er übertölpelt den vernünftigsten Mann.«

Ida glubscht mit ihren vorquellenden Augen von einem zum andern, dann setzt sie sich auf die Steinstufen und heult. Die alte Grünkramhändlerin in Berlin-Pankow vergraust der Pietzsch die Nächte und entreißt ihr in der Küche oft einen dumpfen Seufzer.

Ich will zu ihr gehen und ihr etwas Tröstliches sagen. Mutter hält mich zurück: »Wirst sie doch nicht um die einzige Wohltat bringen!« Nachdenklich fügt sie hinzu: »Eine gute Tochter ist ein guter Mensch. Sieh an, der Krieg bringt nicht nur Unrat zu Tage.«

Lieschen Fröhlich flattert in rotem Blüschen über den Rasen. Sie wagt sich nicht in unsere Nähe. Sie hat einen Liebhaber gewonnen und ein Dutzend Freunde verloren. Der Tausch lohnt sich nicht. Sie spürt es dumpf, aber auch sie kommt von ihm nicht mehr los. Sie stimulieren sich gegenseitig mit einer Dosis Liebe. Auch ihre Eltern sind in Berlin. Ihr Gewissen pocht. Wenn sie sich jetzt gleich entschlösse, könnte sie vielleicht doch noch zu ihnen. Ingrid tröstet sie verständig: »Deine Eltern werden froh sein, daß du jetzt nicht dort bist.«

Ida ist vom kalten Stein aufgesprungen, wischt sich die Tränen ab, und – ihre Sorge in Angriffslust wandelnd – fragt sie Berthold: »Was wird überhaupt mit uns? Sollen wir hier ewig hocken? Wir sind ja bloß noch Anhängsel an die Kisten.«

Berthold blickt erst die Pietzsch wohlwollend an, – er mag sie gern, er spürte als erster den festen Kern in ihr, – dann sieht er einem Kohlweißling nach, der über die Erdbeeren gaukelt: »Wir kommen alle im rechten Augenblick noch über die Elbe. Nicht nur die Kisten mit den Zeichnungen.« Er besinnt sich, fügt dann Wort für Wort betonend hinzu: »Jeder ist des andern Rückgrat. Wir halten uns nur, wenn wir zusammenhalten.«

Ida schneuzt sich mit einem schmutzigen Taschentuch, fühlt sich gestärkt, weiß nicht genau warum und erklärt dann mit ihrer trompetenhaften Stimme: »Jetzt werden wir erst mal alle Kaffee trinken«, und sie winkt und ruft: »Lieschen, Ingrid, Holz holen, Feuer machen.« Und als Lieschen erfreut und verlegen an ihr vorbeiwill, greift sie in ihre Locken und zieht ihren Kopf hintenüber, aber Lieschen wagt nicht zu schreien. Da lacht Ida.

Eine halbe Stunde später hocken wir auf improvisierten Sitzen in der verglühenden Sonne, genießen den seltenen Trunk und zum ersten Mal noch schüchtern das Bewußtsein, zueinander zu gehören.

Frau Friesigk hat bisher geschwiegen. An die Kastanie gelehnt, streichelt sie mit sanften Bewegungen Christels Kopf. Was auch geschehen mag, sie kann ihrer Bestimmung nicht ausweichen. Das Leben wird sich durch sie hindurch weiter entwickeln. Sie selbst kann nichts tun, als ergeben nach innen und tapfer nach außen das wachsende Kind in sich zu tragen. Sehnsüchtig sagt sie: »Es könnte ein so schöner Frühling sein –«

Die Russen sind in Berlin-Weißensee eingezogen. Die Entscheidung ist gefallen. Die flatternden Fragen über die nächsten Unternehmungen sind verstummt. Drohend erheben sich die Tatsachen, die sich nicht bereden lassen, und versperren uns den Rückweg. Noch vermögen wir nicht zu reagieren. Manchmal schreit eine Stimme in uns auf: Deutschland ist verloren! Doch klagend über den Niedergang des Vaterlandes auf den grünen Hügeln des Fläming zu sitzen, bedeutete, sich selbst aufzugeben. So macht sich die Vernunft geschäftig auf, uns Wege für die Rettung des eigenen Lebens zu weisen. Dieser Weg liegt klar vor uns: Er führt von Dianenhöhe über Coswig und von dort über die Elbe. Für den Primitiven kann Tat nur durch Gegentat beantwortet werden, und wir sind die Primitiven des Krieges geworden. Der Zug der Eroberer nach Berlin setzt sich in einem verstärkten Flüchtlingszug fort. – Eine letzte Hoffnung ist geblieben: Daß die Russen an der Elbe stehen bleiben.

Ein Rollwagen fährt mit zwei schweren Pferden vor die Schloßrampe, um die vor so kurzer Zeit hergebrachten Zeichenbretter, Schreibmaschinen und Kisten mit Akten vorsorglich wenigstens nach Coswig abzutransportieren. Die Kisten, Koffer und Kasten mit eigenem Besitz gleich mitzugeben, vermögen wir in einem lähmenden Widerstreben gegen die Weiterflucht nicht. Ehe der Kutscher absteigt und die Kisten aus dem Gartenpavillon heraufträgt, von Kuntze und der Rose zeternd begleitet, gibt er die Zügel einem kleinen Jungen, der mit ihm heraufgefahren ist. Das Kind reizt es, auch einmal Kutscher zu spielen. Es ruckt mit den Zügeln, und die Pferde, schon ungeduldig, ziehen an und reißen mit der Wucht des Wagens die rechte Brüstung der breiten Treppe um. Die mannshohe Terrakottavase ist ein Haufen Scherben. Nachdem diese Untat wie beiläufig vollbracht worden ist, bleiben die Pferde fromm stehen, die Stirnen eng an der Hausmauer. Verschüchtert, mit weit aufgerissenen Augen sitzt der Junge auf dem Bock. – Wir erschrecken abergläubisch.

In diesen Tagen scheinen unsere Unsicherheit und Furcht, der nervenzerrüttende Schrecken eingesogen und im Gigantischen gespiegelt von einer seltsamen Naturerscheinung, die sich wiederum nicht in der Natur selbst, sondern nur in den überreizten Gemütern der Menschen kundtut: Tage und Nächte strömen ineinander. Die Tage sind erhellt von einer unscharfen, von Wolken überschauerten Frühlingssonne, die Nächte sind durchglänzt von Mondlicht. Die Gestirne wechseln, ohne daß wir den Untergang der Sonne oder den Aufgang des Mondes wahrnehmen. Vielmehr waltet eine diesige Helligkeit um uns, in der wir halbwach umhertaumeln und weder einen dunklen Schlaf noch ein klares Wachsein finden. Nur zuweilen bricht die Sonne hervor, dann blicken wir verwundert auf und verstehen unser umnebeltes Leben nicht mehr. Und wenn zuweilen der Mond seine silberne Scheibe in reinem Glanze zeigt, erschauern wir, als erblickten wir in einem blankgeriebenen Spiegel unser verwahrlostes Gesicht. Sonne, Mond und Sterne, Bäume, Büsche und Tiere gewinnen die Wichtigkeit oder auch die Belanglosigkeit von Mitspielern, die uns wohl warnen und fördern, aber doch nur im Ausmaß unserer eigenen Aufnahmefähigkeit. Die Kirschbäumchen, die den breiten Querweg an der Schloßauffahrt vorbei bis zum Waldesrand hinab wie Ehrenjungfrauen säumen, scheinen uns zu einem Fest geleiten zu wollen. Der Wind, der am Morgen frisch aufspringt, sich am Tage müde und warm läuft wie ein spielseliges Kind, schenkt uns in den aufgerührten Nächten die einzige begütigende Liebkosung. Ein Regen huscht vorüber und spendet uns verstärkt den Duft der blühenden Natur. Doch die Tiere werden unruhig. Die Hunde streichen bellend umher, die Krähen steigen krächzend aus den Feldern, und einsam kreist ein Bussard hoch über den Wipfeln der Kiefern. Die Elbe ist nicht mehr ein breiter, glänzender Strom, der die Menschen und ihre Güter durch Landschaften und Städte dahinschifft, sie ist der Schicksalsgürtel, der Deutschland künftig in ein westliches und in ein östliches Land trennen soll. Bis zur Elbe vorstoßen bedeutet bis an den Rand des Krieges vordringen. An ihren Ufern treffen sich die Sieger.

Diese Begegnung der Verbündeten aber wird, so glauben wir, auch für die Besiegten das Almosen eines bescheidenen Daseins spenden: Nicht, daß das Leben uns noch viel bedeutete oder wir noch Hoffnung auf die Zukunft, Vertrauen in die Gegenwart hätten: alles, was wir wünschen und unternehmen, geschieht aus dem uns unbegreiflichen Grunde eines allmächtigen Lebenstriebes. Dieser Trieb ist nicht in uns ermordet worden. Er wurde nicht zerbombt und nicht von Tieffliegern abgeschossen, ihn haben weder unsere körperlichen Leiden noch unsere seelische Qual zerstört. Er brennt in uns wie ein ewiges Lämpchen. Dieser innerste Wille zum Dasein und Überdauern, seine Stärke und Unvergänglichkeit ist unser letzter Schutz.

Selbst die Greuelberichte, die wie Wolken von Schmeißfliegen vor den anrückenden Armeen der Russen herziehen, können ihn nur für kurze Zeit verdunkeln. In unserer Katastrophenstimmung wird Widerspruchsvolles im gleichen Atemzug ausgesprochen und geglaubt; Vergewaltigungen, Mord, Beraubung werden genau so kritiklos hingenommen wie Erzählungen von russischer Gutmütigkeit und derber Hilfsbereitschaft.

Nur eine unter uns ist sicher und ruhig geworden. Die Nöte, die uns erschüttern, klären ihr gewöhnlich von Mißgunst verwirrtes Wesen und verleihen ihr Würde und Ansehen: Fräulein Rose genießt nach dreißig Jahren subalterner Bürotätigkeit endlich die Befriedigung ihres Ehrgeizes, maßgebender Mittelpunkt eines Kreises zu sein. Sie ist Baltin und spricht russisch. Ihr Wort hat plötzlich eine Aufmerksamkeit heischende Wirkung. Sie ist der Verbindungsoffizier zum Feind. Unsere Furcht vor den Russen, giftig genährt durch die gräßlichen Gerüchte der aus Schlesien, Ost- und Westpreußen Vertriebenen, verweist sie uns streng. Mit ihrer schneidenden Stimme erklärt sie, als wäre es ihr zur bevorzugten Kenntnis gebracht, daß es der besondere Befehl Stalins an seine Soldaten sei, sich nicht rücksichtslos wie Eroberer, sondern großmütig wie Befreier zu benehmen. Dazu nickt sie bekräftigend, während sie genießerisch ein Spiegelei mit Speck verzehrt, das ihr Ida Pietzsch aus der fettigen Pfanne auf den vorgewärmten Teller geschoben hat. Dieser Leckerbissen ist der ihr gebührende Tribut.

Über der verdorbenen Sülze entsteht Einvernehmen zwischen dem wichtigen Fräulein Rose und meiner Mutter. Denn für Mutter gibt es keine schlecht werdenden Lebensmittel. Aus den braunen Schüsseln nimmt sie den noch eßbaren Teil fleischiger Sülze, schüttet ihn entschlossen in einen großen Topf, tut Zwiebeln und Essig, auch nicht zu wenig Zucker dazu und kocht die fette Masse nochmals auf. Dann wird sie in appetitliche weiße Tongefäße gefüllt und zum Abkühlen in den Keller getragen.

»Wie willst du das alles fortschleppen?« fragt Berthold fassungslos.

»Willst du unterwegs nichts essen?« fragt Mutter zurück. Da gibt er sich geschlagen.

In der Küche macht sich die von außen eindringende Unruhe wie zersetzender Unrat breit. Nur noch die im Augenblick benötigten Gefäße werden gereinigt. Wohl räumen wir noch unser Geschirr zusammen, aber Ida Pietzsch und Ingrid häufen alles achtlos übereinander in den Abwasch, erwartend, daß die Schloßfrau sich der Teller, Tassen und Schüsseln erbarmen werde. In Wahrheit aber erhoffen sie nicht einmal diese Hilfe, ja, die Aufbruchspanik, die sie von den fetten Schlachteschüsseln aufzuscheuchen droht, die ihre

Stimmen schrill macht und ihre Blicke zu umherflitzenden Dolchen, befriedigt sich geradezu an dem sich verbreitenden Unwesen.

Die Pietzsch langt vom Geschirrschrank ein klebriges Bündel Karten, setzt sich mit zerzausten Haaren und hektisch entflammten Wangen, mischt die Karten mit flinken Fingern und beginnt, sie auf dem schmierigen Küchentisch aufzulegen, wo Holzscheite, Tassen mit Kaffeegrund, ein verrußter Topf mit einem Speiserest und eine Tonschüssel voll Abwaschlauge stehen. Die bunten Kartenbilder auf dem verschmutzten Tisch, der nur im notwendigen Ausmaß schnell mit einem Lappen abgewischt wird, sind der einzig freundliche Anblick. Doch verraten auch sie unserer Prophetin nur neue Unruhe: Uniformierte Männer, die sich auf Dianenhöhe zu bewegen, einen plötzlichen Aufbruch in der Nacht und einen jungen Mann übern Weg.

Mögen Frauen auch noch so verängstigt sein, die Beschwörung eines jungen Mannes wirkt wie eine anregende Medizin, das Blut beginnt leichter durch die Adern zu fließen. Nicht einmal das verbitterte Fräulein Rose versagt sich die aufmunternde Frage, ob der junge Mann nicht vielleicht gerade zu ihr komme. Immer hält sie die Schreibmaschine in der Rechten, steht und geht mit ihr, als wäre sie ein künstliches Glied. Jetzt hat sie sie auf dem Schoß, die Arme darüber gebreitet, doch heimlich verwünscht sie sie und wünscht sich, aufgerührt und umgestülpt auch sie, statt des kalten Metalls einen Schatz auf den Schoß.

Aber Ida Pietzsch runzelt die dünnen, blonden Brauen, stützt beide Ellenbogen auf den Tisch und den Kopf in die geöffneten Hände, mustert die Karten noch einmal, schaut dann in die Runde, zugleich prüfend und träumerisch, und erklärt mit unwiderlegbarer Bestimmtheit: »Zu uns kommt er nicht, aber er steht ins Haus. Bringt Glück und Unglück.«

Dann sitzt sie still, döst vor sich hin. Im Mundwinkel hängt die Zigarette, eine Locke hat sich gelöst und baumelt an der Schläfe herab. Wir sind allein, die anderen sind hinausgegangen. Kurt Pietzsch hat Lieschen ein verstohlenes Zeichen gegeben, Ida hat es bemerkt und sich die Zigarette angesteckt. Gesagt hat sie nichts. Jetzt sieht sie mich an, stützt sich auf den Ellenbogen nahe an mich heran: »Er küßt sie – und mehr. Ich habe es gesehen – im Pavillon –« Ihr Mund verzieht sich zu einem schmerzlichen Grinsen. »Soll er, so als letztes Vergnügen –« Sie fällt in den Stuhl zurück. »Sie verachten mich wegen des Rehkitz' und überhaupt, aber ich sag's Ihnen: Sie sind gar nicht so, wie ich gedacht habe.« Dann wieder: »Kurt war immer anständig – wir kennen uns, seit ich mit den Röcken wedeln kann. – Damals auf dem Turm, als wir nach Piesteritz hinübergestarrt haben, habe ich gedacht: ›Wenn's Kurtl wär und er käme nicht wieder‹ – da ist mir alles egal geworden.«

Am nächsten Abend, als sich die Dämmerung schon herniedersenkt und vom Frieden in der Natur eine sanfte Beruhigung in uns übergeht, schiebt ein Mann sein Fahrrad vom unteren Walde kommend über die schmalen Grenzwege zwischen den Feldern bis hinauf zur Chaussee, besinnt sich dort eine Weile, rückt seinen Rucksack zurecht, den er auf dem Gepäckständer angeschnallt hat und stößt dann das Rad die Schloßeinfahrt hinauf.

Frau Brigitte steht in dem nachgiebigen Boden zwischen den Rhabarberpflanzen. Ihr Kopf hebt sich reizvoll von der weißblühenden Schattenmorelle ab. In einiger Entfernung von ihr graben die beiden Russinnen die Grünkohlbeete um, nicht allzu eifrig, denn es ist schon spät, und das Mühlwerk ihres Mundes klappert eifriger als die Schaufelarbeit der Hände. Sie freuen sich auf die Heimat, die näher rückt. Ihre Gebete, Flüche, Wünsche haben mit geheimnisvoller Kraft die Heere des eigenen Volkes herbeigezwungen. Wirklich, die Berge setzen sich in Bewegung, ehe denn der Mensch vermag, zu den Bergen zu gelangen.

»Ich habe ihnen Strümpfe gegeben für Eier«, flüstert mir Brigitte zu und lächelt mit ihrem weichen Mund. »Die Gärtnerin darf natürlich nichts davon wissen. Mascha, die große Rothaarige, sagt, sie ist böse, wenn sie ihnen auch gut zu essen gibt. – Finden Sie, daß der Tausch richtig war? Die beiden haben nicht ein Paar Strümpfe, und es ist doch noch kalt. Und Vera, die kleine Schwarze, möchte gern meine bunte Bulgarenbluse. – Aber die Tochter der Gärtnerin darf es nicht wissen, denn sie möchte die Bluse selbst gegen Grünkohl und Porree tauschen. Vera aber hat mir ein Huhn versprochen –!«

»Ein ganzes Huhn?« frage ich verdutzt, »ja, wo will sie denn ein Huhn hernehmen?«

Brigitte blinzelt mich belustigt an. »Aber sie hat doch einen Bauern in Wörpen.«

Wir lachen unwillkürlich.

Mitten in dieser heiteren Schlußfolgerung bemerke ich, daß es still geworden ist. Das Rufen der Russinnen und das Geschwätz Brigittes sind verstummt. Die drei Frauen schauen neugierig dem jungen Mann zu, der sein Fahrrad zum Schloß hinaufstößt. Das gelbliche Abendlicht überstrahlt ihn. Er trägt einen Lodenhut mit einer Auerhahnfeder.

»Ich glaube –«, flüstert Brigitte und fliegt auf ihn zu. »Paul!« ruft sie, »Paul!« Schon ist sie bei ihm. Er nimmt den Hut ungeschickt ab, stützt das Rad mit der Linken und reicht ihr darüber hinweg verlegen die Rechte. Während sie ihn noch mit wippenden Füßen und vom raschen Lauf vornüberschaukelnden Locken anstrahlt, muß er sich erst besinnen.

»Ich wußte gar nicht, daß du hier bist!« Jetzt lacht er und zeigt eine breite Zahnlücke. Ein Schneidezahn fehlt, und dieser Mangel, der doch ein zufälliger ist, eine derbe

Spötterei des Schicksals, kennzeichnet ihn ungemein und gibt seinem Wesen etwas Unfertiges. »Ist dein Mann auch hier?« fragt er.

Ein flüchtiger Schatten verdunkelt das Gesicht der jungen Frau: »Albrecht ist 1943 in Rußland gefallen.«

Paul murmelt beiläufig sein Bedauern, ihn bedrängt Wichtigeres. Brigitte aber ist so sehr vom Glück des Wiedersehens benommen, daß sie gar nicht merkt, wie gleichgültig er ist. »Wenn ich sicher gewesen wäre, daß du in Piesteritz bist, dann wäre ich längst einmal zu dir gekommen. Aber ich weiß nicht einmal«, sie stockt und er hört nicht recht hin, »ob du verheiratet bist.«

»Natürlich, wir haben auch einen Sohn. Hast du Kinder?«

»Nein.« Ihre Lippen pressen sich zusammen. Keinen Mann, kein Kind, keinen Traum mehr. Sie wird ihm nicht zeigen, wie er sie getroffen hat. Sie hat einmal in Berlin die Brandbombe gepackt und aus dem Bett geworfen. So greift sie jetzt entschlossen die widrige Tatsache an und wirft sie aus ihrem Leben. »Und wo ist deine Frau?« Sie verbessert sich: »Wo sind sie jetzt?«

Er antwortet überstürzt: »Ich habe sie mit dem Kind nach Coswig gebracht, damit sie möglichst schnell über die Fähre kann.«

Brigitte besinnt sich. »Bist du nicht beim Volkssturm?« Er wickelt sich mit beiden Händen den rot-blau-karierten Schal um den Hals: »Beim Fabrikschutz«, und er strafft sich ein wenig.

»Wie kannst du dort einfach weg?«

»Ich wollte einmal mit Dr. Friesigk sprechen, den kenne ich von früher, vielleicht nimmt er mich mit, denn die Firma wird doch sicher weiterverlagert.«

»Ach so«, meint sie trocken. »Aber Dr. Friesigk ist nicht mehr hier. Er hat auch heute nachmittag seine Frau und das Kind nach Wörlitz gefahren. Sie hatten Glück, der Lastwagen, der das Kinderheim von nebenan abtransportierte, hat sie gleich mitgenommen. Aber die Koffer haben sie hier vergessen.«

»Wenn er gar nicht da ist«, Paul bleibt unschlüssig stehen, »kann ich gleich umkehren.«

Sie gehen noch zwei Schritte nebeneinander her.

»Wie willst du hinüberkommen?« In Brigitte hat sich die Hilfsbereitschaft motorisch eingeschaltet. »Die Brücke und die Fähre werden kontrolliert – falls es mit Dr. Friesigk nicht klappt.«

»Ich weiß nicht.« Er sieht sie fragend von der Seite an. Es ist ihm plötzlich sehr angenehm, daß er diese längst vergessene, aber immer noch vertraute Frau getroffen hat. Frauen sind schlau. Frauen geraten auf Auswege, die einem Mann nie einfielen. »Vielleicht mit einem Boot –«

»Ich kenne einen Soldaten vom Sprengkommando, der hat ein Wachboot –« Was bedeutet noch Geliebter. Ist auch bloß ein armer Teufel. »Ich könnte morgen früh mit ihm sprechen –«

»Morgen früh? Das ist zu spät. Die Russen stehen bei Straach. Fünf Kilometer entfernt!«

Brigitte packt ihn hart am Arm: »Das müssen die andern wissen. Komm, sag's ihnen selber.« Sie ist nur noch Entschluß und Tatkraft. Umständlich lehnt er sein Fahrrad an die Mauer. Sie zieht ihn geduldig um die weißen und violetten Steinpflanzen und am Flieder vorbei. »Wir haben im Garten auch Flieder«, murmelt Paul, aber da stößt Brigitte schon die Tür zur Küche auf.

Paul nimmt das Lodenhütchen ab und sagt in seiner Verlegenheit ohne jede Einleitung: »Die Russen stehen fünf Kilometer von hier bei Straach.«

Die Frauen blicken vom Bereiten des Abendessens auf und verstehen ihn nicht. Einen Augenblick sind sie in ihren Gebärden marionettenhaft erstarrt. Ida Pietzsch rührt sich als erste, blickt Ingrid an und streift flüchtig Lieschen Fröhlich: »Und wenn ich alles zurücklassen muß, hier bleiben wir nicht.« Mit einem schon wieder listigen Blinzeln fügt sie auftrumpfend hinzu: »Aber wir werden schon noch alles fortschaffen!«

Die Spannung löst sich. Unsere Apathie wechselt in fieberhafte Tätigkeit. Selbst Fräulein Rose denkt nicht mehr an Bleiben. Die Flucht sitzt uns schon in den Beinen und treibt uns vorwärts.

Berthold stimmt zu und faßt kräftig mit an. Er gibt Anweisungen, bleibt überlegen. Aber sein Gesicht sieht verfallen aus. Mutter winkt ihn beiseite: »Iß etwas Kräftiges und trink das.« Sie gibt ihm Weinbrand, den sie mit den Soldaten getauscht hat gegen Bertholds zivile Jacke.

Auch Pietzsch verschnürt Bündel und Kartons, stopft Betten in den Bettsack. Und Paul packt zu, wo er kann, hilft den Frauen, macht sich beliebt, grinst mit der Zahnlücke, seine Augen flitzen umher, nicht immer zu Brigitte, auch Lieschen bekommt ein Funkeln ab. Lieschen, durch seine Gegenwart angeregt, wagt es, ganz offen mit Pietzsch zu kokettieren.

Butzke aber läßt sich noch einmal Eier in die Pfanne schlagen, und Kuntze kann sich nicht von den letzten Kisten trennen. Er will nachkommen. »Kommen Sie mit, Kuntze«, redet ihm Berthold zu, »wenn Sie und die Zeichnungen verloren gehen, ist alles doppelt verloren.« Aber Kuntze bleibt starrköpfig.

Der Aufbruch pocht gegen die dünn gewordene Schale der Zeit. Die Zugvögel, die Ratten, die Katzen, die das Schloß vor wenigen Wochen gierig in Besitz genommen haben, flattern, springen, kriechen vom Turmgeschoß bis zum Keller, durch Zimmer und Gänge, raffen ihre Habe zusammen, stecken auch etwas Fremdes dazu; das gejagte Tier kennt keine Moral. In der Halle stapeln sich Kisten und Koffer, Säcke und vollgepfropfte Taschen. Sorge bereitet den eifrigen Frauen das Fortschaffen des frisch geschlachteten Fleisches. Die Arme von Ida Pietzsch sind rot bis an die Ellenbogen; sie hat zu oft in die Pökellauge gegriffen, für sich und hilfsbereit für andere.

Der Mensch lebt vom Erschlagenen, darum muß er getötetes, eingesalzenes, eingekochtes Fleisch auf die Fahrt ins Ungewisse mitnehmen. – Der Mensch lebt vom Gepflanzten, vom Geernteten; vom Getreide, das sich über der Erde mit zarten Halmen erhebt; er nährt sich von der Wurzel, von der roten, von der gelben und braunen Knolle, die er aus dem Erdreich gräbt – deshalb muß Brot mit auf die Wanderung genommen werden; es müssen Kartoffeln, auch Rüben und Zwiebeln eingesackt werden, und wenn sie nur für drei Mahlzeiten reichen. – Der Mensch braucht Fett, das Fett der Pflanzen, das er in kunstvoller Weise zu Öl preßt, das Fett der Schweine und Rinder, und so muß Fett mitgenommen werden. Und die Koffer mit der geringen persönlichen Habe und die Säcke mit den Betten werden zu Hügeln überhöht von den Körben mit Nahrungsmitteln.

In allen besonderen Lagen, die das Schicksal dem Menschen schafft, ähnelt jeder dem anderen wie der Bruder dem Bruder; das Glück überhaucht alle mit denselben Strahlen. Alle Feste auf dieser Erde werden auf die gleiche Art gefeiert: Mit Schmaus, Musik und Tanz. Und jedes Unglück zeichnet die Menschen mit den gleichen Zügen der Verzweiflung. Die von Feuersnot befallen sind, rufen gellend nach Wasser. Und die zu ertrinken fürchten, heben die Hände und das Haupt hoch über die Flut und schreien um Hilfe, ehe das Wasser sie verschlingt. – Reich unterscheidet sich nicht mehr von arm, klug nicht mehr von töricht. Die große Ausgleicherin Not übertüncht alle Geister und Herzen mit der gleichen grauen Farbe. Es unterscheiden sich noch, wenigstens im Anfang, die Unsicheren von den Entschlossenen, aber auch das verwischt sich, wenn der Zug zum Abmarsch bereit ist.

Auswanderer und Flüchtlinge haben dieselbe Eigentümlichkeit: Rastlos packen sie ihre Habe zusammen. In ihren ermüdeten Gehirnen hetzen die Gedanken hin und her, immer auf den gleichen Spuren: Was kann ich noch mitnehmen, was kann ich noch tragen, habe ich auch nichts vergessen?! Ihr Besitz häuft sich zu einem selbständigen Dasein, und sie selbst hocken dabei, ermüdet und erschlafft, oder sie betasten immer wieder die Schnüre und die Knoten, um sicher zu sein, daß sie auch halten.

Schwankend vor Erschöpfung verkriechen wir uns wieder in der Küche, die einem Mülleimer gleicht. Das schmutzige Geschirr steht auf dem Bord des Büffets, auf Stühlen, auf dem Tisch, ja auf dem Fußboden. Der Ordnungssinn zweier alter Frauen, meiner Mutter und Frau Butzkes, vermag nichts mehr gegen die Wollust der Unsauberkeit und Unordnung, die die Küchenmegären befallen hat. Man trinkt aus halbverschmutzten Tassen, ißt von Tellern, die noch vom letzten Essen verkrustet sind. Der Fußboden ist von nassem Schmutz überzogen; niemand wischt ihn auf. Sitte und Anstand sind aufgelöst. Der Prozeß der Zersetzung nimmt überhand.

Mitten im Unrat hockt die Schloßherrin; die Hände im Schoß übereinander gelegt, den Blick auf Pellkartoffelschalen gesenkt, die sich vor ihr auf dem Tisch häufen. Ihr weichliches Gesicht wirkt noch ausdrucksloser als gewöhnlich. Jetzt hebt sie den Kopf, ihre Blicke springen wie Kaninchen im Stall umher, ihre Lippen bewegen sich, ohne daß ein Wort hörbar wird. Plötzlich schiebt sie die Pellkartoffelschalen mit einer angeekelten Gebärde zurück, steht auf und humpelt hinaus. Die Tür klappt zu, aber ihr Fortgehen fällt niemandem auf. Ida Pietzsch, Fräulein Rose und die jungen Mädchen sind von aufgereizter Lustigkeit. Der Trotz bäumt sich in ihnen wie ein Zirkuspferd und treibt sie rundum. Gelächter spritzt auf wie übelriechendes Fett.

Mutter steht unbeirrt am Herd. Sie ist alt und gebrechlich, aber ihr Gemüt wahrt die Ruhe. Jetzt bäckt sie Brot, denn sie sagt: »Wer wird dir ein Stück Brot geben?« Meine Mutter hat immer recht, weil sie das Nächste tut. Und weil das Nächste zu tun im Augenblick der Gefahr immer das Beste ist. Ihr Gesicht ist blaß und entschlossen. Sie steht auf ihren geschwollenen, schmerzenden Füßen, aber sie setzt sich nicht. Das Brot ist in den Backofen geschoben; der wichtigste Moment des Brotbackens ist gekommen. Das Feuer muß jetzt groß und knisternd sein; aber das Feuer schwelt widerwillig. Es holt nicht Luft, es röchelt asthmatisch, und das Holz, das Mutter aus dem Korb nimmt, ist feucht. Frau Pietzsch dreht sich in halber Hilfsbereitschaft um: »Unten muß doch noch trocknes Holz sein.«

Ich gehe hinunter. Im Kohlenkeller ist es schwarz; aber durch ein nicht ganz verdunkeltes Fenster glimmt ein grauer Schein. Ich schalte das Licht ein, das wie ein rötlicher Stern hoch oben an der Decke funkelt. Gestern ist der Kohlenkeller noch unser argwöhnisch beobachtetes Wärmereservoir gewesen. Wir haben die Kohlen mit schlechtem Gewissen zum Herd hinaufgetragen, und Mutter hat sie gewissenhaft abgezählt; heute ist es uns gleichgültig. Die Kohle liegt in der Ecke, noch immer ein ansehnlicher Haufen, fettig und schwarz glitzernd. Ich stoße ein Brikett mit dem Fuß aus dem Wege und suche in den Ecken nach trockenem Holz. Nur ein paar Scheite liegen da, gelb von Feuchtigkeit. Auf dem Boden stehen Pfützen. Die Wasserrohre sind wieder undicht. Als wir vor einigen Wochen einzogen, versuchten wir die Spuren von einem Jahr Einquartierung durch unsere zivile Ordnung auszugleichen. Der Akku-Generator für Licht, die Anlage für das Trinkwasser, die Klosetts, die heraushängenden Fensterläden wurden notdürftig repariert. Jetzt überlassen wir das Schloß wieder seinem kriegsbedingten Schicksal. Wer werden die neuen Herren sein? – Soldaten jedenfalls.

Auf der Kellertreppe tappen Schritte, der unsichere Schein einer Kerze flirrt über die Mauern. Ein klotziger Schatten wird sichtbar. Das runde weiße Gesicht der Schloßherrin leuchtet über dem Licht auf. Ihre Rechte hält die Kerze, während die Linke die Küchenschürze wie eine Tasche hochgenommen hat. Ein unbestimmter Schrecken teilt sich von ihr mit. Ich trete unwillkürlich hinter eine der Säulen, die das Gewölbe stützen. Die alte Frau blickt sich einen Augenblick wild und ängstlich um, dann humpelt sie entschlossen zu dem Hackklotz, neben dem das Beil aufblinkt. Sie stellt die Kerze vorsichtig auf den Kohlenhaufen, öffnet die Schürze und nimmt einen bronzefarbenen Kopf heraus. Sie setzt ihn auf den Hackklotz. Es ist die Hitlerbüste, die in Dr. Friesigks Zimmer hoch oben auf dem Bücherregal stand und als Hutständer diente. Die Alte streift glättend über ihre Schürze: »Da habe ich dich, du Lump«, murmelt sie und starrt ihm in die unbewegten Züge, als erwarte sie eine Antwort. »Du Lump, du Lump!« Plötzlich duckt sie sich und spuckt dem Führer ins Gesicht. »Du Taugenichts! Was tust du denn! Erst die Soldaten«, sie spuckt, »dann die Berliner«, sie spuckt zweimal, »und jetzt die Russen.« Sie hat den Kopf mit beiden Händen an den Seiten gepackt und schüttelt ihn. »Leicht bist du auch noch, wiegst ja nichts.« Sie läßt ihn los und klatscht ihn rechts und links auf die Backen. Die Büste wackelt hin und her: »Du Sturkopf! Du Taugenichts! Du Taugenichts! Warte nur!« Mit einem überraschenden Ruck greift sie mit beiden Händen nach dem Beil, hält es einen Augenblick über dem braunen Haupt und läßt es dann auf den wohlgezogenen Scheitel niederfallen. Die braune Haartolle springt ab, ein weißer Fleck wird auf der Stirn sichtbar, auch von der Nase blättert Braun. Die Frau stutzt, weil die

Bronze sich als Gips zeigt. Die Empörung zuckt in ihre Hände: »Du Gipskopf«, ruft sie mit unterdrückter Stimme, packt das Beil noch einmal fester und läßt es mit voller Wucht niederfallen. Der Kopf zerspringt; Nase, Mund und Schnurrbart sind unkenntliche Brocken. Die rasende Alte ruht nicht. Die lange aufgespeicherte Wut gegen alles, was stärker ist als sie, was sie versklavt und in Ohnmacht hält, gegen Mann und Führer, bricht hemmungslos aus. Sie schwingt die Waffe und schlägt zu, einmal, zweimal, wieder und wieder, erst unregelmäßig, dann im Takt. Von ihren Lippen tönen Verwünschungen, die ich nicht verstehe. Das Haar hat sich gelöst und hängt wirr um das Gesicht, das wie ein zusammengekneteter Kloß aussieht. Die Augen blinken wie Kohlestückchen. Sie hört erst auf in ihrer Zerstörungsorgie, als auf dem Hackklotz nur noch ein Haufen Gipsbröckel liegt. Die Arme sinken schlaff herab. Sie lehnt das Beil an und wischt sich mit einem Zipfel der weißen Schürze über das Gesicht; dann verharrt sie regungslos aufgerichtet, die Blicke starr geradeaus. Die Raserei ist verraucht. Sie atmet tief auf und stößt einen Seufzer aus, dabei fällt sie in sich zusammen, verwandelt sich von der Hackbeilfurie wieder in die demütige Dienerin ihres Besitzes. Mit einem Holzscheit stößt sie die Gipsbrocken herunter und schiebt die Reste der erschlagenen Büste unter die Kohlen, wobei sie ihre weiße Schütze vorsichtig hochhebt. Danach nimmt sie die Kerze auf und wendet sich zum Gehen. Aber als sie die unterste Stufe der Treppe erreicht hat, dreht sie sich noch einmal um: »Da liegst du nun, du Führer!«

Von der Erschlagung der Hitlerbüste ist ein weißer Fleck rund um den Hackklotz zurückgeblieben. Der Kohlenkeller wirkt schwärzer als zuvor. Ich trete fröstelnd aus dem Schatten der Säule. –

Vielleicht finde ich in der Tischlerwerkstatt trockenes Holz, damit Mutter ihr Brot zu Ende backen kann. Goldgelb, mit hellbrauner Kruste. Und wäre es das letzte Mahl, so sollte es gut sein.

Die Tischlerwerkstatt ist nicht verdunkelt, trotzdem ist es auch hier fast schwarz; denn die Sträucher und hohen Bäume sind so nahe herangewachsen, als wollten sie mit ihren Wurzeln hineinwandern, um in der klugen Hand des Tischlers eine Verwandlung zu erfahren; ja, als wären sie gierig danach, aus ihrem Baumleben in das Menschenleben einzudringen, schieben sie Zweige zwischen Tür und Pfosten und halten den Eingang leicht geöffnet. Ist es wirklich eine edlere Daseinsform, statt eines selbstherrlichen Baumgeschöpfes ein nützliches Gerät zu werden? Aber vielleicht werden auch wir Menschen in der Werkstatt des Todes zu den sinnvollen Dingen für höhere Wesen umgeschaffen? Der ganze Menschenwald Deutschland drängt sich in die große Tischlerwerkstatt hinein. –

Ich sehe mich um. Der schmale, lange Raum ist aufgeteilt durch Hobelbänke und Arbeitstische. Ich entdecke ein paar zerbrochene Fensterrahmen, die sich vielleicht einer der anderen Schloßgäste gestern noch für seinen Ofen feuerfertig gemacht hat. Ich raffe sie zusammen, öffne weit die Tür, spüre einen Augenblick lang mit tiefer Wonne das Streicheln zart beblätterter Äste in meinem Gesicht und ihren würzigen Duft. Es mögen junge Buchen sein. Einige Schritte zur Linken senkt sich der Park zur Mulde; vor wenigen Tagen habe ich dort Blauäuglein gepflückt, die zart und keck aus dem modrigen Laube des Vorjahres leuchteten. Dann haben die biwakierenden Soldaten ihre Pferde auf dem weichen Boden gekoppelt; jetzt sind die Blumen fort, aber auch die Pferde und die Soldaten. Heute nacht noch werden wir selbst nicht mehr hier sein.

Vierschrötig erhebt sich der Bismarckturm vor mir.

Ein Mondstrahl senkt sich durch die Wolken wie ein Zeiger auf einen Wagen, der neben ihm steht. Ein Kremser, mit dem man auf dem Lande zur Kirmes fährt. Zu beiden Seiten Bänke. – Die Mädchen tragen steife Sonntagskleider und bunte Ketten um den Hals. Die Burschen haben Kragen um und einen städtischen Anzug an, der sie ungelenk und schüchtern macht. Sie sitzen einander gegenüber und lachen sich an. So sind sie dahingefahren durch den Wald, zwischen den Feldern hindurch, zum nächsten Dorf.

Ich soll doch trockenes Holz für Mutter zum Brotbacken holen – ängstlich wie als Kind, wenn ich mich bei einem Auftrage verträumt hatte, öffne ich die Tür zur Küche.

»Roosevelt ist tot!« ruft mir Mutter entgegen. »Der Bericht ist eben durchs Radio gekommen.«

»Roosevelt?«

»Der Präsident von Amerika. Jetzt sind von den Großen noch Stalin und Churchill übrig – und Hitler«, fügt sie zögernd hinzu.

›Nicht Hitler, er ist soeben ermordet worden!‹ will ich rufen, aber ich bemerke noch rechtzeitig die Unverständlichkeit meiner Worte und schweige. Die andern lassen sich beim Herumkramen und Packen nicht stören. Wer ist noch Roosevelt für sie? Die großen Ereignisse sind für sie in Krümel zerbröselt. Weltgeschichte, die man erlebt, ist eine peinliche Häufung von Widerwärtigkeiten.

Mutter hat sich einen Stuhl neben den Herd geschoben. »Plötzlich brennt es. Vielleicht drückt der Wind nicht mehr auf den Schornstein. Man soll in fremden Öfen kein Brot backen.«

»Aber das feuchte Holz?« Ich werfe die zerbrochenen Fensterrahmen vor den Ofen.

»Ich habe unten im Korb trockene Späne gefunden.« Sie öffnet das Türchen und läßt mich hineinsehen: Das Feuer knistert hellrot. »Vielleicht muß ich jetzt die Klappe vorschieben, – noch eine halbe Stunde, dann ist das Brot ausgebacken.«

Vor Mutters sachlicher Überlegenheit verläßt mich die Unruhe. Ich strecke meine Hände gegen die Flammen, doch nur Sekunden währt der milde Trug:

Die Russen stehen bei Straach!! Wir müssen fort! Mutter kann nicht laufen. Ich muß einen Wagen für sie finden.

In diesem Augenblick dringt das Rumpeln von Rädern in den Lärm der Küche. Ich eile hinaus. Von der Treppenterrasse aus erkenne ich deutlich die dahinzuckelnden Gespanne. Ich fliege den Weg zur Chaussee hinunter und spreche zu dem ersten Bagagewagen hinauf: »Können Sie meine Mutter mitnehmen? Nur bis zum Eingang der Stadt.« Unter dem Verdeck schaut ein verknorpeltes Männergesicht hervor, sieht nicht, hört nicht, bleibt stumm. Nur die Hände halten lose die Zügel des Pferdes. Das Gefährt rollt weiter. Ich laufe den folgenden Wagen entgegen, die in grauer Prozession durch den Wald daherrollen. Das Mondlicht schimmert bleich auf ihre Plane. »Können Sie meine Mutter mitnehmen?!« Manchmal blinkt mich ein Auge unter tief heruntergezogener Schildmütze an; doch der Mund antwortet nicht. Ich springe das nächste Fuhrwerk gereizt an: »Können Sie nicht meine Mutter mitnehmen?! Wie soll die alte Frau hier weg?! Mann, ich gebe Ihnen Tabak.«

Die Räder rollen langsamer. »Ich kann nicht aus der Reihe fahren, muß weiter.«

»Warten Sie nur einen Augenblick, ich hole sie sofort –«

»Ach, erst holen«, schon zuckt die Hand an dem Zügel, und der Wagen fährt weiter, unaufhaltsam und läßt Tabak und Fahrgast weit hinter sich.

Ich laufe ihm nach. »Kommen noch mehr Wagen?« Denn hinter ihm die Chaussee glänzt leer wie ein silbernes Band. »Weiß nicht«, brummt der Soldat. »Vielleicht kommen noch welche.«

Meine Arme sinken herab. Ich muß Mutter hier unten

haben am Rande der Chaussee. Wenn es nur nicht regnet. Über den Himmel ziehen bleierne Wolken.

Entmutigt kehre ich in das Schloß zurück. Die Bäume stehen unbewegt. Bald werden die Apfelbäume blühen. Wir haben einmal gehofft, hier noch die Erdbeeren zu ernten – freundlicher Trug. Nicht einmal den Rhabarber, den die Gärtnersfrau erst schneiden wollte, wenn er hoch aufgewachsen ist, haben wir gekostet. Meine Knie sind mißmutige Zugtiere und ziehen mich nur widerwillig die Anfahrt hinauf. Meine Erschöpfung steigert sich mit jedem Schritt. Ich wäre gern in die aufgepflügte Erde gesunken, ein Samenkorn, das nicht weiß, ob es noch einmal die Kraft zu neuem Auftrieb finden wird. Sinnlos, sinnlos! Die Flucht sinnlos, denn der Feind holt uns doch ein. Welcher Feind? Die Russen, die in Panzern heranrollen?! Ich bleibe stehen und merke erst jetzt, daß mein ganzes Wesen ein einziges, angstvolles Lauschen ist auf drohende Geräusche, die noch hinter den Wäldern lauern. Überraschend können sie hervorschießen. – Das Wort Schuß steigt wie ein Leuchtsignal in mir auf und überblendet meine Schwäche. In der Ferne höre ich ein leises Knattern, mein Herz schlägt im Hals. Ich bin wachgerüttelt, ich will meine Mutter retten, ich will meinen letzten, kostbaren Besitz retten, das Haupt der Medusa.

Doch eine kühle, feine Nüchternheit in mir weiß, daß das ferne Geräusch keine Schüsse sind, und daß nicht der heranrollende Russe, nicht der über den Wolken dahinjagende Flieger mein Feind ist, daß vielmehr das Unglück selbst sich wie eine riesige, graue, schäumende Woge aus dem Meer des Schicksals aufgerichtet hat und mich mit furchtbarer Gewalt überstürzen wird. Hier stehe ich in einer friedlichen Landschaft, auf einem von Mondschein und Wolkenschatten überspielten Weg. Der Wind weht milde um mich; mir wird mit schmerzlicher Süße der Geruch des Ackers bewußt, dennoch bin ich von unterirdischen Ängsten geschüttelt, ein in den Mahlstrom der Zeit geschleudertes Ding.

Mutter erscheint meine Eile kindlich und übertrieben. Sie will nicht am Straßenrand stehen und auf einen Bagagewagen warten. Die Welt scheint ihr verkehrt, in der nicht sie, wie einst in der Oberförsterei, als sie noch mit Relaiskutschen von Adelnau nach Posen fuhren, im Wagen saß und fußmüde Wanderer aufnahm, sondern wo sie selbst am Grabenrand wartet und zu einem groben Fahrer hinaufbettelt. Aber sie hat den tiefen Humor der Weisheit. Sie weiß, daß das Leben sich im Widerspiel erneuert. Es gehört wohl auch zu der ausgleichenden Gerechtigkeit, daß sie glücklich sein kann, wenn ein mürrischer Soldat, der das übriggebliebene Gut eines Heereslagers in eine ungewisse Sicherheit fährt, sie gegen ein paar Pfeifen Tabak mitnimmt, wie sie ja auch als Kind glücklich war, wenn sie neben dem grünbetreßten Kutscher auf dem Bock fahren durfte, dem sie heimlich auch immer etwas Tabak zusteckte.

Endlich rollt wieder eine Kette von Wagen an. Sie schieben sich wie Riesenschnecken mit ihrem Gehäuse die Chaussee herauf. Der dritte Wagen hält an und läßt sie einsteigen. Unter der Plane hört man das Gebrumm eines Soldaten.

»Steig an der Ziegelei aus, wir werden dich abholen, oder geh in das Hotel«, rufe ich noch zu ihr hinauf, dann rumpelt das Gefährt weiter.

»Bleibt nicht so lange!« Mutters Stimme verklingt im Rädergerassel.

Ich fühle mich erleichtert, doch vereinsamt. – Berthold fährt auf dem Fahrrad an mir vorbei. Er will versuchen, einen Lastkraftwagen für uns aufzutreiben. –

Die Stunden schleppen sich schwer dahin.

Ein feiner Regen rieselt herab. Wir haben uns selbst und unser Gepäck am Chausseerand aufgebaut. Vielleicht kommen noch mehr Wagen. Der Regen ist der Feind aller

Flüchtenden. Er durchweicht die Papierhüllen der Pakete und dringt durch die Pappe in die Kartons ein, er netzt die übermüdeten Gesichter. Der Wald, der gestern noch unser Freund war, ist unheimlich und von ungewisser Feindschaft. Wir glauben unter dem Tritt unsichtbarer Männer die Zweige knacken zu hören. Furchtsam hocken wir beieinander und frieren. Berthold ist noch nicht zurück, und in zitternder Unruhe weiß ich meine Mutter auf dem zugigen Feld bei der Ziegelei stehen. Ich hoffe nur, daß Berthold sie gefunden und in das kleine Hotel gebracht hat. Ich hatte es ihm noch zugerufen.

»Daß unser Doktor einen Lastwagen bekommt, kann ich mir nicht vorstellen. Ein Wunder wäre das«, sagt Pietzsch vor sich hin.

»Ich habe einen Kremser nahe dem Bismarckturm stehen sehen«, fange ich an.

Niemand reagiert.

Der Regen tropft vom Himmel und von den Bäumen, dringt unter die Haut und verdünnt das Blut.

»Beim Bismarckturm steht ein Kremser«, wiederhole ich lauter.

Ida Pietzsch schüttelt sich, hebt den Kopf. Jetzt hat sie es begriffen.

»Den könnten wir doch einfach nehmen.«

»Nach dem Eigentum fragt niemand mehr«, knurrt der Schloßherr.

»Sicher gehört er der Gärtnersfrau«, sagt Brigitte widerwillig. »Wir können ihn ja morgen zurückbringen.«

Morgen ist soviel wie um die Ecke der Ewigkeit.

»Der Wagen gehört mir«, erklärt Butzke, »aber er hat keine Deichsel.«

»Eine Deichsel«, sagt Paul, »die können wir doch noch zusammenzimmern.« Er reckt sich und macht breite Schultern. Er steht von Brigitte entfernt. Und diese Entfernung bewirkt es wohl, daß Brigitte sich plötzlich fragt: ›Warum ist er denn nicht bei seiner Frau!‹

Wir erheben uns steifbeinig, kehren ins Schloß zurück, nur Ingrid und Hannelore bleiben als Posten an der Chaussee. Wir machen das oberste Paket Vorrat auf und schlingen in uns hinein. Die Männer springen wie Knaben im Spiel. Im Keller wird ein Stamm ausgesucht, ein Holzbock in die Küche getragen, die Kiefer darüber gelegt. Zwei Äxte geholt und das dünne Ende von Pietzsch und Paul für die Deichselnabe zugeschlagen. Nun ist die Küche, ihres ursprünglichen Sinnes völlig beraubt, zur Tischlerwerkstatt geworden. Die Holzstücke fliegen umher.

Frau Wilhelmine starrt mit verständnislosem Blick auf das neue Unwesen und fühlt sich machtlos.

»Mach dich fertig.« Butzke reckt seinen ausgemergelten Hals und stößt sie an: »Wir gehen mit.«

Sie blickt ihn verschreckt an: »Aber ich muß doch erst noch saubermachen.«

»Unsinn, wir gehen mit. Hier ist nichts mehr zu retten!«

Minna erhebt sich mit weichen Beinen. »Was soll ich denn mitnehmen?« fragt sie hilflos.

»Nichts«, faucht ihr Mann gereizt. »Ich habe dem Doktor gezeigt, wo der Tresor ist. Ist sowieso nicht viel drin. Aber wenigstens das Radio.«

Dann wackelt sie aus der Küche. Kaum hat sie die Tür geschlossen, öffnet sie sie wieder. Sie sieht hilflos und entsetzt aus: »Ich kann nicht bis Coswig laufen. Ich kann doch nicht laufen!« Und sie blickt sich Trost heischend im Kreise um.

Die Frauen sehen nicht einmal auf. Die Männer schlagen und schaben die Baumspitze zurecht. Butzke ist das Bekenntnis seiner Frau peinlich: »Da müssen wir eben hierbleiben«, sagt er mürrisch.

»Allein? Wenn die andern alle gehen?« Aus ihrem weißlichen, verquollenen Gesicht geistert Angst. Die Augen werden noch schwärzer, das Kinn zittert. Der Mann zuckt die Achseln und sieht die Frau böse an. Die Schloßherrin senkt den Kopf, verzweifelt und geduldig, und schlurrt endgültig hinaus.

Wir sind nicht mehr zudringliche Fremde für sie, nicht mehr die Wandalenweiber, die mutwillig ihre Küche demolierten, jetzt in der Stunde vor der Flucht sind wir eine schützende Hecke, die sich zwischen sie und das unverständliche Geschick schiebt. Sie hofft inbrünstig, daß diese Frau Pietzsch, die sie in ihrem fahrlässigen Herumwirtschaften verachtet und die ihr dennoch gerade in ihrer großzügigen Nachlässigkeit heimlich imponiert, sie jetzt nicht verlassen wird.

Sie humpelt die Treppe hinauf in ihr Schlafzimmer und geht zu ihrem Wäscheschrank. Doch findet sie den Schlüssel nicht, natürlich, sie hat ihn ja versteckt, wenn sie nur wüßte, wo. Sie tappt mit ihren Händen blindlings umher. Licht zu machen, wagt sie nicht. Fern surren Flieger. Unerwartet gerät ihr etwas Kaltes, hartes in die Hand: der Schlüssel. Vorsichtig steckt sie ihn hinein und dreht um. Der kühlende Hauch von frischem Leinen weht ihr entgegen.

Sorgsam geschichtet liegen hier Fach für Fach die Überschlaglaken für die Daunendecken, mit großem weißem Monogramm bestickt, die Kopfkissen dazu passend. Zwei zu jedem Überschlaglaken, darunter die Laken, grobkörnig mit Hohlsaum rundum. Ihre Hände gleiten wehmütig von den schon ergriffenen Bezügen wieder herab. Dann aber packt sie zu, wie sie wohl während ihrer Köchinnenzeit den Mut zur Verschwendung gehabt hatte, wenn sie in die Schüssel voll Eier griff, um ein besonders leckeres Omelett zu bereiten, und ertastet eine doppelte Garnitur, die sie entschlossen herauszieht.

Während ihre Hände noch zweckvoll handeln, sitzen die schwarzen Augen plötzlich verschreckt im Schneefeld des

Gesichtes, huschen dann angstvoll herum und verkriechen sich schließlich unter den Lidern: Flieger kreisen deutlich in Wolkenhöhe über dem Dach. Sie macht ein paar Schritte zur Tür und bleibt dort vor Schrecken angewurzelt stehen. Die Fensterscheiben klirren. Die Einsamkeit ängstigt sie wie eine zweite bösere Dunkelheit. Sie möchte um Hilfe rufen, aber die andern sind sicher im Keller, es hat keinen Zweck. Es hat alles keinen Zweck. Die Flieger donnern über ihr, aber sie ziehen mit ihrer furchtbaren Last weiter. Die sauber geglättete Wäsche gleitet Minna vom Arm. Sie bückt sich müde danach. In einem jähen Hellwerden ihres Bewußtseins erkennt sie die Sinnlosigkeit der Bestechung. Sie wird dem Ablauf des Geschehens, das wie ein Lastwagen daherrollt und sie unter seine Mammuträder bringen wird, nicht entgehen. Auch wenn sie der spitzbübischen Frau Pietzsch ihre schöne Wäsche schenkt. Die Schloßfrau empfindet in der Einsamkeit und Dunkelheit mit tiefer Einsicht, daß sie dumpf und ungeschickt ist und allen nur eine Bürde, die schneller und verständiger sind als sie. Vor allem ihrem Mann, der sie unwillig mit sich schleppt wie ein unförmiges Paket. Und dies nicht erst heute, sondern seit Jahren. Eine ohnmächtige Verzweiflung quillt in ihrer Brust auf und betäubt ihre Gedanken.

Von den Fliegern ist nicht mehr zu hören als das ferne Summen einer Riesenhummel. Die Schloßherrin deckt fürsorglich ihre Schürze über die leuchtend weiße Wäsche, damit ihr Mann sie nicht unnötig fragt, falls sie ihm begegnet. Dann schleppt sie sich mit zittrigen Knien die Treppe hinab. Durch die unverdunkelten Riesenscheiben der Diele glänzt weißes Mondlicht. Die alte Frau bemerkt es mit Kopfschütteln wie eine Ungehörigkeit der Natur. Dann schleicht sie in den unbeleuchteten Korridor und wartet, daß Ida Pietzsch oder eine ihrer Töchter, die heulend vor Kälte zurückgekommen sind, herauskämen.

Ida Pietzsch spürt eine leise Unruhe. Ihr stets sprungbereiter Geist hat es satt, dem umständlichen Handwerk der an der Deichsel arbeitenden Männer länger zuzusehen. Sie will noch einmal durchs Haus pirschen, um vielleicht in einer übersehenen Ecke ein herrenloses Gut zu entdecken. Geschmeidig und schnell öffnet sie die Tür, ein breiter Lichtstrahl fällt hinaus.

Die beiden Frauen stehen sich unerwartet dicht gegenüber. Einen Augenblick starren sie sich sprachlos an. Schließlich hält Minna Butzke ihrer Widersacherin schüchtern die Wäsche entgegen: »Hier, Frau Pietzsch, eine Doppelgarnitur von meiner besten Leinenwäsche –«

Ida Pietzsch fühlt etwas Köstliches, Kühles an der Hand, sofort befiehlt die Schlauheit ihrer Stimme ergebene Weichheit, ihren Worten Schmeichelei und sogar eine ihr eigentümliche katzenhafte Wendigkeit des ganzen Körpers, die jedoch ihr nüchterner Verstand in der Finsternis des Korridors als vertane Liebesmühe tadelt. Sie girrt ihren Dank für das wunderbare Geschenk, während sie mit ihren gierigen Händen die kalten, weichlichen Hände der alten Frau zugleich mit der Wäsche ergreift. In dieser Sekunde ist das Dargebotene schon nicht mehr eine im Überreichen befindliche Spende, sondern ihr rechtmäßiges Eigentum. Die Versprechungen, die ihr sofort vom Munde blühen, sind nur Papiergirlanden.

Frau Wilhelmine verfällt angesichts dieses Wechsels in Fassungslosigkeit. Die Wäsche hängt bereits über dem Arm der neuen Besitzerin. Sie fühlt, daß sie gar nichts mehr zu verschenken hat, ja, daß sogar diese Bittgabe eigentlich nur ein Raub der anderen ist, und ein tierischer Haß gegen die hellköpfige Geschwinde steigt in ihrer armen, dumpfen Seele auf. Sie könnte sie in diesem Augenblick, da ihre Hilflosigkeit und ihre Gebefreudigkeit so schmählich enttäuscht werden, umbringen, mit dem Beil erschlagen. Ihre Hand verkrampft sich, aber gleich lösen sich wieder die Finger. Mit solchen

Menschen auf die Flucht gehen? Ihr graut. Sie wendet Ida Pietzsch den Rücken und schlurrt in die monddurchglänzte Glasveranda.

Die Pietzsch, die sofort spürt, daß sie sich der Blöden gegenüber ungeschickt benommen hat, will ihr nachgehen, aber da wird die Außentür aufgestoßen, Kommißstiefel knallen aufs Parkett, und eine vor Müdigkeit heisere Stimme sagt: »Hier bleiben wir erst mal, Mensch, ich fall hin und schlafe.« – Die Schloßfrau, die sich auf einen Stuhl in der Ecke gesetzt hat, bemerken die Soldaten gar nicht. Sie legen sich auf den nackten Boden und beginnen schon im Niedersinken zu schlafen. – Wem gehört eigentlich das Schloß? fragt sich die Besitzerin. Aber niemand könnte es ihr in diesen Tagen beantworten.

Die Deichsel ist fertig. Pietzsch und Paul tragen sie zum Wagen hinaus und schlagen sie mit einem Bolzen ein. Die Küche bleibt mit Spänen bedeckt zurück, die sich in dem Schmutz wie weiße Schiffchen ausnehmen. Der Kremser wird den Abhang vom Schloß auf die Chaussee hinabgerollt. Koffer, Säcke, Kartons, Taschen, Bündel werden zweckmäßig verstaut. Pietzsch steht auf dem Wagen. Paul reicht ihm die Sachen hinauf. Die Haufen am Straßenrand sind niedriger geworden, doch muß viel zurückbleiben, von jedem etwas. Murren und Jammern erheben sich. Ich sinne vergeblich auf Abhilfe. – Ein Soldat mit seinem Mädchen zieht an uns vorüber nach Coswig. Sie haben den Rucksack auf das Fahrrad geschnallt und kommen frisch daher. Ein Urlauber? Jedenfalls einer, für den der Krieg wohl beendet ist.

Die Schloßfrau ist heruntergewatschelt und steht unerwartet mit ihrem weißen Gesicht zwischen uns. Ihre weichen Züge drücken Entschlossenheit aus. »Ich kann nicht laufen –«, erklärt sie mit leiser, aber fester Stimme und blickt fordernd zu dem hochbepackten Wagen hin.

Den Männern stocken beim Aufladen die Arme. Pietzsch

sagt von seiner Höhe herab: »Ziehen können wir Sie auch nicht.«

Das müde Gerede der Frauen, die immer noch hoffen, dieses oder jenes Gepäckstück auf den Wagen schmuggeln zu können, verstummt vor Erstaunen und auch vor Empörung. Frau Butzke gehört nicht in ihre Gemeinschaft. Zwar ist sie eben noch ihre, wenn auch gezwungene Gastgeberin gewesen, aber das liegt in einer bereits abgeschlossenen Spanne der Kriegszeit: Evakuierung auf Schloß Dianenhöhe. Jetzt ziehen sie fort, lassen Schmutz und Unrat zurück, aber keinen Dank. Die Alte war ihnen zu oft im Wege. Nun kann sie sich ja allein in ihre Küche setzen und sie für die deutschen oder für die russischen Soldaten sauber machen. Die Berlinerinnen empfinden eine aufflackernde Schadenfreude. Die Männer sind gerechter, ihre Härte entspricht der Notwendigkeit.

Pietzsch blickt die Chaussee hinab nach einem Wagen aus. Ein fahler Morgen ist aufgestiegen und beginnt die Landschaft trübe zu erhellen. Die Straße liegt im ersten blassen Licht. Die Wälder gleichen schwarzen Riesenkissen, sie sind noch Teile der Nacht, der Tag hat sie noch nicht mit Form und Farbe neu geboren. – Eher mit den Ohren als mit den Augen vernimmt er das Heranrollen eines Fuhrwerks, das schon ziemlich nahe sein muß. »Der Milchwagen, es ist ja 5 Uhr früh.«

Diese Nachricht erfrischt uns wie eine Siegeskunde und löst die feindliche Spannung. Sofort rät Ida Pietzsch der Schloßfrau, eingedenk der neuen Leinenwäsche, doch auf dem Milchwagen nach Coswig zu fahren, wobei sie geschwind die alte Frau als Wächterin für die eigenen Koffer bestimmt. »Hat jemand Zigaretten?« fragt sie in blitzschneller Überlegung, zieht aber gleichzeitig selbst einige zerknitterte aus ihrer umgehängten Tasche. »Mit dem Kutscher werde ich schon reden, Kurtl, hol die Kisten, die noch in der Halle stehen!«

Der Mann steigt bedächtig über das Rad herab. »Ja, wird denn das gehen?«

»Frag nicht soviel!«

Pietzsch dreht sich langsam um, und Paul kehrt hilfsbereit mit ihm zum Schloß zurück.

Das Wort Kiste mobilisiert mich. Die Kiste, die mir meine Freundin als ihren letzten Besitz in Berlin anvertraut hat! Sie muß jetzt mit. Und wenn ich sie eigenhändig – aber das ist unmöglich. Wer wird mir helfen? Ich sehe mich um. Der blonde Kopf Brigittes erscheint plötzlich klar in meinem Bewußtsein. Sie hat die ganze Zeit an der Böschung gestanden neben mir. Wir haben auch miteinander geredet, aber nur Mund zu Mund. Jetzt sieht sie mich fragend an. Und schon rennen wir die Anfahrt hinauf.

Als wir die Kiste herunterschleppen, ist der Milchwagen – mit den übriggebliebenen Sachen beladen – bereits im Abrollen. Ich rufe, und die Schloßfrau, die mich hört, bittet den Kutscher zu warten. Die Anstrengung hat uns völlig erschöpft. Das Schluchzen sitzt mir in der Kehle. Und erst als Frau Butzke, auf einer Kiste der Pietzsch thronend, zur Stadt davonfährt, fällt mir ein, daß ich meine eigene Kiste und das Haupt der Medusa vergessen habe.

Auch Paul schwingt sich jetzt auf sein Fahrrad und nimmt Brigitte quer über die Stange. So fahren sie dem Milchwagen nach zur Elbe hinab. Ihm ist plötzlich eingefallen, daß seine Frau die ganze Nacht auf ihn gewartet haben muß.

Ida Pietzsch kann es sich trotz der Bedrängnis der Stunde nicht verkneifen, mir zuzuflüstern: »Habe ich es nicht gesagt? ›Junger Mann übern Weg!‹ Seine Frau wird sich freuen über das Mitbringsel!« Und sie grinst bis über die Ohren.

Gleich darauf spricht sie mit einem Ehepaar, das mit zwei Kindern soeben marschfertig zu unserer Gruppe gestoßen ist: Ein Ingenieur und seine Familie, die in einem der Dörfer einquartiert waren. Er berichtet nüchtern: »Die Russen sitzen in den Wäldern.«

Seine Frau erklärt mit zynischer Sachlichkeit: »Jetzt fliehe ich zum zehnten Mal, immer ein Stück weiter nach Westen. Mein Mann hatte mich und die Kinder in Ostpreußen in Sicherheit gebracht. – Anni, spiel nicht mit Jochens Mütze.«

Das kleine Mädchen, das größere der beiden Kinder, sieht unsicher zur Mutter hin. Seine Augen schwimmen in Blut. Die Kinder haben Keuchhusten und unter der Wucht des Hustens sind die Äderchen im Auge geplatzt. Doch dies erfahre ich erst später. Im Augenblick erschreckt mich das blutige Auge des Kindes wie der Gorgonenblick unseres Geschicks. »Können wir nicht endlich von hier fort?!« rufe ich, meine Energie zusammenraffend. »Es ist ja Morgen, die Sonne scheint.«

Das Licht hat den Wäldern ihr Grün, der Ferne das sanfte Blau, der Erde das tiefe Braun und den Birken, zwischen denen wir stehen, das Weiß des Stammes wiedergeschenkt.

Wir alle sind von dem Wunsch beseelt, fort- und voranzukommen. Aus Berlin waren wir mit Wehmut von unseren Freunden, in Sorge um das angebombte Haus, den zurückgelassenen Besitz gezogen. Unser Gewissen hatte gepocht. Der Auszug von Schloß Dianenhöhe aber vollzieht sich mit einer Art Vagabundenfröhlichkeit. Wir sind leichtherzig und leichtfertig geworden.

Pietzsch hat sich zum Zugpferd gemacht zusammen mit Lieschen Fröhlich. Der Weg senkt sich spürbar zur Elbe hinunter und das Ziehen wird leicht. Es bereitet beinahe Vergnügen, Pferd zu spielen, wenn eine so hübsche junge Stute danebentrabt. Doch Pietzsch wiehert nicht in hellem Lachen heraus; er wahrt seine Würde, bleibt nach kürzerer Strecke stehen, löst seine Rechte von Lieschens kleiner heißer Hand, die im Beieinander des Griffs fest an ihn geschweißt worden ist, und wendet sich laut rufend nach rückwärts: »Nicht zu heftig stoßen dahinten, sonst bricht das Rad!«

Fräulein Rose und der Schloßherr, die einträchtig nebeneinander mit vorgeneigtem Oberkörper, je einen Arm gegen die überquellenden Bettsäcke gestützt, den Wagen zwar nicht gerade kräftig vorwärtsstoßen, so doch wenigstens am Umkippen hindern, sehen sich beziehungsvoll an. Lieschen Fröhlich blickt mit hochroten Wangen zum Zuggefährten empor, schüttelt die Mähne und will ihren Platz durchaus nicht an den neuen Ingenieur abgeben, dem es peinlich ist, daß das junge Ding das schwerbeladene Gefährt zieht, während er, eher in symbolischer Bedeutung, den rechten Arm gegen die Seite des Wagens stützt.

Ida Pietzsch, die seitlich rückwärts mitwandert, stellt wiederum fest, daß sich aus Mann und Mädchen ein Gespann zusammengefunden hat, das ihr eigenes Vehikel in eine falsche Richtung lenken kann. Aber sie fühlt sich in aufsteigender Müdigkeit außerstande, sogleich eine wirksame Gegenmaßnahme zu treffen. Auch ist ihre Angriffslust durch ihren stets wachen Mutterwitz in der Schlagkraft beeinträchtigt beim Betrachten des zweiten Paares. Der Schloßherr erscheint ihr in seiner vornehmen Aufmachung, mit dem steifen schwarzen Hut auf dem Kopf, in feierlichem schwarzem Mantel und hellgrauen Gamaschen, den dünnen Hals aus dem viel zu weiten Kragen streckend, wie der ernsthafte Spaßmacher eines abziehenden Zirkus und neben ihm Fräulein Rose mit von Vergißmeinnicht geschmücktem Hut und einem ungewöhnlichen Leuchten im altjüngferlichen Gesicht wie die genasführte Närrin des Clowns.

Doch nicht allein Ida Pietzsch erfaßt die Komik dieser Auszugstragödie. Butzke stellt mit Galgenhumor fest, während er den Wagen auf der Chaussee durch den Wald stößt, daß er schon wieder einmal entlassen worden ist. Vor 14 Tagen aus dem Zuchthaus und jetzt aus seinem Schloß. Nicht gerade entlassen, eher vertrieben von den höheren Mächten, und dennoch, das Ergebnis ist das gleiche: Er ist frei. Frei für die Ungewißheit, die er aber als zäher, geschmeidiger Geschäftsmann zum Aufbau eines vielleicht noch besseren Daseins benutzen wird. Im Schlamm sitzen die fettesten Hechte. Er wird seine Angel auswerfen. Nur zuweilen gleitet ein Schatten über sein listiges Greisengesicht, wenn ihm einfällt, daß er in der Überstürzung des Aufbruchs versäumt hat, den mit einem Hakenkreuz geschmückten Feldstein, der die Auffahrt zum Schloß ziert, wenigstens umzukippen, so daß nicht gleich jeder, der hinaufkommt, diesen granitnen Beweis seiner Treue erkennen kann. Besonders störend ist dabei für ihn, daß er die unerwartete Instinktsicherheit seiner Frau bewundern muß, die die bronzene Hitlerbüste aus Gips schnellerhand mit dem Beil zertrümmert hat. Aber er wird noch einmal zurückkehren, um den Hakenkreuzstein umzustoßen. – Wir werden alle noch einmal zurückkehren. Keiner von uns will auch nur ein Restchen seiner Habe den herumziehenden Deserteuren oder den Siegern überlassen.

Die Räder drehen sich, der Wagen holpert und schwankt. Das kleine Mädchen mit den blutigen Augen und ihr Brüderchen sind obenauf gesetzt worden und gucken von da in die vorüberwandernden Wälder. Manchmal rufen sie mit ihrer halben Stimme eine Frage, und ihre Mutter ruft eine beruhigende Antwort. Wir wandern voran und heben die Füße immer leichter vom Boden. Kraft strömt von der tätigen Berührung der Erde in unsere Glieder, der frische Wind bläst uns Mut ins Gesicht.

Ein unglücklicher Mensch wandert mit jedem Schritt aus seinem Unglück heraus. Wenn auch seine Erinnerung und sein Schmerz ihm das Herz beklemmen und ihm mit gierigen Wurzeln die Füße umklammern, um ihn zurückzuhalten im magischen Kreise seines Leides, so muß er doch frei atmen, um weitergehen zu können, und indem er geht, atmet er tiefer und erlöster. Der Boden unter seinen Füßen, den er beschreitet, trägt ihn im Ablauf des Geschicks voran.

Unser altes Leben liegt als ein abgeschlossener Block hinter uns. Ein festgemauerter Bunker, der Vergangenheit heißt und selbst unter den Angriffen der Zukunft nicht mehr zerstört werden kann. Das Bewußtsein unseres gelebten Lebens, dieses unentreißbaren Schatzes, verleiht uns Widerstandskraft und Sicherheit. Auch die nächsten Tage, mögen sie sich noch so roh und landsknechthaft gebärden, werden einmal den Wert unseres Daseins vermehren. Dies ist die einzige Überlegenheit, die der Mensch seinem Schicksal gegenüber behält.

Auch die Flucht ist nicht mehr ein unvorstellbares Übel, sondern sie ist bereits zu einer Wesenseigentümlichkeit und zum Schicksalsbesitz des europäischen Menschen geworden. Jetzt sind die Deutschen daran, sich Flucht als Eigenart einzubeseelen, um mit den neugewonnenen Eigenschaften des Flüchtenden: der Heimatlosigkeit, der Einpassungsfähigkeit in fremde Verhältnisse, auch die scheinbar unerträglichste Daseinsform mit der Zähigkeit der im Winde dahintreibenden Samen zu überwinden.

Das Ziel unserer Flucht heißt: jenseits der Elbe, aber in Wahrheit ist unsere Flucht ohne Ziel. Denn wissen wir, was uns jenseits der Elbe erwarten wird? Wir ziehen in den letzten Ausbruch eines verröchelnden Krieges. Wenn wir noch ein paar Schritte weiter wandern, brauchen wir sicher nur die Hände auszustrecken, um den verendenden Drachenleib mit Entsetzen und doch mit jener Ehrfurcht, die der Mensch allem Übermenschlichen gegenüber empfindet, zu berühren.

Im Übergang aus einem unerträglichen Zustand in einen noch ungewissen hat uns eine rührende Zuversicht ergriffen und stärkt entgegen der Vernunft unser Gemüt mit Hoffnung. Wir werden zwar besiegt sein, doch was kümmert uns noch der militärische Erfolg? Wir fühlen uns als Sieger, ganz einfach, weil wir leben und weil wir das Entsetzliche der Vernichtung überstanden haben. Wir ziehen auf dem letzten noch uneroberten Streifen deutschen Landes dahin. Selbst das tragische Geschick unseres Volkes, das wir in jeder Phase von der Hybris bis zur Selbstzerstörung als Duldende, nicht als Täter erlitten, vermag uns nicht mehr zu schwächen. Wir werden frei sein, frei für ein eigenes Leben, mag es noch so schwierig und demütigend sein. Dieses Gefühl leiht unseren Schritten die federnde Kraft, die Sonne schenkt unseren Blicken ein hoffnungsvolles Leuchten, und mit jedem Atemzuge saugen wir den Rauch einer neuen Zeit ein.

Mutter wartet nicht mehr an der Straße vor der Ziegelei. Dort ist Frau Butzke mit Koffern und Kisten abgesetzt worden. Der schüchterne Triumph, mit dem sie auf dem Milchwagen an uns vorbeifuhr, ist von ihrem eingefallenen Gesicht gewichen. Sie steht kläglich da und hält uns einen aus seinen Hüllen gerutschten, eingepökelten Schinken entgegen: »Er ist zweimal vom Wagen gerollt, jedesmal mußten wir halten. Wem gehört er eigentlich?«

»Mir«, schreit Frau Pietzsch und stürzt sich auf die fette Beute.

Zu meiner eigenen Überraschung erkläre ich sachlich: »Ein Schinken, der vom Wagen fällt, ist noch kein herrenloses Gut. Wir werden es prüfen.«

Die Pietzsch kneift den Mund zusammen und macht grüne Augen. Aber sie wagt keinen Einwand. Die Stimmung ist gegen sie, und sie ist keine Kämpferin, sondern eine Lückenschlüpferin, die Nutznießerin des Augenblicks. Sie duckt sich und zieht sich flink zurück. Doch den Schinken hat sie schon in der Hand, und niemand nimmt ihn ihr weg.

Ein Lastwagen rumpelt uns entgegen. Berthold sitzt vorn neben dem Fahrer. Als er uns sieht, läßt er halten. Er betrachtet staunend unseren vagabundenhaften Aufzug, und wir empfinden jetzt erst das Groteske unseres Unternehmens.

»Warum habt ihr denn nicht gewartet?« fragt er mich fassungslos, zu erschöpft, um ärgerlich zu sein. Er sieht übernächtigt aus mit eingesunkenen Schläfen.

»Es war schon so spät, wir wußten nicht, ob du noch einen Wagen bekommen kannst.«

»Das Benzin mußte erst beschafft werden. Aber wer ist denn auf die blödsinnige Idee mit dem Kremser gekommen?!«

»Ich.«

Er muß unwillkürlich lächeln: »Phantastisch!«

Das Gepäck wird eingeladen, doch der LKW-Fahrer weigert sich, jetzt noch den Rest unserer Kisten von Dianenhöhe abzuholen. Er wird grob, und wir müssen uns fügen. Hätten wir nur ein wenig mehr Geduld gehabt, wäre uns die Pferdemühe mit dem gebrechlichen Kremser erspart geblieben, Mutter hätte nicht die halbe Nacht im Regen auf der Landstraße zugebracht, der Lastwagen hätte uns und alle Koffer, Säcke und Kisten zweckmäßig vom Schloß hinab zur Fähre und mit der Fähre über die Elbe an das andere Ufer schaffen können. Aber die Zeit des besonnenen Handelns ist vorbei. Nur Vereinzelte vermögen noch klar zu disponieren und ihren Vorsatz entgegen allen Schwierigkeiten beharrlich in die Tat umzusetzen. Zu ihnen gehört mein Mann.

Der nun herren- und pferdelose Kremser wird in den Hof einer Schlächterei geschoben. Danach nehmen wir mit unserem Gepäck auf dem Lastwagen Platz, aber schon am Bahnübergang hält uns ein Feldgendarm an. Er mustert uns argwöhnisch. Als er den Schloßherrn erkennt, der neben Fräulein Rose auf einer Kiste sitzt, entlädt sich unter seinem Schnurrbart eine Kanonade grober Beschimpfungen: »Mit einem solchen Lumpen auf einem Wagen zu fahren, ist eine Schande für ehrliche Leute!«

»Er ist rechtmäßig entlassen worden!« ruft Fräulein Rose, um ihre neugewonnene Freundschaft zu bekräftigen.

»Wollen Sie meine Papiere sehen?« Butzke streckt sie ihm mit zittrigen Händen entgegen.

Der Wachtmeister beachtet seinen Ausweis überhaupt nicht: »Papiere hat jeder Hundsfott! Kommt darauf an, was für ein Kerl dahintersteckt.« Er ist rot angelaufen und droht zu platzen: »So ein Leuteschinder und Lumpenhund! Runter vom Wagen!« brüllt er, »zurück!«

Berthold versucht, ihn umzustimmen. Da wird der Uniformierte sachlich: »Gehört er zu Ihrem Betrieb?« Berthold muß verneinen. »Dann kümmern Sie sich auch nicht um ihn.« Butzke ist klapprig vom Wagen gestiegen. Wir schämen uns für ihn und auch etwas für uns, weil wir ihn eigentlich gern mochten und nichts für ihn tun können.

»Und ich?« ruft Frau Butzke weinerlich. Ihr Mann und der Wachtposten winken ab. Auch jetzt bleibt sie unwichtig. Sie wartet einen Augenblick unentschlossen, da rollt der Wagen schon weiter, hält an der nächsten Ecke. Wir sehen uns nach Butzke nicht um. Seine Frau hat die weichlichen Hände übereinander gelegt und blickt vor sich nieder.

Ich steige ab, um Mutter aus dem Wirtshaus zu holen.

Sie liegt in dem ungelüfteten Gastzimmer auf einem alten Sofa, dessen Sprungfedern scharf in die Höhe stoßen. Erschöpft flüstert sie mir zu: »Ein paar Stunden habe ich im Regen gestanden. Ich war vollkommen steif gefroren. Dann erschien Berthold. Immer wenn man nicht weiter kann, ist er da. – Aber trotz des Regens habe ich mich in der frischen Luft noch wohler gefühlt als hier in diesem kalten Tabakrauch. Müssen wir schon weiter?« Dann richtet sie sich auf. Wir trinken einen schlechten, aber heißen Kaffee.

Mutter setzt sich zu dem Fahrer vorn, wo sie geschützt ist. Es ist kurz nach 7 Uhr. Wir rollen zur Fähre hinab.

Auf der Elbterrasse

Die Luft ist bleich von Nebel. Der Morgen weint mit leisem Regengeriesel vor sich hin, dann hängt er die große, gelbe Messingscheibe zwischen die weißlichen Vorhänge zum Zeichen, daß der Tag nun beginnt. Die schmalbrüstigen, niedrigen Häuser des Städtchens und die knospenden Bäume scheinen vom Nebel mit Reif beschlagen, darunter drängt eine immer heftigere Unruhe. Schon klappen ein paar Haustüren; frierende Frauen in Umschlagtücher gehüllt, die Einkaufstaschen über die Ellenbogen gehängt, treffen sich vor den kleinen Kaufmannsläden, um sich anzustellen. Mit zusammengekniffenen Gesichtern studieren sie die ungewöhnlich lange Liste der zur Verteilung gelangenden Nahrungsmittel. ½ Ztr. Weizenmehl, 20 Pfd. Zucker pro Kopf, Konserven, Fett, Erbsen, Bohnen, Trockenobst. Konfekt für die Kinder und was übrig bleibt für die Erwachsenen. Die Frauen lesen langsam, und es dauert eine Weile, bis sie begreifen, daß sie wirklich dies alles auf redliche Weise erhalten sollen. Sachlich prüfen sie ihre Taschen, ob die eine solche Fülle fassen können. Für das Mehl müssen sie einen Sack holen oder ihn sich gar erst aus einem festen Laken nähen. Denn aus den Mehlsäcken von früher sind längst Kinderhemdchen geschneidert worden. Wer hätte gedacht, daß diese Säcke nun doch noch einmal am Ende des Krieges für ihren wahren Zweck gebraucht würden? Unverhofftes Glück, unverhoffte Sorge. Die Frauen freuen sich nicht über die freigebig gespendeten Lebensmittel. Vielleicht weniger mit dem Kopf, als mit jenem untrüglichen Gefühl für den

Sinn der Ereignisse und mit ihren Zungen, die wie selbständig denkende kleine Tiere sind, wissen sie und sprechen es frei heraus, daß der Segen des flutenden weißen Mehls, der Zuckerberge, des Erbsen- und Kartoffelgerölls nur das furchtbare Zeichen eines noch verborgenen Unsegens ist: Der Krieg ist verloren, der Sieg nicht zu Ende gesiegt, die deutschen Armeen vernichtet oder in Gefangenschaft, und was jetzt in hastiger Großmut an die Zivilmenschen verteilt wird, ist nichts anderes als wiederum eine Notmaßnahme, die Ausschüttung der gestapelten Heeresvorräte, ehe sie dem Feind zugutekommen. Aber wenn auch näher drohende Entscheidung nicht fröhlich stimmt, so erzwingt sie doch Hurtigkeit, einen regeren Umlauf des Kleinstadtlebens. Wiederum ist eine Umstellung nötig: Haushalt, Beruf und Kinder müssen für den Einzug des Feindes, vom Krieg auf das Erobertwerden eingerichtet werden.

Während der langen Kriegsjahre hat das Elbestädtchen in beschaulicher Ruhe gelebt. Die Pappeln an der breiten Chaussee, die zum Fluß hinabführt, die Obstbäume in den Gärten, die Rosen, Dahlien, Nelken und Narzissen, die weiten Wiesen, die Coswig wie ein grüner Festplatz umschließen, haben in den Jahren des Schreckens nicht ein einziges Mal in ihrem gehorsamen Blühe- und Reifetrieb ausgesetzt. Das friedliche Dasein ist den Coswigern niemals als ein ungewöhnlicher Zustand und der Krieg als tägliche Not erschienen.

Der Bombenkrieg und der Panzerkrieg spielten sich anfangs im Osten und Westen des Erdteils, später im Osten und Westen Deutschlands ab.

Plötzlich wird das Unheil nun von durchziehenden, fast schon flüchtenden Truppen, von desertierenden Einzelgängern, die sich in die Häuser einschleichen und mitleidige Frauen um die Zivilkleidung ihrer gefallenen oder vermißten

Männer anflehen, wie eine Seuche eingeschleppt. Bald aber werden ihn gar die Heere der Russen oder der Amerikaner in die stillen Straßen, zwischen die Krautgärten und an die breiten, sanften Ufer der Elbe tragen. Diese Entwicklung, die sie mit ihren Augen sehen, mit ihren Händen greifen können, erscheint ihnen dennoch unwirklich und rätselhaft. Wenn man statt ihres Gemüts und ihrer flinken Zungen ihren Verstand fragte nach dem Losungswort der Stunde, so riefe er aus dem sanften Dösen, in das er sich seit mehr als einem Jahrzehnt versenkt hat, »Sieg« oder auch »Krieg«, was für sie dasselbe meint. Das Ende des Krieges erst bedeutet die endgültige Unmöglichkeit zu siegen. Diese Erkenntnis sich bewußt zu machen, ist für einen Einzelmenschen fast unmöglich geworden. Es bedeutet, daß die Epoche des bequemen, blinden Vertrauens vorüber ist und daß wieder die zersetzende, unbequeme Arbeit jedes einzelnen Gehirnes beginnen müsse. Wen hat Denken glücklich gemacht? Glauben macht seliger, so steht es schon in der Bibel. Im rechten Sinne glauben natürlich. Aber welcher arme Erdenmensch soll zu entscheiden wagen, welches der rechte Sinn ist? Glauben ist göttlicher Herkunft. Ein höheres Wesen erweckt ihn. Ohne das höhere Wesen ist Glauben nicht möglich. Es ist also nicht nur eine Bequemlichkeit, sondern geradezu eine seelische Stärke, sich einem Glauben, der befohlen wird, mit Inbrunst hinzugeben.

Darüber hinaus und drunterweg aber nagten und knabberten unablässig die Zweifel an der Unfehlbarkeit der deutschen Führung. Denn der deutsche Kleinstädter ist ein zwiespältiges Wesen. Er glaubte und zweifelte, er schwur Treue und schwur gleichzeitig ab; als Masse betrachtet, war er kritiklos und politisch stumpf, als einzelner eigenbrödlerisch und eigensüchtig. Diese beiden gegensätzlichen Eigenschaften der anscheinend bedingungslosen Anhänglichkeit an die neue vaterländische Heilslehre entwickelten den bescheidenen

Parteigenossen zu einem selbstherrlich auftrumpfenden, innerlich aber unsicheren Gesellen, der zwar Glanz und Glorie des Dritten Reiches für seine eigene Person in Anspruch nahm, das Bezweifelbare, Anrüchige aber heimlich tuschelnd am Stammtisch, in der SA, in der Frauenschaft verbreitete. Man verstand sich mit einem schiefen Blick. Der Glaube war meist Tünche. Dennoch verführte dieser Glaube zu bedingungsloser Hingabe, anfangs aus Begeisterung und Zweckmäßigkeit, später aus Angst.

Die Angst wurde das Seelengespenst des Dritten Reiches. Der zermürbende Argwohn des einfachen Parteigängers wagte bald nicht mehr, durch die Lücken seiner schadhaften Zähne zu schlüpfen. Seine Zweifelsucht wandte sich gegen den Nachbarn mit Spitzeleien, Denunziantentum. Der Kleinbürger, dem die Angst den Mund versiegelte, wurde, um der dauernden, innerlichen Folter zu entgehen, zum Folterknecht seines Nächsten. Zum Empörer wurde er nicht. Dazu fehlte seiner Seele die glühende Überzeugung, daß der Glaube an den Führer wirklich ein Irrglaube sei, denn der Zweifel, der ihn belehrte, daß der Glaube vielleicht anfechtbar sei, bewirkte ebenfalls, daß er sich wiederum fragte: Ist der Glaube nicht vielleicht doch das Richtige? – Der Kleinstädter wußte nicht mehr, wo er zwischen Gestern und Morgen stand, er schlüpfte in sein Haus und schlug die Tür mit hartem Knall zu.

Der Mensch und seine Stadt stimmen wie Lebendiges und seine Versteinerung überein. Die Häuser von Coswig sind in »Hab acht«-Stellung aufgereiht und starren stumm in die ebenso ausdruckslosen Fronten ihres Gegenübers. Unvermutet aber teilen sie sich zu beiden Seiten in untertänigem Respekt oder auch vom frommen Schrecken ergriffen, ein Platz weitet sich größer als das ganze Städtchen. Inmitten des Platzes erheben sich mächtige Bäume, und hinter dem jung belaubten Geäst der Naturriesen wächst ein Gigant unter

Zwergen empor, das Gotteshaus. Gewaltig und Achtung gebietend liegt es da, eine Macht verkündend, die nicht von dieser Welt, ganz sicher aber nicht aus Coswig stammt. So besinnen sich die Häuserchen denn auch bald und laufen, nachdem sie den großen Ehrfurchtsbogen beschrieben haben, schnell wieder zueinander in Reih und Glied und blinzeln sich listig und lustig unter den Giebeldächern an. Aber es ist ihnen keine Ruhe vergönnt. Mitten im Voranschreiten der Straßen werden sie einfach zurückgedrängt, und dickstämmige Pappeln – Gassen, Plätze und Gärten überragend – wachsen hintereinander her im mächtigen Wurzelschritt. Sie bauen sich auf zu einem könglichen Spalier, sie machen die Straße breit zwischen dem Aufmarsch ihrer Stämme und überwölben sie hoch oben mit ihren dichten, vielverzweigten Kronen. Im sanften Gefälle lassen sie die Wiesen hereinströmen wie ein grünes Meer: es fließt unter ihren Stämmen dahin, staut sich und zerbricht in der von Rädern zerrollten, von Menschenfüßen zertretenen Chaussee und fließt doch weiter dahin, ungehindert bis an die Ufer des breiten Stromes, zu dem die Bäume wie eine Parade von Paladinen hinabführen.

An der Elbfähre

Die Elbe, die von Schloß Dianenhöhe wie ein silbernes, funkelndes Band ausgesehen hat, das die Landschaft lieblich schmückt, ist hier an der Fähre von Coswig zum vieldeutigen Mitspieler des Daseins geworden. Sie ist Fluß und Wasser, entsendet Nebeldünste über Wiesen und Wälder, trägt Schiffe vom Meer ins Land hinein, vom kleinen Binnenhafen zur großen Hafenstadt. Sie trennt Getier, Pflanzen- und Menschenart, sie ist ein Limes, über den sich nur wenige Rechenschaft geben.

Im rasenden Geschehen weniger Wochen ist die Elbe statt des Rheines zum Schicksalsstrom der Deutschen geworden. Nicht, daß an ihren Ufern blutige Heldenkämpfe ausgefochten werden würden, sie ist bereits preisgegeben, als noch kein Feind seine Panzer bis zu ihren Brücken und Fähren gerollt hat. Die Elbe wurde verraten, von der Führung Deutschlands 1945 nur noch als Übergangshindernis für die Entsatzarmee verzeichnet, die der bedrohten Hauptstadt zu Hilfe eilen sollte; im übrigen aber war es den Alliierten anheimgestellt, sich über die Elbe als Grenze oder als östlichen beziehungsweise westlichen Besitz zu einigen. Für den deutschen Menschen aber, für die Anwohner ihrer Ufer wie für die Flüchtenden, die nach dem Westen, für die Soldaten, die nach dem Osten darüber drängten, vor Eile und Erschöpfung taumelnd, ist sie der Strom einer deutschen Landschaft geblieben. Mit der Elbe ist die letzte innere Grenze Deutschlands erreicht.

Kaum eine Stunde von Coswig mit dem Fahrrad entfernt, erhebt sich die Schloßkirche in Wittenberg, an deren Tore einst ein Mönch seine bedingungslosen Forderungen schlug.

An der Elbe gedeiht kein fülliger Menschenschlag. Hier herrscht grüblerische Kargheit neben philiströser Strenge, die Rechthaberei des erkenntnissüchtigen Geistes. An den Ufern der Elbe wandeln Männer und Frauen nicht in schönklingenden Gesprächen wie an den Ufern des Arno und des Tiber; die Wollust des Fleisches und des Geistes ist den Elbemenschen fremd. Doch sucht ihre Nüchternheit nach Gesetzmäßigkeit, sie sind Streber nach der Wahrheit, die ihnen um so klarer erscheint, als sie ihnen aus dem nebulosen Brodeln der Landschaft als einsames Gestirn aufstieg. Die Pracht der südlichen Natur wäre ihnen eher störend als angenehm. Nur in der nüchternen Ebene an der Elbe, die wohl Wälder und Wiesen, aber keine Berge, zwar den breiten Strom, aber kein Meer, wohl ein gesundes Land, aber keinen fruchtbaren Überschwang der Ernte kennt, konnte vor mehr als 400 Jahren der Protestantismus entstehen. Diese einzige deutsche Revolution brach aus dem religiösen Bewußtsein heraus. Der wirkungsstärkste Widerstand gegen die allgemeine christliche Kirche geschah in Wittenberg. Hier hatte sich das deutsche Wesen zu seiner entscheidenden europäischen Tat erhoben. Sie ist durch Kriege und Eroberungen nicht auszulöschen. Wer die Haube des Wittenberger Kirchturmes von ferne sieht, muß in Ehrfurcht und Nachdenken verfallen. Über die kirchliche Zustimmung hinaus fordert der Anschlag Luthers die Anerkennung für die geistige Kampfansage eines furchtlosen Mannes.

Doch niemand von uns, die wir zu Fuß oder in der langen Reihe anrollender Wagen zur Fähre hinabdrängen – denn die Brücke ist vorübergehend für Zivilisten gesperrt –, denkt an Luther und die Wittenberger Thesen. Auch Coswig ist schon hinter die grünen Uferwiesen, hinter die hohen Pappeln entrückt.

Vom Fährufer aus liegt der breite Klotz des Coswiger Schlosses frei für unseren Blick. Steil und grau, stärker auf Schutz als auf Schönheit bedacht, eher eine Festung als ein gefälliger Wohnaufenthalt, wächst er mit der Kraft einer schroffen Steinwand empor, am Gipfel nur leicht mit Giebeln gekrönt. Der machtvolle Bau beherrscht Fluß und Wiesen, er scheint seine drohende Stirn noch über die Wälder des anderen Ufers zu recken. Er verdüstert das Bild der Landschaft, die eben noch lieblich und anspruchslos war, und offenbart gefährlich seinen wahren Zweck: Zuchthaus zu sein, Haus der Gewalt. Kein Gnadenschein dringt durch die vergitterten Fenster. Nur die Gefangenen als eine verdächtige und niedrige Menschenart – mochten sie auch in den letzten Jahren mehr aus politischem Irrtum als aus verbrecherischem Treiben eingesperrt worden sein! – zeigten sich zuweilen, zur Arbeit befohlen, zwischen den bürgerlichen Grenzpfählen. Es graut den Coswigern, wenn sie sich vorstellten, daß das Schloß plötzlich nicht mehr Zuchthaus wäre. Denn was wird geschehen, sobald nach der Befreiung die Häftlinge, die Leiber von Hunger ausgehöhlt und die Seelen mit Haß gemästet, in das satte Städtchen eindringen werden?

Die Fähre ist randvoll von Fuhrwerken, Fahrrädern, Kinderwagen, Karren und Menschen. Die Menschen zwängen sich überall dazwischen, sie sind wie das Wasser, das überall eindringt. Kein Durchschlupf ist zu schmal, kein Wagen zu breit, ein Flüchtling kann sich immer noch dazwischendrükken. Die Frauen werden von vorn und hinten geschubst, doch die Fahrräder lassen sie nicht los, sie halten die Lenkstange mit straffen Armen. Wenn sie ihr Rad zu den anderen Fahrrädern gäben, wüßten sie denn, ob sie es bei der Hast der Landung wiederbekämen? Mit dem hohen Korb voll letzter Habe hinten aufgeschnallt? Nur was man in der Hand hat, gehört einem noch. Schon daneben gestellt oder gelegt, wechselt das Ding seinen Besitzer; das Auge allein bewacht nicht scharf genug, nur die Hand hält noch fest, der energisch davor gestemmte Fuß oder das Hinterteil, mit dem man sich so breitspurig, wie es die magere Kriegskost zuläßt, auf seinen Koffer setzt.

Der Besitz ist auf der Flucht, nicht nur der Besitzende. Der Besitz wechselt den Besitzer, das Flüchtende den Flüchtling; ein geheimer Fluch treibt die Flucht vorwärts. Eine Rastlosigkeit hat sich der Dinge bemächtigt, sie gleiten, rollen, schieben sich zwischen den griffesten Händen, den Säulen der Beine, unter der Last des ganzen Menschen fort, zum Nachbarn hin. Viel braucht er gar nicht zu tun, dem Dieb wird die Arbeit leicht gemacht; unversehens ist ein ehrbarer Bürger um einen Koffer bereichert, er zaudert nur eine Sekunde, den Bruchteil einer Überlegung: Ist es mein Koffer? Mein Koffer war braun und an der Ecke eingedrückt, dieser hier ist eher schwärzlich und ein Riß geht quer über den Deckel. Doch dann nimmt er den fremden Koffer, als wäre es sein eigener, und der eigene Koffer erkennt den fremden als Zwilling an, und während sie von der Hand des neuen und alten Besitzers auf den Karren geschnallt werden, rempeln sie sich schon wie Kumpane an und verständigen sich in ihrer Koffersprache: Wir wollen weiter.

Aber von der Fähre kann erst einmal keiner herunter. Auf der Fähre bleiben Besitz und Anstand gewahrt. Die Frauen haben bunte Kleider an und leuchten wie Feldblumen, und wenn nicht eine geisterhafte Stummheit, eine unheimliche Heimlichkeit über diesem so offenen Vorgang der Überfahrt von Ufer zu Ufer läge, sähe dieses sanft dahingleitende, mächtige Boot wie eine fröhliche Sonntagsfahrt aus. Aber das Schweigen brütet darüber. Es hat seine wattigen Flügel ausgebreitet, und kein Laut dringt in die milde Luft; selbst die Kinder, die von den Müttern wie Ansteckbuketts auf dem

Arm getragen werden, und die größeren Kinder, die sich zwischen die Motore drängen und am liebsten im Wirrwarr der Räder Fangen gespielt hätten, halten sich stumm, und wenn eines den Mund öffnet, um einen Jauchzer des Übermuts auszustoßen, hält ihm ein anderes Kind den Mund zu. Plötzlich wenden sich alle Blicke wie auf ein geheimes Kommando dem Himmel zu. Ein Geraune der Angst streicht von Mund zu Mund: Da sind sie! Die Menschen wagen nicht einmal, mit den Armen nach oben zu zeigen, nur ihre Augen sichten die über den Fluß herstreifenden fürchterlichen Raubvögel, die scheinbar harmlos näherfliegen, nun ganz nahe sind, jetzt direkt über der Fähre. Die Bewegungen sind erstarrt. Die Köpfe in den Nacken gelegt und mit einem Ausdruck ergebenen Entsetzens sind die Gesichter flach nach oben gekehrt.

»Ein Aufklärer«, flüstert ein Mann, und ein leises Aufatmen löst die Glieder aus der Erstarrung. Da aber beginnt der Flieger zu kreisen. Er zieht eine anmutige Schleife über dem Fährboot. Wie lange dauert doch ein Gedanke, und sei er auch der Ausdruck des höchsten Schreckens, gegenüber der schnell vollzogenen Tat! Nun sind die Gedanken schon alle erstorben, nur Augen und Ohren sind von gespannter Bereitschaft. Ja, was Verstand und Gefühl nicht mehr zu empfinden vermögen, scheinen die Sinne mit geschärfter Klarheit aufzunehmen, der ganze Körper ist ein einziges Meßinstrument der Gefahr. Zu der ertötenden Angst gesellt sich die schon ins Unterbewußte gesunkene Erfahrung von Tieffliegerangriffen. Niemand von diesen auf der Fähre zusammengepferchten Menschen, von denen jeder, wenn man ihn nur wenige Minuten zuvor gefragt hätte, woher er denn käme, einen anderen Teil Deutschlands als seine Heimat genannt hätte: Westpreußen, Ostpreußen, Schlesien, Pommern, Brandenburg und Berlin, könnte jetzt, da der Tod über ihm schwebt, noch eine Auskunft über sich geben. Heimat, Name, eben erlittenes Grauen, Besitz, Liebe, alles ist in dieser Sekunde der drohendsten Gefahr, der sie ohne jede Fluchtmöglichkeit ausgeliefert sind, in ihnen erloschen. Vergangenheit, Gegenwart, Zukunft gibt es nicht mehr, vielleicht noch als letzten Widerschein des untergegangenen Bewußtseins die Erkenntnis: Mitten auf dem Fluß! Selbst wenn wir ins Wasser springen, keine Rettung! – Und in Abschätzung des Angriffs: MG, sie streuen, manche zielen, – aber jetzt haben sie auch Bomben!

Der Flieger zieht seine zweite Schleife, die anderen Maschinen sind weitergeflogen, machen plötzlich scharf kehrt und kommen zurück. Es ist keine Hoffnung mehr, sie haben uns erkannt. Sie haben uns als Ziel genommen, warum sie nicht herunterstoßen?

Mutter sagt, wir hätten im Schloß bleiben sollen. Ich höre ihrer Stimme an, daß sie sich nicht fürchtet, es ist nur eine praktische Erwägung. »Die ganze Flucht ist Unsinn.« Mit großer Anstrengung nehme ich mein Gesicht vom Himmel zurück und wende es ihr zu. Sie sieht genau so aus wie immer, und weil sie unverändert ist in diesem Augenblick der sichtbaren Todesdrohung, weiß ich, daß uns nichts passieren wird. »Gut, daß Berthold in Coswig geblieben ist«, sage ich leise.

Die Fähre legt am anderen Ufer an. In der gleichen Sekunde stößt der Flieger herab, streut eine Saat Schüsse scharf an uns vorbei ins Wasser und steigt graziös wieder in die Höhe.

Die Männer fluchen, eine alte Frau mit weißversträhntem Haar, die sich beim Besteigen der Fähre zeternd nach vorn gedrängt hatte, ist tot zusammengesunken. Eine junge Frau erbricht sich, die Amazonen mit den Fahrrädern schieben ihr Gefährt langsam die Uferböschung hinauf.

Ida Pietzsch, die während des Angriffs mit halboffenem Mund im verblödeten Gesicht dagesessen hat, schüttelt sich jetzt wie ein Huhn nach einem Regenschauer, blickt sich noch ganz benommen um, ruft ihre beiden Töchter, die rechts und links an sie geschmiegt sitzen. Als sie sich fühlbar von ihrer Nähe überzeugt hat, läßt sie die Blicke freier schweifen und schaut nach dem Mann aus: »Kurtl«, sagt sie in jenem geheimnisvollen Flüsterton, mit dem sie ihm verbotene Anweisungen zu geben pflegt, »ist der Koffer mit dem Eingepökelten auch fest zu?« Der Mann sieht sie aus weiter Ferne an, nickt nur stumm und zündet sich eine Zigarette an. Schweigen ist glatt und rund wie ein Ei. Es bietet keinen Angriffspunkt, man kann es nur derb anfassen und wie Kolumbus auf die Spitze stellen. Solche Gewalttat hat Frau Pietzsch oft versucht, und es war ihr jedesmal geglückt, den Inhalt des Schweigens an den Tag zu bringen, aber im Augenblick wagt sie es nicht. Es lohnt sich ihr wohl auch nicht, denn sie wittert ganz richtig, daß das Ei des Schweigens hohl ist, vom Raubvogel des Schreckens geleert. Darum fragt sie nur noch einmal, nun erst selbst zur Wirklichkeit zurückkehrend: »Wo sollen wir eigentlich hin?«

Wir wissen es nicht. Wir klettern wieder auf den LKW, trotz Schimpfen und Fluchen des Fahrers, der umkehren will, aber wir besetzen einfach den Wagen. Er ist jetzt unsere Heimat, ein rollender Gegenstand, der uns nicht einmal gehört. Aber was gehört noch wem? Wir treiben alle dahin wie ein träger Strom, gezogen, geschoben, getragen – rollend, wandernd, und werden stündlich tiefer unter dem anfliegenden Wüstensand der Geschehnisse vergraben. Vor uns das Nichts, hinter uns das Chaos, vor uns das Chaos, hinter uns die Zerstörung.

Mit vielen Gefährten rollt der Lastwagen zwischen Fußgängern und Radfahrern nach Wörlitz. Vielleicht ist dort, wie ursprünglich vorgesehen, wirklich Quartier für uns gemacht worden. Kurz vorher aber hat sich Ida Pietzsch entschlossen, abzusteigen und sich einmal den Gasthof »Zur Elbterrasse«, der direkt am Landungssteg der Fähre liegt, näher anzusehen. Ihr Mann fährt auf ihren Kisten und Koffern mit uns. So hofft sie sich für jeden Fall eine Unterkunft zu sichern.

Die Chaussee führt zuerst an der Elbe entlang, biegt dann in den Wald ein. Aber ich nehme nur dunkelgrüne, majestätische Größe wahr, die sich zu beiden Seiten unseres Weges erhebt, grüne Mauern, die uns abgrenzen und die Richtung weisen. Natur, Duft des Waldes, Schönheit der alten Bäume vermag ich nicht zu empfinden. Fern ist der Himmel, aber ganz nahe ist der gehetzte Mensch. Die Unsicherheit hockt in mir wie eine Kröte und frißt sich an der letzten Hoffnung satt. Wir sprechen nicht. Die Zwecklosigkeit dieser Fahrt ist allen bewußt. Die grünen Mauern geben uns frei. Um uns breiten sich Wiesen. Der Weg beginnt eine schlangenhafte Windung, auf der wir uns eingekeilt zwischen anderen Fuhrwerken entlangschieben. Hinter den hohen Bäumen des Parks, der mir von Wochenendfahrten in erquickender Erinnerung ist, erhebt sich steil die Kirchturmspitze von Wörlitz.

Wir fahren durch das Tor »Zum Eichkranz« auf die Hauptstraße des Städtchens, deren niedrige Häuser von der Bewegung der hin- und herflutenden Flüchtlinge hin- und hergeschwemmt zu werden scheinen. Der Wagen stoppt, der Chauffeur steckt den Kopf aus der Fahrerkabine und ruft nach rückwärts: »Wohin soll ich fahren?« Er raucht die letzte Zigarette und will umkehren. Er selbst ist ansässig in Coswig und hat mit den Kriegsvagabunden nichts zu tun. Wir schweigen stumpf. Uns fällt nichts ein. Da erhebt Fräulein Rose ihre spitze Stimme: »Es sollen doch für die Gefolgschaften im Hotel ›Drei Linden‹ Räume freigemacht worden sein.« Keiner von uns glaubt die Mär, aber der Fahrer hat sein Ziel nicht allzu fern und stuckert über das Kopfsteinpflaster weiter.

Das Hotel »Drei Linden« ist übervölkert wie ganz Wörlitz. Schwitzende Kellner bringen ein schlechtes Essen. Aber es gibt noch Kellner, das verwundert uns sehr, während wir durchs Fenster in den Schwall der Gäste blicken, die die Wirtsstube in eine Karawanserei verwandelt haben.

»Nichts zu machen«, murmelt ein Einheimischer hämisch, »kein Stuhl, kein Stroh – wo soll's denn auch plötzlich herkommen für so viele Menschen?«

Als wir noch unschlüssig warten, erscheint die Wirtin an der Tür des Gasthauses mit vor Schlaflosigkeit verzerrtem Gesicht, wedelt mit der Schürze, wie man auf dem Hühnerhof die zudringlichen Enten bei der Fütterung forttreibt, und schreit mit heiserer Stimme: »Hier ist nichts frei, nichts frei!«

Wir steigen auf den Lastwagen, der Chauffeur schüttelt den Kopf, schimpft laut: »Wer zahlt mir das Benzin?« und versucht wütend davonzurasen, doch die Karren verstopfen die Straße. Er verliert Zeit, er verliert die Geduld. Wenn er mit der Fahrbereitschaft Krach bekommt, können sie ihn doch noch holen. Es ist alles scheißegal, Fahrbereitschaft und Volkssturm, er wird schon den richtigen Moment finden, – wenn er nur eine Zigarette hätte! Diese Flüchtlinge bringen die Welt durcheinander, verrückt, verrückt! Schließlich, was geht es ihn an! Pietzsch, der sich neben Mutter in die Kabine geklemmt hat, reicht ihm eine Zigarette. Der Fahrer brummt: »Zeiten sind das, Mann, Zeiten!« Dann hat sich vor ihm das Knäuel der Karren entwirrt, zwei sind umgestürzt. Ein Koffer liegt aufgebrochen auf der Straße; eine Frau klaubt hastig eine rotleuchtende Handtasche und seidene Wäsche zusammen.

Zurück durch das Tor »Zum Eichkranz«, über den sich schlängelnden Wiesenweg, durch die breite, gerade Waldchaussee. Die Elbe funkelt vor uns. Soldaten und Flüchtlinge schieben sich im Durcheinander. Unsere letzte Hoffnung, im Gasthof zur »Elbterrasse« Unterkunft zu finden, entgleitet uns. Da hält der Wagen, und wir werden abgeladen. Wir stehen mit Sack und Pack vor dem schmalen Eingang der

Wirtschaft. Mutter erklärt: »Ich gehe hinein.« Aber sie öffnet nicht die Tür, sondern geht um das Gebäude herum, durch einen kleinen Kaffeegarten mit alten Bäumen zu der Glasveranda, die wir von der Fähre aus gesehen haben.

In dieser Glasveranda, die auf drei Seiten von Frühlingslicht durchdrungen ist, nistet das Unglück noch nicht. Eher spürt man gleich beim Eintritt die Unbeschwertheit von Sonntagsausflüglern, die ihre Wohnung verlassen haben, um sich für ein paar gelöste Stunden in dieser lichteren, leichteren Behausung zusammenzufinden und bei Kaffee und Kuchen des Lebens Alltäglichkeiten zu beplaudern.

Genau wie solch ein Sonntagsgast sitzt Ida Pietzsch in der fast leeren Veranda an einem langen, leeren Tisch, hinter einer dampfenden Kanne Kaffee, neben der sich rechts und links zwei Berge von dick belegten Stullen häufen. Als wir eintreten, glänzt sie in listiger Gutmütigkeit, wie mit einem überirdischen Schmalz eingerieben. Der Mund mit den auseinandersperrenden Zähnen spaltet vor Vergnüglichkeit ihr Gesicht beinahe in zwei Hälften. Ihre Augen sind zu lustigen Blinklichtern verkleinert. Sie reicht uns allen mit kräftigem Druck die Hand, als hieße sie Nachzügler willkommen, die sich vor einem Gewitter noch rechtzeitig zu ihr geflüchtet haben.

Wir beginnen uns bereits vom Flüchtling, der noch selbständig entscheidet und das Ziel seiner Flucht bestimmt, in einen Haufen Spreu zu verwandeln, der vom Sturm der Ereignisse dahingefegt wird. Das Wesentliche ist nicht mehr in uns beheimatet. Es ist aus uns herausgetrieben worden in die Ereignisse selbst.

Die deutschen Menschen teilen sich in die Seßhaften und in die Flüchtenden. Wobei nicht allein die Dahintreibenden, die sich dem gewaltigen, letzten Ausatmen des Krieges hingeben, die Wesenlos-Gewordenen sind, sondern genau so die trotzig

Verharrenden. Entscheidender als Angst vor dem Feind oder Angst um den Besitz beim Verlassen des Eigenen ist ein dem Volke fremder Fatalismus. Hart im Angriff, verbissen in der Verteidigung, ist es durch die Entmannung im Geiste zu einem schicksalsgefügigen Schlamm geworden, der trotz aller Hast träge dahinquillt oder muffig sich nicht bewegt.

Aber auch der Einzelne ist nicht mehr von Vernunft und Überlegung, ja kaum noch von Instinkt geleitet. Die Klugheit hat sich zu oft als Dummheit, die Stimme des Herzens häufig als die Verführerin in den Abgrund gräßlicher Qualen offenbart. Sinn ist Unsinn geworden, und überlieferte Kenntnis hat einer wechselnden Erfahrung während der Bombenkriegsjahre weichen müssen. Zudem ist der Deutsche nicht nur durch die Tyrannen seiner Freiheit beraubt, sondern durch die Zerstörung der Städte und den Tod von Zehntausenden in Kellern und auf freien Geländen seines Glaubens an eine sinnvoll waltende Gottheit. Der Fatalismus, dem wir verfallen sind, entbehrt der religiösen Inbrunst. Wir sind nichts anderes als ein Ab-Fall von uns selbst.

Das Letzte in dieser Agonie, was jeder aus den verkrallten Händen läßt, ist das zu ihm Gehörende: Mann oder Frau, Mutter, Vater, Kinder und die gerettete Habe. So daß der Einzelne, jedes Stückchen Spreu, ein Klümpchen Spreu ist, zusammengeklebt durch Elend, Schmutz, Verzweiflung. In Klümpchen sind die Flüchtenden über die Elbe gezogen, und in Familien- oder Freundschaftsklümpchen ordnen sie sich im Glaspavillon der Elbterrasse, bauen ihre Koffer wie eine Burg um sich und hocken in dem dürftigen Wall ihres Besitzes nieder, als wenn es für eine kleine Ewigkeit wäre.

Die Wiesen an der Elbe gleichen einem Heerlager. Auf der Coswiger Seite stauen sich die Wartenden und Abziehenden. Die Einwohner machen ihre Spaziergänge zur Fähre, um zu uns hinüberzusehen mit der Überlegenheit des ruhig

Daheimbleibenden auf die Wahnsinnsanfälle zigeunernder Völkerschaften, spöttisch und doch von einer leisen Unruhe belästigt. Wer hat Recht? Der Flüchtling oder der Daheimbleibende? Marternde Frage dieser Zeit. Mancher Coswiger aber denkt pfiffig: Wenn sie kommen, geh ich auch noch über die Elbe! – Recht hat, wer übrigbleibt.

Auf dem westlichen Ufer entfaltet sich ein eifriges Biwakleben mit Abkochen am freien Feuer; Kinder schreien, Mütter schimpfen, Männer tauschen ihre Erfahrungen aus und überlassen die Ordnung des Freiluftheimes ihren Frauen. Seltsamerweise tauchen immer mehr Männer unter den Flüchtenden auf; wenn auch im bunten Kranz der Frauen, die da auf der grünen Wiese lagern, vorerst nur Greise, Krüppel und Halbwüchsige zu erkennen sind. Doch hier und dort auch schon ein abgerissener Landser, der zwischen Koffern und Weiberröcken mit jener stumpfsinnigen List umheräugt, die ein allzu langer Krieg und die körperliche und moralische Erschöpfung nach überstürzten Rückzügen in ihm erzeugt haben.

Denn auch der Soldat ist auf der Flucht. Zwar versucht er noch, vom Westen nach dem Osten, vom Osten nach dem Westen rückend mit immer matteren Schlägen den nachdrängenden Feind abzuwehren, aber die letzte Entscheidung, die ihm geblieben ist, heißt: Gefangennahme oder Flucht. Und Flucht bedeutet für ihn nur ein Hinauszögern der Gefangenschaft, solange er die Uniform trägt. Für den sich von seiner Heeresgruppe absetzenden Soldaten gibt es daher im Grunde nur zwei Probleme: Wie besorge ich mir einen Entlassungsschein oder einen Marschbefehl in Richtung Heimat, und zweitens, wo bekomme ich Zivilkleidung her. Der aus den Fugen geratene Krieg splittert an allen Ecken und Kanten, und frei streunende Soldaten lassen ihre schäbigen Uniformen im Wald wie Damwild, das das alte Geweih abwirft, und verstecken sich in den Anzügen nicht heimgekehrter Bauern und Arbeiter, die ihnen von mitleidigen Frauen geschenkt werden. Für den vom Kriege erschöpften Mann ist allein die Frau noch Retterin.

Flucht ist Frauensache ebenso wie der Krieg Männersache war. Der flüchtende Soldat und die Frauen auf der Flucht begegnen sich am Ufer der Elbe und sehen einander von Angesicht zu Angesicht, in die gleichen von Sorgen, Angst und Not zerfressenen Gesichter, und der Mann fragt sich mit würgendem Entsetzen: Lebt meine Frau, Mutter, Tochter noch? Wo ist meine Familie? Denn jetzt repräsentiert die Frau die Familie, und er selbst ist zum Außenseiter geworden. – Und die Frau fragt sich erschrocken und gequält: Kommt mein Mann auch so heim? So abgezehrt, so zerlumpt, so verzweifelt?

Eine sachte Revolte der Frauen, ein zu spätes Aufbegehren gegen den alles vernichtenden Krieg hat begonnen. Die Frau birgt den Mann wie eine Glucke, und er, der Kämpfer auf vielen Schlachtfeldern, der hartgesottene, verrohte Männermann, läßt sich ihren Beistand mit allen Anzeichen einer sich lösenden Verkrampfung gefallen. Das scheue Gefühl, daß es Wärme und Geborgenheit auch für sie noch gibt, schenkt den todesmatten Landsern, diesen alten Männern mit grauen Stoppeln im abgezehrten Gesicht, den unreifen Knaben und den aus den Lazaretten von neuem ins Feld gejagten »wehrtüchtigen Jahrgängen« eine Ahnung von wahrer Heimkehr. Die Hilfe der Frauen an den entkräfteten, kriegsmüden Soldaten ist der heimliche, letzte Rettungsversuch des Volkes durch das Volk.

Gegen Abend, als ein fahler, gelblicher Himmel über der Elbe schwebt, schleppen sich immer mehr Soldaten mit wunden Füßen, krumm vor Hunger und Erschöpfung von Wörlitz kommend zum Ufer hin und vermengen sich an der Elbterrasse, am Landungsplatz der Fähre, auf den sich allmählich verdunkelnden Wiesen mit den Flüchtlingen.

Die Frauen heben die Köpfe von den Säcken, auf die sie sich am Rande des gewaltsamen Tages todmüde sinken ließen, und sehen mit schlaftrunkenen Blicken auf die letzten Soldaten dieses Krieges, die sich schüchtern den verglimmenden Resten ihres Feuers nähern. Manche Frau reißt sich dann noch auf, langt ein paar getrocknete Zweige und wirft sie in die Glut. Richtet sich ganz auf und stellt den Kaffeetopf über das aufprasselnde Feuer. Der Soldat hockt sich dazu und versinkt in Schlaf mit starren, offenen Augen.

»Wo kommt ihr denn her?« fragt sie halblaut, um die Großmutter und die Kinder nicht zu wecken.

»Aus dem Westen.«

»Und wo wollt ihr hin?«

»Über die Elbe.«

»Hat ja keinen Sinn, Mann«, murmelt die Frau und gießt ihm den Blechnapf voll Kaffee.

»Wat soll denn noch groß Sinn haben? Ich muß mal zu Hause nachsehen.«

»Das nennt ihr wohl ›Entsatz der Hauptstadt‹?« Sie rutscht sich auf ihrem Sack zurecht und lacht verächtlich und gutmütig.

Der Landser schlürft den Kaffee, und in einem letzten Aufbegehren seines Soldatentums antwortet er: »Sind nicht alle so glücklich, in Berlin zu Hause zu sein.« – Dann hockt er wieder da, den Blechnapf in den schlaffen Händen, die Augen geschlossen, stumm und steif, das Bild eines geschlagenen Kriegers.

Die sich in Nacht und Nebel verhüllende Elbe bleibt ruhelos. Über die Brücke rattern Wagen, heisere Stimmen schreien Befehle, um plötzlich in den Spalt eines Schweigens zu stürzen. Dann klafft die Nacht auseinander. Ich hebe argwöhnisch lauschend den Kopf vom Boden der Veranda, auf dem ich schlafe, und beruhige mich erst wieder, wenn Flüche und Schreie, Gewieher von Pferden und Stampfen von Motoren von neuem einsetzen. Als der Mond wie eine billige Beleuchtung über den Bäumen am Ufer auftaucht, erhebe ich mich, steige vorsichtig über die neben mir Liegenden hinweg und trete ins Freie. Es ist kalt und feucht. Ich atme tief auf, befreie die Lungen vom Dunst der überfüllten Schlafstätte. Die Elbe zieht sich mit trägem Blinzeln der Wellen dahin. Eine Klärung meiner eigenen Situation in der Einsamkeit dieser Nachtstunde zu gewinnen, ist unmöglich, auch wenn ich es versuchte. Es scheint mir vielmehr, als wäre mein Körper allein noch lebendig und darum maßgebend, und ich bin beinahe erstaunt, daß ich Gedanken in mir herumhuschen spüre wie Fledermäuse in einer leeren Rumpelkammer. Der Acheron ist überschritten. Ich bin auf der Fähre nicht in den Bereich der Toten, sondern in das Nebelland einer ungewissen Zukunft geraten, und ich selbst, die ich mich noch in der Schreckenszeit der Bombenangriffe zu kennen glaubte, bin mir fremd geworden. Mich im Gewühl der Flucht zu erhalten, ist gegenwärtig das einzig Sinnvolle. Aber auch dies bleibt dem Ein- und Ausatmen des Körpers überlassen und den Gedanken-Fledermäusen, die sich zuweilen zu lautlosen Flügen lösen.

Ich gehe ans Ufer, sehe in das schwarze Wasser, über das Silberstücke gestreut scheinen. Weder der Wunsch noch die Vorstellung, mich in diesen Strom gleiten zu lassen, kommen mir. Ich bin einem anderen Gefälle schon so unlöslich vermischt, daß ich es gar nicht vermöchte, Menschenstrom gegen Wasserstrom zu vertauschen. Ich bin der Masse verfallen, nicht ohne gutes und zutrauendes Gefühl. Die Nähe der Flüchtlinge ist nicht nur lähmend und von Entsetzen vergiftet, sondern auch, in einem instinktiven Aufbäumen ihres noch ziellosen Zukunftswillens, ermunternd. Zwischen den Leibern der Schlafenden in der Nacht und zwischen den unentwegt ein- und auspackenden Frauen am Tage, ihrem aufgeregten Geschwätz und dem zuweilen unwillkürlich auffliegenden Gelächter fühle ich mich geborgen, meiner bewußten, mich abgrenzenden Wesenheit entkleidet. Ich wünsche mir kein besseres, aber auch kein schlechteres Los, als es alle die anderen verelendeten, ihres Besitzes, ihrer Heimat, ihrer Männer beraubten Frauen erwartet. Und von dieser Fügsamkeit geht eine sanfte, aber starke Beruhigung in mich über. Ein Ballast von Ängsten und Sorgen ist von mir abgesunken. –

Am Brückenkopf brüllen schlaftrunkene Soldaten mit heiseren Stimmen die Motore ihrer Lastwagen wie Zugtiere an, und man hört in dem immer helleren Mondlicht die Peitschen ihrer Reden aufblinken.

Soldaten, immer mehr Soldaten. Die Männer sind vom phosphoreszierenden Schein des Mondes wie von einem Gespensterleuchten umflossen. Ihre aschgrauen Gesichter, in denen die Augen tief in den Höhlen liegen, in deren Wangen sich tiefe Löcher bohren, mit strichschmalen Lippen, die von Staub und Durst rissig sind, gleichen Totenköpfen. Ich verlasse den Vorbrückenplatz und gehe über die Elbwiesen. Einen Augenblick glaube ich, mich verirrt zu haben. Die Wiesen sind verödet. Nur ein paar Soldaten haben ihre Wagen und Pferde aufs Gras gezogen nahe der Straße, sonst dehnt sich die am Tage belebte Wiese leer vor mir aus. Die Flüchtlinge sind von Feldstreifen vertrieben worden.

Im Begriff umzukehren, denn die Feuchtigkeit dringt durch den Pelz, in dem ich geschlafen habe, höre ich einen lebhafteren Wellenschlag und erkenne bald ein Boot, das mit leisem Aufknirschen anlegt. Von dem tieferliegenden Ufer dringt zu den etwas höheren Wiesen eifriges Geflüster empor. Bald tauchen zwei Frauengestalten und ein jüngerer Mann über der Böschung auf, während das Boot sich langsam wieder vom Strande löst und auf der mit Silberlicht überschütteten Wasserfläche dahingleitet. Die eine der beiden

Frauen trägt ein Kind im rechten Arm und am linken eine aufgequollene Einkaufstasche. Die andere Frau ist unter einem Koffer gekrümmt, den sie auf den Rücken geschnallt hat, während sie mit der Rechten einen schweren Sack schleppt und zerrt, dessen anderes Ende der Mann hält. Heimliches geht vor. Die Brücke ist zwar für Zivilisten nicht mehr gesperrt, durch die scharfe Kontrolle für die Männer aber unbeliebt geworden. Ein Volkssturmmann oder ein Soldat versucht sich zu retten. Da stolpert mir Brigitte über den unebenen Boden beinahe vor die Füße: »Kann man hier irgendwo unterkommen?« fragt sie mühsam atmend.

»Die Veranda ist voll, würde ich Ihnen auch nicht raten, aber im Wald wird wohl noch Platz sein.«

»Viel Militär?« fragt mich Paul.

»Sehr viel. – Kann ich Ihnen tragen helfen?« Ich wende mich an die Frau mit dem Kind und nehme ihr die schwere Einkaufstausche ab. Die Frau sieht mich eher erschreckt als dankbar an. Wir kehren uns dem Walde zu. Doch kaum haben wir das Gehölz betreten, spüre ich, daß es ein falscher Wald geworden ist, und möchte an den Fluß zurück. Aber ich muß die im doppelten Sinne Flüchtenden unterbringen.

Der Wald ist von einem heimlichen, bebenden Leben erfüllt, das sich wie fremdes Gewürm zwischen seinen Stämmen, am Wurzelgrund seiner Bäume eingenistet hat. Ein hämischer Verwandlungszauber hat sich vollzogen. In dem flimmernden Mondlicht, das an wipfelfreien Stellen den mit Körpern wie mit Grind bedeckten Boden entblößt, während es in die Schattenschwärze der Bäume nur einen fahlen Schein wirft, erscheint der geflüchtete Mensch wie ein abgebrochener Baum, während junge, kahle Bäume wie hagere Leiber beieinanderstehen. Ein Baumstumpf kann Überrest eines Stammes, aber auch ein todmüder, niedergehockter Mensch sein. Eine Erdgeschwulst mitten im Wege kann ein schlafender Mann, ein Haufen Koffer oder ein Ameisenhaufen sein.

Unter einem unvorsichtigen Tritt können Flüche hervorbrüllen, kann ein Kind wimmern oder nur Laub und Gezweig rascheln. Klare Sicht ist nicht zu gewinnen. Auge und Ohr scheinen ihres Wachdienstes enthoben. Nur noch der Körper selbst, blind und stumpf, aber mit einfühlsamen Gliedmaßen, findet sich zurecht.

»Hier ist es nicht geheuer«, flüstert Brigitte und sieht mich verängstigt an. In ihr mischt sich die alte, tief im Blut behauste Furcht vor dem dunklen Wald mit der Ängstigung ihres kleinen Gehirns, daß Paul von der Feldstreife gefaßt werden könnte.

»Geheuer ist es nirgends mehr«, antworte ich und folge Pauls Frau, die unter Bäumen eine trockene Mulde entdeckt hat, wo sie das Kind vorsichtig niederlegt. Ich stelle die Einkaufstasche neben sie und sage mehr zu ihr als zu Brigitte gewandt: »In der Küche vom Gasthof ist eine freundliche Frau. Dort können Sie sicher morgen Kaffee kochen.« Dann bemühe ich mich vorsichtig, aus dem verhexten Wald herauszukommen, doch falle ich am Rande der Wiese über die Beine eines Soldaten, der aber gar nicht aufwacht, sondern nur unwillig grunzt. Ich raffe mich aus dem feuchten Gras auf und gehe jetzt schnell zwischen den Kühlern und Rädern der Lastwagen auf die andere Seite der Straße zurück in die Glasveranda. Die Nacht beginnt sich bereits in einer diesigen Helligkeit zu lösen. Die Veranda ist stinkig von Ausdünstungen, keine Herberge mehr, eher ein Stall. Als ich die Tür öffne und die kalte Luft hereindringt, fluchen und stöhnen ein paar in Halbschlaf Versunkene.

Achtundvierzig Stunden Waffenruhe! Das Radio verkündet es, die Soldaten bestätigen es, und unser Herz glaubt es. Noch zweifelnd lauschen wir in das Schweigen der Luft. Doch hören wir nur das Summen von Gerüchten, die sich wie Bienenschwärme über uns, neben uns sammeln: ›Die Amerikaner und Engländer verbünden sich mit den Deutschen gegen die Russen? – Die Russen dringen vor und schwemmen über die Elbe, über die Mulde, über ganz Deutschland?‹ Zeit der Ruhe, Zeit zur Besinnung. Primitiv geworden wie ein wandernder Völkerstamm, vermögen wir es, den trügerischen Frieden zweier seßhafter Tage zu genießen.

Der Morgen erstrahlt frühlingshaft, kein Wölkchen am silbrigblauen Himmel, kein Flugzeug, das uns aufschreckt. Zwischen der sich vor der Brücke und dem Gasthof stauenden Truppe und ihren Wagen spielen Kinder; junge Mädchen schwenken ihre zerdrückten Röckchen zwischen den lehmüberkrusteten Rädern und den dickverschmutzten Landsern. Eine derbe, staubgraue Hand mit schwarzen Fingernägeln legt einen harten Laib Brot in die nur noch bis zum Gelenk gewaschenen Frauenhände. Ein lebhafter Tauschhandel ist im Schwung. Not und die Lust am kleinen Geschäftemachen bewegen flüchtende Frauen und zurückflutende Soldaten wie auf einer Drehscheibe durcheinander. Biwakleben und Kirmes haben viel Gemeinsames. Merkwürdig fern hält sich vom rastenden, wartenden, essenden Soldaten die Vorstellung der Todesgefahr. Vielmehr entfaltet sich rund um ihn, um den Dunst seiner schmutzigen Uniform, seiner selten gewechselten Wäsche, kräftiges kreatürliches Dasein. Mischt sich Frauenvolk dazu, so ist es, als fiele ein Funkeln des bunten, fruchtbaren Lebens in die bräunlich-grünliche Masse und erzeugte Fröhlichkeit und Hoffnung. Schon klingt das Lachen der Soldaten wieder breit und selbstgefällig, und die Bewegungen der Frauen runden sich.

Das Schwein quiekt, als es im Geräteschuppen des Gasthofes abgestochen wird. Die Gulaschkanone raucht, in dem großen Kessel wellt sich schon das fette Fleisch. Brote türmen sich zu braunen Gebirgen, und die dabeistehenden Kinder bekommen ehrfürchtige Augen. Dennoch ist, auf den einzelnen Soldaten verteilt, die Ration mager, aber selbst diese geben sie für Zigaretten hin. Vor der Hinrichtung sich noch einmal satt zu essen, gehört, wie so manches Zeremoniell des Todes, einer bürgerlichen Zeit an, deren Kehraus man gerade zu Ende tanzt. Eine Zigarette aber muß sein, sie betäubt den aufbegehrenden Magen und verbreitet im übermüdeten Körper eine gelinde Narkose. Die Landser, gutmütig und vom Staub des Marsches zu einem kaum feststellbaren Alter ergraut, rauchen Zigaretten und verteilen an die Kinder die Schokolade, die sie als Durchhalteration bekamen.

Das kleine Mädchen mit den blutrünstigen Augen aber entsetzt sie. Sie glauben, in den blutigen Widerschein der Zeit zu blicken. Anni hat beide Händchen voll Schokolade. Die Soldaten stecken sie ihr zu und wenden sich dann schnell ab. –

In dem Gehölz an der Brücke ist ein Flakgeschütz aufgefahren mit HJ-Bedienung. Die Knaben in zu weiten Mänteln hängen auf den Rädern in Halbschlaf versunken. Zwischen die Rohre ist ein weißes Kopfkissen gelegt, das das Durcheinander von Militär und Zivil in grotesker Weise kennzeichnet. Ein Unteroffizier mit vor Überanstrengung verzerrten Zügen schnarrt gerade an mir vorüber: »Denen werde ich schon den Luxus austreiben!« Und geht mit scharfen Schritten zum Flakgeschütz. Die kleinen Soldaten rutschen von den Rädern und stehen schief vor Schlaftrunkenheit wie gescholtene Schuljungen vor ihm. Das weiße Kissen verschwindet vom Geschütz. Der Feldwebel entfernt sich mit letztem Donnerwort, während sich Ingrid von der anderen Seite wippend nähert. Bald umstehen sie die Fünfzehn- und Sechzehnjährigen breitbeinig mit jener Großspurigkeit, die künftige Männer und ganz junge Soldaten zugleich rührend und komisch erscheinen läßt. Sie packen ihre Erfahrungen aus wie dickbelegte Butterbrote und verteilen sie mit verlegener Gönnermiene an das Mädchen. Ingrid dreht sich, während sie mit gespielter Achtung den kriegerischen Taten der Knaben lauscht, kokett im Kreise, fängt sie mit ihren blaufunkelnden Blicken, einem rosig lachenden Mund und ihren weißen Zähnen zu sich herüber in den weiblichen Herrscherbezirk der Verliebtheit und eines ganz dem Leben gewidmeten Daseins, – entledigt sie, ohne auch nur die Hand zu rühren, ihrer schwerfälligen Soldatenmontur und verzaubert sie in die Dorfjungen zurück, die sie eigentlich sind. Gelächter und lebhaftes Reden tönen immer lauter aus der Gruppe der Flakhelfer, denen die Aufgabe zugedacht ist, uns alle hier, Soldaten, Frauen und Kinder vor dem Feind zu schützen, ja, dem durch die Luft oder über die Elbe herandrängenden Amerikaner oder Russen den Zugang zum Wörlitzer Ländchen abzuriegeln.

Der Krieg in seiner Auflösung ist entmannt. Was einst mit klirrender Männlichkeit begann, endet zwischen kraftlosen Knabenfäusten, denen die Despotie mit einer todesbereiten Erziehung nicht gleichzeitig die Kraft zur Fortführung des Männerwerkes mitgeben konnte. Die Natur erweist sich zuletzt doch immer als der einzige Sieger. Und der Mensch, nicht die Maschine bleibt der entscheidende Faktor jeden Unternehmens: ein kraftloser Mensch, eine störrische Maschine. Hilflose Jungen, an ein übergroßes Verteidigungsgeschütz gefesselt, vermögen höchstens die Aufmerksamkeit des Feindes auf sich und das von ihnen geschützte Gebiet heranzuziehen und damit statt Verteidigung Gefahr zu erzeugen.

Ingrid Pietzsch verteilt Zigaretten im Kreis. Die kleinen Soldaten versuchen, wie alte Krieger zu rauchen.

Ich wende mich dem Walde zu, um Pauls Frau und das Kind zu suchen. Brigittes blondes Haar habe ich schon zwischen den Soldaten schimmern sehen, dann ist sie verschwunden. Paul bleibt unsichtbar.

Die Mulde gleicht einem Ostereiernest. Pauls Frau hat

bunte Decken ausgebreitet, Kissen hingelegt und in der Mitte auf einem Tablett Teller, Geschirr und Bestecks aufgebaut. Das Kind liegt in seinem Steckkissen und streckt die Händchen nach der Sonne aus, die durch die dichten Zweige filtert. Die junge Frau hat ein Feuer am Rande und hebt eben den dampfenden Topf herab. »Sie kommen gerade zurecht, sicher haben Sie heute noch nichts Warmes gegessen!« Und schon füllt sie mir mit einer Schöpfkelle in den bereitstehenden Teller dicke Suppe. Vergnügt greife ich zu.

Pauls Frau hat sich mir gegenüber auf einem roten Samtkissen niedergelassen und löffelt langsam in sich hinein. »Verstehen Sie das Ganze? Keine Hausfrau rührt alles so in einen Topf, wie die das jetzt mit uns machen! Kommt da plötzlich meine Kusine aus Ostpreußen mit ihren drei kleinen Kindern! Vor drei Nächten klopft sie an der Tür und steht da! Aber früher, wenn ich sie eingeladen habe, da war ihr die Reise zu weit. In den schönen Zügen! Jetzt treckt sie mit, und da besinnt sie sich auf mich. Ein Kind im Rucksack und eins auf dem Arm und den größten Jungen an der Hand. Viel Sachen konnte sie gar nicht mehr tragen. Ich habe ihr zugeredet, sie solle warten, bis wir losgehen, aber sie hatte keine Ruhe. Die ganze Nacht hat sie dagelegen mit offenen Augen und vor sich hingestarrt. Was die gesehen haben muß!« – Die Essende schaudert es... »Wenn die Blonde nicht aufgetaucht wäre und uns über die Elbe geholfen hätte, wären wir sicher wieder umgekehrt! Da sitzen wir nun hier, aber ich muß immer an das schöne Eingemachte im Keller denken! Nein, man soll bleiben, wo man ist. Es erwischt einen ja doch.« Jetzt weint sie runde, hurtige Tränen, die sie aber sogleich energisch abwischt. »Und wo sind sie jetzt, die beiden, Paul und Brigitte? Gut, daß man nicht weiter sieht, als die Blicke reichen.« – Ihre hellen Augen verengen sich zu einem spitzen Strahl, sie möchte eine Verwünschung ausstoßen, aber schon im Ansatz erlischt der Fluch. Sie fühlt, daß sie in dem Augenblick, da sie ihr Haus verließ, sich einer höheren Macht anvertraute, die ihr Leben leitet, bis sie wieder einmal in ein eigenes Gehäuse schneckengleich zurückkriechen kann. Die Vorstellung »eigenes Haus« und »persönliches Schicksal« sind bei ihr eins. Deshalb sitzt sie hier in der nestartig bereiteten Mulde, bangt nach Hause und fürchtet sich vor dem Weitermarsch. Sie hat den Löffel wieder aufgenommen, aber sie ißt nicht. Ihr eben noch freundlich-dummes Gesicht ist mit Gehässigkeit wie mit Aussatz bedeckt. »Treu ist er keiner. Mit jeder sielt er sich rum. Mit den Laborantinnen und den Aufwaschweibern, ganz egal. Ich war zu jung und verliebt. Er versteht es, einen verliebt zu machen. Aber dann habe ich gemerkt, was mit ihm los ist.« Sie stößt den Löffel in die Suppe. »Aber was konnte ich denn tun?« Sie schreit mich an: »Was können Sie denn tun, wenn so ein Kerl Sie dauernd betrügt? Fortlaufen? Mit einem kleinen Kind? Und gelernt habe ich auch nichts. Also was denn? Als Aufwartung gehen? Lieber mache ich ihm das Haus zur Hölle! Jede Stunde vergälle ich ihm, und abends lasse ich ihn nicht schlafen, dann zähle ich ihm seine Gemeinheiten vor. Die Namen und wann und wo, alles weiß ich. Und alles sage ich ihm, bis er aus dem Bett springt! Manchmal läuft er dann weg – aber er kommt wieder, denn er ist feige und nimmt sich bloß alles, was so herumliegt. Wie diese Hündin, die Brigitte. Daß ich nicht lache!« – Und ein höhnisches, böses Lachen knattert aus ihr.

Dann nimmt meine Wirtin im Grünen die Teller zusammen und beginnt, sie in einem Eimer abzuwaschen. Das Geschirr stürzt sie zum Trocknen neben sich, als wäre sie daheim in ihrer Küche. Eine adrette Hausfrau, die noch auf der Flucht für Ordnung sorgt.

Das Lachen der Soldaten, das Wiehern der Pferde, das Anspringen eines Motors klingen von fern her wie das Intonieren eines barbarischen Orchesters. Ich erhebe mich mit steifen Gliedern und verlasse sie grußlos. Das Kind ist erwacht und quengelt.

Die Scham für ihr persönliches Schicksal hat die Menschen verlassen. In der Vergewaltigung durch den Krieg ist ihnen die Keuschheit des Lebens zerstört worden. Das schickliche Fürsichbehalten peinlicher Erlebnisse ist einem krankhaften Erbrechen ihrer Leiden gewichen. Ja, es scheint fast, als wenn sich im Aussprechen eine Art wohltätiger Beschwörung vollzieht. Im unaufhaltsam rieselnden Geschwätz von Mund zu Mund, das an den Ohren der Hörenden vorbei sich in eine Abfallgrube der allgemeinen Vergangenheit wie Spülicht ergießt, befreien sich die Menschen von der unerträglichen Last ihres Erlebens. Wenn es für die bis in den Grund zerrütteten Seelen überhaupt noch eine Rettung gibt, so nur durch eine großzügige Banalisierung. Nur die Entkleidung vom Ungewöhnlichen, Entsetzensvollen erhält uns bei Verstand. – Und ebenso wie das fast stumpfsinnige Berichten unserer Kriegsabenteuer bewahren uns die notwendigen Handreichungen des Alltags: Essenbereiten, Schlafstättefinden, davor, aus Flüchtlingen ein Kreuzzug Irrsinniger zu werden. Wer nach dem Sinn fragt, wird verrückt. In die Tiefe der Ereignisse dringen zu wollen, gleicht dem Absprung eines Selbstmörders in einen brandenden See, an dessen schäumend bewegter Oberfläche er nicht erkennen kann, ob darunter Felsen oder Schlamm warten, ihn zu vernichten. Nur keine Größe, nicht im Erkennen, nicht im Erleiden: gering sein, sich ducken und die kleinen Tugenden und kleinen Fehler geduldig annehmen und sich in ein Schutzkleid von Geringfügigkeit hüllen. –

Brigitte ist es, die Paul tiefer in den Wald führt. Er folgt ihr nur zögernd und dann wieder überstürzt mit kurzen Schritten, wenn ihm einfällt, daß er im dichten Gehölz vor der Feldwache sicherer ist als in dem Nest, das seine Frau bereitet hat und das sich so nahe dem sich ständig verbreiternden Lager der Soldaten befindet. Wenn das Lager auch nichts mit Liegen, nur etwas mit müdem Herumhängen und Warten zu tun hat, Warten auf den Befehl zum Weitermarsch. Er fühlt sich unsicher, und seine Verworrenheit breitet einen Verwesungshauch über alle seine Gefühle und Gedanken. Mit Überlegung hat sein Verhalten nichts zu tun. Nicht mehr am sinnlosen Endkampf teilzunehmen, ist für den vernünftigen Mann beinahe zur Ehrensache geworden. Jede höhere Gerechtigkeit muß ihn freisprechen. Aber tief unter der dünnen Intelligenzschicht brodelt und murrt ein Jahrhunderte altes Erbe von der Kampf- und Verteidigungspflicht des Mannes. Auch quält ihn die Schande, von zwei Frauen mitgeschleppt zu werden, die allzu bereitwillig sein noch ungewisses Verlangen nach Flucht sogleich praktisch in die Tat umgesetzt haben. Immer müssen Frauen alles gleich in die Wirklichkeit übertragen. Das Geisterreich der Gedanken und Ideen scheint für sie nicht vollwertig zu existieren. Sie fühlen sich erst berufen, wenn sie zwischen Tatsachen fördernd und ausgleichend wirken können. Diese Verwirklichungssucht der Frauen erscheint ihm, während er neben Brigitte herstapft, als das Unheimlichste und Gefährlichste am anderen Geschlecht. Zu Hause hat er den Ordnungs- und Tätigkeitsdrang seiner Frau immer wohltuend empfunden. Ihr Handlungsbereich war das Haus. Seines hingegen die Fabrik, die Maschinenhalle. Diese beiden Bezirke hatten nichts miteinander gemein, als daß einer zur Erhaltung des andern beitrug. Wurde er daheim schlecht versorgt, so vermochte er seine Maschinen nicht mit Sorgfalt zu beherrschen. Versagte er bei der Arbeit, so wurde er brotlos, und das bescheidene eigene Dasein verfiel. Unerwartet sind nun durch das Eingreifen dieser Freundin von früher, die er in Wahrheit schon vergessen hatte, Mann und Familie in den brodelnden Unruhetopf geworfen worden und ergießen sich in der Angst vor den heranrückenden Russen und vor den rigorosen Maßnahmen des Volkssturmes in das breite Gefälle der Flucht.

Ein sinnloser und ungerechter Vorwurf, ihn in diese Verwirrung seines Lebens und seines Gewissens getrieben zu haben, erfüllt ihn mehr und mehr gegen Brigitte, während er gleichzeitig, wie zur Ablenkung seines peinigenden Seelenzustandes, immer hemmungsloser einer sinnlichen Verliebtheit verfällt, die ihn noch unfreier und fast bösartig macht. Es lockt ihn, sie an ihren blonden Haaren, die so nahe vor ihm herschaukeln, zu reißen und roh auf den Waldboden zu werfen. Das Bewußtsein einer moralisch unterlegenen Männlichkeit zwingt ihn dazu, sein Selbstgefühl durch einen körperlichen Sieg wieder herzustellen.

Sie erreichen die Lichtung, auf der die frisch gefällten Stämme willkürlich durcheinander liegen. Die Sonne scheint warm, und vom Boden steigt ein feuchter, fruchtbarer Brodem auf. Brigitte bleibt stehen und sieht sich prüfend um. Seit der ersten Begegnung mit Paul hat sich ihre Erregung nicht mehr gelegt. Ihr Blut treibt sie in Wellen und Wirbeln voran. Nur mühsam wehrt sich ihre Vernunft; sie überhört die Mahnung des Anstands, der Frau auf der Flucht nicht noch den Schmerz um die Untreue des Mannes anzutun, wie sie die Nadelstiche der Erkenntnis nicht empfinden will, daß dieser wiedergefundene Paul mit ihrem idealisierten Erinnerungsbild kaum noch etwas gemein hat. Weder glaubt sie, daß er seine Frau liebt, noch gar sie selbst. Er bleibt flau. Trotzdem weiß sie, daß sie ihm nicht widerstehen kann. Überrascht blickt sie in seine funkelnden Augen und spürt den unerwartet kräftigen Druck seiner Hand. Mehr erschreckt als beglückt, stolpert sie mit ihm über die hindernden Stämme hinweg, bis sich vor ihren Füßen ein Graben voll vorjährigem Laub auftut.

»Hier unten sieht uns keiner.« Er zieht sie in den Graben hinab.

Die gewaltsame Forderung, sich in der freien Natur der Liebe zu ergeben, überwältigt sie und macht sie widerstandslos. Im Hinübergleiten spürt sie ein Sinkenlassen ihrer ganzen bisherigen Existenz. Sie gibt sich preis und erschaudert. Die hastigen Bewegungen des Mannes, der an ihrer Kleidung zerrt, beschämen sie bis zur Ohnmacht. Die Sonne liegt mit breiter Gebärde auf ihrem Gesicht. Von unten her dringt Feuchtigkeit durch ihre Sachen. Wenn nur niemand kommt, denkt sie noch, dann entschwindet ihr das Gefühl für Sitte und Würde, Ort und Stunde.

Als sie sich langsam wieder besinnt, hört sie Schritte, das Rascheln von Zweigen und entnimmt aus der Dumpfheit der Stimmen, daß sich Soldaten nähern. Die Männer treten aus dem Wald auf die Lichtung und müssen dabei den Graben überschreiten, dicht an ihnen vorbei. Ein lehmverkrusteter Absatz tritt fast auf ihr Haar, das sich wie bleiche Blumenblätter um ihr Gesicht breitet.

Der Soldat stutzt einen Augenblick, sagt verächtlich: »Wie die Hunde«, und geht weiter. Die Nachfolgenden lassen zotige Bemerkungen auf sie herabfallen, empfinden aber doch noch so viel Achtung vor der Frau, daß sie weitergehen. Auch ist ihnen dieser tierische Beweis der Liebe so natürlich und unwichtig wie Futterfassen oder sich Entleeren. Für beides muß man nur den rechten Platz finden. Diese da im Graben haben Pech gehabt. Ist ja auch ein Zivilistenschwein. Sie verachten ihn für seine Gier und Ungeschicklichkeit, die ihn so nahe der Straße in diesen alten Graben geworfen haben.

»Wollen wir ihn nach seinen Ausweisen fragen?« ruft der Anführer mit erwachender Bosheit, so daß Paul es hören kann. »Ist sicher auch ein Drückeberger! Amüsiert sich hier mit Weibern, und wir liegen fünf Jahre im Dreck, aber allein!« Die Worte treffen. Die Verwundung, die Brigitte jetzt erleidet, wird ihre Seele für immer entstellen.

»Komm«, sagt einer der Soldaten beruhigend, »laß die beiden. Hier hast du eine Zigarette!«

»Ist doch deine letzte, Mensch!« antwortet der Erboste.

»Na, wenn schon. Ist ja alles Matthäi am Letzten.«

Dann folgen sie den Kameraden, und ihre Stimmen gehen im allgemeinen, fernen Murmeln unter.

Paul macht sich hastig frei und springt auf. Er fühlt sich zutiefst gedemütigt. Statt einen Triumph seiner Männlichkeit gewonnen zu haben, ist er als Feigling entehrt worden. Nur die rohe Liebeshandlung hat ihn vor der Verhaftung bewahrt. Im Walde, auf dieser Seite der Elbe, von der Wache allein angetroffen, wäre er jetzt abgeführt worden, und es wäre schwierig, wenn nicht unmöglich gewesen, das unerlaubte Verlassen seines Postens als Fabrikschutz hinreichend zu erklären. Die Hilfeleistung bei der Flucht seiner Familie würde als Grund kaum genügt haben. Die Scham über sein feiges Versagen treibt den Mann und die Scham über ihre öffentliche Schändung die Frau in verschiedene Richtungen auseinander, ohne daß sie sich noch einmal nacheinander umsehen.

Bei einer Tannenschonung bricht Brigitte durch das dichte Gestrüpp, sieht mich mit aufgerissenen Augen an und stürzt quer durch den Wald davon.

»Brigitte!«

Aber sie hört nicht, die Zweige schlagen hinter ihr zusammen.

Ich erwarte, daß Paul ihr folgt, aber die Tannen stehen dicht und reglos wie zuvor. Im ersten Impuls will ich ihr nacheilen, dann aber gehe ich mit gesenktem Kopf weiter.

Auf einer Lichtung liegen runde, feste Stämme kreuz und quer, wohl erst kürzlich für Barrikaden geschlagen. Am Rande zieht sich ein Graben entlang, stellenweise von Brennnesseln eingefaßt. Durch das niedergetretene Gras schimmert feuchte, schwarze Erde.

Auf einem gefällten Stamm sitzt ein Offizier vornübergebückt, die Ellbogen auf den gespreizten Oberschenkeln. Eine Zigarette muß soeben seiner Hand entfallen sein, sie liegt noch brennend vor ihm, ein dünnes, blaues Wölkchen steigt von ihr auf. Als ich an ihm vorbeikomme, hebt er den Kopf.

Gleich darauf höre ich Schritte und eine heisere Stimme: »Gnädige Frau, gehen Sie nicht tiefer in den Wald!«

Über die förmliche Anrede bin ich so überrascht, als hätte ich unvermutet einen Bekannten getroffen. Als ich mich umwende, stehe ich dem Offizier gegenüber. Ich glaube, mich an sein Gesicht zu erinnern und suche nach seinem Namen, bis mir beim näheren Betrachten klar wird, daß ich ihn gar nicht als Persönlichkeit, sondern als Typ kenne, ein Offizier, der Offizier, der einer Dame einen Ritterdienst erweist. Gleichzeitig fällt mir das unter Flüchtlingen umgehende Gerücht ein, der ganze Wald sei eine einzige Tarnung für Munition und außerdem unterminiert. Ich bleibe stehen.

Auch ihn irritiert jetzt seine Anrede im umgekehrten Sinne. Denn als er mich nun genau mustert, den abgeschabten Pelz, die verschmutzten Schuhe, den roten, nicht ganz sauberen Schal um das unordentliche Haar geschlungen, dazu den Ausdruck von Gehetztheit und Abgehärmtheit im Gesicht, streicht ein Hauch von Verlegenheit über seine Züge.

Ein Soldat kommt tapsig auf uns zu, in den ausgestreckten Armen zwei Näpfe schwenkend, aus denen der Inhalt überläuft. »Endlich finde ich Herrn Oberst. Eine Portion frisches Wellfleisch.« Der Bursche hält ihm den dampfenden Napf mit überredender und gewitzter Miene entgegen. Seine blauen Augen blitzen, und sein blondes Haar steht ihm struppig um den Schädel. Der Oberst macht eine ablehnende Bewegung. Schnell streckt ihm der Bursche, als sei es ein oft erprobtes Spiel, den Napf mit Bohnenkaffee hin. Der Offizier greift gierig danach. »Habe ich mir doch gleich gedacht«, murmelt der Soldat und schiebt seinem Vorgesetzten mit vertraulicher Gebärde ein Päckchen Zigaretten zu. »Herr Oberst haben seit Tagen nicht gegessen, immer nur Kaffee und Zigaretten –.« Er läßt die Ohren hängen. »Hält der Stärkste auf die Dauer nicht aus.«

»Ist schon gut, Steffen«, dabei gibt er mir mit einer leichten Verbeugung den Kaffee. »Geht's bald weiter?«

Der Soldat wird erst jetzt auf mich aufmerksam. Er blickt mich lustig-blöde an und ruft schon mit einer Kehrtwendung: »Hole gleich noch eine Portion.« Trappst ein paar Schritte vorwärts, bleibt stehen, dreht sich um und meldet in Habachtstellung mit einem sturen Ausdruck seines pfiffigen Bauerngesichtes: »Melde gehorsamst, aber es geht gleich weiter!«

Ich nehme einen Schluck von dem heißen Kaffee, gebe ihn dem Oberst zurück, der hastig trinkt und sich dann eine neue Zigarette ansteckt. »Verzeihen Sie, aber ich habe vier Nächte nicht geschlafen.« Er ist jetzt so fern von mir, als nähme er nur noch scheintot von Sonne und Leben einen ungefähren Abglanz auf.

»Können Sie sich nicht etwas ausruhen?« frage ich töricht.

»Im Massengrab!« antwortet er dumpf, und die Augenlider fallen ihm schwer herab. Der Kaffee hat keine belebende Wirkung mehr auf ihn. Die einströmende Wärme macht ihn nur schläfrig, wie ihn der Hunger überwach hielt. Seine Sprache und Haltung lockern sich: »Wo wollen Sie denn hin?«

»Über die Elbe.«

»Wovor fliehen denn alle? Der Amerikaner steht still und der Russe drängt immer weiter vor.«

»Aber im Westen bleiben doch die Engländer und Amerikaner.«

»Wollen Sie so weit laufen – immer auf der Landstraße? In dieser Karawane von Flüchtlingen?«

Ich zucke die Achseln: »Und Sie?«

Er hebt den Kopf und deutet in Richtung Coswig: »Hinüber – gegen die Russen.«

»Entsatz von Berlin? Armee Wenck?«, frage ich erregt. »Hat das noch einen Sinn? Die halbe Stadt ist doch schon erobert.«

»Sinn? Es ist Befehl, und ich bin Soldat!«

»Wer befiehlt denn noch?«

Er sieht mich starr an und blickt dann unbewegt vor sich nieder.

Wir sind so historisch geworden, denke ich mutlos. Alles, was wir tun, gehört gar nicht zu uns, es ist Geschichte.

Der Bursche steht wie aus dem Boden gesprossen vor uns. Ohne die zweite Ration. Der Ausdruck seines Gesichtes hat sich verändert. Er zeigt die stumpfe Maske des Soldaten, der sich in jede Situation fügen muß, sei es nun Kampf, Rückzug, Schlaf oder Essenfassen.

»Zu Befehl, Herr Oberst, aber es ist so weit.«

Der Offizier erhebt sich, als sei eine geheime Feder in ihm angesprungen. In seinem übermüdeten Gesicht sitzen die Augen wie graue Kiesel: »Was für ein Tag ist heute?«

»24. April.« Das Datum taucht aus dem verschütteten Zeitbewußtsein in mir auf.

Er legt die Hand an die Mütze und verbeugt sich. Dann kehrt er sich mit einem Ruck ab. Ich sehe ihm nach, der hageren Gestalt, die sich da nicht mehr ganz sicher und straff über den Waldboden bewegt. Jetzt bleibt er stehen, kehrt hastig zurück.

»24. April sagten Sie. Das ist der Geburtstag meiner Frau und meines Jüngsten.« Sein Gesicht füllt sich mit Röte. »Arnold Ritter«. Er stellt sich mit zusammenklappenden Hacken vor, reckt sich und sieht mich mit stummer Aufforderung an: »Ich komme von einem Gut in Schlesien. In der Nähe von Sagan. Meine Frau und meine drei Kinder sind dort, waren dort. Ich riet ihr schon vor längerer Zeit, Schlesien zu verlassen, aber ich bin nicht sicher, ob sie meinen Brief erhalten hat, und selbst wenn sie ihn bekam, ob sie dann wirklich alles im Stich gelassen hat. Meine Frau hängt sehr an der Heimat. Sie stammt von einem Nachbargut.« Er läßt den Blick abschweifen, besinnt sich, kehrt dann mit Blick und Wort entschlossen zu mir zurück: »Es ist möglich, daß sie hier durchkommen, es kommen ja hier so viele aus Schlesien über Berlin und über Kottbus. Drei kleine Kinder. Der Älteste ist fünf, das Mädelchen drei und der Jüngste ein Jahr. Meine Frau heißt Agnes. Falls Sie ihr begegnen, dann sagen Sie ihr, es ginge mir gut und sie dürfte nicht so unglücklich sein wegen unseres Gutes. Wir würden etwas Neues finden.« Er senkt den Kopf, reißt sich dann zusammen. »Wenn ich nicht wiederkomme, muß sie es für die Kinder schaffen. Sie muß.«

Steffen tritt von einem Bein auf das andere. Der Offizier wendet sich von mir ab: »Und wenn etwas mit den Russen gewesen ist, dann darf sie nie daran zurückdenken. Sie muß es vergessen. Sie muß«, wiederholt er.

Dann dreht er sich nicht mehr zu mir um. Er geht zu der Reihe grauer Autos, die schon zur Brücke hinunterfährt. Der Bursche steht am Schlag, der Oberst steigt ein, der Wagen rollt ein paar Meter voran. Sein Kopf wendet sich nicht mehr um. Der Mantelkragen ist hochgeschlagen. Mit einem Stoß fährt sein Auto die Böschung hinab über die Brücke, und ich kann ihn zwischen den anderen Wagen nicht mehr erkennen.

Währenddessen sitzt Berthold mit einem Feldwebel Stuhl neben Stuhl, verschmutzter Anzug neben verschmutzter Uniform, nahe der Gulaschkanone, und ihre mit Wellfleisch gefüllten Schüsseln scheinen sich gegenseitig die fette Brühe in den Napf schwappen zu wollen. Die Männer lachen und sind zufrieden. Ihre Mägen füllen sich, und warme Zuversicht durchströmt ihre schlaffen Körper. Beide sind grauhaarig, unrasiert, ungewaschen und von jener arglosen Vergnüglichkeit, die sich im Zusammensein gleichaltriger Geschlechtsgenossen leicht bildet.

»Ordnung ist immer der Grundstein«, erklärt der Feldwebel und schlingt ein Fettstück in sein breites Mundwerk, kaut und schluckt. »Ohne Ordnung kein Krieg und kein Frieden. Ich bin Tischler. Paßt das Maß nicht, paßt der Schrank nicht. Fest gefugt, ist halb gewonnen.« Er zeigt mit der Schüssel in das Durcheinander von Soldaten, Flüchtlingen, Frauen, Kindern. »Hier ist nichts mehr fest gefugt« – er stößt auf: »Einen Schnaps braucht man zu dem fetten Zeug. Nicht einmal das stimmt mehr. Aber das werden wir gleich haben.« Zu Berthold gewandt, fährt er fort: »Dir kann das auch nicht bekommen.« Er sagt das herrliche Du gemeinsamen Lebens, gemeinsamen Elends. Dann steht er auf, klotzig, aber nicht mehr ganz fest der Klotz, latscht zur Gulaschkanone, an der vorbei zum nächsten Fouragewagen, spricht nachdrücklich mit dem Soldaten mit vorgestrecktem Kopf, vorgestrecktem Bauch, immer mit dem Napf gestikulierend, bis ihm der andere etwas in die Tasche schiebt. Grinsend kommt er zurück. Reicht erst Berthold die Flasche, trinkt dann selbst einen gewaltigen Schluck. »Ordnung, das habe ich meinen Kerlen beigebracht, und daß man nichts zerstören darf, nicht mutwillig. Lag da einmal mit ein paar Jungen in einem verlassenen Bauernhaus in der Ukraine, starrender Frost, kein Holz, kein Fetzen Papier, nichts, um ein Feuer anzumachen. Wie ich da von einem Erkundungsgang zurückkomme, haben sie doch die Fensterrahmen herausgerissen und auf dem Steinboden in der Küche ein Feuer angemacht. Gerade waren sie dabei, den einzigen Schrank, ein altes wurmstichiges Ding, zu zerhacken. Da habe ich nicht erst gebrüllt, sondern versucht, ihnen auf die menschliche Tour beizubringen: Ein zerhackter Schrank ist wie ein zertätschtes Haus, das außer der Feindlinie liegt. Oder wie eine Frau mit einem kaputten Bauch. Hat keinen Sinn mehr, Leute. Wo kein Sinn mehr ist, ist der Teufel los. Und wo die Unordnung erst mal mir nichts dir nichts angefangen hat, da wartet der Untergang schon vor der Tür.« Er schlürft den Rest fetter Suppe, kaut Schwarzbrot, daß die Backen rund und prall abstehen, nimmt noch einen kräftigen Schluck: »Leute«, habe ich gesagt, »und jetzt baut ihr den Schrank wieder zusammen.« Er lacht laut auf. »Erst haben sie gemurrt, dann haben sie gegähnt, da habe ich einfach angefangen und mich nicht mehr um sie gekümmert, und schließlich haben wir alle zusammen den Schrank wieder zurechtbekommen. Wir wurden immer aufgekratzter dabei. Zuletzt merkten wir gar nicht mehr, daß das Feuer schon ausgegangen war. Es muß eben ein Sinn darin sein, dann kommt alles in Ordnung und der Mensch zu seiner Vergnüglichkeit, die ihm angeboren ist.«

»Das war allerdings ein Heldenstück. Abgekämpfte, frierende Soldaten dazu zu bringen, einen fremden Schrank in einem verlassenen Haus wieder zusammenzubauen. Großartig, Kamerad.« Berthold hebt seinen Napf, als wollte er ihm zuprosten.

»Na, und du,« fragt der Feldwebel zufrieden, »was machst du hier?«

»Verlagerung eines Betriebes.«

»Kriegswichtig?«

»Friedenswichtig.«

»Woher?«

»Aus Berlin.«

Der Mann starrt Berthold an, sagt dann: »Ich heiße Gustav Richter. Hab meine Werkstatt in Moabit –«

»Und ich meine Fabrik –« Die beiden sehen sich an und lachen unwillkürlich. Berthold reicht Gustav die Hand. »Bei uns wird es viel zu tun geben, auch für einen Tischler, der die Ordnung liebt.«

»Na, dann seht nur mal im Telefonbuch nach. Gustav Richter. Und wenn es kein Telefon mehr gibt und vielleicht auch kein Einwohnermeldeamt mehr, irgendwie werden wir uns schon zusammenfinden.« Sie schütteln sich nochmals die Hand. Und Gustav schlägt Berthold zum Zeichen seiner Hochachtung auf die Schulter.

»Ich habe einen Tischler getroffen, der unsere Sachen wieder zusammenleimen wird«, ruft mir Berthold zu.

»Du weißt nicht einmal, ob unser Haus noch steht!«

»Total wird es schon nicht zerstört sein, und wenn auch nicht unsere Möbel, dann wird er eben andere wieder zurechtbringen.«

Ich bin nicht mehr sicher, daß unsere schönen Dinge so zerstört sind, daß wir sie nicht wieder ausheilen können. Man kann sich auf nichts verlassen, nicht einmal auf das Unglück.

Berthold sieht mich mit einem merkwürdigen Lächeln an, dann hinüber zum Fluß, zur Brücke, zum Wald: »Es ist doch alles fast romantisch: die Landschaft, das Elend und die Idylle zwischen drin. Das letzte romantische Zeitalter, in dem der Mensch mit seinen Füßen über die Erde geht. Die Technik hat's noch nicht ganz geschafft. Noch nicht.«

Aus welcher Perspektive muß er uns und alles um uns her betrachten, daß er von Romantik spricht.

»Übrigens«, fährt er wieder ganz gegenwärtig fort, »habe ich Mutter in ›Die Tanne‹ gebracht. Für dich habe ich auch ein Zimmer, dort könnt ihr diese Nacht noch schlafen. Wir haben ja zwei Tage Ruhe!«

»Dann gehe ich zu Mutter in ›Die Tanne‹ hinüber.«

»Ja, ruhe dich etwas aus. Und heute abend fahre ich mit Pietzsch noch eine Kiste vom Schloß holen.«

»Warum nur eine?«

»Auf einem Karren bekomme ich nicht mehr mit. Nur die

allerwichtigste. Ich habe ein blaues Dreieck darauf gesetzt.« Berthold lächelt.

Don Quichotterie der Flucht! Jede Kiste ist die allerwichtigste. Wie oft wird er noch den gefahrvollen Weg hin- und herziehen, immer widerstrebender von den jüngeren Männern begleitet! Tut er es für das Werk oder sein Gewissen? Das Werk ist sein Gewissen. – Jedenfalls werde ich ihn begleiten.

Die Brücke liegt verödet vor mir. Nur einzelne Frauen in Kopftüchern und Soldaten, die Hände in den Hosentaschen, streunen darüber. Die Brücke gleicht nicht mehr dem kraftvoll ausgestreckten Arm eines Riesen, der gutmütig das Gekrabbel der Zwerge zum andern Ufer trägt, sondern einer skelettartigen Prothese, die zwar anscheinend den gleichen Dienst verrichtet wie der lebendige Arm und doch merkwürdig bresthaft wirkt.

Vom anderen Ufer beginnen jetzt drei Bauernwagen herüberzurollen. Anfangs nehme ich nur wahr, daß die Kastenwagen mit ihrer hochgetürmten Last, den dürren Pferden, die mühsam die Hufe heben, um sie mit steifen Gelenken zögernd niederzusetzen, mit den Männern auf dem Bock, die geduckt dasitzen, ihre vorgeneigten Köpfe zwischen den gesenkten Schultern, seltsam grau wirken. Die Luft um sie her scheint zu frösteln, der wärmende Anhauch des Frühlings umstreicht sie nicht. –

Der erste Wagen rollt schwerfällig an mir vorüber. Auf den Säcken, Koffern, Kisten hocken Frauen, dicht vermummt. Aus den braunen Wolltüchern sehen spitze Nasen und blicktote Augen. Auf dem zweiten Wagen sitzen zwischen zwei Greisinnen drei Halbwüchsige, schauen auf das Wasser, heben einmal den Kopf und blicken in die stille Luft und versinken dann wieder in den dicken Halstüchern, wortlos wie im Wachschlaf. Die Zügel des dritten Gespanns hält ein

Junge mit einem Altmännergesicht. Seine kleinen Hände umschließen die Lederriemen locker in stumpfsinniger Gewohnheit. Auf dem Stroh hinter ihm liegt eine Frau, blickt zum Himmel, erkennt aber keinen Himmel, schaut in das Nichts, und das allein tut ihr noch gut. – Die Räder rattern, die Pferde trappen, aber die Menschen bleiben stumm, und ihr Schweigen umhüllt die Laute des Wagens und der Tiere wie ein Vakuum und macht den kleinen Zug der Flüchtlinge gespenstisch. Zwischen den Rädern des letzten Wagens pendelt ein Schild: Heinrich Meschkat, Insterburg.

»Wo wollen die noch hin?« murmelt ein müder Soldat, der hinter ihnen herstapft. »Tote, die sich selber fahren.« Er blickt mich beinahe herausfordernd an, als er mir mitten auf der Brücke begegnet. Seine ausgehungerte Gestalt versucht sich zu straffen, sinkt aber gleich wieder in sich zusammen. Da ich keine Antwort weiß, schlurrt er an mir vorüber mit den weichgelatschten Füßen der Europakämpfer und hätte sich denen im Wagen gern beigesellt auf der Fahrt ins Unbekannte.

Die Pappelallee nimmt mich mit herrschaftlicher Gebärde auf und geleitet mich vorsorglich nach Coswig hinein, das sich immer noch mit einer Unberührtheit und Ahnungslosigkeit um mich aufbaut, als wäre es soeben der Spielzeugschachtel eines artigen Kindes entnommen. Doch das Zu-gut-Erhaltene wie das Zu-schrecklich-Zerstörte bleiben für unser gequältes Herz gleich unwirklich. So ist für mich die Unversehrtheit des Elbe-Städtchens genau so gespenstisch wie der Wagenzug aus Ostpreußen. Und es erscheint mir voll böser Rätsel, daß es das Verhängnis meines zwiespältigen Volkes sein soll, sich von nun an nicht nur zu trennen in Landschaften und Provinzen, Klassen und Berufe, – die ungerechte Verschiedenheit der Kriegserlebnisse würde auf Jahre, ja auf Jahrzehnte hinaus das Verständnis der Menschen füreinander erschweren. Dieses Unbegreifen Deutscher für Deutsche aber würde den wahren Zerfall des Volkes einleiten und die Kraft zur gemeinschaftlichen Gesinnung lähmen. Der Hungernde würde den Satten nicht verstehen, der Besitzlos-Gewordene nicht mehr den Besitzenden. Die Frauen, deren Männer nicht heimkehrten, würden wie Iltis und Marder in die geretteten Ehen eindringen und ein Glück abwürgen, das sie selbst entbehren. Die siegreichen Feinde der Partei würden die Jahre furchtbarer Unterdrückung an den Parteigängern ahnden, und die Wollust der Rache würde mit dem Neid eine gefährliche Otterngemeinschaft eingehen. Die Ungerechtigkeit des Krieges würde eine unaufhörliche Empörung in den zerstörten Seelen wachhalten. Die unmäßig Leidenden würden den an Leben und Besitz Unversehrten einen unversöhnlichen Hochmut zeigen, ja, sie würden sich zu Geschwisterschaften der Ausgebombten oder der Hinterbliebenen zusammenschließen, die sich schon jetzt in einer Art Geheimsprache miteinander verständigen, während die vom Kriege Unberührten sich als die Auserwählten gegenüber den vom Unglück Gekennzeichneten dünken. Die vertriebenen Bauern aus Ostpreußen und Westpreußen, aus Schlesien und Sudetenland, die wie Gespensterzüge das deutsch gebliebene Land zwischen den bestellten Feldern ansässiger Bauern auf Monate, vielleicht auf Jahre hinaus durchziehen, würden nicht einmal bei den Flüchtlingen aus der gleichen Heimat Verständnis und Freunde finden, denn im Grunde versteht nur der Bauer den Bauern, der Arbeiter nur den Arbeiter, und wer das Brot ißt, begreift den nicht, der es hat wachsen lassen, und weiß nichts von dem, der es bäckt. Aber der ansässige Bauer würde ihn fürchten wie einen hungerleidenden Anverwandten, der sich zur Erbschaft drängt. – Die Evakuierten aber würden mit dem Triumph der zuerst Angekommenen auf die Einzelflüchtlinge und die grauen Trecks aus den Fenstern ihrer mühsam eroberten Behausung hinaussehen, und kein Verständnis würde sein auf allen Wegen und zwischen allem, was seßhaft geblieben ist, und dem, was auf der großen Flucht dahinrollt.

Für die Coswiger sind wir eine Art Aussatz, den das Kriegsende über sie gebracht hat. Sie verachten und meiden uns. Sie bleiben enge Seelen, und der breite Elbstrom, der an ihnen vorbeifließt, und der Strom der Flüchtlinge, der sich unaufhörlich durch ihre Straßen ergießt, berühren sie nicht.

Der Gasthof »Zur Tanne« steht freundlich und schmuck in einer engen Straße. Mutter liegt in einem weißgetünchten, schmalen Zimmer angezogen im Bett. Munter hebt sie bei meinem Eintreten den Kopf, als freute sie sich einer geglückten List: »Hier liege ich schön! So ein Bett ist doch eine Wohltat. Drüben auf der Elbterrasse tat mir schon der ganze Körper weh vom Schlafen auf den harten Stühlen.« Sie betrachtet mich aufmerksamer: »Du siehst elend aus, hast du schon gegessen? Mir hat die Wirtin einen Teller Kartoffeln mit Soße gegeben, etwas ungesalzen, aber es schmeckte doch.«

»Ja, ich habe auch einen Teller Brei bekommen, und Berthold einen Schlag Wellfleisch von einem Soldaten. Und ein Offizier hat mir sogar einen Schluck Bohnenkaffee gegeben. Die Menschen sind gar nicht so egoistisch –«

Mutter bleibt skeptisch. »Die Menschen sind die Menschen. Und im Grunde begegnest du immer deinen eigenen Spiegelbildern. Nur wenn sich der Teufel einmischt, dann spuckt dich einer unversehens an, auch wenn du ihm eine Tafel Schokolade hinhältst. – Also, gegessen hast du.« Sie mustert mich eindringlich. Wenn ich nicht vom Hunger so blaß aussehe – Hunger ist immer Mutters erstes Argument gegen jedes schlechte Befinden –, dann muß sie ihr Sinnen umstellen in jene feineren Bezirke der Seele, die sie aus Scheu vor der Beschwörung unterirdischer Gewalten nur ungern erschließt.

»Heute nacht habe ich von Tante Friedchen geträumt«, beginnt sie zögernd. »Sie kam mir in der langen Zypressenallee auf dem Friedhof in Trebnitz entgegen, dort wo ihr Grab liegt, ganz schwarz und groß, und sah mich vorwurfsvoll an, so als hätten wir ihr Grab nicht im Stich lassen dürfen.«

»Den Toten ist es gleich, wer über sie hintappt.«

»Die Toten wollen von uns nicht verlassen werden«, sagt Mutter bestimmt, »sie wollen, daß wir ihre Gräber pflegen und sie oft besuchen. Gut, daß ich noch den Efeu auf ihrem Grab angepflanzt habe.«

»Aber du kannst immer in Gedanken zu ihr gehen, das spürt sie doch sicher. Sie hört dich ja auch, wenn du sie laut rufst!«

»Das sind sehr dünne Methoden, und niemand wird davon satt. Nicht die Toten und nicht die Trauernden. Man muß Hand anlegen. Das ist das große Geheimnis. Wenn du nur mit den Gedanken herumhantierst, weißt du bald nicht mehr, wo Anfang und Ende ist. Wenn du glaubst, du hast bis zu Ende gedacht, kommt ein Windhauch und bläst alles weg. Ein gekochtes Mahl aber wandert in den Magen, in ein fertig gebautes Haus ziehen Menschen. Man muß sich rühren, dann tritt dir gleich überall der Sinn entgegen und hilft dir weiter.«

»Aber, Mutter, es gibt Menschen, die leben nur in ihren Gedanken und sind sehr glücklich dabei und machen andere glücklich.«

»Und wer kocht für sie? Wer macht ihnen das Bett? Und bügelt den Anzug?« Mutter hat sich etwas aufgerichtet und funkelt mich spöttisch an. »Ja, siehst du, die im Gedankenreich würden genau so verhungern wie die im Geisterreich, wenn wir nicht wären. Und darum dürfen wir auch die Toten nicht im Stich lassen!«

»Was sollen denn die Überlebenden der vielen Toten

sagen, die nicht wissen, wo ihre Angehörigen ihr Grab haben? Rußland können sie nicht absuchen und die Wüste auch nicht. Und unter den Häusern kannst du auch keinen mehr herausholen und ihn in einen schönen Sarg legen!«

Mutter nickt: »Die Verwirrung ist fürchterlich. Die Toten wissen nicht, wo sie hingehören und fliehen über Deutschland und Afrika und Italien und überall dort, wo Krieg war, genau wie wir, mit ihren Habseligkeiten bepackt, die sie gerade im letzten Moment bei sich hatten, ein Bildchen vom Kinde vielleicht – so wie Hubert, weißt du, bei dem haben sie das Bild von seinem Jungchen in der Hand gefunden –, und die Frauen haben vielleicht eine Markttasche bei sich und die Kinder noch eine Puppe. Und das alles strömt dahin, und wir in unserem Fleischeshochmut, weil wir die Flüchtlingszüge der Toten nicht sehen können, meinen, nur wir sind auf der Wanderung. Aber als ich vor der Ziegelei gestanden habe, die halbe Nacht in Regen und Wind, da riefen die Käuzchen, und der Wind klapperte daher, und um die Füße strichen mir Ratten oder Feldmäuse. Grausig war's. Gesehen habe ich natürlich nichts, aber gespürt hab ich's. Und weißt du, wer dabei war? Fritz. Jetzt hat Tante Welly ihren dritten Sohn verloren.« Mutter scheint ihren Worten zu lauschen, als spräche sie ein fremder Mund. Ihr Gesicht hat einen gespannten, aufhorchenden Ausdruck. Sie ist ungewöhnlich erregt, und ich bin sehr besorgt um sie.

»Möchtest du nicht etwas schlafen?«

»Ja, mir fallen fast die Augen zu. Ob ich mich ausziehen kann?« Sie blickt mich furchtsam von der Seite an, denn sie wagt nicht, zu der Wohltat des Bettes noch die Wohltat des Ausgezogenseins hinzuzufügen. »Flieger sind ja schon lange nicht dagewesen.«

»Kommen auch keine mehr«, behaupte ich.

»Keine Bomben mehr?« fragt sie ungläubig. »Ist denn der Krieg zu Ende?«

»Es sollen Verhandlungen mit den Amerikanern sein, achtundvierzig Stunden Waffenruhe.«

»Dann kann ich mich wirklich einmal richtig ausruhen. Das Schlimmste waren doch in Berlin die dunklen Wege zum Bunker. Alle die schwarzen, lautlosen Menschen, die da rannten wie aufgescheuchte Ratten und sich ängstigten.«

»Schlaf gut, Muttel.« Ich gehe zögernd zur Tür hinaus. Wenn nur kein Artilleriebeschuß von den Russen einsetzt! – Eine Angst löst die andere ab. Die Wiesen jenseits der Elbe sind gestern wegen drohender Beschußgefahr von Flüchtlingen geräumt worden.

Ich steige die Treppe hinunter, betrete die Gaststube und nehme einen Stuhl nahe der Tür. An zwei Tischen, weit auseinander, sitzen schon zwei Frauen. Die eine trägt einen Pelzmantel, die andere einen hellen Sommermantel. Vor jeder steht eine leere Tasse aus dickem, weißem Prozellan. Die Frauen rühren sich nicht. Sie sehen mich nur flüchtig an und senken dann wieder ihren Blick. Die Wirtin hat ihren Platz hinter der Theke inne. Sie strickt an der Fußspitze eines grauen Soldatenstrumpfes, der bei jeder Bewegung ihrer Hände hin und her schaukelt. Die Stille ist wie ein Leichentuch, das über uns gedeckt ist. Ich möchte auch eine weiße dicke Tasse vor mir stehen haben mit heißem Kaffee. Aber ich wage nicht, auf mich aufmerksam zu machen. Es könnte sein, daß die Stille nur ein dünner Trug ist. Daß darunter das Elend lauert, gierig, sich in einem Gewirr von Worten zu ergießen. Ich bin heute schicksalssatt.

Die Wirtin hebt ihr argloses, ein wenig verschüchtertes Gesicht und fragt zu mir hinüber: »Eine Tasse Kaffee?«

»Ja, sehr gern.«

Wie im Chor rufen die anderen beiden Frauen: »Mir auch noch eine, bitte.« Und dann sehen sie mich an. Es sind die Blicke von aufgestörten Vögeln, die aus dem vorjährigen

Laub des Waldes aufs freie Feld getrieben werden. Der Mund aber wetzt schon die Lippen, die Zunge ist in Unruhe geraten.

Die Wirtin im sauberen, dunkelblauen Kleid mit weißem Kragen setzt die Tasse erst vor mir nieder, dann vor der mir zunächst sitzenden Frau im Sommermantel, deren Haut auf der linken Seite des Gesichtes zerstört ist. »Das müssen entsetzliche Schmerzen gewesen sein«, sagt sie in einem Ton des Mitleids und des Widerwillens, den der Unversehrte unwillkürlich dem zerstückelten und geflickten Mitmenschen gegenüber hat. Die Kunde von Hamburgs Feuernächten ist zu ihr gedrungen, doch sie hat die grausigen Zerstörungen nicht anders aufgenommen als die Verwünschungen eines Propheten aus dem Alten Testament, als Fluch, nicht als Wirklichkeit. Nun aber sitzt vor ihr als Beweis aller Schrecklichkeiten eine Frau, der der Phosphor über die Stirn und die linke Wange geflossen ist, die Haut und das Fleisch darunter weggefressen hat, denn das Gesicht unter der neuen Haut ist eingesunken, und wenn sie schärfer hinsieht, wozu sie eine grausige Neugier zwingt, so scheint ihr auch die Nase merkwürdig fremd, und das Kinn ist weiß und leblos. Heil sind allein die Augen geblieben, braun und tief, und das Haar, das sich sanft um das entstellte Antlitz schmiegt.

»Furchtbare Schmerzen, aber schon lange her.« Die Fremde beobachtet beinahe mit Befriedigung die Enttäuschung der Wirtin. »Nein, es ist nicht im Kriege passiert, etwa durch Brandbomben oder durch Phosphor, wie die meisten glauben, sondern als ich vier Jahre alt war, ist mir die brennende Petroleumlampe auf den Kopf gefallen.«

Die brennende Petroleumlampe, die einem vierjährigen Mädchen auf den Kopf fällt und ihm dabei das liebliche Gesicht verwüstet, ist für Mutterherzen furchtbarer als der Krieg mit zehn Millionen Toten. Sie fühlen den Schrecken des Kindes und der Mutter, Verwirrungen und Schmerzensschreie, verworrenes Hin- und Hereilen von der Küche ins

Schlafzimmer, Auflegen von kühlen Tüchern und Salben. Doch das Gesicht schwillt an, ist bald nur noch eine einzige Blase. Das Kind muß ins Krankenhaus, sofort, aber wo soll man in der Nacht so schnell einen Arzt und einen Wagen herbekommen? Vielleicht hat die Mutter das Kind auf den Arm genommen und ist ins nächste Krankenhaus gelaufen, von rasenden Schmerzen selbst fast irre. Aber die Frauen wissen nicht einmal, ob das Unglück in der Stadt oder auf einem einsamen Dorfe passiert ist, wo nachts kein Arzt, kein Krankenwagen zu bekommen war, doch zu fragen wagen sie nicht.

»Wir wohnten auf einem einsamen Bauernhof«, sagt die Entstellte leise vor sich hin. »Ich erinnere mich nicht mehr genau an alles. Es ist ja auch vierzig Jahre her. Die Erinnerung an den Schmerz ist verlöscht, aber die Narben sind geblieben. – Ich habe die Menschen kennengelernt. Ihre Roheit und Rücksichtslosigkeit und ihren Widerstand dem sichtbaren Unglück gegenüber. Wie oft ist mir gesagt worden, wenn ich mich um eine neue Stellung bewarb: ›Mit Ihrem Gesicht können wir Sie doch nicht anstellen. Da läuft uns ja die Kundschaft davon!‹ Um nicht zu verhungern, mußte ich eben billiger arbeiten.«

Die Wirtin hat sich zu ihr gesetzt. Ihre Hände streifen unruhig über die Bluse. »Jetzt wird es wohl viele geben wie Sie. Jeder wird denken, Sie sind das Opfer eines Feindangriffs.« Die letzten Worte stehen wie in schwarzgedruckten Lettern und als Sperre zwischen uns. Aus dem privaten Miterleiden sind wir unerwartet in die offizielle Leidenssphäre getreten, und unser Gemüt erstarrt. Nur die Unglückliche nickt lebhaft, und ein Schimmer von Genugtuung erhellt ihre Züge.

»Seit dem Krieg hat sich alles für mich geändert. Ich bin nicht mehr ausgestoßen, denn jeder denkt, wenn er mich sieht: Dasselbe kann dir passieren. Und dann sind die Menschen wenigstens duldsam zu mir. Ja, der Krieg war mein Glück. Wenn es auch eine Sünde ist, das zu denken.«

Die Wirtin sieht erst die Frau im Pelzmantel an, dann mich; sie erhebt sich, rückt ihren Stuhl zurück, streicht einmal ordnend mit der flachen Hand über den Tisch und zieht sich hinter das Büffet zurück, bewaffnet sich wieder mit ihrem Strickstrumpf, der ihre Hände beschäftigt und ihre verwirrte Seele in der zweckmäßigen Ordnung der Maschen beruhigt. Sie empfindet eine dumpfe Anklage gegen die Menschheit, die zuläßt, daß eine vom Unglück Gezeichnete sich erst während der furchtbaren Vernichtung dieses Krieges in ihre Gemeinschaft aufgenommen fühlt.

Die Dame auf dem roten Plüschsofa, die mit dem Rücken gegen das Fenster sitzt, auf dessen Außenbrett die Kästen voll Tannenreiser gesteckt sind, lüftet jetzt mit beiden Händen den Pelz und enthüllt auf ihrer eingesunkenen Brust das Schild der Frauenschaft. »Ihr Einzelschicksal ist erschütternd«, beginnt sie mit einer läufigen Stimme, die es gewohnt ist, glatt und eilig noch über das Entsetzlichste hinwegzugleiten und das Grausige mit einem farblosen Wortschleim unansehnlich zu machen. »Sie haben den tiefen Sinn des Krieges erfaßt: Notgemeinschaft der Verfolgten und unschuldig Leidenden. So wie es der Führer wollte. Alle Mann in einem Boot. Und in der höchsten Sturmgefahr erscheint uns der Retter.« Sie hat mit verzücktem Augenaufschlag beide Arme erhoben, als stehe sie auf einer unsichtbaren Kanzel und predige der gläubigen Gemeinde.

»Woher?« frage ich, angewidert von dieser Vermengung von Christentum und Führertum, Hitler und Heiland.

»Woher?« fragt die Verzückte und blickt verständnislos zu mir herüber.

»Woher die Rettung kommen soll, möchte ich wissen!«

»An die Rettung muß man glauben, hat der Führer gesagt.

Die Wunderwaffe kann eingesetzt werden oder die Engländer und Amerikaner schließen mit uns Frieden und kämpfen mit uns gemeinsam gegen die Russen!« Sie blickt sich triumphierend nach der Wirtin und der Verunglückten um. Aber die beiden Frauen mischen sich nicht ein. Sie sind vorsichtig und wünschen sich nicht nur einen stummen Mund, sondern auch taube Ohren. Eine fanatische NSV-Frömmlerin kann auch jetzt noch gefährlicher sein als ein abgefeimter Gestapospitzel.

»Sie glauben wohl noch an den Sieg?« frage ich herausfordernd.

Die Dame im Pelzmantel stutzt einen Augenblick und erklärt dann mit eingeübter, fester Stimme: »Wir müssen siegen.«

Eine verzeifelte Ohnmacht befällt mich. Ich verstehe nicht, was für ein Volk das ist, in dem unberührt von der Vernichtung, den Qualen, der wütenden Empörung von Millionen einzelne Glaubenssüchtige ihrem Führeridol und seinen Wundertaten noch anhängen. Mühsam stoße ich hervor: »Aber Sie können doch nicht wirklich noch mitten im Untergang an den Sieg glauben!?«

Die Hände der Frauenführerin haben sich unter den Tisch verkrochen. Die Augen, die das blasse, gedunsene Gesicht überleuchteten, sind unter den geschwollenen Lidern verloschen. Ich bemerke jetzt erst, daß unter ihrem schwarzen Filzhut graue Haarsträhnen zu beiden Seiten herabhängen, und daß ihr Pelz, ihr Schuhwerk und die große Handtasche, die neben ihr auf dem Stuhl steht, von Reichtum und gutem Geschmack zeugen.

In diese Pause hinein ruft die Frau mit dem zerstörten Gesicht: »Ich möchte zahlen, bitte!«

Die Wirtin erhebt sich wieder, folgsam, durchschreitet den rechteckigen Raum und kassiert das Geld, dabei vorsichtig nach der Nazifrau hinüberblickend, deren Reden ihr, obgleich sie ihr doch vor wenigen Wochen noch selbstverständlich erschienen sind, heute aufrührerisch und gefährlich dünken.

In dem Augenblick, als die Frau im Sommermantel den Stuhl rückt und sich erhebt, bewegt sich die Thronende am Fenster mit krankhafter Aufgeregtheit, nimmt ihre Handtasche vom Stuhl und beginnt mit flatternden Händen darin zu kramen. Sie greift ein Bündel Photos und legt es vor sich auf den Tisch. »Hier!« ruft sie mit befehlshaberischer Stimme. »Hier haben Sie die Beweise!« Und sie breitet die Photographien wie ein Spiel Karten aus. Als wir näher treten, blicken uns die Gesichter junger Offiziere entgegen, eines dem andern zum Verwechseln ähnlich. Nur durch ihre Auszeichnungen unterscheiden sie sich. Die Frauenführerin sieht uns mit einem Ausdruck irren Triumphes an. »Nun, erkennen Sie sie?! Natürlich, jeder kennt sie, sie waren ja überall abgebildet, und im Radio haben sie auch gesprochen. Dieser hier«, sie hebt eine Postkarte zwischen Daumen und Zeigefinger empor. »Manfred, 445 Luftsiege, Jäger. Vom Führer eigenhändig dekoriert. Sehen Sie die Brillanten?« Sie tippt mit der Linken auf das Eichenlaub mit Schwertern und Brillanten, die unter dem Kinn des jungen Mannes zu funkeln scheinen. – Ihre Hand läßt das Bild fallen und greift eifrig nach dem nächsten. »Panzer, 385, Eichenlaub mit Schwertern, – bitte und dieser, der Jüngste, Fallschirmjäger, auch einen Orden. – Und Hugo, U-Boot-Kommandant!« Wir sehen betroffen auf die schönen, wie aus einem blanken Metall gegossenen Standardgesicher der jungen Männer, deren Namen mit phantastischen Siegen gekrönt waren. Helden, Jünglinge, die mit ihren hervorragenden Eigenschaften: Mut, Geistesgegenwart, Zucht, Beherrschung ihres Handwerks und Selbstaufopferung, nur Tod und Untergang beschworen haben. Aber selbst wenn wir gesiegt hätten, was wäre aus den Eintagsgöttern der Lüfte, der vorstoßenden Heere, der beunruhigten Meere geworden? Götzen stürzen, wenn der Mensch seinen neuen Alltag beginnt.

»Meine Söhne, von verschiedenen Vätern, aber ich bin die Mutter!« Dabei deutet sie mit der Hand im Halbkreis auf die Photos. »Wenn ich da noch am Sieg zweifeln sollte, das wäre ja Verrat an ihnen!«

»Haben Sie Nachricht?« frage ich leise.

Mit einem Schlage verändert die Frau Haltung und Gesicht. Sie rafft die ausgebreiteten Bilder hastig zusammen, steckt sie in die Tasche, steht mit einem Ruck auf. »Nein«, antwortet sie mit einer spröden, harten Stimme, »nein, keine Nachrichten von allen vier. Sie sind tot.« Sie strafft sich noch einmal. »Aber ich habe die Orden«, und im gleichen Atem wendet sie sich zu der Wirtin mit jener trügerischen Sachlichkeit, hinter der sich das grausame Elend verbirgt: »Was habe ich zu zahlen?« –

»Mutter, ich habe eine Nazifrau gesprochen, die hat vier Söhne verloren und trotzdem glaubt sie noch an den Sieg!« Ich bin noch einmal zu Mutter hinaufgegangen und bemerke in meiner Erregung gar nicht, daß sie nicht geschlafen hat, sondern ein waches, gramvolles Gesicht hat. »Alle Ritterkreuzträger. Junge Kerle, sie hat uns Photos gezeigt!«

»Vier?« fragt Mutter und murmelt dann: »Wenn nur mein Horst wiederkommt.« Ihre Augen röten sich, die Tränen rinnen über ihre Wangen. »Vielleicht ist er von den Russen abgeschnitten. Er war doch zuletzt in Ostpreußen. Ist wohl schon tot oder gefangen.«

»Nein, Horst lebt. Ich weiß es ganz gewiß. Wenn er tot wäre, hätte er uns ein Zeichen gegeben. Aber natürlich, er muß Furchtbares durchmachen.«

»Er hat doch nur gemalt und nicht gekämpft. So einem einfachen Landser wird man nichts tun! Bestimmt hat er keinen Menschen umgebracht!«

»Vielleicht hatte er Glück – aber schließlich war doch Krieg.«

»Die Mutter der vier toten Ritterkreuzträger«, beginnt sie wieder zögernd, »glaubt noch an den Sieg. Das kann ich gut verstehen. Das ist doch das Letzte, das Allerletzte, was ihr geblieben ist.« Sie sieht mich verstört an: »Glaubst du denn nicht, daß die Armee Wenck Berlin befreien wird?!«

Ich verstumme und sehe Mutter an. Sie läßt ihren Blick zur Seite gleiten. – Die Mütter der toten und lebenden Helden sind die letzten Gläubigen dieses grauenvollen Untergangs.

Ehe ich sie hindern kann, ist Mutter mit beiden Beinen aus dem Bett, wirft sich den Mantel über, geht zum Koffer, öffnet ihn, nimmt das Brot heraus, schneidet zwei dicke Scheiben ab, zieht die Metallklammer vom Einkochglas, packt fette Sülze auf die beiden Brote und reicht sie mir: »Da, iß! Wenn man nichts im Magen hat, kann man nicht mehr klar denken!« Dann legt sie sich mit derselben Entschiedenheit wieder ins Bett. Ich halte in jeder Hand eine hügelhoch belegte Schnitte und beiße widerwillig hinein. Jetzt muß ich weinen, es weint aus mir heraus. Die Tränen fallen auf die würzige Sülze. »Hier hast du ein Taschentuch!« Da ich keine Hand frei habe, fährt Mutter mir wie als Kind ziemlich derb über die Augen und unter die Nase. Das tut mir gut. Ich möchte jetzt ein kleines Kind sein, nichts verstehen, nichts entscheiden müssen und spielend oder schreiend an Mutters Hand mitgeschleppt werden. –

Am Abend holt mich Berthold ab mit einem Karren, Pietzsch ist dabei und Fräulein Rose, die mich spitz begrüßt. Wir sind in Sorge, daß der Wagen, der auf dem Kopfsteinpflaster mit der Bosheit eines unwillig gehorsamen Dinges rumpelt, die Feldgendarmerie auf den Volkssturmmann Pietzsch hinlenken könnte, der, statt eine sinnlose Übung ohne Waffen mitzumachen, die restlichen Zeichnungen retten hilft.

Wir sind schon nächtliches Gesindel im eigenen Lande, obgleich das geraubte Gut uns gehört und die Straße, auf der wir jetzt dahinziehen, noch deutsch ist. Wir fliehen den Weg der Flucht zurück, den Feindpanzern entgegen, zwischen den Greifern der Nazis. Jeder geht für sich, und unsere Schritte verbrüdern sich nicht. Wir sprechen nicht miteinander. Der Karren zetert und scheppert hinter uns her. Berthold murrt nur einmal: »Warum kommst Du eigentlich mit? Es ist viel zu anstrengend für Dich! Vierzehn Kilometer hin und zurück!«

»Ich will auch etwas holen.«

»Ist es denn etwas Wichtiges?«

Ich spüre, wie ich in dem kühlenden Nachtwind heiß werde: »Großmutters rotes Kaffeeservice.«

Berthold schüttelt den Kopf, aber er sagt nichts. Dann ziehen wir wieder stumm voran. Als die Stadt hinter uns liegt, atmen wir freier.

Die Nacht ist über den schwarzblauen Wäldern emporgestiegen und überflutet den Himmel mit Dunkelheit und Stille.

Ein lange unterdrücktes Heimweh verführt mich in die Umfriedung meiner Kindheit, in die Forsthäuser von Posen und Schlesien. Die grünberockten Onkel und Vettern, die kräftigen, gemütlichen Tanten tauchen in ihrer Urwüchsigkeit auf. Großvater und Großmutter, gravitätisch auf dem grünen Sofa im Jagdzimmer, an dessen waldesgrünen Wänden das ganze alte Revier mit den Geweihen und Gehörnen erlegter Hirsche und Rehe gleich den Skalpen erlegter Feinde, mit allerlei ausgestopftem Getier: Adler, Eule, Marder und Iltis zwischen Blattpflanzen und Blumenstauden wie auf dem Schirm einer Laterna Magica erscheinen. Doch dringt kein Laut aus der Erinnerung zu mir. Erst als ich Großmutters längst verklungene Stimme in mir wieder höre: »Tanze, Ilse, dann springst du leichter über alles Schwere hinweg«, gewinnen die Schatten Lebendigkeit. Mein Schritt wird freier, ich bin in das einzige Paradies zurückgekehrt, aus dem niemand und nichts vertrieben werden kann. In die einzige Welt völliger Gleichwertigkeit, in der Pflanze, Tier und Ding sich neben dem Menschen behaupten. Ja, der Sinn und die Bedeutung eines Menschen scheinen sich oft in einem Gegenstand zu sammeln, von ihm aufgesaugt zu werden und in ihm zu vergehen. Großmutter hatte sich für mich längst in dem roten Kaffeeservice vom Menschlich-Vergänglichen gelöst und ins Überdauernd-Symbolische gerettet.

»Warum rennst du eigentlich so?« Berthold ist hinter mir hergekommen und faßt mich am Ellenbogen. Jetzt erst merke ich, daß ich weit vorausgeeilt bin, den Wäldern entgegen. Sie wachsen auf mich zu, und ich will mich in ihnen bergen, in den grünen, brausenden Meeren meiner Kindheit. Im gleichen Augenblick wird mir bewußt, daß nicht nur Großvater und Großmutter, Hegemeister und Oberförster, Forsteleven und Forstreferendare tot sind, sondern daß auch ihre herrlichen Reviere in der Nähe von Breslau und in der Provinz Posen verloren sind. Schon heute sind diese meilenweiten Wälder nicht mehr deutsch, und nur die Forste von Onkel Hellmuth bei Kassel sind wohl zur Stunde noch nicht vom Feind durchzogen. Vielleicht aber wird der Jüngste der mütterlichen Sippe, ein verbissener Gegner der Partei, nach diesem Krieg ein Forstamt bekommen, groß und weit wie die Reviere seiner Väter. Ich atme tief auf. Die würzige, feuchte Waldluft durchzieht mich belebend.

Der Mond ist hinter einem Wolkenballen hervorgekrochen und blickt scheel nach dem Schloß, das unverändert schmuck auf dem Hügel steht und dessen Dach von den dunklen Schwingen der Kiefern, Eichen und Buchen beschattet wird. Kein Hund bellt, keine Soldatenstimme klingt auf. Wir können die Tür zur Halle öffnen und eintreten. Die Scheiben klirren von unseren Tritten. In der Stille fühlen wir uns wie

Eindringlinge. Um Butzkes, die sich wohl ängstlich verborgen halten, unsere Ankunft zu melden, rufen wir laut nach ihnen.

»Sicher sind sie in der Küche.« Fräulein Rose tastet sich durch den schmalen Korridor, in dem wir jetzt einen dünnen Lichtstreifen bemerken.

»Wer es auch sei, kommen Sie schnell herein, damit man das Licht nicht sieht«, ruft der Schloßherr von drinnen.

Wir treten ein und stehen geblendet vom Licht und verwirrt von der Gemütlichkeit dieses Raumes, der uns ein paar Wochen lang so gastfreundlich aufgenommen hat und den wir so schändlich mißhandelt haben, bis seine blinkende Weiße verschmutzt, seine Ordnung zerstört und aus dem friedlichsten Mittelpunkt des Hauses, der Feuerstelle, ein widerwärtiger Schauplatz geworden war. Jetzt ist ihm seine Reinheit und sein menschenfreundlicher Sinn wiedergegeben. Die gekachelten Wände sind abgewaschen, der rote Steinfußboden ist gescheuert, die Herdplatte ist frisch geschwärzt, das umlaufende, breite Messingband, von dem die Schöpf- und Schaumkellen griffbereit herabhängen, ist hell poliert. Ein nahrhafter Geruch nach frisch gebratenem Speck und gerösteten Zwiebeln, vermischt mit dem Duft von Bohnenkaffee vergegenwärtigen uns einen kräftigen Imbiß, und wir spüren im gleichen Augenblick ebenso bedrückend unser Landstreicherdasein wie herzhaften Hunger.

Die Schloßherrin sitzt auf ihrem Platz wie immer, im blauen Rock und weißer Bluse, eine frische weiße Schürze vorgebunden, die Hände ausruhend im Schoß, das Gesicht müde, aber befriedigt. Anfänglich voll Zorn, bald aber mit wachsender Genugtuung, hat sie sich ihr Reich Stück für Stück in peinlicher Säuberung zurückerworben; selten hat sie sich so sehr als wahrhaft Besitzende gefühlt wie in dieser späten Abendstunde, da sie endlich mit dem Schrubben fertig geworden ist. Ihre natürliche Bescheidenheit versagt es ihr, sich uns gegenüber, die wir unerwartet in die friedliche Helle ihrer Küche eindringen, überlegen zu fühlen. Vielmehr geistert in ihr eine trübe Ahnung auf, daß vielleicht auch sie und ihr Mann bald wieder den Weg ins Ungewisse antreten müssen. Sie erhebt sich, um uns zu begrüßen, und während Butzke mit Berthold und Pietzsch nach kurzer Frage und Antwort über den Zweck des nächtlichen Besuches zu einer wichtigen und scheinbar unangenehmen Mitteilung übergesprungen ist, humpelt seine Frau bereits zum Herd, um den mächtigen, blankgeputzten Aluminiumkessel auf das noch prasselnde Feuer zu setzen.

»Er kommt nicht mehr aus dem Pavillon heraus. Wenn sich jemand nähert, ruft er: Wer da? Ich schieße!«

Bertholds von der frischen Luft gerötetes Gesicht verfällt: »Wir müssen sofort zu ihm.«

»Setzen Sie sich doch erst einmal, das Wasser kocht gleich.« Frau Wilhelmines schüchterne Stimme scheppert hinter den Männern her. Berthold und Pietzsch sind über die hintere Terrasse hinausgegangen. Butzke schlurrt hinter ihnen her.

Ich trinke den frisch gebrühten Kaffee und esse ein paar schnell bereitete Brote mit kurz gemurmeltem Dank. Die Kaninchenaugen von Frau Butzke begleiten jeden Happen, ihre Lippen bewegen sich, endlich beugt sie sich vornüber: »Und den Schinken? Hat die Pietzsch nun den Schinken?«

»Wahrhaftig, sie hat ihn«, rufe ich aus und blicke erstaunt Wilhelmine an, die mit ihrem Hausfrauensinn nichts Eßbares vergessen kann.

Über die Bestätigung ihrer Ahnung ist die Schloßherrin jedoch nicht empört, vielmehr breitet sich schadenfrohe Genugtuung über ihr teigiges Gesicht aus. »Hier kommt sie jedenfalls nicht mehr her«, erklärt sie zufrieden.

›Nein‹, denke ich, ›die Pietzsch haben wir jetzt bis zum

Ende dieser Tage.‹ Ich gehe rasch hinaus und den Pfad an der Mulde entlang zu dem tief gelegenen Teil des Pavillons hin.

Ohne daß ich vorher einen Laut vernommen hätte, stehen plötzlich zwei Männer wie Pfähle vor mir: windschief und nicht mehr fest im Holz. Im versilberten Dunkel der Nacht erkenne ich undeutlich, daß es Soldaten sind. Doch sie tragen keinen Rucksack, keinen Karabiner, kein MG, sie sind aller Waffen ledig; sie haben sich freigemacht und sichern durch die Wälder, schlafen nachts zwischen vorjährigem Laub oder auf dem Heuboden eines gutmütigen Bauern.

»Frau, bekommt man hier etwas zu essen? Wir haben seit zwei Tagen nichts mehr im Magen!« Die Stimme klingt angeschabt, doch voll geheimen Trotzes. Der Mann versteckt sich nicht um seines schlechten, sondern um seines guten Gewissens willen; er hält sich für vernünftig, die anderen für Selbstmörder. Sein Gemeinschaftssinn ist in sechs Jahren Krieg verbraucht, kein Fetzen ist mehr übrig, aus dem allgemeinen Verfall hat er sich als letztes den Entschluß zum selbständigen Handeln bewahrt. Er mustert mich forschend. »Mein Kamerad ist am Fuß verletzt, wir können nicht weiter.«

»In der Küche bekommen Sie sicher etwas Warmes.« Ich gehe den Steg zurück und trete hastig ein: »Draußen sind zwei Soldaten, haben Sie noch einen Rest Suppe oder Kaffee?«

Ich erwarte, daß Frau Minna bereitwillig von ihrem Platz aufsteht, um das Feuer im Herd zu schüren und den Suppentopf darauf zu schieben. Aber sie sieht mich nur ablehnend an, streicht sich mit der kleinen, weißen Hand über den Schürzenlatz und antwortet nicht.

»Der eine hat den Fuß verletzt, sie können nicht weiter. Und sie haben seit zwei Tagen nichts Warmes gegessen«, fahre ich eindringlich fort und wünsche, daß ich die Brote vorhin nicht gegessen hätte, um sie den beiden Soldaten jetzt geben zu können.

Die Schloßfrau bleibt widerspenstig. Ihre Augen haben sich zusammengezogen und der Mund hat sich verkniffen. Endlich stößt sie hervor: »Tag und Nacht kommen sie, nie was gegessen, ausgemergelt und verlumpt, überall stecken sie schon, auf dem Turm, in der Wagenremise und im Keller, immer erschreck ich mich, wenn plötzlich einer vor mir steht.« Sie beugt sich vor und flüstert: »Am schlimmsten war's, als wir noch die Einquartierung hier hatten, vor zwei Tagen. Leutnant mit zwanzig Mann. Ein junger, hübscher Mensch, der uns dann den Kaffee geschenkt hat! – Eine Angst hatte ich, daß die sich begegnen! Und meinem Mann durfte ich auch nichts sagen.« Auf der Küchenterrasse klingen Schritte, Frau Minna blickt wie ein witterndes Tier: »Sie sollen hier nicht reinkommen!« Dann humpelt sie mit unerwarteter Lebhaftigkeit an mir vorbei. Wir öffnen die Tür, ein Lichtstrahl schneidet in das Dunkel, und wir stehen nun beide vor den Soldaten. »Kommen Sie, ich habe schon Stroh genug hingeschüttet, nachher bringe ich Ihnen Suppe. Aber Sachen habe ich nicht mehr, keine Hose und keine Jacke; ich sag's Ihnen gleich, damit Sie mich erst gar nicht darum quälen.«

Wir gehen zwischen der Parkmulde und der rückwärtigen Seite des Schlosses bis zur Wagenremise, die vorn voll unbrauchbarer Geräte steht. Minna zieht Streichhölzer aus der Tasche und einen Lichtstumpf, zündet an, und wir erkennen im Hintergrunde eine Strohschütte, auf der schon einige dunkle Gestalten ausgestreckt liegen. Beim Näherkommen hebt einer aufgeschreckt den Kopf, läßt ihn aber gleich wieder beruhigt sinken, als er die weißbeschürzte Alte sieht und die beiden Soldaten.

»Legen Sie sich ruhig hin, heute früh sind zwei weg, da ist noch Platz. Ist hier immer noch sicherer als im Turm, und dann ist der Wald auch näher. Halten Sie mal das Licht.« Sie gibt es dem älteren Mann, tritt schnell zu der Ecke mit dem Stroh und beginnt es aufzuschütteln.

»Ist gut, Mutter«, sagt der Mann mit der Kerze, »das besorgen wir schon allein!«

Die Alte nimmt ihm das Licht wieder ab. »Brennt mir das Stroh nicht an mit euren Zigaretten. Was zu essen bringe ich bald.« Dann bläst sie die Kerze aus, umgeht behende die vorgebauten Geräte und steht wieder neben mir. »Was soll ich machen? Hungern kann ich sie doch nicht lassen. Sollen sie vielleicht unterwegs zusammenbrechen? Bleiben ja auch nicht lange hier, wegen der Russen.« – Ihre weiße Schürze leuchtet hell, ehe sie hinter dem Gebüsch verschwindet, das den Weg zur Küche säumt.

Die Luft riecht hier unten nach der doppelten Fäulnis von abgelagerten, langsam zerfallenden Dingen, die in dem Schuppen untergebracht sind oder auch einfach den Abhang zur Mulde hinunter geworfen wurden, und dem modernden vorjährigen Laub. Die Dunkelheit ist dicht. Nur zwischen dem Dach und den Wipfeln der Bäume, die aus der Senkung hochragen, glänzt ein Streifen Himmel. Ich befinde mich unterhalb des Pavillons, der ebenso wie das Schloß in dem ansteigenden Hügel seinen Kellerraum hat. Unwillkürlich muß ich denken: Wo der Sanitäter sein mag, der mit Lieschen Fröhlich grüne und rote Liköre trank? Ich klinke die Tür auf und blicke in den Keller, in dem Möbel untergestellt sind. Eine heisere Stimme ruft: »Wer da? Ich schieße!« Dann klirrt eine Waffe zu Boden und eine gebeugte Gestalt taucht neben mir auf: »Sie sind es. Frau Doktor?«

Ich sehe in ein zusammengesunkenes, altes Gesicht, das sich in kindlichem Weinen verzieht. »Kuntze, was tun Sie denn hier?«

»Es ist etwas Furchtbares geschehen«, seine Stimme zittert.

»Mit den Papieren?« Es erscheint mir unglaubhaft, daß in diesem abgelegenen Schloß, das von keiner Bombe zerstört oder niedergebrannt worden ist, die Zeichnungen vernichtet werden konnten.

»Nicht alle sind weg, Frau Doktor, nicht alle. Aber doch ein Teil.« Anklagend und entschuldigend flüstert er: »Ein einziges Mal bin ich mittags aus dem Pavillon gegangen, um drüben in der Küche etwas zu essen. Und als ich wiederkam, war die Tür aufgebrochen und aus der offenen Kiste waren die oben liegenden Zeichnungen herausgerissen!«

»Von wem denn?«

»Von diesen Wandalen in Soldatenuniform! Hier unten«, er zeigt in die Mulde, »sitzen sie immer und machen sich ihr Feuer. Mit unseren Zeichnungen! Ob was auf dem Papier steht oder nicht, ist doch den Kerlen ganz egal! Hätte ich die Kiste vernageln sollen? Aber ich habe noch immer an den Akten geordnet. Und nun ist das passiert!« Der alte Mann schluchzt.

»Was haben Sie denn in den letzten zwei Tagen gegessen?« frage ich.

»Einer von den Soldaten hat mir eine Scheibe Brot gegeben. Das ganze Gehölz ist voll Soldaten. Für die ist der Krieg zu Ende. – Was wird bloß der Herr Direktor sagen?«

»Mein Mann und Pietzsch sind oben im Pavillon und suchen Sie. Wir wollen die Kiste mit dem blauen Dreieck über die Elbe holen.«

Kuntze belebt sich vor Schrecken und Freude: »Dann will ich gleich hinaufgehen!« Er stockt. »Wenn Frau Doktor hier unten bleiben würden, ich habe sie nämlich heruntergeschleppt.«

»Die schwere Kiste?«

»Einer von den Soldaten hat mir geholfen. Es sind ja auch ordentliche dabei! Hier, stoßen Sie sich nicht!« Er lenkt mich zu der Kiste, die im Schutze eines Büfetts steht.

Ich setze mich nieder, vielmehr zieht es mich hinab, ich fühle mich zum Umsinken müde. Mein Kopf fällt vornüber zwischen den rauhen Pelzkragen, ich versinke in Halbschlaf. Aus dem weichen Dunkel zwischen Schlaf und Wachen klingen fremde Laute an mein Ohr. Erst glaube ich, eine unbekannte Melodie ertöne, dann wird mir dunkel bewußt, daß ich eine fremde Sprache höre. Ich horche angestrengt, vermag aber vor Müdigkeit noch nicht, mich aus meiner zusammengesunkenen Stellung aufzuraffen. Auch ist es ratsamer, verborgen zu bleiben. Es sind zwei Frauenstimmen, eine helle und eine dunkle, die mit einem Mann russisch sprechen. Sofort erinnere ich mich an die rothaarige Russin und an die kleine Schwarze, – wer aber ist der Mann? Ein russischer Arbeiter aus einem der Dörfer? Verständigen sie sich untereinander, wo sie am schnellsten die befreienden Heere erreichen können? Oder planen sie einen Racheakt gegen die verhaßte Gärtnersfrau? Ich erschrecke: Fürchten sie gar, daß die Gärtnerstochter ihnen im letzten Augenblick eine Kugel ins Genick jagt? – Die Stimmen klingen erregt und furchtsam. Der Mann flüstert dringlich, wie ich spüre, beruhigend. Sie halten jetzt direkt vor der Tür, so daß ich sie im spärlichen Licht erkennen kann. Es sind wirklich die beiden Russinnen, sie tragen Bündel in der Hand, die Kopftücher straff um das Haar gebunden. Der Mann wendet mir den Rücken und zeigt hinab in die Wälder. Die Frauen blicken in Richtung seines Armes. Die kleine Schwarze scheint verängstigt, die Rothaarige aber fällt mit einem Ruck die Entscheidung. Sie sagt ein Wort unvermutet hell und furchtlos in die Nacht hinaus, und dann steigen sie zu dritt die Mulde hinab, der Mann voran, die kleine Schwarzhaarige in der Mitte und zuletzt die große Russin. Der moosbewachsene Boden nimmt ihre Schritte auf mit weichem Laut und entläßt sie in das dichte Gehölz.

Berthold und Pietzsch kommen die schmale Treppe herab,

die außen herum vom Pavillon zum rückwärtigen Kellereingang führt.

Berthold sagt kurz: »Sie kommen jetzt mit uns, Kuntze.« Dann tragen wir die Kiste zu dem Karren, den wir vor die Schloßrampe gestellt hatten. Kuntze, der anfangs unter dem Zwang der Selbstverteidigung und Selbstanklage lamentierend neben ihnen hergelaufen ist, verstummt. Im Mondlicht wirkt er greisenhaft. – Ich folge schweigend.

In der Eingangstür zur Diele erscheint Fräulein Rose mit fahlem Gesicht: »Überall tritt man auf Soldaten.« Ich denke betroffen: Kennt sie das Versteck im Stroh? Aber als ich eintrete, liegt die Halle wieder voller Soldaten, umgemähte Leiber, die sich nicht rühren, die nicht in den Schlaf, sondern in einen Vortod gefallen sind. Rose spricht in zerrigem Ton, ihre Bewegungen sind fahrig. Sie ist unduldsam gegen den Krieg geworden, sie sehnt sich nach einem Abschluß all dieser sinnlosen Unternehmungen und preßt ihre Kraft in die letzten Rettungsversuche um ihren Besitz. Nase und Kinn sind spitzer geworden, die Stimme schneidet wie ein schartiges Messer in die weiche Nacht. Ihren Vorgesetzten begrüßt sie kaum.

Wir zwei tasten uns den Korridor entlang, die winklige Treppe hinab. Der Vorkeller, der einmal eine gemütliche Trinkstube war, ist mit den Kartons und Ballen von Fräulein Rose vollgestopft. Das elektrische Licht brennt nicht. Wir stecken Lichtstümpfchen an, die einen ungewissen, rötlichen Schein verbreiten. Unmöglich, alles fortzuschaffen, selbst wenn ich auf Großmutters rotes Kaffeeservice verzichtete. Aber ich will nicht verzichten.

»Jeder nimmt das, was er am meisten liebt«, ich verbessere mich, »oder braucht« und ziehe die schmale buntbemalte Kiste mit dem Porzellan hervor.

»So eine große Kiste«, keift die Rose sofort los.

»So eine kleine Kiste.«

»Immer drängen Sie sich vor, aber das gibt's nicht mehr, Frau Direktor spielen.«

»Das Fräulein Chefsekretärin hatte schon den halben Kremser voll Sachen. Halten Sie mich für dumm?«

»Für klug.«

Das war giftig. Wir stehen uns zwischen dem aufgetürmten Gepäck gegenüber und funkeln uns kampfbereit aus übermüdeten, brennenden Augen an. Die Kerzen, die wir in der Hand halten, beleuchten uns von unten. Ihr mageres, verzerrtes Gesicht, mein rundes, zorniges – wir sind beide häßlich, schon weil wir zu entschlossen sind. Ich pfeife auf meine Vornehmheit, ich will das rote Kaffeeservice!

»Also, was sollen wir mitnehmen?« Pietzsch ist uns nachgekommen und blickt unschlüssig auf den Haufen vor sich. Er will zupacken, um möglichst schnell den Bereich des Schlosses zu verlassen.

Bei dieser sachlichen Frage sackt Fräulein Rose zusammen, verfällt in Jammer, ihre Hände flattern von einem Stück zum andern, während die Kerze auf ihren Mantel tropft.

»Nehmen sie das Wichtigste mit«, rate ich ihr beherrscht. Ich mag sie nicht. Und wenn wieder Frieden ist, möchte ich sie nie mehr sehen. Ida Pietzsch bleibt immer lebendig, aber diese alte Jungfer ist ein Dornenstrauch ohne Blüte.

»Das Wichtigste«, flüstert die Spitznäsige, nun ganz zerfallen in widerstrebende Bedenken. »Aber es ist doch alles wichtig!« Und sie dreht ihren Kopf hin und her wie ein verängstigtes Tier, das in eine Falle geraten ist und einen Ausschlupf sucht: »Die Betten und die Töpfe, das Geschlachtete und das Mehl.« Sie schiebt ihr Gesicht nahe an mich heran mit ihren bebrillten Augen, mitleiderregend und widerwärtig und zischt: »Sie gönnen mir bloß nichts!«

»Herr Pietzsch«, entscheide ich statt einer Antwort, »nehmen wir erst einmal meinen Kasten, dann hat sich Fräulein Rose inzwischen besonnen.« Ich kehre ihr den Rücken, während sie schon wieder mit nervösen Händen zwischen ihren Sachen herumgeistert.

Pietzsch nimmt die Porzellankiste und steigt an Fräulein Rose vorbei. Sie schleppt zwei Kartons die Kellertreppe hinauf. »Kann ich Ihnen etwas tragen helfen?« Sie murrt nur als Antwort. Ich ergreife die oberste Pappschachtel, lösche das Licht und folge ihr, übersteige die schlafenden Soldaten und trete ins Freie.

»Was bringen Sie denn da?« schreit sie mich an. »Gerade das ist ganz unnötig!«

»Also soll es hierbleiben?« frage ich gereizt.

Pietzsch nimmt mir wortlos den Karton ab und bindet ihn mit den anderen Sachen auf dem Karren fest.

Es ist bereits zwei Uhr. Wir müssen fort. Niemand weiß, was der Morgen bringen wird. Vielleicht schneiden uns die Russen jetzt schon den Weg ab, vielleicht kommen wir nicht mehr über die Brücke zurück. Fräulein Rose kann nicht mehr in den Keller hinunter, um noch einen ihrer Koffer zu holen. Berthold und Pietzsch ziehen den Karren bereits den Einfahrtsweg hinab auf die Chaussee. Kuntze geht mit uns hinterher. Berthold wendet noch einmal den Kopf zurück und ruft: »Werden Sie denn bis Coswig laufen können?«

Vor Angst, daß er zurückbleiben soll, läuft Kuntze gleich ein paar Schritte schneller voran. »Aber gewiß doch, natürlich.« Dann erschlafft er wieder und vermag nicht einmal mit uns Frauen Schritt zu halten. Fräulein Rose ist verstummt.

Ach, der Wald, der Wald! Eine große Freude will in mir aufsteigen, statt dessen schiebt sich eine längst in mir wartende Müdigkeit stoßweise von meinen Gliedern in den Kopf. Die Gedanken gehen unter in einem trägen Blutstrom, und die Gefühle werden müde, wollen sich anlehnen an eine behagliche Zuversicht, finden aber nur den Zwang zum Marschieren und lassen sich widerwillig mitschleppen. Die

Wälder sind jetzt Bäume mit Stämmen, Ästen und Blättern – Eichen, Buchen, ein paar Birken. Die Nacht hat sich in Stunden zerteilt, ist nicht mehr dunkelblau wattierte Wiege, sondern schwarzgetünchte Zeit.

Wir frösteln vor Übermüdung und Erregung. Berthold und Pietzsch bleiben manchmal stehen, um sich auszuruhen, aber auch um zu lauschen, dann verstummt das Rattern des Wagens. Berthold zieht mit zusammengefallenen Schultern. Ich gehe zu ihm, nehme die Deichselstange, die Last des Wagens wird mich von der Last meiner Müdigkeit befreien. Berthold weigert sich. Ich werde energisch, und Pietzsch, der mich versteht, rollt einfach mit mir voran. Vielleicht erscheint ihm der Karren jetzt ein wenig schwerer, aber er sagt nichts, qualmt aus der Pfeife, und wir ziehen wortlos nebeneinander her.

Eine Unsicherheit schwelt unversehens in uns, sie scheint vom Walde herzustreichen, sie dringt aus dem Knistern des Laubes, knirscht unter unseren Sohlen hervor und quietscht aus den schlecht geölten Rädern. Wir halten an und heben die Köpfe in den erfrischenden Lufthauch. Es gibt keinen Zweifel mehr: wir hören das Rollen und Klirren von Panzern. Der erste Schreckensgedanke ist: die Russen, sie holen uns ein, sie schneiden uns die Rückkehr ab. Wir bleiben von unseren Familien und der Gemeinschaft getrennt auf der russischen Elbseite. Diesen Gedanken braucht niemand von uns auszusprechen. Wir denken ihn alle mit einer solchen Stärke, daß wir ihn zu hören glauben.

Aber Berthold sagt überlegend: »Es können auch Deutsche sein!«

Pietzsch nimmt die Pfeife aus dem Mund. Er hat über die Möglichkeit nachgedacht und bestätigt sie. »Die Armee Wenck.«

»Haben wir denn überhaupt noch Panzer?« fragt Fräulein Rose höhnisch.

»Natürlich hat die Armee Wenck noch Panzer«, entgegnet Berthold.

Aber sie bleibt hartnäckig. Wir haben sie eben um ihren letzten Besitz gebracht. Aus Rache will sie uns ängstigen. »Die Russen standen schon vor zwei Tagen fünf Kilometer von hier entfernt.« Sie wendet sich direkt an mich.

Doch ich überhöre ihre Bosheit; denn dem Boshaften gibt Gott nie Recht.

»Es ist die Armee Wenck«, erkläre ich mit Bestimmtheit, und zu Berthold gewandt fahre ich leiser fort: »Ein Oberst von der Vorhut hat es mir heute früh gesagt, die Panzer würden in der Nacht anrollen.«

Pietzsch klopft die Pfeife aus. Ich fürchte einen Herzschlag lang, daß er in einer nachdenklichen Art einen Einwurf machen wird: Wenn die deutsche Armee über die Brücke an der Elbterrasse gerollt ist, wird sie gleich bei Coswig in Richtung Berlin abdrehen. Dann können wir sie hier gar nicht hören. Andererseits, falls es doch russische Panzer sind, können sie auf unsere Elbseite über Parallelchausseen nach Wittenberg vorstoßen, dann werden sie uns aller Voraussicht nach den Weg über Coswig abschneiden. Aber er schweigt.

Wir stehen noch einen Augenblick reglos, dann setzen wir uns in Bewegung. Wir heben die Füße, und der Wagen dreht die Räder. Das Rasseln der Panzer ist jetzt deutlicher geworden. Wir überlegen nicht mehr. Anfangs beeilen wir uns nur, dann beginnen wir zu laufen. Die Angst peitscht uns, und der Wind kühlt nicht mehr unser brennendes Gesicht. Der Schweiß tritt uns auf die Stirn, unsere Herzen klopfen, unser Atem geht stoßweise. Die Panzer rollen hinter den Kissen der Wälder, die uns zur Qual in die Ohren gestopft scheinen. Manchmal schweigen die fernen Motoren. Dann verzögern wir unseren Schritt. Aber wenn sie wieder anfangen zu klirren, bewegen wir uns schneller. Wir laufen im Schatten des Waldes. Der Mond leuchtet weiß auf der Chaussee, der Waldrand schützt uns mit seiner Schwärze.

Plötzlich horchen wir auf. Von jenseits der Wälder klingt jetzt wie ein dumpfer Gongton Schweigen. Unser Herzschlag droht auszusetzen. Das Rollen der Räder war für uns zu einer vorwärtstreibenden, drohenden Musik geworden – die jähe Stille schneidet uns die Fesseln durch, wir stehen gelähmt. Aus dem erschöpften Körper ringen sich einzelne Fragen: Wo sind sie angekommen? In Wittenberg? Stehen sie schon an der Elbe? – Es ist vier Uhr morgens. Eine unbestimmte Helligkeit löst die scharfen Konturen auf, die das Mondlicht geformt hatte.

Wir trotten todmüde in Coswig ein und wissen doch, daß es beim Brückenübergang noch einmal auf unsere gesammelte Energie ankommen wird. – An das Zimmer in der »Tanne« denke ich nur wie an einen Traum.

Die Straßen sind leer und unwirklich ordentlich. Uns rücken Trupps von Soldaten entgegen. Sie schwanken daher wie steife graue Fahnen im Wind. Gesichter haben sie keine mehr. Die Mützen sitzen auf dem Kopf wie auf einem Knauf, der aus der Uniform ragt. Sie schwanken beim Gehen, sprechen nicht, rauchen nicht, heben die Füße und setzen sie ein kleines Stück voran nieder. Sie schlafen im Marschieren. Ist dieser Gespenstertrupp die Armee Wenck? Immer vergessen doch die Befehlshaber, daß eine Armee aus Soldaten besteht und daß Soldaten Menschen sind und daß ein Mensch nur eine bestimmte Kraft hat. Bei einer Maschine würde diese Kraft genau berechnet werden, und die Ingenieure, die sie betreuen, würden darauf achtgeben, daß sie nicht überlastet wird. Denn eine Maschine meutert. Der Mensch aber, der ein Soldat ist, ist zwar noch keine Maschine, aber er ist auch im Grunde kein Mensch mehr: er besitzt nicht mehr die Freiheit zur Selbstbestimmung, und ihm ist noch nicht wie dem Motor die Grenze der Leistungsfähigkeit zuerkannt.

Durch die Pappelallee, die zur Elbe hinabführt, streicht ein fülliger Wind. Von der Brücke her rasseln Bagagewagen und leichte Geschütze. Dazwischen spulen sich die Soldaten Mann für Mann wie ein dünner Faden von einem unsichtbaren grauen Heeresknäuel nach Coswig ab.

Die Wache, die vor der Brücke postiert ist, gebietet uns halt. Wir stehen mit unserem Wägelchen eingekeilt zwischen den Vorderkotflügeln der von der Brücke herabrollenden Militärwagen und den hinter uns herdrängenden Flüchtlingskarren, die unversehens aus der Stadt hervorgekrochen sind. Die Wachen schnauzen mit heiseren Stimmen, toben mit Armen und Beinen, sind sterbensmüde, wütend von unausführbaren Befehlen, die sie dennoch pflichtgemäß in das Massengewirr der Fahrzeuge und Menschen werfen. Die Wut reizt die letzte Kraft aus ihnen heraus, so daß sie wirklich ganz lebendig wirken, beinahe tobsüchtig und gefährlich, und doch nur arm- und beinspreizende Figuren in der Schießbude der furchtbaren Untergangskirmes sind, die tot und starr umfallen werden, wenn der militärische Mechanismus auch nur einen Augenblick aussetzt.

Barsch wird den Männern der Übergang über die Elbe wegen Fluchtverdachts vom Volkssturm verboten. Dieses Verbot trifft Pietzsch. Wir zerren unser Gefährt aus der Reihe der vorstoßenden Fahrzeuge. Als wir den nachgiebigen Boden der Elbwiese spüren, besinnen wir uns. Natürlich können Fräulein Rose und ich den Karren über die Brücke ziehen, aber wir wollen die Männer nicht verlassen. Es wird nicht mehr lange dauern, und die Brücke wird auch für Zivilisten gesperrt werden, in einer halben Stunde schon, hat die Wache geflucht. Wir müssen uns rasch entschließen. Ich blicke auswegsuchend über die Elbe. Sie fließt bleiern im dunkelgrauen Licht des beginnenden Morgens dahin. Nur das Zuchthausschloß bekommt schon festere Umrisse. Der jenseitige Wald ist eine formlose Masse, die den Gasthof »Zur

Elbterrasse« über Nacht verschluckt zu haben scheint. Die Landschaft schweigt, die Menschen toben und schreien.

Am Ufer der Elbe liegt das Schiff mit dem Brückensprengkommando. Jener Soldat, der Brigitte, Paul, seine Frau und das Kind über den Fluß gesetzt hat, muß dort in der Koje schlafen. Unsicher bewege ich mich über das Gras in der Richtung des Bootes, das sich wie ein dunkler Biber an das Ufer gebaut hat. Jede Überlegung ist sinnlos, nur der glückliche Zufall kann mir helfen. Auf dem dunkel glitzernden Wasser schlingert eine Nußschale nahe am Schiffsrand. Der Kahn ist also da. Wo aber finde ich den Soldaten, von dem ich weder Name noch Aussehen kenne?

Das Schiff gleicht einem Hausboot und das kleine Vorderdeck beinahe einer Sommerterrasse. Ich gehe über den schmalen Anlegesteg und bleibe auf dem freien Vordeck unschlüssig stehen.

»Fräulein«, sagt eine tiefe, belustigte Stimme, »hier ist nur für Männer!« Im Schatten der hochgebauten Kajüte glimmt ein Streichholz auf, ein Soldat zündet sich seine Pfeife an. Fern von Krieg, der Flucht und allen Schrecknissen wacht er hier in der Nacht, gottergeben und gemütvoll, wie er wohl vorher im Sandsturm Afrikas und in der Eisesluft Rußlands Posten gestanden hat.

Der deftige Spaß gibt mir Vertrauen. Mit zittriger Stimme bringe ich hervor: »Ich suche einen Soldaten, der mir ein bißchen hilft.«

»Was soll man da helfen, junge Frau? Ich hab Wache und muß hier sitzenbleiben.«

»Aber vielleicht kennen Sie einen Kameraden, der mit einer hübschen, blonden Frau befreundet ist?«

»Muß es blond sein?« fragt der Posten schmunzelnd.

»Brigitte heißt sie und ist wirklich blond.« Die Zeit drängt. Das Zuchthaus hebt sich immer bedrohlicher gegen den sich aufhellenden Horizont ab.

Der Soldat pfeift leise durch die Zähne. »Die mit der Familie rumzieht? Mit der jungen Frau und dem kleinen Kind?« und fügt nach einem Zug aus der Pfeife hinzu: »Ist auch so ein Mann dabei?«

»Ja, die meine ich. Wissen Sie, wer sie über die Elbe gesetzt hat?«

Die Pfeife glimmt auf. Der Mann zieht ein paarmal heftig hintereinander. Dann sagt er zwischen den Zähnen: »Ich kann jetzt nicht weg von hier.«

»Der Brückenposten läßt uns nicht rüber mit unseren letzten Sachen.«

Der Pionier beginnt zu murren. »Sind immer die letzten Sachen. Aber meistens sind Männer dabei! Ist doch verboten, Frau!«

»Ist ja alles verboten. Es sind zwei ältere Männer und noch eine Frau und die Sachen.«

»Und ein junger Mann, nicht?« trumpft der Soldat auf und nimmt die Pfeife aus dem Munde.

»Die Sachen brauchen Sie gar nicht mitzunehmen, die schaffen wir Frauen noch über die Brücke. Aber die Männer – der eine ist beim Volkssturm, und seine Frau ist mit den beiden Töchtern schon auf der anderen Seite.«

»Hör'n Sie mal, das ist alles scheißegal. Hinüber oder herüber, der Russe kommt und schwemmt über alles weg. Und so weit könnt Ihr gar nicht rennen.« Der Posten hat sich erhoben, vertritt sich erst einmal die Beine. In meiner Aufregung fällt mir nur ein: Tabak und Zigaretten. Ich flüstere es ihm zu. Aber er hört mehr meine Angst als das Angebot und knurrt schließlich: »Warten Sie einen Augenblick.« Steigt dann mit geducktem Kopf in die Koje, kehrt bald zurück: »Wo sind die Männer? Mein Kamerad übernimmt es.« Dann bleibt er im Dunkeln der Kajütenwand, setzt sich wieder auf den Stuhl, der sich jetzt undeutlich abzuheben beginnt, zündet die Pfeife an.

»Ich gehe sie gleich holen«, rufe ich und laufe davon. Aber ich finde sie nicht. Ich fliege hin und her auf der Elbwiese, die sich neben dem verbreiternden Weg zur Brücke hinzieht. Doch sehe ich weder die drei Männer noch den Karren noch Fräulein Rose. Ist es ihnen geglückt, über die Brücke zu kommen? Oder sind sie nach Coswig zurückgezogen? Eine sinnlose Unruhe beginnt mir im Hals zu klopfen.

»Wo steckst du denn?« ruft Berthold. Er steht vor mir mit sorgenvollem und mißmutigem Gesicht.

Die drei anderen und das Wägelchen stehen am Fuß einer hohen Pappel, an der ich immer wieder vorbeigelaufen bin.

»Ein Soldat vom Spengkommando will euch übersetzen«, entgegne ich schwach. »Habt ihr Zigaretten?«

Berthold macht die typische Suchbewegung in den Taschen und entdeckt zwei zerknüllte in der Jacke. Pietzsch zieht ein Beutelchen Tabak hervor.

Dann bringe ich die Männer zum Boot, wo neben dem pfeiferauchenden Soldaten ein zweiter sich bereits fluchend und fröstelnd die Beine vertritt. Alle vier steigen ein. Vorsichtig senkt der Soldat die Ruder ins Wasser. Der Morgen erhebt sich mit fahlen Nebeln, durch die Pappeln wühlt ein aufgefrischter Wind.

Fräulein Rose und ich ziehen den Karren mit waagerechtem Rücken zwischen Männern, Flüchen, Pferdegewieher und Motorenrattern über die Brücke. Wir sind die letzten Zivilisten, die sie passieren dürfen. Nach uns wird die Brücke gesperrt, um der Armee Wenck einen schnelleren Übergang zu ermöglichen. – Als wir die Elbterrasse erreichen, haben wir wieder einen Rückwärts-Schritt in der Echternacher Springprozession unserer Flucht beendet.

Wir stellen den Wagen unter die Bäume neben das Gasthaus, dort, wo früher weiße Tische und Stühle für Ausflugsgäste gestanden haben. Jetzt ist noch ein Stuhl da. Fräulein

Rose lehnt ihn gegen den Karren, fällt darauf nieder und schläft sofort ein.

Mit der Rückkehr auf das westliche Ufer habe ich eine Kraftzufuhr gespürt wie nach einem belebenden Trank. Ich schreite zum Fluß hinunter, genieße die Weite der Landschaft, atme Morgen und Frühling ein und möchte am liebsten gleich weiterziehen ins Ungewisse.

Dicht am Fluß steht Ida Pietzsch und stiert in das langsam fortwellende Wasser. Sie erkennt mich ohne Überraschung und sagt kopfschüttelnd dicht vor meinem Gesicht: »Das war eine Nacht!« Ihr Atem riecht nach süßem Likör. »Was die noch alles haben!« Sie macht eine ausholende Bewegung, mit der sie das ganze diesseitige Ufer einkassiert. »Alles! Schnaps und Schokolade, Büchsen voll Schweinefett, Bohnenkaffee und«, nach einer bedeutungsvollen Pause, »Käse ohne Rinde! Ich hab nicht mehr runterkriegen können, und mitgeben tun sie nichts! Das ist der Trick dabei, verstehen Sie? Dasitzen muß man, und sie wollen zusehen, wie man's in sich hineinstopft, bis man nicht mehr kann. Dann freuen sie sich. – Natürlich wollt ich tauschen. Schwein gegen Bohnenkaffee. Nichts zu machen. Die sind so fertig, die wollen bloß noch alles wegwerfen, und wenn's in den Straßengraben ist, und weiter. Ist denen alles unnötiger Ballast!« Sie hält inne und blickt melancholisch über solch sinnlose Verschwendung in den Fluß.

»Wird die Armee Wenck nach Wittenberg ziehen oder direkt nach Berlin? Wir haben die Panzer rollen hören«, murmele ich vor mich hin. Es ist fast schon hell. Die Nacht ist untergegangen. Die Nacht von Ida Pietzsch und meine eigene. Die Betrunkene wendet sich mir wieder zu und sagt mit dem gleichen starren Ausdruck ihrer runden Augen: »Glauben Sie denn noch an den Schwindel? Kampf um Berlin und so? – Wenn bloß schon alles vorbei wär'!«

»Ihr Mann kommt gleich mit dem Boot herüber.« Ich zeige mit dem Kopf stromabwärts. »Die Brücke ist für Volkssturm gesperrt.«

Frau Pietzsch schreckt auf. »Kurtl?« Und ihr Mann wird ihr zum erstenmal seit gestern abend wieder gegenwärtig. Dann bückt sie sich blitzschnell und schöpft mit beiden Händen Wasser in den Mund. »Der darf nichts merken!« Und fügt hinzu: »Wenn's nach dem ginge!« Ernüchtert will sie mir eine Freundlichkeit erweisen. »Gehen Sie doch rein und legen Sie sich noch ein bißchen zu Ingrid und der Fröhlich. Sie haben wohl die Nacht auch nicht geschlafen?« Damit mustert sie mich erstaunt, während ich mich wortlos von ihr zurückziehe.

Die Veranda gleicht einem Menschenstall, kein Pferd steht so eng zusammengedrängt mit einem Pferd, ohne auszuschlagen, wie hier die Menschen, Soldaten und Flüchtlinge nebeneinander liegen, sich mit Armen und Beinen, Ober- und Unterkörper überkreuzend, auf dem Fußboden, unterm Tisch, zwischen Stuhlbeinen, auf dem schmutzigen Boden, auf Decken, über Säcke hingeworfen. Die Auserwählten strecken sich über drei Stühle oder liegen auf den Tischen, ein wenig erhoben und abgesondert. Die Luft ist dick wie Erbsenbrei. Der Schlaf der Menschen voll Schnarchen, Röcheln, Aufschreien oder gottverlassener Stumpfheit. Öffnet sich die Tür, dann schneidet die Morgenluft wie mit Messern in den Atem der Schläfer. Schimpfen schlägt unflätig gegen den erfrischenden Hauch. Niemand will vorzeitig in die erkältende Klarheit des neuen Tages gerissen werden. Rasch schließe ich die Tür hinter mir. Ich bleibe eng darangepreßt stehen, weiß nicht, wo ich meinen Fuß hinsetzen soll zwischen den dichtgehäuften Leibern, den verquerliegenden Gliedmaßen. Unklar erkenne ich gekrümmte Rücken, hängende Köpfe, Männer und Frauen wie schlafvermummte

Bündel, Kinder wie Rucksäcke daneben gelegt. »Ingrid«, rufe ich zaghaft in den Dunst und sehe im selben Moment Ingrid, Lieschen Fröhlich und Brigitte wie drei junge Katzen in einem Lumpenkorb zusammenliegen, das blonde Gelock ineinandergetaucht. Die Ausdünstungen und die Müdigkeit der Schläfer stopft sich in meinen Hals und droht mich zu ersticken. Und genau so, wie vor mir die letzten Schlafsuchenden blindlings über die hingestreckten Leiber hinweggetreten sind, ohne sich vor Erschöpfung noch um die ausgestreckten Gesichter, Hände und Füße kümmern zu können, trete ich, brutal vor Hilflosigkeit, darauf los, auf den Platz der drei schlafenden Mädchen zu. Unter mir und hinter mir vermurren Flüche. Doch macht der Schlaf unempfindlich gegen Tritt und Stoß. »Brigitte«, flüstere ich, mich herabbeugend, »können Sie noch ein bißchen rücken?« Sie öffnet die Augen zu einem schmalen Spalt und rückt ein wenig zur Seite. Ich lege mich nieder und fühle, wie unter mir die Körper nachgeben. Dann schlafe ich ein, vielmehr verläßt mich das Bewußtsein. Ich spüre noch, wie ein Soldatenstiefel sich an mein Gesicht lehnt, während mir auf der anderen Seite Brigittes Locken ein sanftes Kissen bereiten.

Wenn Brigitte von dem Donner der über die Brücke rollenden Kraftwagen aufschreckt, erblickt sie über sich ein Jünglingsantlitz von so sanfter Schönheit, daß es ihr wie das nahe gerückte Bild eines Schutzengels erscheint. Der Kopf baumelt mit gelösten Haaren seitlich über die Tischkante, das Soldatenkäppi ist herabgesunken, und der schmale Knabenkörper droht der Mütze nachzufolgen. Das Käppchen aber ist ihr in die Hand gefallen, und sie hält es krampfhaft fest.

Der Morgen ergießt sich wie schmutziges Spülicht über die Elbe. Unglaubhaft scheint es, daß an diesem Tage noch einmal die Sonne erstrahlen wird, die Bäume grün, der Himmel blau, das Wasser des Flusses golden, blau oder grün schimmern werden, je nach dem Bild, das sich ihm darbietet. Es ist sieben Uhr früh, und die drei blonden Kätzchen, Ingrid, Lieschen, Brigitte, miauen fröstelnd am Ufer, tauchen einen Handtuchzipfel ins bräunliche Wasser, wischen sich damit über Augen, Nase und Wangen, reiben das gesäuberte Frätzchen mit dem übrigen Handtuch trocken, halten sich dann gegenseitig einen Spiegelscherben vor und kämmen sich das blonde Gelock mit einem halbausgebrochenen Kamm. Gelächter fliegt wie das Zwitschern lenzfroher Vögel in die Runde. Mancher Soldat – bereit, den Augenblick zu genießen und sei es sein letzter – mischt sich vom Brückenkopf herab mit einem Lachen oder einem Zuruf in die vom Flußufer aufsteigende Heiterkeit. Brigitte aber, aufgerührt und unbefriedigt, geht, um dem hübschen Soldaten das Käppchen zurückzugeben.

Die Soldaten der Armee Wenck quellen, rollen, schieben sich durch die breite Waldallee von Wörlitz her zum Elbübergang. Wer hätte noch geglaubt, daß uns diese Soldaten verteidigen könnten? Wer hätte noch gehofft, daß unsere Waffen aus Stahl, unsere Munition explosionsfähig wäre? Wo war es geblieben, das großartige deutsche Heer? In Massengräbern in Rußland, in Massengräbern auf dem Meeresgrund, in Hügeln sonnenverdorrter Knochen am Rande der Wüste, in Einzelgräbern, von Kameraden flüchtig zugeschaufelt, in Einzelgräbern, namenlos über die eroberten Länder verstreut, über Norwegen, Dänemark, Polen, über Ungarn, die Ukraine, über Griechenland, über Frankreich, Holland, Belgien, über Italien. Wenn wir »gewesen« denken, so fühlen wir verwest. Und wenn wir uns erinnern an die Siege, so fühlen wir besiegt, besiegt. Kein Glanz ist geblieben, keine Wehmut, nicht einmal das Verlangen, die Zeit möge sich rückwärts drehen und uns die Tage der Eroberung wiederschenken. Wir spüren nur das Verlangen, diesen grauen, sich vorüberschleppenden Soldaten ein kraftspendendes Amulett mitzugeben. Wenn wir Frauen, Greise und Kinder auch erschöpft sind, so pulst in uns doch ein empörerisches Blut, das uns im Taumeln zwischen Leben und Tod mit einem letzten Aufbäumen der Kraft in den Bereich des Lebens zurückwerfen wird. In den Scharen der Soldaten aber wogt nur noch eine schwere Müdigkeit und im Gehirn und in den Beinen der Mechanismus des Befehlens und des Gehorchens. Doch die soldatische Maschinerie läuft nicht mehr glatt. Sie ruckt und rattert und wird störrisch, wie ein halbtot geprügelter Esel, der mitten auf der Landstraße stehen bleibt, durch kein Anschreien, keine Drohung mehr einen Schritt vorwärts zu bewegen ist, sondern einfach in die Knie bricht und verreckt.

Über die Brücke donnern die Wagen, grau alle, doch an Größe und Behendigkeit verschieden: die Elefanten der Lastwagen, die Wiesel der Motorräder und die endlose Kette der Herdenwagen. Drinnen sitzen die Offiziere, haben die Augen offen, sehen Bäume, Soldaten, Kinder schemenhaft. Ihre Gehirne sind leer wie Tennen nach dem großen Dreschen, stecken noch ein paar Befehle darin wie vergessene Dreschflegel, aber der Sturm, der durch die offenen Tore weht, wirft die letzten Geräte polternd um. Reicht der Fahrer seinem Offizier eine zerdrückte Zigarette, fühlt sich verbunden mit ihm, den er durch die Tage und Nächte fuhr, vom Sieg zur Niederlage, von Paris nach Berlin, von den zerstörten Brückenköpfen am Rhein nach Berlin, durch die zerbombten Städte des Westens, durch die unberührten Städte Thüringens und des Harzes nach Berlin, immer nach Berlin, nach der Hauptstadt des Reiches, in der sich nun dieser Führer festgesetzt hat mit seiner korrupten Brut und seinem Tod entgegengeht oder womöglich doch noch in ein neues hundsföttisches Leben entweichen wird.

»Ist ja die letzte, Meier«, murmelt der Major, streckt aber

die klammen Hände danach aus und bricht sie in zwei Stücke.

Meier greift mit der Linken in die Hosentasche, zieht das Feuerzeug heraus, reibt es mit dem Daumen an, und wirklich, es brennt, reicht es seinem Major und streift dabei flüchtig das vertraute Gesicht. Zündet sich selbst seine Hälfte an, nimmt Gas zurück, der Wagen steht in der Reihe; der Fahrer schüttelt den Kopf und denkt: So habe ich ihn nicht übernommen, den Mann erkennt keiner wieder; dumpf fühlt er sich verantwortlich, weiß aber nichts anzufangen mit seiner Verantwortung, zieht sie mit dem Rauch durch die Lunge und bläst sie aus. Wenn wir nur noch einmal richtig Schlaf fassen dürften! Ich fahr die Karre sonst in den Graben. Beide schweigen, mundstumm, gehirnstumm, herzstumm; kein Fluchen mehr über Unsinn, kein Ausbruch mehr in schweinemäßige Schimpfereien. Frag nicht, Mann, nicht wohin du fährst, nicht nach dem Sinn der Fahrt; fühl nicht, Mann, nicht voraus und nicht zurück; grüble nicht, ob Frau und Kinder unterm Schutt liegen oder fliehend vorüberhasten. Kannst ja mal die Augen aufreißen, vielleicht ziehen sie gerade an dir vorbei, ist nichts mehr unmöglich – nichts mehr unmöglich. – Dann ruckt der vordere Wagen, Gas wird gegeben, und langsam schiebt sich die Kolonne über die Brücke.

Die Brücke ist ganz verstopft, kann kein Fahrzeug mehr vorwärts oder rückwärts, kann kein Soldat mehr zwischen Kotflügel und Rädern stehen, – fährt da ein Fluch, sieben Meter lang und stinkend wie Drachenatem, über die Reihe der Autos, und steht ein junger Kerl im Wagen, hat die Leutnantsmütze auf den Kopf geknallt, schmale Stirn, hakige Nase und ein aufgerissenes Gebiß, stößt seine gellende Wut aus, verhöhnt alle Heiligen, schändet die Mutter Maria, klebt das Gemeinste und das Höchste zu einer phantastischen Luftschlange zusammen, die wie ein Weckruf über die Soldaten und Motore hinknattert. Bringt der Fluch keine Erfrischung, wohl tut er den Männern dennoch, können selbst nicht sagen, warum; aber der Klang ist noch vertraut, dröhnte ebenso aufpeitschend in vordrängender wie in rückwärtsflutender Schlacht. Doch die fortreißende Kraft ist dem Fluch genommen wie einer Dirne ihr aufreizendes Lachen; aus der Fülle der Worte grinst das Skelett der Verzweiflung. Die Ehre verloren, den Frohsinn verloren, aus Todesmut ist Lebenswut geworden; so geht auch noch das Letzte vor die Hunde. – Mensch, was redst du, es gibt ja keine Hunde mehr wie in den Dörfern, wo wir in Stellung lagen, sind ja nur noch die stinkenden Stahlbestien übriggeblieben, in denen wir mitzotteln! Mensch, das Menschsein ist wohl das Schwerste auf dieser verrotteten Erde. –

Kaum beginnen die Soldaten zu versickern, schieben und stoßen sich Bäuerinnen aus den nahen Flämingdörfern über die Brücke. Der Wachtposten schreit mit Armen und Beinen, hat keine Macht mehr. Müßte auch der Mann erst erfunden werden, der sich panisch geängstigten Weibern entgegenstellt. Stumpfsinnig lange hatten sie gewartet, bis ihnen der Russe fast den Rocksaum sengte; konnten auch ihr Gepäck nicht mehr ordnen. Die Pferde waren längst beim Heer. Schweine, Kälber mußten ungeschlachtet zurückbleiben, frißt jetzt der Feind. Hätte man sie doch lieber rechtzeitig vertauscht gegen Schmuck oder Anzugstoff, wäre leichter mitzunehmen gewesen. Das Viehzeug gackert und flattert, lockt unnötig die gierige Aufmerksamkeit auf sich. Hätte ich doch den Hühnern den Hals durchschnitten, statt sie lebend in den Korb zu stecken! Aber wer hätte das gedacht? Wo bleibt der Sieg?

Der Sieg war das Anrecht der Ahnungslosen. Zwar hatte die Bauersfrau auch gelitten, den Mann verloren, dafür einen tüchtigen Polen bekommen, doch der war auch weg im entscheidenden Augenblick! Aber sie hatte immer seelisch durchgehalten; nicht gestöhnt, wenn die Städte zerstört wurden; schließlich – was gingen sie die Städte an? War ja höchstens mal nach Wittenberg gekommen! Hatte ja nie Zeit fürs Vergnügen! Jedenfalls: Der Sieg war ihr versprochen, ihr zuerkanntes Teil. Nichts damit.

Sie stößt den Wagen heftig vorwärts: Schön sieht sie aus! Wie eine von den Ausgebombten! Hatte ja keinen Gedanken mehr zu denken, beim plötzlichen Aufbruch nur noch Arme und Hände, die den Säugling in den Kinderwagen hoben, den Dreijährigen ans Fußende setzten, Kleidungsstücke, Nahrungsmittel zwischen die schreienden Kinder drückten. Aufgeregt rannten die Beine umher, Küche und Keller und Räucherkammer, schnell noch zum Stall, nur nicht hinsehen, da stand der blökende Besitz, die mummelnden Kaninchen, rasch die Hühner in den Korb, wie sie flattern, sich wehren, mit zitternden Händen ins Nest gegriffen, noch im Heu gewühlt, wo die Schwarzgesprenkelte immer heimlich ihre Eier ablegt. – Trägt das Wägelchen? Noch etwas auf die Lenkstange gepackt, Schal um den Hals, Mantel angezogen, kein Blick zurück und fort. Alles den Händen und Füßen überlassen, ohne ordnende Übersicht endlich davongerollt, weil die Füße trabten, die Räder rollten. Würden die Speichen durchbrechen? Willi muß aus dem Wagen. Kann laufen, der Bengel. Willi will nicht laufen. Willi schreit sich krebsrot, hat eben ein neues Spielchen entdeckt, in den Hügel der Sachen zwischen dem Kleinen und sich ein Guckloch zu bohren und durchzupusten. Bleibt der Junge also drin. Zwischendurch schreckt sie ein Gekreisch auf und gellendes Schimpfen. Muß sich erst besinnen, daß dies aus ihr kommt, aus dem Mund, den sie stumm glaubt, und von ihren Ohren gehört wird, die doch nur auf den heranschießenden Feind lauschen sollen. Hätte sie nur ein paar Tage vorher auf die Soldaten gehört, auf die eigenen, wie sie sich verdrückten! Ganz ungeniert die Uniform im Stall abwarfen und sich vom alten Jakob die

Lumpen anzogen. Daß sich so ein Soldat nicht schämte! Von dem verlausten Jakob eine Jacke anzuziehen! Wenn das möglich war, hätte sie begreifen müssen, daß etwas nicht mehr richtig zuging in dieser Welt, aber sie wollte nicht, sie hatte sich an den Siegglauben gewöhnt und hielt hartnäckig daran fest, wie an der altmodischen Art, in Steintöpfen einzukochen statt in Weckgläsern. Jetzt ist es zu spät. Sie wird über die Brücke geschoben und gestoßen, steht am Ufer auf der Elbterrasse und begreift nicht, warum sie statt des festgebauten Handwagens, der im Hofe herumstand, den Kinderwagen genommen hat. Hat sie denn die Flucht mit einem Sonntagsausflug verwechselt? Der Säugling quarrt, sie hebt ihn hoch. Willi aber hat begriffen, daß eine Zeit der Freiheit angebrochen ist. Er spielt schon mit neuen Freunden zwischen Karrenrädern, Soldatenstiefeln und den Röcken von Frauen, die hilflos wie eine Schar gackernder Hühner in einen gewaltigen Schicksalskorb gepackt und willenlos über die Elbe befördert worden sind. Wer fragt das Huhn nach seinem Willen? Hühner lernen nie etwas anderes als gackern, nach Würmern scharren, Eier legen und sich huhndumm wehren, wenn das Messer gegen sie gezückt wird.

»Kamerad«, sagt einer, ausgemergelt und mit jenem überwachen Gesicht, das in der Angstzeit aus schlaflosen Nächten übrigbleibt, »wie sieht's drüben aus?« Steckt zwar in Knechtslumpen, der Mann, und wenn man ihn nach seinem Entlassungsschein fragt, weist er sogar ein ordnungsgemäßes Papierchen vor, ist aber doch nur ein verkleideter Soldat. Zeigt's ja auch offen in der Anrede. Hat vor sich und Gott nicht einmal mehr die Lüge nötig.

Der ihm auf der Brücke entgegenkommende Landser, der sich von den Amerikanern abgesetzt hat und nun stumpfsinnig und ergeben, immer noch mit dem verfluchten Fahneneid im Leibe gegen die Russen zieht, hält einen Augenblick inne, wischt dem andern mit einem Blick flüchtig über das Gesicht, schaut dann auf das Städtchen, das vor ihm liegt, und sagt endlich mit einem Gemisch von Mitleid und Verachtung: »Mensch, glaubst du denn, daß du dich irgendwohin verdrücken kannst?« Dann trottet er weiter in die Schlacht, aus der es kein Entrinnen mehr geben wird.

Der Knechtssoldat steht erst beschämt und verdutzt, zweifelt aber nicht, daß ihm sein Entschluß, sich abzuspalten vom Heer, schon die Freiheit wiederbringen kann, die Loslösung vom allgemeinen Schicksal. Er glaubt an sein persönliches Glück! – Doch wagt er nun nicht mehr, das Geschick herauszufordern, und taucht in den Wäldern unter.

Die Wälder nehmen alle in ihren Schutz, die sich ihnen anvertrauen: Die Panzerfaustschützen in den Einmannlöchern, die abgestellten Lastwagen und die beiden Flakgeschütze, die flüchtenden Familien und die gewesenen Soldaten, sie gönnen auch jenen seltsamen Gestalten einen Unterschlupf, die unversehens aufgetaucht sind und eine peinvolle Unruhe verbreiten. Sind es Menschen, sind es Gespenster? Flüchtlinge sind sie nicht, jeder kann es an der Langsamkeit ihrer Bewegungen erkennen. Sie werden nicht getrieben, sie ziehen nur dahin. Sie tragen gestreifte Anzüge und die Augen wie ausgelöschte Fackeln im verstörten Gesicht. Die Nase ist haltlos herabgesunken, der Mund zerfallen. Die Sprache ist ihnen vergangen, die Worte sind verweht. Dennoch ist ihnen eine Gabe der Verständigung geblieben, die erkennenden Fähigkeiten des Geistes sind in die Sinne zurückversunken, aus denen sie sich vor Urzeiten entwickelt haben: Sie hören und schauen, spüren mit dem ganzen Leib, was um sie vorgeht, werden nicht traurig, werden nicht fröhlich, obgleich ihnen doch Frohsinn geziemt hätte. Denn sie allein, die aus dem KZ Entlassenen, haben in diesen Tagen, da das Reich der Gewalttat untergeht, Grund zum Triumph. Aber

Gefühle empfinden muß man erst wieder lernen. Nur der Tod kann ohne Vorbereitung geschluckt werden, vollbringt trotzdem sein Werk. Doch Leben verlangt Pflege, sanften Aufbau, gemächliche Gewohnheit. Mit Menschenhülsen ist wenig zu beginnen, nur sehr allmählich, wenn sich ihnen von jenen, die jetzt achtlos oder verwundert an ihnen vorüberstäuben, wieder Herzenskraft und Seelenüberfluß mitteilt, können sie aus ihrem Zwischenstadium zwischen Leben und Tod zurückkehren, um wieder Mensch zu sein.

Die Gestreiften tauchen im Wald unter wie die desertierenden und die kampfbereiten Soldaten, wie die Flüchtlinge. Und mancher von den Befreiten lagert sich schüchtern im Feuerkreis einer Frauenfamilie, wagt nicht näher zu rücken, weiß ja nichts mehr von Menschenwärme und Feuerwärme. Glaubt ja nicht mehr an Menschengüte und Menschenverständnis, bleibt am Rande des Feuers liegen.

Aber auch die Familienmutter ruft ihn nicht heran, ist eine gute Frau, hat flüchtenden Soldaten die Anzüge vom toten Mann und vermißten Sohn gegeben, schleppt sich in ihrer Mühsal noch mit der lahmen Evakuierten. Doch an den Gestreiften, der sie mit riesigen Augen aus dem Halbdunkel anblickt, wagt sie kein Wort. Selbst ihre Hände mit kurzen, schwarzen Fingernägeln, rot und rissig, die häufiger als der Mund ihren Willen hilfreich ausdrücken, bleiben befangen. Ist auch ein seltsames Wesen, was da aus dem schon nebelverhängten Fluß aufgetaucht ist. So ein Gefangener hinter Stacheldraht, von denen man schreckliche Dinge erzählt, natürlich hatte sie, die Hausmutter und Landfrau, keine Zeit, heimlich den Auslandssender zu hören, damit sich vielleicht die Evakuierten, diese Städter, denen nicht zu trauen ist, schnell eine kleine Erpressung zusammendrehten, nein, sie konnte ihre Neugier zügeln. Aber es ist doch manches Bösartige wie ein Hauch Pestilenz von Mund zu Ohr geweht, und immer sind die Frauen und die Greise erschauert vor soviel Tückisch-Teuflischem, was da verübt und erduldet wurde. Gustav wollte im letzten Urlaub auch keine Antwort geben, als sie ihm eine Frage unter der Bettdecke zuflüsterte. »Frau«, sagte er barsch, »frag da nicht nach. Wir können's nicht ändern.« Über soviel Unsicherheit ist schließlich in ihr als Seelenretter ein dreister Hochmut, eine achselzuckende Gleichgültigkeit entstanden, in der sich der uralte Glaube an die Gottgesegnetheit des Glücklichen und die Verdammung des Unglücklichen kundtat. Unglück ist gleichbedeutend mit Aussatz. Unglück ist Verfluchung durch Gott und Verurteilung durch die Menschen, denn wäre es faßbar gewesen, daß solche Scheußlichkeiten, die man in Büchern nie, höchstens in der Bibel gelesen hat, sich im Umkreis des eigenen Landes ereignen konnten, wenn sie nicht ein höheres als das menschliche Urteil ausdrückten? Übrigens – ist alles Lüge. Feindpropaganda, denn kein Mensch hätte derartige Greuel aushalten können. – Nun aber sitzt als leibhaftiger Beweis so ein KZ-Mensch dicht vor ihr und schaut sie mit immer größeren Augen an. Kein Zweifel: Er lebt – und er hat wahrscheinlich Hunger. – Ihre Hände haben sich besonnen. Sie schütten Pellkartoffeln auf einen Teller, tun Salz daneben aus der Tüte, die ärgerlicherweise schon durchfeuchtet, und geben sie ihrem Kind, das sie dem Fremden hinreicht.

Der Entlassene sieht ohne Begreifen das Kind und die dargebotenen Kartoffeln an, springt dann auf, steht einen Moment kerzengerade, läßt sich wieder fallen, greift gierig nach dem Teller und verschlingt die Kartoffeln ohne aufzublicken, als hätte er Angst, daß ihm jemand die Nahrung rauben könnte. Das Töchterchen verkriecht sich bei der Mutter. Die Bäuerin schämt sich. Sie seufzt. Der tote Mann und der vermißte Sohn fallen ihr ein. Sie preßt die Lippen strichdünn zusammen. Daß man Menschen so zurichten kann! Und das sollen unsere gewesen sein? Sie findet sich nicht mehr zurecht. Als sie wieder aufblickt, hat sich der

Gestreifte schon lautlos entfernt. Zurück bleibt ein unheimliches Gefühl. Der befreite Häftling aber begegnet dem gewesenen Soldaten auf einem mit aufsteigendem Nebel und milchigem Mondschein erfüllten Waldweg. Beide wittern sogleich Verdächtiges, Fremdes, zögern in den gleitenden Bewegungen ihres gefahrensichernden Schrittes und streichen argwöhnisch und behutsam aneinander vorbei. Fremder Mann, der nicht die gleiche Uniform trägt, bedeutet noch Feind für beide.

Eine Pontonbrücke wird gebaut, weil die Brücke allein die Divisionen »Ulrich von Hutten« und »Scharnhorst« nicht schnell genug über die Elbe befördern kann. Ich habe Mutter schon aus Coswig herübergeholt. Sie ist ausgeruht, und ihre Wangen und ihre Zuversicht haben sich im Schlaf geglättet. Sie ist nicht im Keller bei einem Bombenangriff verschüttet und dann mühsam gerettet worden, um jetzt hier in der herrlichen Frühlingsluft an dem schönen breiten Strom zwischen den Wäldern zugrunde zu gehen. Der Augenblick zu verzweifeln ist vorüber. Und mit den Schwierigkeiten, wie sie diese unangenehme Zeit mit sich bringt, werden wir schon fertig werden. Wichtig ist nur, daß wir zusammenbleiben und kein Gepäckstück verlieren. Nein, Mutter ist nicht bereit, dem haifischmäuligen Schicksal auch nur ein Bröckchen von Besitz oder Nahrung zu überlassen. Großmutters rotes Kaffeeservice ist auch wieder da, so wertvoll ist es zwar nicht, aber Großmutter wird es dir vielleicht vergelten, daß du ihr Geschirr gerettet hast. Die Macht der Toten ist größer als die der Lebenden. Wer guten Umgang mit ihnen pflegt, kennt keine Furcht mehr vor Bomben, Mördern, Dieben und all dem Gezücht, das sich jetzt hier die Landstraße entlang ergießt. Mutter läßt sich vom Unglück nicht täuschen. Sie schaut hinter die Maske der Not und erkennt des Elends wahres Wesen.

»Unglück ist keine Tugend, Ilse, auf Malheur brauchst du nicht stolz zu sein. Daß dich nur nicht der Hochmutsteufel packt, da gib acht! Du fällst sonst hin und wirst dir die Nase gründlich bestoßen!«

Mutter sitzt auf einem rostigen Gartenstuhl auf der Elbterrasse und sieht zu, wie die Pontonbrücke gebaut wird. Anfangs bereitet es ihr offensichtlich Schaulust. Wie die Kähne herangestakt werden, sich zusammenfügen, wieder auseinandergezogen werden, – der Fluß ist belebt, heisere Stimmen schreien von Kahn zu Kahn. Aber allzu schnell wird auch ihrem ungeübten Auge klar, daß es für die Volkssturmmänner schwer sein muß, eine Pontonbrücke so fest aneinanderzufügen, daß sie als Übergang für Mensch und Motor brauchbar ist. Der Bau ist mittags begonnen worden, nun verglüht die Sonne, und noch immer sind erst zwei Boote aneinandergekettet. Mutter ist stiller geworden. Ihre Augen sind groß und streng auf die mühselige, ungeschickte Arbeit im Fluß gerichtet. Sie spricht mit einem Soldaten, der neben ihr steht, merkwürdig unverstaubt an Uniform und Gesicht, mit beinahe blanken Stiefeln. In einer Zahnlücke, die die ganze obere Vorderfront einnimmt, schiebt er seine Pfeife hin und her.

»Zwanzig Minuten«, erklärt er der alten Dame, »darf der Bau einer Pontonbrücke dauern. Ruckzuck muß das gehen. Herrgott, ist das jammervoll!« Und man weiß nicht, ob ein Fluch oder ein Lachen aus seinem Munde springt.

»Zwanzig Minuten?« fragt Mutter und fügt traurig und zornig hinzu: »Vier Stunden basteln sie schon daran, wahrhaftig, jetzt sehe ich es mit eigenen Augen: dieser Krieg ist verloren! Wir haben ja keine Soldaten mehr!« Vorwurfsvoll wendet sie sich an den sauberen Pionier: »Und Sie? Warum helfen Sie da nicht? Hier am Ufer stehen und höhnische Reden führen, das ist leicht. Sie sind doch Soldat!«

Der Mann hört den Vorwurf geduldig an, nimmt die Pfeife

aus der Zahnlücke, klopft sie am Stiefelabsatz aus und erklärt: »Ich gehöre zum Brückensprengkommando.«

»Ja, soll denn die schöne Brücke gesprengt werden, wenn diese Kahnbrücke fertig ist?«

»Wenn alle rüber sind, ganz zum Schluß, – ganz zum Schluß.« Er starrt über den Fluß scharf nach Coswig, als sichtete er mit den bloßen Augen den näherrückenden Feind.

Mutter genießt die Enthüllung eines militärischen Geheimnisses: »Ach, ich verstehe, bevor die Russen kommen!« und nickt befriedigt.

Der Soldat zündet sich eine neue Pfeife an. »Wir sind die Letzten, die hierbleiben. Das Ganze dauert nur vier Sekunden – und sieben Sekunden bis die Zündschnur heranbrennt. In der Zeit muß man in Deckung springen, – wenn man das nicht schafft, ist es auch nicht schade um einen.«

Mutter staunt ihn unverhohlen an. Dann besinnt sie sich. »Muß das unbedingt sein? Schade um die Brücke, und wer weiß«, fügt sie mutlos hinzu, »vielleicht bringen es die Russen schneller fertig, eine Pontonbrücke zu bauen.«

Der Pionier grinst verächtlich, zeigt mit dem Pfeifenmund auf das Durcheinander im Fluß: »Besser als d i e bestimmt!«

Berthold geht sorgenvoll hin und her: »Wir können hier nicht mehr bleiben, wir müssen weiter!«

»Wie sollen wir Mutter nach Wörlitz bringen?« frage ich, »sie kann nicht sieben Kilometer laufen.« Und so viele Laster fauchen und donnern vorüber, hinterwärts blaue Stinkwolken ausstoßend, die den Frühling verpesten, und die Männer sehen sich nicht um, sind nur noch schwarz umhöhlte Augen, geduckte Nacken, Hände wie Greifzangen am Steuerrad, hören nicht mehr, fliehen seit Tagen ohne Schlaf vor den Russen.

»Hab' so eine Unruhe in mir, wir müssen weiter.« Ida Pietzsch schlängelt sich heran, hat ein Lächeln angeschminkt, hinter dem eine knittrige Angst sitzt: »Ob wir in Wörlitz Unterkunft finden?«

Ihre Frage bleibt in der Luft hängen.

Fräulein Rose trägt den Vergißmeinnichthut umher – nur den Vergißmeinnichthut sieht man von ihr, sie selbst scheint zerdrückt, zerquetscht zwischen Sorgen, Soldaten, Karren. Selten pickt noch die spitze Nase hervor: »Doktor Friesigk hat gesagt«, beginnt sie und nickt altjüngferlich mit dem Kopf, und die Vergißmeinnicht nicken zitternd mit, »was für uns reserviert war, ist längst von Flüchtlingen besetzt.« Sie hat ihn gesprochen, als er mit dem Motorrad angebraust kam, vielmehr hat er ihren Blümchenhut aus dem Hin- und Herfluten erkannt und darunter ihr vergilbtes Gesicht. Ein bißchen könnte sie stolz sein, daß nur sie es wieder ganz genau weiß, aber der Hochmut zerfiel, und wenn man nahe hinsieht, fallen auch die hellblauen Blättchen vom Hut eins nach dem andern herab.

Ingrid und Lieschen tauchen flüsternd ihre rötlichen und goldenen Locken ineinander, doch das Lachen ist ihnen vom verblaßten Mund gewischt. Brigitte ist nicht bei ihnen. Brigitte versucht ein neues Rettungswerk. Sie ist mit dem hübschen Soldaten im Wald verschwunden. Niemand von uns hat sie tagsüber gesehen, und wenn sie uns wieder begegnet, wird sie gewiß einen schmalen Jungen in zusammengeflickter Kleidung an der Hand mit sich ziehen. – Paul ist von der Feldwache gegriffen und nach dem östlichen Ufer gebracht worden; Pietzsch behauptet, er müsse am Pontonbau helfen: Versteht ja nichts davon, der Mann, verstehen ja alle nichts davon. – Ich selbst habe nach der Ostereier-Mulde gesucht. Sie ist leer, die Gräser und das Laub zerdrückt. Pauls Frau ist mit dem Kind nach Piesteritz zurückgekehrt, sie ist eine Hausschnecke. Gott schütze sie.

Kuntze kontrolliert die Kisten voll Zeichnungen, die zuerst mit dem Rollwagen nach Coswig und von dort zur

Elbterrasse geschafft wurden. Sein Kummer gilt der Kiste mit dem blauen Dreieck. Ich bringe ihm Essen und Zigaretten; beim Morgenkaffee ist er hoffnungslos gewesen, aber schon bei der dicken Mittagssuppe funkelt ein wenig Zuversicht aus ihm, und als ich ihm die Abendbrotschnitten reiche, hat er seinen Hoffnungsanker fertig: »Ich werde versuchen, die verbrannten Zeichnungen wieder herzustellen, ich habe sie im Kopf. Hier drin«, er tippt mit dem Zeigefinger gegen die blasse Stirn, »ist alles so deutlich aufgezeichnet, daß ich es ablesen kann. Reißbrett und Zirkel haben wir. Wenn ich erst in Wörlitz bin, werde ich mir dort gleich ein ruhiges Plätzchen zur Arbeit suchen!« Der Entschluß verjüngt ihn und verleiht ihm Tatkraft. Die Flüchtenden und die Soldaten umfluten ihn, er spürt es nicht. Aus seiner Erinnerung zieht er die Zeichnungen einzeln hervor und überprüft sie. Er kann sich ans Werk machen, wenigstens anfangen wird er es. Später wird er die anderen Ingenieure dazuholen, wenn sie erst ihre Familien untergebracht haben. – Kuntze und wir alle haben Wörlitz als einen lieblichen Ausflugsort im Gedächtnis, und nicht einmal der vergebliche Versuch vor zwei Tagen, in dem überfüllten Städtchen unterzukommen, hat uns die Idylle in einen Tragödienschauplatz verwandelt.

Das Hämmern an der Pontonbrücke klingt durch den vergilbenden Abend. Die Sonne ist versunken. Unbeachtet von uns vollzieht sich das große Himmelsschauspiel. Fluß ist für uns nur noch überbrücktes Hindernis, Wald nur noch Zufluchtsstätte. Wieder, wie auf Schloß Dianenhöhe, verschwimmen Tag und Nacht in einem einzigen Wogen der Zeit. Tage ohne Arbeit, Nächte ohne Schlaf, Sonnenlicht und Mondschein über den Scharen Verzweifelter und Trotziger. Hunger meldet nicht mehr die gewohnte Essensstunde, Geist unterscheidet nicht mehr die Tageszeiten und ihren ordnungsgemäßen Sinn. Nur noch die Gefahr regiert zwischen den uns immer enger zusammendrängenden Grenzen, in dem schmalen Raum zwischen Feind und Feind, zwischen Amerikanern und Russen.

Die achtundvierzig Stunden der Waffenruhe sind abgelaufen.

Der Abend des 25. April erbricht sich in einem Gewirr von Entscheidungen und Handlungen. Eben noch stehe ich arglos auf der Elbterrasse und blicke über den vergrauenden Fluß. Schreiende Kinder, sorgenverstummte Frauen um mich herum. Da treten zwei Offiziere zusammen, und ich höre den einen zum anderen sagen mit unwirschem Blick auf uns: »Die Frauen und Kinder können nicht hierbleiben. Muß den Befehl zum Räumen der Elbterrasse geben. Jeden Augenblick können wir Beschuß vom Russen bekommen!« Dann schweigen sie, während mein Herz in einem lauten Trommelwirbel das Zeichen zum Aufbruch gibt. –

Einem Elendszug kann man keinen Befehl erteilen. Flüchtlinge und Bettler können nur verjagt werden. Doch schon wittern die Flüchtlinge Gefahr, sie beginnen hastiger vorüberzuziehen. Ich denke nur noch, wie bringe ich Mutter von hier fort.

Während der bangen Unsicherheit hält in der Kolonne der Privatautos und Gespanne ein Wagen dicht vor uns am Rande des zerfurchten Lehmweges.

Ein graublonder Lockenkopf, blaue Augen, ein verblaßter Mund blicken mich überrascht an, und eine altvertraute Stimme ruft: »Ilse, bist du's?«

»Sophie!« Ich strecke ihr erfreut und verwirrt meine Hand in den Wagen, die sie impulsiv ergreift. »Warum flieht ihr? Ist es schon so weit?«

»Tag, Ilse«, sagt ihr Mann und drückt mir die Rechte. »Erzählt euch später alles, ja, jetzt müssen wir weiter.«

Sophies Gesicht verfällt. »Wittenberg liegt unter Beschuß, wir fahren nach Wörlitz zu Bertha.« Bertha ist ihre Schwester, hausbacken und solide. Sophie ist poetisch, stets in einer Hülle von Träumerei zwischen Ereignissen und Dingen hindurchschwebend. Die Stunde ist gekommen, da die belächelte ältere Schwester die letzte Zuflucht bietet.

Berthold tritt hinzu. »Das sind Franz und Sophie Elmreich aus Wittenberg, Freunde von früher.« Die Männer erkennen sich rasch als zuverlässig und klären miteinander die sachlichen Fragen: »Können Sie meine Schwiegermutter nach Wörlitz fahren?«

»Wenn ich Benzin hätte...«

»Einen Kanister kann ich geben.«

»Der Wagen ist besetzt, doch ich komme zurück. In einer Stunde etwa.«

Unter dem Verdeck regt sich etwas. Zwei junge Mädchen zeigen ihre verschreckten Gesichter. Sophie, bereits ein wenig erlöst von der Qual des Aufbruchs, zwitschert über die Wortbarriere der Männer zu mir hin: »Kennst du nicht Jorinde?« – Jorinde ist ein ungeborener Wunschtraum zwanzig Jahre zurück. Jetzt äugt sie mich aus einem Kranz schwarzer Locken an.

Franz gibt Gas.

»Wird Mutter bei Bertha übernachten können?« rufe ich noch.

»Es wird schon gehen«, Sophie wendet das Gesicht in Fahrtrichtung. Das Auto ruckt und fährt davon.

Mutter steht wieder an der Landstraße, hütet die Koffer und Säcke und blickt auf das Gewirr der Autos, Karren und Menschen, die sich an ihr vorbeischieben. »Wo wollen die nur alle hin?« fragt sie mich.

»Nach Wörlitz.«

»Dann wird Wörlitz überschwappen wie ein überfüllter Karpfenteich«, entgegnet Mutter in Erinnerung an die Karpfenteiche, die zu der Oberförsterei im Posenschen gehört haben; die Fische wurden zur rechten Zeit in großen Netzen gefangen, damit im frisch zugelassenen Wasser die neue Brut heranwachsen konnte. Wörlitz erscheint ihr in dieser Stunde wie ein Karpfenteich, in den unsachgemäß zum alten Bestand Frischlinge in das gleiche verbrauchte Wasser gesetzt werden: das kann nur ein zweckloses Durcheinander geben. Ich aber denke, wenn es uns durch die unverhoffte Hilfsbereitschaft Sophies nicht gelingt, ein Dach überm Kopf zu finden, werden wir wie tausend andere Flüchtlinge auf den feuchten Elbwiesen kampieren.

Die Dunkelheit kriecht aus den Wäldern wie eine schwarze Qualle, vom Fluß her brauen Nebel. Mutter setzt sich geduldig auf einen Koffer. »Das Warten ist immer das Schlimmste. Wenn schon etwas Böses geschehen soll, warum dann nicht gleich? Aber der Mensch ist so eine armselige Kreatur, daß er sich auch noch für sein Unglück abjagen und abschuften muß.«

Die Autos, die immer noch in entgegengesetzter Richtung aneinander vorbeirollen, wagen es, die Lichter einzuschalten, gleich werden sie wieder abgeblendet, doch ihr Aufblitzen blendet und erregt uns.

Berthold hat Franz den Kanister Benzin überlassen und zweifelt jetzt, ob er Mutter auch abholen wird. Als ich die alten Freunde verteidige, zuckt er die Achseln: »Heute denkt jeder nur an sich selbst.« – Ein Umbruch seines ganzen Wesens vollzieht sich. Die Kenntnis noch entsetzlicherer Waffen, das Wissen um die Möglichkeit endgültiger Vernichtung nicht nur der Menschheit, sondern alles Lebendigen ließen ihm unser Elend wie eine romantische Tragödie erscheinen. Sein intensives Miterleben beraubt ihn jetzt seiner Überlegenheit und Weisheit. Er ist von Mitleid überwältigt. Der Anblick der Frauen und Kinder, die mit krummem Rücken an uns vorbeiziehen, peinigt ihn. Und die Sinnlosigkeit des Endkampfes, der ja kaum noch Kampf, nur noch ein

Umsichschlagen kleiner deutscher Heeresgruppen ist, ja vielleicht nur noch das Sichineinanderschieben von deutschen, amerikanischen und russischen Truppen, das Durcheinandertaumeln von wehrlosen, durch ihre letzte Habe behinderten Flüchtenden und der vor Übermüdung trunkenen letzten Soldaten, diese äußerste Wahnsinnsoffenbarung des totalen Krieges, sind für seinen ordnenden Sinn unerträglich. Alles für ihn bisher Kostbare: seine Forschungsarbeit, seine Liebe zu mir wie seine Hochachtung vor meiner Mutter, die Verantwortung für seine Ingenieure und ihr gemeinsames Werk, die Freude am Besitz des Hauses, die Erinnerung an die erholsamen Stunden im alten Garten, sein persönliches Leben, beispielhaft für einen Bürger, ist ihm in dieser sinkenden Nacht des eigenen Sinnes und Wertes beraubt, verschlungen von der furchtbaren Not des Vaterlandes. Wenn ein Engel oder ein Dämon ihn fragte: »Bist du bereit, dein Leben und das Leben deiner Nächsten hinzugeben, damit dieses Deutschland, das dich in den Abgrund geworfen hat, weniger schmachvoll untergehen muß«, er hätte nicht gezögert. Berthold war stets ein Gegner des lauten Patriotismus, seine Arbeiten haben den Bedürfnissen des Friedens gedient; aber er fühlt sich tief der Heimat verpflichtet, die sich bildet aus Luft, Wasser und Erde, Menschenschlag und der Melodie der Sprache. Die Auflösung des deutschen Volkes durch sein Ausgeliefertsein an ein grausames Geschick bereitet ihm Schmerzen, als würde er ohne Narkose amputiert. Dabei verschwindet es im Zerfall aller staatlichen und moralischen Kräfte, daß dieses Schicksal ein selbstbeschworenes ist. Bedeutsam bleibt nur noch, wie es ertragen wird oder wie der Mensch darunter zusammenbricht. – Heldentum, das Sich-Entäußern jeden Eigennutzes geht im Durcheinanderströmen der Masse genau so unter wie die zaghafte, gerade erst erlernte Gemeinheit und die infame Hinterlist. Vernünftig bleibt keiner mehr.

Jeder ist aus seiner Lebensgewohnheit und seiner Weltanschauung verrückt. Niemand weiß zuvor, wann ihn die erlösende oder furchtbare Erkenntnis wie das Schwert des Richters trifft. Bei Berthold vollzieht sich die entscheidende Einsicht in den brutalen Widersinn zwischen Einzelunschuld und Massenschuld, als er seine Schwiegermutter mit der gleichen stoischen Ergebenheit an der Landstraße bei den letzten Koffern warten sieht wie vor drei Tagen in Nacht und Regen an der Ziegelei. Welches Verbrechen könnte so schwer sein, daß eine alte Frau zu vielen Jahren eines gehetzten Lebens in Todesgefahr, in den Folterkammern der Luftschutzkeller verurteilt wurde? Welches Gericht hat hier gewaltet? Ist das private Schicksal der Siebzigjährigen, angefüllt mit Schmerz, Not, Enttäuschung, noch nicht hart genug gewesen? Sind ihre Tugenden: Ordnungssinn, Hilfsbereitschaft, zupackende Tüchtigkeit nur die belächelnswerten Eigentümlichkeiten einer untergangsreifen bürgerlichen Welt? Ist nicht Tieferes, menschlich Gültiges in ihr in Erscheinung getreten: Humor, Weisheit, Lebenstapferkeit? Nein, das Verhängnis treibt sie in das Fegefeuer eines ihr wesensfremden Irrsinns. Doch nur sie selbst würde sich aus der allgemeinen Verfluchung zur persönlichen Segnung erlösen können. Sie, wie jeder von diesen Umgetriebenen, geht gnadenlos ihrem Gottesurteil entgegen. Wer übrigbleibt, hat auf seine Weise bestanden.

Neben Mutter und mir tatenlos auf das Zurückkehren des Autos zu warten, ist für Berthold unmöglich. Behutsam hilft er eine gelähmte Frau auf einen Karren heben, der von zwei Halbwüchsigen, einem Knaben und einem Mädchen, gezogen wird. »Wohin wollt ihr denn?«

»Mir wolle heim.« Die Gesichter der drei, der kranken Mutter und der blassen Kinder, sind von Zuversicht überleuchtet.

»Wo seid ihr denn zu Hause?« fragt Berthold, schon bereit,

sich mitzufreuen an der nahen Heimkehr nach Thüringen oder dem Harz.

»In Köln!« trompetet der Junge; er gäbe gern mit aufblitzenden Augen noch eine Erklärung dazu, aber das Mädchen ist schon im Vorwärtsschreiten begriffen, und auf Bertholds Frage: »Ist denn eure Wohnung erhalten?« antwortet sie nur noch über die Schulter hinweg: »Alles kaputt«, wobei ein hoffnungsvolles Lachen aufspringt. Die Gelähmte, froh der Not Evakuierter entronnen zu sein, nickt entschieden mit dem Kopf. Dann ziehen sie in den sinkenden Abend.

›Sechshundert Kilometer‹, überlegt sich Berthold erschüttert: Wandern in die Heimat. Werden nie ankommen, wie sie jetzt ausziehen, werden an der Landstraße vor Erschöpfung liegenbleiben, gerade weil sie tapfer sind und das Elend ihnen nicht den Mut geraubt hat. Oder sie werden vielleicht wirklich nach Hause gelangen, in das verwüstete Köln, und die Kinder werden betriebsame, durch das Elend verdorbene Landstreicher geworden sein, die Mutter wird in ihrer Verzweiflung einer bellenden Hofhündin gleichen, die, an ihren Karren wie an eine Hütte gefesselt, jeden, der sich ihr gutwillig oder bösartig nähert, mit Schimpferei und Gekeif abwehrt. – Dennoch, wer kann es wissen. Kein menschliches Gehirn ist fähig, die Vielfalt des Schicksals zu erwägen. Gutes wie Böses wird ausgestreut wie Konfetti. Berthold bleibt nur der Wunsch: Ihre Zuversicht solle nicht enttäuscht werden.

Nach zwei Stunden quälenden Wartens rollt Franz mit seinem Auto, geschaukelt und gestoßen zwischen Lastwagen und Meldefahrern, zurück. Der rechte rückwärtige Kotflügel ist verbeult, der Kühler hat einen schweren Preller bekommen. Franz selbst ist ungeduldig, gibt kaum Auskunft, hilft Berthold verbissen unsere Koffer in den Wagen verstauen.

Der Empfang bei Bertha ist kühl gewesen. Der Hochmut der Nichtvertriebenen hat sich an der stets bevorzugten Schwesterfamilie nicht ohne Schadenfreude groß getan.

Gleich beim Eintritt hat sich auf Berthas robustem Gesicht die Angst der Hausfrau um ihr sauber behütetes Heim gezeigt. Den gleichen hoffärtigen Glauben an die Auserwähltheit der Verschonten vor den Ausgebombten und Vertriebenen, wie ihn schon die Bauern den evakuierten Städtern zeigten, beweisen nun die unversehrten Städtchenbewohner gegen die anflutenden Elendsscharen. Sophie und Franz, die im Hochgefühl ihres Unglücks an der Tür klingelten, wurden unerwartet gedemütigt, und die erste Bitternis setzte sich in ihnen fest.

Höfliche Glätte ist in diesen Tagen von allen Flüchtlingen abgeblättert wie Schaumgold von Weihnachtsnüssen. Franz ist wütend. Den Kanister Benzin hat er vergessen. Die Gepäckstücke türmen sich hoch unter dem Verdeck. Mutter nimmt schwerfällig im Vordersitz Platz. Ihre rheumatischen Glieder sind steif vom Flußnebel, auch ist sie müde vom Tag und unruhig vor der kommenden Nacht.

»Wo wird Mutter unterkommen?« wage ich zu fragen.
»Sophie wird tun, was sie kann.«

Mutter ruft: »Du kommst aber gleich nach!« Gern hätte sie das Gepäck zurückgelassen und mich mitgenommen. Aber Kisten und Koffer können ihr nicht nachlaufen wie ich.

»Ja, ja, ich komme«, entgegne ich schnell durch die heruntergelassene Scheibe, dann fährt der Wagen fauchend an, ich höre Franz noch fluchen.

Unversehens bin ich allein, denn auch Berthold ist verschwunden. Ich drehe mich um, suche ihn mit den Blicken zwischen Fahrzeugen und Soldaten, aber ich kann ihn nicht mehr erkennen. Troßwagen halten jetzt Rad neben Rad. Die Pferde schnuppern unter der Plane der vor ihnen stehenden Fuhrwerke. Zwischen den hinteren Rädern schaukeln rote Laternen. Um sie her wirkt die Nacht noch dichter. Manchmal erkennt man ein Männergesicht im Lichtkreis eines aufflammenden Streichholzes. Rötlich glühen Zigaretten. Die Stimmen klingen wie unter einem Brückenbogen hervor, Müdigkeit deckt sie unter der Hülle der Nacht mit einer schwärzeren Dunkelheit zu. Nur zuweilen flammt eine Rede kurz auf, ein Wort funkelt, oder ein Fluch entzündet sich an einem Hindernis. Das Alleinsein befällt mich wie ein Kälteschauer. Ich fürchte mich und irre verloren zwischen den Bagagewagen, den Pferden und Soldaten umher. Todmüde setze ich mich auf einen Meilenstein, doch bin ich vor Erregung zu erschöpft, um einzuschlafen. Vor mir hält ein Planwagen mit zwei Pferden und einem Soldaten, der sich groß und breitschultrig mit dem Rücken gegen das mir zunächst stehende Pferd lehnt. Ich nehme ihn erst wahr, als ich zum zweiten Male an ihm vorbeikomme – denn ich bin längst aufgestanden und gehe immer am Rande der Chaussee entlang. Vor der Finsternis des Waldes weiche ich zurück, bleibe einen Augenblick wie besinnend stehen, obgleich ich doch gar nichts überlege, sondern mich ganz dem unruhigen Rhythmus meines Körpers überlasse, kehre zurück, laufe an dem Einzelwagen vorbei bis an den Beginn der Troßreihe, halte hier einen Moment, blicke in die rötlichen, leise schaukelnden Lämpchen zwischen den Rädern, drehe die immer schwerfälliger und widerwilliger wandernden Füße um und eile wieder, immer in der gleichen Hast, in Richtung Wörlitz.

Ich ahne nicht, daß mein Gebaren einem der wartenden stummen Soldaten auffällig erscheint, denn ich nehme meine eigenen Bewegungen kaum wahr. Als ich aber zum wiederholten Male an dem einsamen großen Soldaten vorbeikomme, tut er einen Schritt vor, mir mitten in meinen ziellosen Weg, ergreift meine Hand, die am Pelz herabhängt, nimmt sie zwischen seine beiden Hände und fragt mich mit einer warmen, tiefen Stimme: »Wohin willst du, Seelchen?«

Ich scheue, will weiter, aber er hält meine Hand fest. Eine warnende Witterung überstreicht mich, während mich gleichzeitig eine lange nicht gefühlte Wärme überkommt: »Ich möchte nur schlafen«, murmele ich, mit dem Kopf nahe an seinem aufgeschlagenen Mantel.

»Bist du schon lange unterwegs?« fragt mich der Soldat.

»Sehr lange«, antworte ich, »ich weiß gar nicht mehr, so sehr lange.«

Da nimmt der Soldat die Rechte von meiner Hand, läßt sie aber nicht fallen, sondern hält mich fest und lenkt die Pferde zur Seite, damit sein Wagen nicht angefahren werden kann. Jetzt gibt er mich frei, denn nun ist er sicher, daß ich nicht mehr fortlaufen werde, langt unter der Plane hervor zwei Futtersäcke mit Heu und hängt sie den Pferden um. »Kannst du hier heraufkommen?« Ich versuche, den Fuß zur Radnabe zu heben, mich daraufzustellen, um dann über den Reifen zum Bock hinaufzukommen, aber ich falle zurück. »Gib deine beiden Hände«, ich reiche sie ihm, und er hebt mich in einem Ruck auf den Wagen hoch. »Fall nicht«, sagt er leise, denn ich taumele hin und her. Dann rät er mir noch: »Zieh' den Kopf ein«, und dann bin ich hinter dem Kutschbock unter der Plane, fühle Säcke von schwerfälliger Nachgiebigkeit unter mir, als wären sie mit Mehl gefüllt. Er hebt mich darauf, wo er ein Lager aus Heu hat. Schon im Begriff, in den Abgrund eines wohltuenden Schlafes zu versinken, werde ich plötzlich hellwach und flüstere: »Ist hier jemand?«

Der Soldat schiebt mir Heu zu einem Kissen zusammen. »Ein Kamerad, der stört nicht mehr.«

Ich richte mich furchtsam auf. »Hab' doch keine Angst«, sagt der Soldat. »Ich weiß nicht, wo ich ihn lassen soll.«

Meine Furcht vor dem Alleinsein ist schlimmer als mein Grausen vor dem Toten. Die Müdigkeit betäubt mich wie ein berauschender Trunk. Der Soldat hat wieder meine Hand genommen, und sofort werde ich ruhig. Mein Kopf fällt hintenüber, bereit, lieber mit diesen beiden Soldaten in das gleiche Grab zu versinken, als noch einmal aufzustehen. Der

Soldat schiebt seinen rechten Arm unter meinen Nacken, mein Kopf neigt sich zu ihm hinüber. Schläft er? Schlafe ich? Wir rühren uns nicht. Das Heu stachelt gegen das Gesicht, ein würziger Duft steigt auf. In weiter Ferne und dann wieder ganz nahe höre ich die Pferde fressen. Manchmal knarrt die Deichsel. Wagen rollen heran, rollen vorüber. Stimmen klingen auf und vergehen. In mir fragt etwas: ›Hast du schon einmal mit einem Toten zusammen geschlafen?‹ Ich antworte: ›Er ist ganz warm und lebendig.‹ ›Nein‹, sagt die Stimme, ›er ist heute mittag gestorben, und sein Freund hat es nur nicht gemeldet. Morgen früh aber muß er es melden.‹ ›Ich fahre mit keinem Toten‹, sage ich, ›ich fühle zum ersten Mal, wie das lebendige Leben ist. Fahren wir über die Brücke?‹ Ich schrecke auf: Nein, der Wagen steht, und mein Kopf ruht immer noch auf derselben Stelle, ein wenig an seine Brust gelehnt. Wenn ich die Augen öffnen könnte, sähe ich unter der Plane hinweg vorn zwischen den Köpfen der Pferde einen Stern. Aber ich kann um nichts in der Welt die Augen öffnen.

Nun fragt mich eine Stimme, und ich erkenne die Stimme des großen Soldaten, der meine Hand festgehalten hat, als ich heute abend, verrückt vor Verlassenheit und vielleicht auch vor Angst, daß die Russen uns unter Beschuß nehmen könnten, auf der Landstraße hin- und hergelaufen war. »Wohin gehst du von hier aus?«

›Nach Wörlitz‹, denke ich, aber ich glaube nicht, daß ich es gesagt habe. »Schlaf' nur«, sagt nach einer Weile wieder der Soldat. Ich lege meinen linken Arm über ihn, denn mich befällt die Furcht, daß es Morgen werden könnte, und er morgen weiter muß – und daß er selbst, wenn er bliebe, keine Zeit mehr hätte, denn er muß seinen Toten bestatten, und ich muß mich um Berthold, um Mutter kümmern, und die Säcke mit den Kartoffeln müssen nach Wörlitz geschafft werden. Er wird über die Brücke ziehen mit seinem Wagen, versunken im Strom der letzten Soldaten, und ich werde nach Wörlitz laufen oder fahren, wenn mich einer mitnimmt. Ich versuche, ihn mit meinem Arm festzuhalten, er versteht mich und legt seinen rechten Arm beruhigend und schützend über mich. Ein völliger Frieden waltet um uns. Wir befinden uns in der Zone des Schweigens. Auch schweigt wirklich die Nacht. Einschläge sind nicht zu hören. Das Rattern der Ponton-Brücke, wenn Fuhrwerke darüber rollen, klingt fern wie sanftgrollender Donner. Schweinwerfer überblenden nicht den Himmel. Wagen fahren nicht mehr an uns vorüber. Der lebende Soldat scheint tief zu schlafen wie der Tote, doch spüre ich sein schlagendes Herz, und endlich sinke auch ich in den tiefen Schacht des Schlafes.

Ein warmer Hauch streift mich. »Es ist besser, wenn du jetzt gehst.« Ich öffne die verquollenen Augen und fühle mehr, als ich es sehe, ein Gesicht über mir, das aber in der Dunkelheit nur geformter Schatten bleibt. ›Ich möchte doch noch sein Gesicht sehen‹, denke ich und werde gewaltsam wach. Er hat sich auf den rechten Ellenbogen gestützt und macht eine Bewegung mit dem linken Arm. Undeutlich glühen die Punkte der Uhr auf. »Es ist fast fünf Uhr. Ich muß weiter.« Ich versuche, mich aufzurichten, und er hilft mir dabei. Nun bin ich schon so munter, daß ich an ihn die Frage stellen kann, die in diesen Tagen jede Frau an den Mann richtet, dem sie sich nahe fühlt: »Warum bleibst du nicht hier?« Er schweigt. »Warum besorgst du dir nicht Zivilkleidung?« Während ich diese Worte noch spreche, spüre ich schon, daß sie vergeblich sind; ich bin in einen Bereich vorgedrungen, den er vor mir verschließen wird. Wir sitzen uns jetzt im Dunkeln gegenüber, auf die festen Säcke gestützt. Wir fühlen beim Sprechen unseren Atem, aber unsere Gesichter erkennen wir nicht. »Ja«, sagt er langsam, »vielleicht wäre es das Vernünftigste, aber ich könnte mir selber nicht mehr in die Augen sehen.« Und in seinem Bemühen, sich mir verständlich zu machen, fügt er hinzu:

»Man ist nicht umsonst sechs Jahre lang Soldat. Das dringt zum Schluß doch unter die Haut. Man kann es mit dem Zeug nicht einfach ausziehen.« Er deutet mit dem Kopf hintenüber. »Auch seinetwegen könnte ich es nicht. Wir hatten uns versprochen, bis zum Ende durchzuhalten.«

»Aber er ist doch tot!«

»Du wirst es nicht verstehen, aber die Toten leben noch eine Weile in uns weiter, und dann sind sie erst richtig gestorben, wenn sie aus uns heraus sind. Das ist so ein Gefühl in uns – so ein Soldatengefühl.«

Ich neige mein Gesicht vor und spüre bei der Berührung, daß er den Kopf gesenkt hält, meine Wange lehnt an seiner Schläfe. Da hebt er seinen Kopf, und wir verharren – unsere Gesichter aneinandergelehnt. Dann löst er sich, hebt mich und zieht mich sanft unter der Plane vor; springt dann vom Wagen und hilft mir über die Radnabe nach unten. Die Pferde wenden die Köpfe nach ihm, die Landstraße ist leer, wir haben am Waldrand gestanden, im Nachtschatten der Bäume. Hinter den Wiesen blinkt der breite Fluß. Die Helligkeit ist grau und nüchtern. Erst jetzt wage ich, ihm mein Gesicht zuzuwenden. Wir sehen uns an. Er hat ein gutes, kluges Männergesicht, und über die Stirn läuft quer eine Narbe. Vorsichtig nimmt er mir Heu aus dem Haar, vom Pelzkragen und lächelt dabei ein wenig. Schluchzen steigt mir in die Kehle. »Leb' wohl.«

Ich gehe benommen ein paar Schritte von ihm fort, nach der Elbterrasse zu, drehe mich plötzlich um und schieße zurück wie ein Pfeil. Er steht wie am Abend vorher mit dem Rücken gegen die Pferde und sieht mir entgegen. »Wer bist du? Wie heißt du?« stoße ich verzweifelt hervor. Er schweigt und blickt über mich hinweg, mit dem Blick in die Weite oder in den Tod, wie ich ihn nun schon so sehr an den Soldaten fürchte. Dann nimmt er mein Gesicht zwischen seine Hände, blickt ernst, beinahe streng auf mich nieder, löst dann erst die

Hände, dann den Blick von mir, tritt einen Schritt zurück und wiederholt nun mit endgültiger Entschiedenheit: »Leb' wohl.«

Ich gehe schnell viele Schritte von ihm fort, und als ich mich nach ihm umwende, ist er nicht mehr zu sehen. Er ist zu dem Toten unter die Plane gekrochen.

Der Schmerz macht mich wild, und da ich nicht mehr zurück kann, schleudert er mich vorwärts.

Eine Frau taucht neben mir auf mit zerzaustem Kopf, verstörten Augen und käsigem Gesicht. Mühsam besinne ich mich, daß diese Person in den letzten Wochen um mich gewesen ist und Ida Pietzsch heißt. Doch spüre ich gleichzeitig, daß sie mit der Geschäftemacherin, die ich kenne, so wenig zu tun hat wie ein Klageweib mit einer Kuppelmutter. Ein Schreck muß verwüstend über ihr dreistes Gemüt gefahren sein.

»Haben Sie meine Tochter gesehen? Ich kann sie nicht finden.« Ihr gewöhnliches Gesicht mit den billigen blassen Augen, dem auseinanderlaufenden Mund, den flachen Bakken, der niedrigen Stirn hat durch ihre Mutterangst einen allgemeingültigen Ausdruck der Verzweiflung gewonnen.

»Ich habe Ihre Tochter nicht gesehen«, antworte ich und will an ihr vorüber.

Sie hält mich am Ärmel fest: »Vielleicht ist sie nach Wörlitz gelaufen? Haben Sie sie nicht getroffen?«

»Ich war gar nicht in Wörlitz.«

Als sei damit eine letzte Hoffnung erschöpft, fallen ihr die Arme herab. »Ach, mein Gott, mein Gott«, stöhnt sie mit blöde geöffnetem Mund und bleibt kraftlos stehen.

»Ingrid wird schon zurückkommen«, versuche ich zu trösten.

Aber gerade diese Worte müssen ein Nadelstich in das Geschwür ihrer Sorge sein. »Zurückkommen?« schreit sie,

»aber wie!« – Ihr Gesicht scheint sich vor Zorn umzustülpen: »Weiß ich denn, ob das dumme Ding nicht in so einem Planwagen steckt bei einem Soldaten? Kann ich denn in allen Wagen nachsehen? Sie lachen mich ja aus, wie ich herumlaufe und schreie, ›Ingrid!‹«

So plötzlich, wie sie mich angefallen hat, gibt sie mich wieder frei. Ich sehe noch, wie Ida Pietzsch weiter zwischen den Bagagewagen herumstöbert, die wie eine Herde von Schildkröten nebeneinanderstehen. Als ich die Tür zum Schlafstall öffne, höre ich noch einmal ihren klagenden Mutterruf.

Am Morgen nimmt mich ein veränderter Schauplatz auf. Das Licht erfüllt Himmel, Wiesen und Wald mit kräftiger Lebendigkeit. Die Elbe strömt mit tausend Wellen glitzernd dahin, die Schildkröten auf dem ausgeweiteten Platz hinter dem Gasthof sind enger aneinandergerückt. Beherrschend sind neue Lastwagen, die mit ihren Kühlern wütend wie gereizte Elefanten gegeneinanderrennen: nach Osten, nach Westen; jeder Befehl sinnlos, jeder Befehl wird ausgeführt. Kradfahrer flitzen zwischendurch, die Gesichter staubüberkrustet, die Augen tief in den Höhlen. Sie sind nur noch aufmerkendes Gehirn und Arme, eisern wie Tragstangen, die das Motorrad halten. Ungehemmt schreien Stimmen, garstige und rauhe; die Ordnung scheint endgültig zerfallen zu sein, doch spürt man sogleich: eine neue Ordnung beginnt sich zu formen, das Durcheinander ist nur vorübergleitender Trug. Jeden treibt ein äußerer oder innerer Zwang: ›Vom westlichen Feind weg dem Russen entgegen‹, so lautet der militärische Befehl, – ›vom Russen fort in die Gefangenschaft der Amerikaner‹ widersetzt sich die innere Forderung. ›Hau ab in die Wälder‹ ist die dritte und entscheidende Losung. ›Hau ab, Mann, ehe es zu spät ist. Irgendeiner kann dich erwischen. Bist ja von Wahnsinnigen umstellt, aber, Gott sei Dank, es werden immer mehr normal.‹ Was heißt normal? Lebenstüchtig.

Mitten auf der Chaussee steht in der blinkenden Sonne ein Soldat: schwerfällig, riesenhaft, mit krebsrotem Gesicht, hebt Arme und Beine, knallt mit der Stimme, greift mit den Händen ein, wenn ihm keiner gehorchen will, versucht, eine Art sachliche Vernunft in das Durcheinander zu bringen und bleibt doch eine Schießbudenfigur wie die, die drüben als Brückenwache stehen, kann eigentlich nicht mehr als für Flüchtlinge einen LKW anhalten und anordnen, daß die Frauen mit Sack und Pack, mit Kindern und Greisen auf die westwärts fahrenden Lastwagen aufgeladen und ein Stück mitgenommen werden – bis Wörlitz, bis Oranienbaum, bis Waldersee oder, wenn es noch möglich ist, bis Dessau.

Die Kisten mit Zeichnungen und unsere Kartoffelsäcke müssen nach Wörlitz und wir mit ihnen. Ida Pietzsch steht mit Ingrid und Lieschen Fröhlich zwischen den Hügeln ihrer Koffer, und Pietzsch raucht eine Zigarette, guckt um sich her; seine Frau ruft: »Kurtl!« und keift mit der jüngeren Tochter, die ein widerspenstiges Gesicht macht, aber mit Ingrid spricht die Mutter nicht.

Ingrid steht ein wenig abseits, blaß und vergnügt, vergnügt aus Trotz: hat die Mutter ordentlich verängstigt in der letzten Nacht, und das tut ihr wohl, wenn ihr sonst nichts wohl getan hat.

»Wie bekommen wir nur unsere Sachen nach Wörlitz?« barmt die Pietzsch, und Fräulein Rose ist auch bei ihr, spitzzähnig und spitznasig, nur noch ein Strich aus der Fülle ihrer selbst, zetert nicht mehr, keift nicht mehr, ist bis zu dem Grad verstummt, wo sie sich der Anordnung anderer überläßt. Der Blumenhut hängt ihr achtlos im Genick.

Kuntze sitzt auf einer Kiste, zusammengesunken und alt, doch mit einem heimlichen Leuchten in den Augen. ›Der ist gut untergebracht in seiner Entschlossenheit, weiterzuarbeiten‹, denke ich, ›um den brauche ich mich nicht zu sorgen. Aber jetzt werde ich einen Lastwagen anhalten.‹ Ich spüre einen Stoß ungewohnter Energie. Der Traum der Nacht setzt sich in die Tat des Tages um. Unerfülltes strebt nach Erfüllung.

Ich fühle mich plötzlich für diese Menschen verantwortlich. Es sind ungute, billige, es sind wertvolle, ja kostbare Menschen, und ich werde sie nach Wörlitz bringen, und dort muß ich Unterkunft für uns alle finden.

Berthold sagt: »Wir werden hier nicht mehr wegkommen.« Er hat die Nacht mit Offizieren trinkend und redend verbracht. Diese Offiziere haben mit ihrer allzu nahen Kenntnis der Sachlage seine Entschlußkraft gelähmt. Auch der gute alte Wein hat ihn nicht trösten können. »Wo warst du?« fragt er.

»Im Planwagen bei einem Soldaten«, antworte ich ohne Zögern.

Er stutzt, schämt sich, daß er mich eigentlich in der Nacht gar nicht vermißt hat, ja, daß er eigentlich glaubte, ich sei mit Mutter in Wörlitz. Also nicht einmal auf den eigenen Kopf kann man sich noch verlassen. »Diese armen Teufel«, murmelt er. Wir sehen uns an. »Hast du gefrühstückt?« fragt er.

»In Wörlitz.« Er nickt.

»Ich werde mir von dem Soldaten mit dem roten Gesicht einen LKW anhalten lassen, denn jetzt müssen wir hier fort.« Der Befehl zum Räumen des Geländes ist zum wiederholten Male gegeben worden. Unteroffiziere mit Armbinden verjagen die Flüchtlinge. Mein Haar wird vom Wind gezaust, der rote Schal hält es kaum noch zusammen. Doch das sich lockernde Haar verleiht mir ein Gefühl von Freiheit, es weht mir voran wie winzige Fähnchen.

Ich stehe vor dem Posten: »Können Sie nicht einen Lastwagen für uns anhalten?«

Der Soldat sieht nicht hin, der Soldat hört mich gar nicht.

»Bitte halten Sie doch einen Wagen für uns an. Es sind wichtige Zeichnungen in den Kisten dort drüben, auf denen der alte Mann sitzt.«

Der Posten brüllt einen Kradfahrer an, hebt einen Flüchtlingskarren mit einem Ruck aus dem Lehm, so daß er weiterrollen kann, und brummt mich zwischen den Zähnen an: »Kartoffeln.«

»Zeichnungen«, sage ich, »sind in den Kisten. Die Kartoffeln sind in den Säcken.«

»Also Kartoffeln sind doch dabei.«

»Natürlich sind Kartoffeln dabei, denn Papier können wir nicht essen.«

Jetzt würde der Soldat lachen, so wie ich lache, aber er hat keine Zeit dazu. Eine Frau aber hat immer Zeit, die kann noch lachen mitten zwischen den rollenden, polternden Kraftfahrzeugen. Wenn ich seine Hand herunterbekäme aus ihrer Ordnung gebietenden Höhe, könnte ich ihm ein paar Zigaretten hineinstecken, aber sie schwebt hoch über mir. Vielleicht senkt er die Nase, wenn er den Tabak riecht. Ich suche nach Streichhölzern, finde auch wirklich eine Schachtel, stecke mir eine Zigarette an und muß husten. Der Posten aber ist schon wieder weit fort von mir, er sieht mit seinen geübten Augen das Durcheinander vor sich und mit seinem Ahnungsvermögen das Durcheinander hinter sich und hat nur im Sinn, diese Frau im Tigerpelz, die ihm im Wege steht, loszuwerden. ›Lastkraftwagen‹, denkt er. – Ich halte ihm die Zigarette vor den Mund. Er schnappt aus Instinkt danach wie ein Fisch nach dem Köder. Die Zigarette sitzt zwischen seinen Lippen. Jetzt streckt er den Arm aus und gebietet einem LKW Halt, der gerade in Richtung Wörlitz vorbeirasen will. Der Fahrer flucht, aus dem Kühler steigt Dampf. Der Verkehrssoldat sagt zum Fahrer in den Vorbau hinein: »Nehmt paar Flüchtlinge mit, ist wichtiges Verlagerungsgut.«

Der Verkehrssoldat wendet sich jetzt zum ersten Male zu

mir. Seine Augen sind rot umrändert und entzündet. Sein erhitztes Gesicht ist gedunsen vor Anstrengung, aber um den vollen Mund sitzt eine unzerstörbare Gutmütigkeit.

»Danke schön«, rufe ich aufatmend und zeige über Flüchtlingskarren, Militärautos auf unseren kleinen Haufen. »Dort drüben!« Schon renne ich hin: »Frau Pietzsch, schnell die Sachen!« Denn keiner der Wartenden hätte meinen Ruf so fix in die Tat umgesetzt. Sie dreht sich und wirbelt und feuert ihren Mann, Lieschen Fröhlich, die Töchter und Fräulein Rose an und bringt sogar Kuntze auf die Beine. Und die Töchter, Lieschen, Ida Pietzsch und Fräulein Rose schleppen und torkeln gegeneinander im Hin und Her, prallen gegen Kühler und Stoßstange, keuchen unter den Säcken. Ich selbst schleppe an den Kartoffeln mit: ›Wenn der Papiersack nicht hält, wird alles zwischen die Räder fallen‹, aber, Gottes Wunder, der Papiersack hält! – Der rotgesichtige Soldat hilft die Kisten mit den Zeichnungen herantragen. Flucht der Fahrer oder flucht der Motor, wir können es nicht mehr unterscheiden. Der Lastwagen ist ungedeckt. Ein paar Kisten stehen schon darauf: ›Proviantgut oder Munition? Was soll das alles in Richtung Westen? Versteht kein Mensch, – der Fahrer nicht, der Unteroffizier nicht, der ihm den Befehl gab. Fährt vielleicht privat, auch sein Befehl ist Schwindel, hat sich den Wagen organisiert, ist ja alles ein einziger Wirbel, wundere mich nur, daß die Lastwagen nicht auf dem Kühler und mit den Rädern in der Luft schaukeln, scheint also noch ein Rest von Naturgesetz unverbrüchlich zu walten.‹ Als ich im Fahrerhaus sitze, strecke ich den Kopf raus und winke dem Posten zu. Der kann sich einen fröhlichen Blick nicht versagen, freut sich, daß er endlich die Frau los ist. Hat auch seine Pflicht erfüllt, seine menschliche, die sich mit seiner Soldatenpflicht seltsamerweise deckt, und Flüchtlingen weitergeholfen mit wertvollem Gut. Als wir schon angefahren sind, merke ich, daß Berthold nicht auf dem LKW ist. Ich habe ihn nicht aufsteigen sehen. Sein Gesicht war plötzlich nicht mehr da. Ich möchte heraus und umkehren, aber wir rollen schon davon.

Der Lastwagen fährt die breite Chaussee entlang durch die riesig aufgerichteten Bäume. Ich sehe zum ersten Mal Panzerfaustschützen vor ihren Einmannlöchern stehen. Wir biegen aus dem Wald und fahren den Bogen über die Elbwiesen, an dem künstlichen See des Parks vorbei, durch das schöne Tor vom »Eichenkranz« in Wörlitz ein. Der Fahrer, der rauchend, stumm und stur gefahren ist, brockt mir die Worte hin: »Wo soll ich halten?« Ich will nicht zeigen, daß ich es nicht weiß. Eine unbestimmte Erinnerung an einen freien Hof taucht in mir auf, die vom ersten vergeblichen Quartiersuchen in Wörlitz in mir haften geblieben ist. Es ist der weite Hof vom »Grünen Baum«.

Das Gasthaus »Zum Grünen Baum« liegt an der Ecke einer Seitenstraße, gegenüber dem breit hingelagerten Hotel »Eichenkranz«, das jetzt Lazarett ist. Es leitet mit altväterlicher Behäbigkeit die Hauptstraße ein, die quer durch Wörlitz von der Coswiger Chaussee nach Dessau führt.

Hier lasse ich halten, springe ab und rufe zu den Sitzenden und Stehenden hinauf: »Wir lagern erst einmal die Sachen im Hof zum ›Grünen Baum‹!« Doch sie betrachten mich ratlos. »Frau Pietzsch!« Sie wendet mir ein ausdrucksloses Gesicht zu, wie sie es oft nach einer großen Erschöpfung hat. »Wir müssen hier abladen. Wohin wollen Sie denn fahren?«

Ida Pietzsch zuckt zusammen. Ein Mechanismus setzt sich in ihr in Bewegung, belebt zuerst die Stimme: »Ingrid, Hannelore«, schreit sie, »Lieschen! Nehmt die Sachen, steigt ab. Kurtl, die Säcke. Herr Kuntze, Fräulein Rose, wir müssen runter.« Damit hat sie das Abladen übernommen.

Säcke, Kisten und Koffer werden hurtig heruntergehoben und auf den Rand des Rinnsteins gestellt.

»Wo ist die Kiste mit dem blauen Dreieck?« frage ich erschreckt.

Pietzsch zählt beunruhigt: »Ja, die fehlt.«

Kuntzes Gesicht verfällt: »Warum habe ich es nicht gemerkt? Mit mir ist nichts mehr los.« Dann besinnt er sich erleichtert: »Der Herr Direktor wird dabei geblieben sein, da kann nichts passieren.«

»Aber wie schafft er jetzt die Kiste her?« frage ich erbittert. Mit welcher Mühsal haben wir sie von Dianenhöhe nach der Elbterrasse geholt!

Pietzsch und Kuntze sehen sich verlegen an.

Dann trägt Pietzsch zwei Koffer durch das offene Holztor in den weiten Garten des »Grünen Baum«, in die Nähe einiger einsamer Tische, die hier im Frühling und Sommer zur Bewirtung von Gästen bereitstanden. Ihre weißlackierten Gefährten sind von durchziehenden Soldaten hierhin und dorthin verschleppt worden, wohl auch mitgenommen auf Lastwagen ebenso wie die Stühle, von denen nur noch wenige übrig sind. Einen dieser letzten Tische mit vier Stühlen haben wir erobert, unser Gepäck und die Kisten häufen sich darum herum.

Ich mache mit Pietzsch einen kurzen Rundgang: Im weiten ungleichen Oval, das ein alter schwarzer Zaun umschließt, steht mit der Eckfront zwischen Wallpromenade und Hauptstraße das ländliche Hotel: einstöckig, bescheiden und gemütlich; dahinter liegt eingeklemmt zwischen den Eckgebäuden ein rechteckiger Hof, dessen Vorderfront und linke Seite vom Gasthaus und einem angebauten Tanzsaal – dessen rückwärtige, dem Garten zugekehrte Front und rechte Seite von Stallungen und Wagenremisen gebildet wird. Dieser enge Hof ist bestimmt, die Wagen und Autos der Gäste aufzunehmen. Eine Außentreppe führt hier zu dem im ersten Stock gelegenen Tanzsaal, daneben stehen das hölzerne Aborthaus, ein Taubenschlag und auf der rechten Schmalseite eine Waschküche. Von diesem mit Kopfstein gepflasterten Hof kehren wir durch eine wacklige Pforte in den weiten Garten zurück. Über den niedergetretenen Rasen erheben sich hohe, alte Bäume, deren Kronen die grüne Befiederung des Frühlings zeigen. Verlockend für unsere Unterkunft erscheint mir ein breit hingebauter Pavillon, in zwei ungleiche Räume geteilt, von denen der größere auf zwei Seiten verglast ist. Die Sonne blinkt hinein und scheint uns freundlich einzuladen.

Mit Pietzsch und mir sind zwei Soldaten in die Glasveranda eingetreten. Sie blicken sich rundum und betrachten dann mehr mit den Stiefeln als mit den Augen das ausgebreitete Stroh. Angewidert stoßen sie eine blutige Bandage beiseite. Danach wenden sich beide zur Tür und gehen hinaus. »Wollen Sie nicht hierbleiben?« frage ich ihnen nach.

Der Ältere von den beiden mit weißem Stoppelbart dreht sich mürrisch zurück: »Da leg' ich mich nicht rein. Hier war ja eine Ambulanz!« und geht mit dem Gefährten wortlos durch den Garten zum Tor hinaus. –

»Woher sollen wir neues Stroh nehmen?« Ich blicke Pietzsch ratlos an.

Er zuckt die Achseln. Dann stöbern wir wie die Soldaten mit den Schuhspitzen im schmutzigen Stroh. Doch wissen wir im Augenblick keine bessere Unterkunft.

Mich treibt es auf die Landstraße zurück. Ich muß einen Motor auftreiben, der mich zu Berthold zurückträgt.

Hinter dem Tor zum »Eichenkranz« steht auch wirklich ein Kradfahrer, der verschnauft und sich eine Zigarette anzündet. Ich frage ihn, ob er mich zur Elbfähre mitnehmen kann. Ich schwinge mich auf den Sattel, dann stieben wir davon, und ich erfahre jetzt erst, daß die Chaussee voll tiefer Löcher ist. Ich fliege in die Höhe, fürchte zu stürzen, halte mich am Vordermann fest, wie ein ängstliches Kind am Hals der Mutter. Wieder die schöne Schleife durch die Elbwiesen gerattert und gerast, den langen breiten Weg durch den Wald. Als wir zur Elbe umbiegen, schreie ich ihm ins Ohr: »Bitte halten Sie hier«, denn ich habe etwas am Straßengraben gesehen und mit Bestürzung erkannt.

Berthold sitzt auf der Kiste, ohne Jacke, mit aufgekrempelten Hemdsärmeln, Weste geöffnet, den Hut auf dem Kopf. Die Jacke liegt neben ihm, darauf in einem unsauberen Frottiertuch Eierschalen, ein Rest Brot und eine henkellose Tasse mit Butter. Mit seinem Taschenmesser streicht er sich die Butter auf und kaut Butterbrot und Ei in schmackhaftem Durcheinander; wie Essen wohl überhaupt einer der wenigen menschlichen Vorgänge ist, die im Durcheinander ihren nährenden Sinn bewahren.

Er sitzt mit gekrümmtem Rücken, hängenden Schultern; auch als er mich erkennt, verläßt ihn der Ausdruck eines tiefen Mißmutes nicht. Nun ist auch er mit eingeknetet in den Teig des Elends und wird mitverbacken.

»Warum bist du nicht mit uns gekommen?« frage ich ihn lebhaft.

»Es hat mir ja niemand geholfen, die Kiste von der Elbterrasse auf den Lastwagen zu tragen.«

»Auch kein Soldat?«

Berthold schüttelt den Kopf: »Niemand hat auf mich gehört. Dann habe ich die Kiste allein hergezerrt, jetzt konnt' ich einfach nicht weiter.«

»Hättest du sie doch stehenlassen! Ich wäre schon gekommen!« Bestürzt messe ich die lange Strecke zwischen dem Gasthof und seinem Platz mit den Augen.

»Die Elbterrasse mußte vollkommen geräumt werden. In einer halben Stunde soll der Beschuß beginnen.«

»Dann müssen wir sofort weg! Die halbe Stunde ist gleich um!«

»Ich geh' nicht. Ohne die Kiste geh' ich nicht weg«, wiederholt er störrisch. »Es ist doch alles zu Ende.« Aber er meint damit nicht mehr Krieg und Untergang, sondern das eigene Dasein, das er nicht weiterschleppen will. Ich sehe auf Berthold nieder, ratlos wie er, und die Ohnmacht, mit der er hier am Straßenrand auf der Kiste mit Zeichnungen hockt, beginnt sich mir betäubend mitzuteilen.

»Wir hätten auswandern sollen, dann wäre uns alles erspart geblieben.«

Seine klanglose Stimme trifft mich. »Wir konnten doch nicht«, erwidere ich trostlos und trotzig und wiederhole das Argument, das vor Jahren unsere Entscheidung bestimmte: »Ich kann ohne unsere Sprache nicht leben.«

»Ja, du – aber meine Zeichnungen wären überall verstanden worden.« Er blickt trübe zu mir empor.

Wir fühlen uns zum erstenmal nach langen verständnisvollen Jahren verschiedenen schöpferischen Mächten untertan. Zahl und Berechnung sind das Übernationale, allgemein Verständliche. Die Sprache und die Dichtung aber gleichen einer Pflanze, die aus dem Mutterboden wachsen muß, um sich in Glanz und Schönheit entfalten zu können. – Seine Vernunft steht gegen mein Gefühl. Seine Überlegung wahrt den Weltzusammenhang, mein Gemüt bleibt der Heimat verhaftet. Meine Weigerung, Deutschand zu verlassen, hat die Fülle des Elends über uns beschworen. Schuldig, schuldig vor der Vernunft, vor seiner klugen Voraussicht und doch in mir selbst im Recht verblieben. Die Sprache verloren, die Seele verloren. Die Heimat verloren, den Frieden verloren. Das Volk verloren, den Sinn verloren. Nein. Ich straffe mich. Und wenn ich alles vorausgewußt hätte: die zügellosen Eroberungen, die furchtbare Vergeltung, die gehetzten Nächte zum Bunker, niederstürzende Häuser, brennende Menschen, – Tod unterm Schutt, Tod im fahrenden Zug, Todesangst vor dem äußeren Feind, Todesangst vor dem inneren Feind, das grausige Zwischen-zwei-Fronten-Stehen, gefährdet, verraten, jedem Verderben preisgegeben, dazu die wie Nattern hervorkriechenden Lügen und Gemeinheiten, das Aufbrechen der Verderbnis aus den Verließen des deutschen Wesens, – wenn wir auch selbst gefangengenommen, gepeinigt und zugrunde gegangen wären, ich hätte mich nicht anders entschieden. Im Schicksal des Volkes sitzt das eigene Schicksal wie der Embryo im Mutterleib. Niemand kann ihm entfliehen. Auch wenn wir über das Meer entronnen wären und uns ein neues, tüchtiges Dasein aufgebaut hätten – dem Leid des deutschen Unterganges wären wir doch verhaftet geblieben. Man desertiert nicht, wenn einem nicht schon der Strick um den Kopf schwingt. Ist außerdem das persönliche Leben so wertvoll, daß wir es im Wohlsein hätten verbringen können, während die Menschen unserer Heimat in Schuld und Elend verkamen? Gebüßt muß werden – Drückerei vor der Sühne des Volkes glückt nicht einmal dem Schuldlosen, also: hart und schnell Buße. – Mein Mann hatte mir zugestimmt. Von Auswanderung war nicht mehr die Rede gewesen.

Berthold hat aufgehört zu essen. Seine Unterarme liegen auf den Oberschenkeln, die Hände hängen schlaff zwischen den Knien herab. »Was haben wir hier erreicht? Wem können wir helfen? Wir sind doch selbst nur noch Bruchstücke.« Seine hoffnungslose Einsicht trifft mich schwer. Was ist denn wirklich von uns übrig geblieben? Von unseren Erkenntnissen, unserer Begabung, unserer Hilfsfähigkeit? Wir sind nichts als zwei Flüchtlinge unter den Millionen, die durch Deutschland irren: ohne Ziel, ohne Glauben, mit einer verlorenen Vergangenheit und einer aussichtslosen Zukunft. Trotzdem erkläre ich: »Einige müssen doch übrig bleiben, ein paar von denen, die noch Wissen vermitteln können, sonst ist wirklich alles verloren! Hier bist du jetzt nötig, wo alles zerschlagen ist, nur hier!«

Er hebt den Blick mit unbestimmtem, lauschendem Ausdruck. »Wer wird schon nach uns Alten fragen!«

Ich möchte mir das Herz herausreißen, um ihm zu helfen, statt dessen besinne ich mich sachlich: Wir müssen den exponierten Platz schleunigst verlassen. Wie bekomme ich ihn fort? Ohne die Kiste wird er sich nicht von der Stelle rühren. In den Aufzeichnungen ist seine Lebensarbeit niedergelegt!

›Nur ein Soldat kann helfen, ein Lastkraftfahrer.‹ Was zweimal glückte, wird in diesem Augenblick der Gefahr nicht versagen. Ich stelle mich auf der Seite der Chaussee auf, wo die Wagen in Richtung Wörlitz vorbeikommen, aber sie halten nicht an, sie rollen vorüber, nacheinander, nebeneinander, sich schwerfällig überholend; immer mehr in Richtung Coswig, immer weniger in Richtung Wörlitz. Der Verkehrssoldat steht längst nicht mehr da. Ich schreie, winke, springe an die Führerseite, niemand hört mich, die Kotflügel schieben mich unsanft beiseite. Was heute morgen noch natürlich war: der Soldat hilft dem Flüchtling, ist vergessen. Kein Soldat kümmert sich mehr um Zivilisten. Sie sind wieder unter sich, die Welten geschieden. Wie der Befehl lautete: Die Elbterrasse ist leer, wenn der erste Schuß fallen wird. Nun fahren sie immer seltener. Nun kommen gar keine mehr.

Dann aber rattert unverhofft ein offener Leiterwagen daher. Rasch spreche ich den Bauern an, der zusammengesunken auf dem quergelegten Brett sitzt und mit herabhängender Peitsche den Rücken des alten Schimmels berührt. Doch noch während meine hastig hervorgestoßenen Worte in der Luft hängen, teilt sich mir von dem Gefährt die Ahnung einer Absonderlichkeit mit. Mein Blick schweift von dem eingesunkenen Gesicht des Bauern in den Wagen selbst, der ungewöhnlicherweise statt Flüchtlingsgut Blumen mit sich führt. Neben dem Blumenhügel steht, an die schrägen Seitenstangen gelehnt, eine jüngere Frau in hellem Sommerkleid mit einem abwesenden Ausdruck in den alltäglichen Zügen. Nichts ist mehr unmöglich, ja das Ungewöhnliche ist das Gewöhnliche geworden, und so wundert mich die mitgenommene Blumenlast kaum, eher lockt mich ihr zarter Duft, das Leuchten ihrer violetten und weißen Blüten zum näheren Hinschauen. Unter den Kissen von Anemonen steht ein roh gezimmerter Kindersarg. Ich erkenne ihn jetzt erst und werde mir bewußt, daß von diesem kleinen Gegenstand, der in der Welt des Unterganges, in der wir leben, doch gar nichts Besonderes, nur einen winzigen Toten enthält, dennoch eine Atmosphäre von Einsamkeit ausgeht. Unheimlich dabei ist aber nicht das tote Kind, vielmehr, daß dieses verstorbene kleine Wesen sein durch Tradition gewohntes Begräbnis erhalten soll. Vielleicht wäre in normaler Zeit das Kleid der Frau schwarz und der Wagen kein offener Leiterwagen, sondern eine geschlossene Kutsche gewesen. Der Sarg wäre wohl weiß lackiert und mit silbernen oder goldenen Tragringen versehen worden. Aber die Mienen der beiden Trauernden hätten genauso staunend und nicht begreifend dreingeblickt. Betroffen trete ich zurück, verlegen über meine dringliche Frage. Doch der Bauer hat seinen Kopf schon zu seiner Frau zurückgedreht, die sieht mich sinnend an, und nach einer kleinen Pause ordnet sie statt einer Antwort einfach an: »Hilf mal die Kiste rantragen.« Der Bauer, dessen linkes Bein, wie ich beim Absteigen merke, stark verkürzt ist, humpelt über die leere Straße zu Berthold. Er kantet die Kiste, schiebt erst die linke Hand darunter, dann die rechte, Berthold tut das gleiche, und dann tragen die Männer sie einträchtig zum Fuhrwerk, wobei Berthold bemüht ist, sich dem Auf- und Niedergang des Humpelnden anzupassen, so daß die Kiste wie ein Boot auf hoher See schaukelt. Mit einer erneuten Kraftanstrengung heben sie die Last auf den Wagen. Die Bäuerin ist ein wenig zurückgetreten und hat den Kranz und die lose aufliegenden Blumen beiseite geschoben. Die

Kiste hat gut Platz. Beim Anblick des blumenverdeckten Sarges hat Berthold gestutzt, den Hut abgenommen, ihn dann schnell wieder aufgesetzt. Er zieht die Jacke an, die er unter den Arm geklemmt hat, und steigt zu dem Bauern auf den Bock. Der rückt zur Seite, hebt die Peitsche, streift der Länge nach den Rücken des Schimmels, die Räder rucken und beginnen sich gemächlich zu drehen, als wären sie die einzigen Räder, die seit langem über den Lehmweg dahingerollt sind. Die Miene der Frau ist wieder ausdruckslos. Einen Augenblick scheint sich in ihrem Blick eine Frage nach meinem Fortkommen anzukündigen, doch vergeht die Teilnahme, bevor sie ausgesprochen worden ist. Meinen Dank beantwortet sie mit einem kurzen, gleichgültigen Nicken. Berthold scheint es selbstverständlich zu sein, daß ich hinten bei der Bäuerin aufgestiegen bin. Ich sehe, wie er sich nach einer Weile umdreht, winkt und ruft. Aber der Wagen hält nicht, er rollt langsam, doch stetig weiter.

Wieder stehe ich einsam wie am Vorabend auf der Landstraße. Das Drängen, Rollen, Fluchen, Schreien der Menschen, Tiere, Fahrzeuge ist wie nie gewesen. Die anmutige Landschaft scheint nur noch in heiterer Bereitschaft dem Frühling entgegenzuwarten, unbeteiligt an der Tragödie der Menschen. Uns selbst ist die Fähigkeit, das Unsichtbare zwischen Erleben und Erinnern zu bewahren, in dem dauernden Überstürztwerden von Schrecken verloren gegangen. Als ein neues absonderliches Phänomen unseres Zustands erscheint mir die Zusammenhanglosigkeit der Geschehnisse; der Seelenmörtel fehlt. Das kontinuierliche Erleben hat aufgehört. Ereignisse, die früher in uns zur Wiedererweckung wirksam blieben, um uns bei geringfügigen Anlässen von unseren Gedanken und Gefühlen frisch geformt und durchblutet entgegenzutreten, und die auf diese Weise unser Wesen in einem fortfließenden Strom erhielten, zerbröckeln willkürlich. Nur vom Gesamtschicksal aus betrachtet erhält jede unserer Handlungen eine Bedeutung. Der Wind, der uns vorwärts treibt, ist wichtig, nicht Spreu oder Kern, die er vor sich herweht. Dennoch bleibt fruchtbares Korn allein der Sinn der Schöpfung. Nicht unser gutes oder zweckhaftes Verhalten entscheidet, sondern maßgebend ist das uns Eingeborene; unser Charakter, das nackte Ich. Mit seltener Brutalität ist der Mensch in ein Chaos gestellt, und nur sein ursprünglicher Wert läßt ihn sich behaupten und eine neue Ordnung erschaffen.

So gleitet der Flüchtende nicht nur im Strom der Schicksalsgefährten dahin, sondern gleichzeitig auf der tieferen Strömung seines individuellen Herkommens. Wenig kann ihm jetzt noch Erlerntes und Erfahrenes nützen, vielmehr hindert ihn eher seine Kenntnis des normalen Lebens an der richtigen Ausnutzung der neuartigen Situation. Die Hoheit seines Willens ist gestürzt. Er treibt dahin, unsicheren Geistes, mit verwirrter Seele, erschöpftem Körper, ein Elendstrunkener, der in Zeit und Raum anstößt und von einem Prellbock zum anderen geschleudert wird, von einem unerwarteten Glück in eine unvermutete Qual. Gleichgültiges mischt sich mit Daseinswichtigem. Was er aber von der ihn überschüttenden Fülle der Erlebnisse als dauerndes Gut aufnehmen wird, kann niemand ahnen.

Ich umschreite die Biegung am Fluß und trete in den Wald wie in das Hauptschiff eines Domes ein, über dessen mächtigen Säulen sich der Himmel als Dach wölbt. Mir wird andächtig und demütig zumute. Ein Wald zur Nachtzeit atmet Ängste und Geheimnis, ein Wald am Tage aber ist ein frommer, fruchtbarer Ort und wird immer etwas von einem heiligen Hain bewahren.

Dieser Weg quer durch den Forst ist wahrhaft königlich von einem kleinen Fürsten angelegt worden, in gerader Linie zum Schloß hinführend. Doch flimmert am Ende der Chaussee nur ein unklares Goldgrün, und der Wanderer ahnt Wiesen ebenso wie Gehölz. Erst wenn er über die Hälfte des langen Weges hinausgeschritten ist, erkennt er die Spitze des Wörlitzer Kirchturms, aber noch immer kein Schloß, und er wird es auch nicht sehen, denn seit der Zeit, da der Weg, das Schloß und der spielerisch angelegte Park mit Tempelchen, Kanälen, Grotten und Hügeln entstanden, sind die Bäume zu alles überschattender Größe emporgewachsen. Raum ist scheinbar vergeudet, die Breite der Straße der Fülle des Waldes eingepaßt. Neben dem mit Kopfstein gepflasterten Fahrdamm läuft der Sommerweg und auf beiden Seiten ein schmaler Pfad für Fußgänger. Die herrliche Zufahrt der anhaltischen Herzöge dient heute dem Massenaufmarsch des Elends, das aus ganz Deutschland über eben diese großartige Chaussee zieht.

In dieser frühen Morgenstunde ist die Waldchaussee fast menschenleer, nur die Panzerfaustkämpfer verharren stur und wütend zu beiden Seiten neben ihren Einmannlöchern, die sich mit Regenwasser gefüllt haben. Ihr Lager aus Laub und Säcken ist feucht neben einer schwelenden Feuerstelle. Sicher wird keiner von ihnen von seiner Panzerfaust Gebrauch machen. Der Krieg ist für sie ausgekämpft, besonders für die Soldaten der Strafbataillone, die finsteren Blickes neben biederen Volkssturmleuten stehen. In den Tagen und Nächten ihres Walddaseins haben sie zu viel vom wahren Zustand der Divisionen »Ulrich von Hutten« und »Scharnhorst« begriffen. Und das Mitleid mit den Flüchtlingen, unter denen sie, wenn auch nicht in Person, so doch im Geiste ihre eigenen Familien zu erkennen glauben, hat ihre Zähigkeit mit zynischer Bitterkeit durchsetzt. Da der Mensch aber nach dem Gesetz der Trägheit ein gewisses Schlechtes einem ungewissen Schlechten vorzieht, bleiben sie einfach stehen, wo sie hingestellt wurden.

Das Funkeln der Sonne genügt, um noch den Verbissensten mit Galgenhumor zu beleben. Die Männer rufen mir Fragen nach dem Woher und Wohin zu. Unversehens aber verstummen ihre Zurufe. Im Gesicht des Volkssturmmannes, an dem ich vorbeikomme, glimmen Scheu und Entsetzen auf. Seine vom Zuvielsehen ermatteten Augen, diese schlichten Posten seines einfältigen Gehirns, scheinen in instinktiver Abwehr den gewohnten Zuträgerdienst zu versagen. Er hat beide Hände in die Hosentaschen vergraben, Leib und Kopf sind vorgestreckt; er glotzt, ohne zu begreifen. Er bemerkt einen Menschen, der nach seiner Erfahrung nichts Menschliches mehr an sich hat. Ich wende mich in Richtung seines Blickes und erkenne auf dem gegenüberliegenden Fußpfad eine überhohe, dürre Gestalt, die leicht schwankend vor dem Hintergrund der Bäume dahinschreitet. Der skelettierte Körper steckt in einem gestreiften Sträflingsanzug, und über die Schultern ist in höhnender Großartigkeit eine durchlöcherte Decke geworfen. Der verdorrte Schädel ragt aus der schäbigen Umhüllung mit verwunderlicher Kühnheit, er zeigt ein von Qualen abgenagtes Gesicht. Dieses Gesicht ist nur noch ein kahles Podium; Gefühle können nicht mehr empfunden, Gedanken nicht mehr gedacht werden, da die lebensspendenden Kräfte im Unterirdischen zerstört worden sind. Nur der Mund bewegt sich taktmäßig wie eine Versenkmaschinerie beim Kauen einer Brotrinde, die ihm von der rechten Knochenhand wiederum mit mechanischer Gleichmäßgikeit gereicht wird, während die Füße dieses Menschengerüst unaufhaltsam vorantragen.

Ein gewesener Mensch geht durch den Wald, entmenschlicht von seinesgleichen, entfleischt, entnervt, seiner Würde, seiner Intelligenz, seines Fühlens beraubt durch die Intelligenz, das Gefühl und die Kraft anderer Menschen. Die Natur, die ihn einst als höchste Erscheinung ihrer selbst geformt hat, umsteht ihn als Wald fremd und ablehnend. Sie bietet ihm keine Zuflucht. Er könnte sich nur noch wie ein verendendes Tier in das Laub des Vorjahres legen, um hier zwischen den Trieben des Frühlings ein klagloses Sterben zu finden. Helfen aber kann sie ihm nicht mehr. Die Natur hilft immer nur dem Lebendigen und dient dem Toten nur als Grab. Darum wohl wendet sich der befreite KZ-Häftling nicht vom Wege ab. Er hat auch gar nicht mehr die Fähigkeit, außerhalb einer vorbeschrittenen Straße zu gehen. Der leuchtende Himmel über ihm, das sonnendurchfunkelte Grün der Bäume, der Duft junger Brennesseln im Graben ihm zur Seite erreichen ihn nicht, denn auch seine Sinne sind ihrer Fähigkeiten beraubt worden, sein Wahrnehmungsvermögen ist erblindet, seine Ohren sind ertaubt. Von allem, was dem Menschen an herrlichem Vermögen mitgegeben wurde, ist ihm einzig die mechanische Bewegung geblieben: Gehen, Kauen, Heben und Senken der Arme und Beine.

»Gebt ihm doch den Gnadenschuß!« schreit ein vierschrötiger Soldat quer über den Fahrdamm. Er hat sich vor seinem Feuerplatz aufgebaut mit gespreizten Beinen, die Hände in die Hüften gestemmt, sein Gesicht ist rot angelaufen vor Scham und Zorn. »Eine Schande, was Menschen aus einem Menschen gemacht haben!« brüllt er mit Stierkraft, so daß der Wald dröhnt. – Das Menschengespenst aber wandert ungestört durch das Brüllen des Soldaten und durch die teilnehmenden Ausrufe der Volkssturmmänner auf seinem Pfade voran.

Ich beginne zu laufen, daß die Bäume mir entgegenzufliegen scheinen, und atme erst wieder frei, als ich mich in eine Gruppe von Flüchtlingen wie in eine mir zugehörige Gemeinschaft eingliedere.

Die Flüchtlinge ziehen in erwartungsvoller Spannung dahin, wohl verschreckten Gemüts, doch mit elastischem Körper, wenn sie aus den Dörfern des Fläming kommen, mit trottenden Beinen und krummem Rücken, wenn sie ihre

Karren schon von weit her, aus Brandenburg, Pommern oder aus Mecklenburg, ziehen. Zwischen grauem Gepäck knallt ein buntes Tuch, ein roter Bettsack vor. Reden im Flüchtlingsjargon springen von Mund zu Mund: »G'rad' noch fortgekommen!« – »Waren schon hinter uns her.« – »Und Tag und Nacht das Rattern der Panzer.« Vor der gelockerten Mitteilsamkeit der neuen Flüchtlinge hebt sich die Stummheit der erfahrenen vielsagend ab. Trotzdem verbindet die Schar, die beim Verlassen des Waldes zwischen den Wiesen kräftiger ausschreitet, die gleiche tatkräftige Erregung. Sonne, Wind und das sprießende Grün umher lassen keinen tiefen Gram zu. Der Kummerbeschwerte müßte sich unter die Erde verbergen, um sein Unglück unversehrt zu erhalten.

Unvermittelt aber entweicht die Heiterkeit, die Dahintrekkenden scheinen einer ihnen selbst widerwärtigen Neugier zu verfallen. Zwischen den karrenziehenden Frauen und herumspringenden Kindern sind wie blanke Reptilien zwei schöngesichtige Wesen mit blonden Knabenköpfen, auf Fahrrädern unsicher hin- und herschwankend, aufgetaucht, deren geschmeidige Körper in hellbraunen Uniformen stecken. Ob Mann oder Frau, Engel oder Teufel zwischen uns hindurch balancieren, ist mir im Augenblick nicht klar. Nur etwas Feindliches, Freches, das so gar nicht zu unserer Welt der Not gehört, dringt alarmierend von ihnen her.

Die Geschöpfe selbst sind in Verwirrung. Sie fahren nicht geradewegs, eher in einem schaukelnden Zickzack, drehen die Hälse und schauen nach einem Ziel aus, das sie nicht finden. Mit ihren glatten Gesichtern und den blauen Augen, die nur noch gefühllosen Sehinstrumenten gleichen, wirken sie wie Fabelwesen einer entarteten Zeit. Die weiblichen Merkmale ihres Körpers verbirgt eine Uniform, die sie zu Zwitterwesen degradiert, indem sie ihnen die Anmut der Frau nimmt, ohne ihnen die Kraft des Mannes zu geben. So taumeln sie nicht nur ratlos über die schmale Kante längs der

Wiesen auf ihren blinkenden Rädern dahin, sondern auch zwischen den Geschlechtern. Sie müssen einer Sekte angehören, deren Adepten sich alles Gemütvollen und damit Sittlichen entäußert und vom Menschlichen nur noch den Intellekt und die Form erhalten haben. Mit Schauder erkenne ich, daß der Entmenschung der Opfer die Entmenschlichung ihrer Wärter vorangegangen sein muß.

»Aufseherin«, flüstert eine Frau mit vor Abscheu gekrümmten Mundwinkeln, »Aufseherin aus einem Konzentrationslager.« Aber sie wagt doch nur zu flüstern. Die systematisch erzeugte Angst, die um das Grausame und Unheimliche der KZ-Lager ein Tabu gebildet hatte wie um das Opferritual eines Negerstammes, wirkt immer noch. Kein Ausruf der Empörung wird laut. Grauen befällt die Heimatlosen, die Köpfe senken sich tiefer. Unwillkürlich blicke ich mich nach dem Walde um, ob ich das Menschengespenst noch sehen kann, aber wir sind schon um die Biegung zwischen den Wiesen gezogen, und die Bäume stehen in geschlossener Abwehr hinter uns. Was kann Gerechtigkeit hier noch bedeuten? Würde die furchtbarste Strafe dem zerstörten Menschen den Glanz der Augen, die Fülle des Fleisches, den Reichtum der Seele und die Klarheit der Gedanken wiedergeben? Kann auch durch die schrecklichste Vergeltung das Millionenheer der kalt Vernichteten wieder belebt werden? Die Gerechtigkeit hat ihren alles überhöhenden Sinn verloren. Die Reptilien werden vielleicht einen Unterschlupf finden, sich mästen und in friedlich rüsselnde Schweine verwandeln, denen niemand mehr ihre perverse Abscheulichkeit ansehen kann. Papiere sind leicht gefälscht. Vergangenheiten sind bis zur Unkenntlichkeit verstümmelt und unter dem Schutt begraben worden.

Wenn aber wirklich das große Gericht einsetzt, das in unserem unglückseligen Volk die Schuldigen von den weniger Schuldigen, die Unschuldigen von den Halbschuldigen trennt, dann wird Mensch bei Mensch in eine einzige Verstrickung der Zeugenschaften für und wider, der Verleumdungen und tückischen oder wahren Anklagen, in ein Denunziantentum unausdenklicher Art geraten. Eine klare Entscheidung bleibt unmöglich. Selbst wenn man die Gedanken jedes Deutschen, seine Handlungen, seinen bescheidenen oder heroischen Widerstand durch eine psychologische Röntgendurchleuchtung ans Licht der Geschichte bringen könnte, träte nur eine beispiellose Verwirrung, aber keine Klärung in Erscheinung. Leicht sind die Aufseher abzuurteilen, schwerer wird es sein, die Gründe aufzudecken, warum der Einzelne Nazi geworden und geblieben war, zumal da hierbei die widersprechendsten Eigenschaften mitwirkten: echte Gläubigkeit, Herzenseinfalt, primitive Häuptlingsverehrung, die sich schon den bloßen Zweifel als Verrat verbot, ebenso wie kalte Machtgier, starrer Fanatismus und zitternde Angst um das Leben geliebter Menschen und um das eigene. Bei der Mehrzahl aber entschied die pharisäerhafte, biedere, feige Dummheit, diese gefährlichste aller menschlichen Triebfedern, die nicht nur das Denken, sondern auch das Gefühl auffrißt und als Dung von sich wirft, auf dem dann die gigantischen Verbrechen gedeihen.

Im Grünen Baum

Ehe ich Berthold im »Grünen Baum« wiederfinde, entdecke ich im Kaffeegarten unter den Bäumen seine sorgsam behütete Kiste, die von zwei Frauen gleichzeitig als Stuhl und Tisch benutzt wird. Sie haben ihren Topf Pellkartoffeln darauf gestellt und verzehren sie ohne Salz mit nachdenklichem Kauen.

Berthold steht in dem großen Raum des Pavillons im Kreise seiner Gemeinschaft, ratlos wie diese, doch bemüht, einen Ausweg zu finden. Die Glasveranda füllt sich allmählich mit Flüchtlingen. Erst einmal sich langlegen, um möglichst viel Strohplatz zu erobern! Gerade als Ida Pietzsch und ihre beiden Töchter sich breitspurig niederlassen, fallen mir die Soldaten ein, die mit den Stiefelspitzen im ausgetretenen Stroh gescharrt haben und dann mit einem Ausdruck des Widerwillens hinausgegangen sind.

»Hier muß frisches Stroh aufgeschüttet werden«, bemerke ich leise zu Berthold, »die Veranda war Lazarett!«

Er sieht mich betroffen an, doch schon quirlt um uns eine hurtige Betriebsamkeit. Die Frauen haben von der Hitze gerötete Gesichter, und die Augen der Männer sind blanker als noch kurz zuvor im Treck, denn sie sind, wenn auch nur für ungewisse Zeit, der Landstraße entronnen. Arme und Beine, Köpfe und Leiber hantieren durcheinander. Ein Kind kreischt, ein Junge pfeift ein paar Takte, eine Frau schreit hell: »Himmel, die Flasche fürs Kind habe ich vergessen!« und knallt der blöd dreinschauenden Ältesten schnell eine rechts und links, die heult los, aber nicht lange, springt gleich davon, um, unerfindlich woher, Ersatz zu holen.

In die muntere Tätigkeit treten eine junge Frau und ein junger Mann und hemmen das aufglimmende Gefühl der Geborgenheit. Die Frau ist untersetzt, schwarzhaarig mit ausgeprägter Intelligenz in den unschönen Zügen. Der junge Mann ist groß, von fahlem Blond, das Gesicht von angenehmer Form, doch ohne persönliche Prägung. Seine Stimme ist hell und in einer leichtfertigen Art an Befehlen gewöhnt. Bevor er sich an alle wendet, blickt er sich im Kreis um, als suche er den Würdigsten, tritt dann schnell zu Berthold und nennt seinen Namen: »Hartmann«.

»Mal alle herhören«, beginnt er. »Wir haben hier im ›Grünen Baum‹ eine Hilfspolizei gebildet, um Deserteuren und entsprungenen Zuchthäuslern das Handwerk zu legen.«

Die raschen Bewegungen haben aufgehört. Die Frauen lassen die Hände sinken und nähern sich ihm skeptisch wie einem Ausrufer, der seine Ware anpreist. Die Männer bekommen stumpfe Kasernengesichter.

»Wir wollen nachher die Ausweise kontrollieren.« Dabei blickt Hartmann von seiner Höhe hinab aufs Stroh, und ich begreife, daß er hierbei in Befehlsform einen Hinweis für alle gegeben hat, deren Papiere nicht die nötigen Stempel aufweisen. Niemand rührt sich.

Die Stummheit der Menge verwirrt den selbstsicheren Ordner. Zögernder fährt er fort: »Wir haben im Gasthaus zwei Zimmer für Mütter mit Kleinkindern freigemacht.« Diese Worte nehmen sich in seinem Munde absonderlich aus. Eine junge Frau muß lächeln. »In der Waschküche im Hof soll eine Flüchtlingsküche eingerichtet werden, so daß jeder zwei Teller Suppe pro Tag bekommen kann.« Wenigstens jetzt hat er ein freudiges Staunen als Antwort erwartet. Doch nicht der leiseste Dank wird spürbar. Nur ein unterdrücktes Rauschen streicht durch die Röcke der Frauen, und ihre Mienen nehmen einen ernsthaften Ausdruck an wie bei einer Sonntagspredigt. Hartmanns Stimme klingt nun schon ganz verschüchtert: »Wenn jemand von Ihnen in der Flüchtlingsküche mithelfen will, möchte er sich bitte melden.« Zum erstenmal wird jetzt eine Bewegung unter den Zuhörenden deutlich. Jene zurückweichende Gebärde des Ertapptseins und Sich-verdrücken-Wollens, während doch gleichzeitig der Anstand befiehlt, stillezuhalten oder gar sich zu melden. Natürlich würde sich niemand zu diesem Gemeinschaftswerk bereitfinden.

Da treten zu aller Erstaunen fünf Gestalten aus dem Hintergrund und gehen still zu dem jungen Menschen. Zwei Männer, eine alte Frau und zwei jüngere Frauen, von denen die eine von einer ungewöhnlichen, leuchtenden Schönheit ist. Sie trägt das dunkle Haar gescheitelt mit einem schweren Knoten im Nacken und um den vollen weißen Hals eine Perlenkette. Alle Drei sind schwarz gekleidet. Die alte Frau hat ein Tuch über das graue Haar gelegt, es reicht ihr fast bis an die Schuhe hinab. Die dritte, jüngste Frau ist flachsblond mit kühnen, doch erstarrten Zügen. Sie hält mit der rechten Hand eine schwarze Ledertasche umklammert. Die drei Frauen sind von der gleichen gebietenden Hoheit. Ihre Gebärden sind gemessen und würdevoll.

»Wir werden gern helfen«, sagt die Schöne mit der Perlenkette. Mutter und Schwester nicken stumm. Auch die beiden Männer neigen zustimmend die Köpfe. Sie tragen ihre schwarzen, schwerfälligen Sonntagsanzüge und derbe, gute Schuhe. Der große, ältere Mann steht immer zu dem kleineren, jüngeren herabgebeugt. Dieser hat wiederum Gesicht und Ohr lauschend nach oben gerichtet. – Von dieser Gruppe geht eine wohltuende Zuverlässigkeit aus. Jetzt beginnen wir uns alle ein wenig beschämt über den Plan mit der Waschküche zu freuen, doch den Fünf ist das Aufsehen, das sie erregt haben, schon peinlich; eilig verlassen sie die Veranda. Gepäck besitzen sie nicht. Hartmann folgt ihnen erleichtert.

Gerade wollen wir die hoffnungsvollen Ankündigungen beschwatzen, da tritt die Begleiterin, die bisher geschwiegen hat, vor und erklärt mit scharfer Stimme: »Die große Veranda muß geräumt werden. Hier ist Lazarett.« Die untersetzte Person trägt einen derben, grauen Mantel, Hosen und um den Arm eine Rote-Kreuz-Binde. Sie ist beim Weiterziehen zur Betreuung kranker Soldaten zurückgeblieben.

Unsere Freude ist weggewischt. Eine fade Übelkeit verbreitet sich unter uns. Für Ida Pietzsch aber ist endlich der Moment des Auftritts gekommen. Sie erbricht sich in einem Gezeter von Flüchtlingselend, Menschenschinderei, von Auf-der-Landstraße-Liegen, während andere sich in Betten herumsielen, preist die eigene, unverschuldete Not und vornehme Zurückhaltung im Gegensatz zur ordinären Rechthaberei von Leuten, die noch nie eine Bombe haben niedersausen hören. Dabei funkeln ihre Augen wie blaue Kerzen und beleuchten die blanke Nasenspitze und die erglühenden Wangen. Am Hals rankt sich aufsteigend von den Schulterknochen das Ekzem wie eine Kletterrose. Vergebens zupft ihr Mann sie am Ärmel. Ingrid und Hannelore schleichen fluchtbereit zur Tür, doch die Entfesselung ist mit zuviel Vergnügen begleitet, als daß ihre Mutter sich durch das Befremden der Umstehenden beruhigt hätte. Ida Pietzsch will gerade wieder, nachdem sie mit beiden Zeigefingern in den hochgekämmten Locken herumgestochert hat, eine neue Schimpfkaskade aus dem aufgerissenen Mund stürzen lassen, als Berthold, der sich inzwischen mit der Krankenschwester besprochen hat, sachlich erklärt, daß für seine Gefolgschaft der kleine Teil des Pavillons bestimmt sei. Schon tritt er durch die wacklige Tür in das dämmrige Gelaß nebenan, das nur an der Vorderseite durch Fenster erhellt wird. Weniger aus Verbundenheit als aus Hilflosigkeit folgen ihm murrend Pietzsch und Familie, Lieschen Fröhlich, Frau Dr. W. mit den beiden keuchhustenkranken Kindern und ihrem schweigsamen Mann. Nur Kuntze und Fräulein Rose fehlen. Obgleich ich sie gar nicht vermisse, ist mir ihre Abwesenheit doch nicht geheuer, als verberge die Spitznasige nicht nur ihren Chef und sich selbst, sondern auch eine heimliche Absicht. – Im Grunde sind Berthold und ich zufrieden, daß wir dem Lazarettraum zwangsläufig entronnen sind. Und ich höre, wie Pietzsch seine Frau durch den Bericht von den beiden Soldaten beschwichtigt. Erst ekelt sie sich, dann grinst sie, dann äugt sie blitzschnell nach dem günstigsten Platz aus. Sie ist in bester Stimmung.

Zu unserer Überraschung ist der kleine Raum mit unverbrauchtem Stroh zur Hälfte gefüllt. Während wir uns mit neu belebter Energie daran machen, das frische Stroh zum Lager auszubreiten, kriecht durch eine zweite, nach außen gehende Tür ein großes Weib mit zitronengelber Mähne und schwellenden Brüsten herein, neben ihr wie eine Anhängetasche, vollgestopft und überquellend, eine alte Kuppelmutter, den schmalen Kopf mit langer Entennase von schwarzen Haarsträhnen umflossen, die Blicke mißtrauisch hervorschießend; sie trägt einen weiten Rock, der in seinem Faltenreichtum sicher oft Kostbareres als alte, verfettete Glieder verborgen hat, dazu eine schreiend grüne Jacke, auf die ein greller violetter Schal anscheinend eben vom Kopf herunter gesunken ist. Mit einem gemurrten Gruß schieben sie sich zur Mitte, und als ihnen Berthold entgegentritt und erklärt, daß dieser Raum für uns bestimmt sei, stutzen sie wohl einen Augenblick, finden dann aber bald in ihre Straßenallüren zurück, deren Aufdringlichkeit sie zeitgemäß mit Flüchtlingselend maskieren. Ihre Frechheit ist so leicht zu durchschauen, und doch ist es unmöglich, sie hinauszuweisen, denn niemand kann behaupten, daß sie nicht wirklich Flüchtlinge sind. Wie kommen wir zu der hochmütigen Annahme, daß nur der Anstand, die Vornehmheit, die gute Gesittung auf der Landstraße liegen? Auch das Laster, das Verbrechen werden von der alles umrührenden Kelle aufgetrieben und herumgeschwenkt. Nicht mehr »Alle Mann in einem Boot«, alle Mann ein Brei in dem gleichen, auseinanderberstenden Topf. Die blonde Dirne und die Kuppelmutter suchen sich eine bequeme Ecke und lassen sich brummend nieder.

Mir graut vor den Nächten. Wenigstens im Schlaf sollte der Mensch allein sein. Gerade nicht im Schlaf, wenn aus dem Unbewußten das Bewußtsein des neuen Tages geformt wird. Gehöre ich mir noch selbst? Sind meine Träume noch meine eigenen? Ich gehöre zu allen. Wer sich absondert, geht vollends unter.

Angewidert und zornig entscheidet Berthold nun, daß wir die Fensterfront einnehmen sollen. Diese Seite aber ist wirklich sehr eng für uns alle. Da wir zögernd herumstehen, beginnt er mit einem Bindfaden, den er nach Armlänge und Schulter auf Metermaß normt, den Platz abzumessen, und es ergeben sich gerecht verteilt für jeden 35 cm. Mit erstaunlicher Fixigkeit beschlagnahmen Pietzsches eine Ecke und Dr. W. mit den Kindern die andere. Für uns bleibt der Raum unter dem Fenster in der Mitte, 115 cm für drei Personen. Durch das undicht schließende Fenster wird es einregnen, auf jeden Fall wird es dort immer ziehen. Dafür allerdings fällt auf uns das Licht, während die anderen sich in die halbdunklen Ecken verkriechen. Säcke, Kisten, Koffer, Taschen werden hereingeschleppt und verengen das zugeteilte Gelaß vollends zur Koje. – Die Mitte ist nicht immer das Beste, und Philosophen, die sie rühmen, haben noch nie in einem Flüchtlingslager geruht.

Ich gehe zum ersten Mal als Flüchtling durch Wörlitz, das ich als Ausflügler, heiter und unbeschwert, so oft besucht habe. Immer noch erheben sich die Häuser in dem winzigen Städtchen, das nicht mehr als das geduldete Anhängsel an einen köstlichen Fürstensitz ist, in ehrbarer Bescheidenheit nicht über ein Stockwerk und zeigen als einzige Schönheit eine blinkende Sauberkeit. Jeder Zierat wäre anmaßende Nachahmung des herzoglichen Reichtums gewesen. Andererseits entspricht eine sittige Beschränkung durchaus dem klassizistischen Stil des weißgetünchten Schlosses, das mit seinen türhohen Fenstern auf den See hinausschaut. Nahe dem Ufer wölbt eine alte Buche ihr grünes Dach. Auf die Bank an der rissigen Rinde möchte ich mich niederlassen und von Sonntagen träumen, da Friede und Sonne so freudvoll waren wie der prangende Park, die schattigen, lichtübersprenkelten Kanäle, auf denen wir im Boot dahinglitten, die margaritenbestirnten Wiesen und die Grazie antiker Tempelchen auf künstlichen Hügeln. Der exotische Geruch gelblicher und fleischfarbener Hortensien, der Duft der Veilchen im Schutz der Tannen, der würzige Atem von Thuja-Gewächsen, die sich zu einer Mulde voll roter blühender Heckenrosen senkten, wehen aus dem Einst mit verführerischer Wehmut. Aber das geruhsame Niedersitzen gehört nicht zu meinen flüchtenden Beziehungen, es verschönt den Abend der Seßhaften.

Während sich die weltliche Hoheit in Wörlitz mit der überschwenglichen Gebärde des Pan umhüllt und den Untertanen von einst immer noch die Gerüche der Pflanzen in die staubigen Straße haucht, erhebt sich die geistliche Herrschaft zu einem bedrohlichen Steinmal. Viele Häuschen übereinander gestellt würden erst die Höhe des Kirchenschiffs ergeben, aber nur die Wünsche, vermessen himmelwärts jagend, können die Spitze des Turmes erreichen.

Ein Spalier von blühendem Rotdorn leitet mich an der Kirche vorbei zu einem kleinen harmonischen Platz: Zu beiden Seiten die alten Kavalierhäuser, im Rücken der rote Ziegelbau, vor mir die grünen Vorhänge der Trauerweiden, in der Mitte ein trockener Springbrunnen. Ich stehe im Frieden, im Sonnenschein, erfüllt vom herben Duft des Buchsbaumes, und wieder durchdringt mich die süße Erinnerung an Frühlingstage von einst. Da zerreißt ein Schrei die Harmonie. Auf einem der hohen Weidenäste sehe ich einen Pfau, der gerade sein Rad zu voller Schönheit ausbreitet. Er sitzt im fließenden Gewand des Baumes geborgen und zeigt prahlerisch nur für sich selbst das vieläugige Gefieder. Sein eitles Prunken gleicht der Traumgebärde eines entthronten Herrschers, der in einem Versteck seines grünen Palastes seine königliche Pracht nur heimlich entfaltet. Ohne eine Feder zu rühren, hält er sich still in einsamer Majestät, lebendes Wappen eines Tierzeitalters, das vor dem Menschenzeitalter vergangen ist.

Zu Füßen der mächtigen Weide, die Zuflucht und Thronsitz des phantastischen Vogels ist, laufen graue Pfauenweibchen würdig und emsig umher und picken im Grase nach Würmern.

Als ich mich dem Kavalierhaus zuwende, in dem Sophies Schwester Bertha wohnt, ertönt hinter mir noch einmal das gellende Schreien und überzeugt mich davon, daß auch die Natur den Frieden nur als die trügerische Umrahmung von Tragik und Schrecken spendet.

Ich klingle an dem Knopf neben dem blinkenden Messingschild, und bald toben Schritte die Treppe herab, die schwere Eichentür wird geöffnet, und ein blonder Junge guckt mich mißtrauisch an.

»Ist gestern abend hier eine alte Dame mit Dr. Elmreich im Auto angekommen?« frage ich.

Er schweigt einen Moment mürrisch, sagt dann: »Die sitzt in der Sofaecke«, dreht mir den Rücken und springt die flachen Steinstufen hinauf.

Ich trete in den kühlen Hausflur und rufe ihm nach: »Und wo steht das Sofa?«

»Bei uns«, tönt es von oben zurück.

Zögernd steige ich die rund sich schwingende Treppe empor und bleibe vor einer offenen Wohnungstür stehen.

Schon in den Vorflur dringt Stimmengewirr. Poltern von Männern, Gekeif von Frauen.

Zank hinter jeder Tür, das bürgerliche Heim ist in Aufruhr. Wie der Schmutz am Stiefelabsatz hängt Unruhe am Wesen des Flüchtlings. Auch wenn er zu Hause vornehm und taktvoll war, in der fremden Wohnung wird er zum ständigen Ärgernis.

Abwartend betrachte ich einige alte Stiche an der Wand, bemerke den sauberen Fußboden, der erst vor kurzem von lehmigen Stiefeln beschmutzt worden ist, die blinkenden Fensterscheiben zur Rechten und sehe zur Linken durch einen Türspalt gerade auf den heißen Herd.

»Ihr solltet nur einmal von einem Tag zum andern auf der Straße liegen!«

»Wir würden uns schon zu helfen wissen!«

»Im Straßengraben gibt es keine Hilfe!«

»Lieber auf der Landstraße, als bei Verwandten einfallen!«

»Hast recht. Lieber im fremden Pferdestall als in der guten Stube der lieben Schwester!«

»Wenn Ihr uns braucht, habt Ihr uns immer gefunden. Aber sonst kennt Ihr uns nicht.«

»War ja auch ein zu weiter Weg von Wittenberg bis Wörlitz.«

»Eine Stunde mit dem Fahrrad!«

»Und wie weit ist es jetzt?«

»Vom Hochmut zur Demut!«

»Hochmütig seid Ihr, weil Ihr noch nichts erlebt habt! Sitzt hier in Eurer schönen Wohnung, und bei uns fallen die Bomben!«

»Bei Euch fallen die Bomben ja auch erst seit zwei Tagen.«

»Nur kein Neid aufs Unglück!«

»Eine Schande, so ein Streit zwischen Verwandten in der Not!«

»Eine doppelte Schande zwischen Parteigenossen!«

»Oder gibt es keine Partei mehr?«

Plötzlich einbrechendes Schweigen.

Sophie lacht: »Wo bleibt die Volksgemeinschaft?«

Die dunklere, kräftige Frauenstimme: »Wir haben Euch ja nicht hinausgesetzt.«

Eine sehr präzise Männerstimme: »Nein, das haben wir nicht getan.«

Wieder die derbe Frauenstimme: »Das Zimmer vom Jungen könnt Ihr behalten, so lange es nötig ist.«

Zetert der Junge dazwischen: »Wo soll ich schlafen? Und mein Basteltisch?«

Die präzise Männerstimme und die derbe Frauenstimme schweigen betroffen.

Mischt sich Dr. Elmreich wieder ein: »Bist du nicht in der Hitler-Jugend? Hast du nicht gelernt: Gemeinnutz geht vor Eigennutz?«

»Wenn schon«, knurrt der Junge, »aber mein Basteltisch –.«

Unvermutet donnert mütterliches Schimpfen herab und erfüllt die Küche mit Schwaden deftiger Erziehungskunst. Das Weib entlädt seinen Groll über die flüchtenden Verwandten, das schmachvolle Kriegsende, die drohenden Russen gegen den schwächsten Widersacher. Zwei Ohrfeigen klatschen, der Junge heult auf und brüllt dann wie aus Schabernack, als gönnte er den Erwachsenen die Schmach, daß eine andere Erwachsene ihren Krach mitangehört hat:

»Draußen steht eine Frau, die zu der alten Dame möchte.«

»Warum hast du das nicht gleich gesagt, dummer Bengel?« fragt seine Mutter betreten.

»Hat mich ja keiner gefragt«, mault der Junge.

Die Tür wird breit geöffnet, und die streitbaren Schwestern stehen vor mir. Die robuste Bertha und die empfindsame Sophie mit ihrem Enkelkind auf dem Arm, beide Gesichter vom Kochen und Zorn gerötet. Die Männer sind in der

Küche nicht zu sehen, sie müssen sich in einem Nebenraum vor der mütterlichen Gewalttat geflüchtet haben, denn immer fühlt sich der Vater im Sohn mitgezüchtigt.

»Jetzt finden uns plötzlich alle, die uns ein Leben lang vergessen haben, Frau Ilse.«

Bertha reicht mir grollend ihre kurze, breite Hand.

»Dann bringt das Unglück doch noch ein bißchen Glück, Frau Bertha, und führt alle wieder zusammen, die sich schon verloren hatten.«

Bertha stutzt und brummt: »Man kann's auch so ansehen.«

Sophie wiegt das Kindchen des vermißten Sohnes in ihren Armen und nickt mir freundlich zu: »Deine Mutter wartet schon auf dich.«

»Wo ist sie denn?«

»Sie sitzt auf dem Sofa in der guten Stube«, antwortet Bertha barsch. »Wir haben für Ihre Mutter kein Bett gefunden, aber ich habe ihr schon Kaffee gekocht, damit sie sich etwas aufwärmt.«

»Hat denn Mutter die ganze Nacht auf dem Sofa sitzen müssen?«

»Auf dem Sofa nicht, da hat Franz geschlafen.« Sophie wiegt ihr Enkelkind und summt vor sich hin.

»Aber wo hat Mutter dann die Nacht zugebracht?«

»Gehen Sie nur zu ihr«, Bertha zieht sich schnell zurück. Sophie öffnet rechts in dem schmalen Korridor eine Tür.

Das Zimmer ist warm und gemütlich. Mutter sitzt in der Ecke des grünen Plüschsofas unter einem Zierbrett, auf dem altdeutsche Biergläser stehen. Trotz ihrer höflichen Haltung sieht sie übernächtigt und mißgestimmt aus. Sie richtet ihre blauen Augen auf mich und sagt halblaut: »Ich habe mich schon so um dich gesorgt.« Hinter der Sorge steht deutlich der Vorwurf: Du hast mich so lange allein gelassen, daß ich mich sorgen mußte. – Wir umarmen uns, und sie flüstert mir zu: »Hol' mich nur hier weg.« Als ich sie erstaunt anblicke, steht sie schon auf: »Lieber ohne Obdach als zwischen keifenden Schwestern!«

Wir schließen die Entreetür hinter uns. »Wo hast du nun die Nacht wirklich verbracht?«

»Im Auto.«

»Im Auto? War denn im Hause kein Platz für dich?«

»Wir werden uns noch oft wundern. Die Menschen, die nichts vom Kriege wissen, haben kein Mitleid. Sie sind so stumpfsinnig, daß du an Ihrem Verstande zweifeln könntest.« Mutter bleibt stehen, und die Erregung rötet ihr eingefallenes Gesicht. »Gestern abend habe ich mich unten bei einer Frau«, sie deutet mit dem Zeigefinger die Treppe hinab, »etwas aufwärmen dürfen, sie hat mir sogar einen Teller Suppe gegeben. Ich habe ihr von Gießen erzählt und daß ich im Keller verschüttet war. Da ist sie mächtig erschrocken und hat mir noch ein Stück Kuchen geschenkt. Sie hatte ja noch nie einen Menschen in ihrer Stube, dem so etwas passiert war. Ich war für sie wie die Erscheinung aus einer unheimlichen Welt. Aber, glaubst du, daß sie tatsächlich noch immer behauptet: wir werden siegen, weil wir siegen müssen?!«

Wir steigen nebeneinander die geschweifte Treppe hinab.

»Ist Dummheit nun eine Entschuldigung oder eine Anklage?«

»Werd' nicht philosophisch!« Philosophie ist für Mutter nur Ausrede. »Sag' mir lieber, ob Ihr eine Unterkunft gefunden habt?«

»Im ›Grünen Baum‹, einen Strohplatz.«

»Auf Stroh schläft man sehr gut, man muß es nur zu schütten verstehen«, erklärt Mutter zufrieden. »Bei Tante Frieda im Forsthaus haben wir immer auf Stroh geschlafen. Hast du das einmal gemerkt? Was man nicht weiß, piekt einen nicht.«

Wir öffnen die rückwärtige Tür und treten in ein von

grünen Sträuchern dicht versponnenes Gärtchen, wo unter üppig knospendem Flieder das Auto steht. Die Geruhsamkeit des alten Gartens hat mit unserer Aufgeschrecktheit so wenig gemeinsam, daß mir die Unverbundenheit der bürgerlichen Welt mit unserem Heuschreckenleben wieder peinigend bewußt wird. In Mutter schwärt der Ärger über die üble Aufnahme unter der beherrschten Oberfläche weiter. »Von unseresgleichen schlecht behandelt zu werden, ist viel schlimmer, als wenn die Pietzsch ordinär wird. Schließlich versteht sie's nicht besser.«

»Wer ist noch unsresgleichen?« frage ich.

Wir nehmen den Koffer mit Lebensmitteln aus dem Auto. Ich habe seit gestern abend nichts gegessen. Gierig breche ich mir von dem vertrockneten Weißbrot ab, das Mutter vor unausdenkbar langer Zeit auf Schloß Dianenhöhe für unsere Flucht gebacken hat.

Aus dem Fenster im Parterre beugt sich eine alte Frau und reicht mir wortlos eine Tasse heißen Kaffees mit der etwas hochmütigen, etwas verschämten Gebärde, mit der man Bettler beschenkt.

»Das ist die Frau, die noch an den Sieg glaubt«, flüstert Mutter mir zu. Wir haben jetzt auf einem wackligen Bänkchen unter dem Fenster der freundlichen Törin Platz genommen, wo sonst nach dem Abwasch ihre Töpfe zum Trocknen aufgestellt werden.

Plötzlich beginnt Mutter lebhaft: »Jetzt verstehe ich erst, wie den Zigeunern zumute gewesen sein muß, wenn sie in Kammendorf bei Onkel Ernst auf der großen Wiese lagerten, gerade ihr Feuer angezündet hatten und dann vertrieben wurden. – Damals war es ein Schauspiel für uns.«

Wir werden beide schläfrig in der Sonne. Es fällt mir schwer, das Gärtchen zu verlassen. Mutter ist eingenickt.

Auf dem kleinen ruhigen Platz mit dem stummen Springbrunnen schweigt nun auch der Pfau. Ich gehe schwermütig dahin. Flüchtlinge sind schutzlos wie Zigeuner. Das bürgerliche Gesetz ist gegen sie.

Wer würde einen Flüchtling verteidigen? Am bequemsten wäre es für die Ortsangesessenen, wenn ein Befehl erlassen würde, daß wir nicht eine einzige Nacht in ihrer Gemeinde zubringen dürften. Doch wir sind zu viele Zigeuner, viel mehr Zigeuner als Eingeborene: mehr Masse, mehr Recht.

Gegenüber der Kirche in der Reihe wohlerhaltener Bürgerhäuser liegt eine Ruine, die durch einen Koboldstreich aus einer unserer zerstörten Städte hierher versetzt zu sein scheint. Es ist ein schmalbrüstiges Haus, dessen Dachgeschoß vollkommen ausgebrannt ist. Die schwarzverräucherten Fensterlöcher blicken hohläugig in die Ordnung ringsum.

Als ich um die Ecke biege, stehe ich unerwartet vor Frau Friesigk, die von Christel an der Hand gezerrt wird. Ihre blonden Haare hängen strähnig auf die Schultern herab, sie trägt wieder den roten Mantel, der uns beim Milchholen an Hitlers Geburtstag in tödliche Gefahr gebracht hat. Obgleich wir uns im Grunde sympathisch sind, sehen wir uns nichts Gutes an, wir riechen Unheil und Trübnis an unseren Seelen. Zuviel Schreckliches haben wir gemeinsam erlebt.

»Wenn ich nur schon meine Koffer wieder hätte«, klagt sie gleich bei der Begrüßung. »Die Babywäsche ist darin und meine Sommerkleider, die Bettwäsche und die Leibwäsche, überhaupt meine ganze Ausstattung. Günther ist noch einmal nach dem Schloß gefahren, aber ich habe so ein dunkles Gefühl. Wir hätten damals mit dem Lastwagen alles mitnehmen sollen, aber woran *ich* nicht denke –.« Sie bleibt kurzatmig stehen. »Woran denkt eigentlich so ein Mann jetzt? Seit sie nicht mehr arbeiten, sind sie schlapp. Ein Mann ohne Beruf ist wirklich wie eine leere Erbsenschote!«

»Was wissen die Männer überhaupt noch vom Leben – außer Arbeit und Krieg!«

Frau Friesigk zuckt gequält die Achseln.

Ich will mich verabschieden: »Ich muß zum ›Grünen Baum‹, dort haben wir einen Strohplatz, 35 Zentimeter pro Mensch, mit Dirnen und Zuchthäuslern zusammen.«

Der weiche Mund der Schwangeren verzieht sich. »Wollen Sie einmal sehen, wie ich wohne?«

Wir gehen nebeneinander auf der Straßenseite gegenüber der Kirche, über die noch die Kronen der Linden ragen. Vor dem ausgebrannten Hause bleibt sie stehen, stößt mit der linken Hand gegen die Tür, die sich widerwillig öffnet: »Kommen Sie nur«, und sie betritt, Christel an der Rechten, den düsteren, engen Hausflur.

»Aber das ist doch nicht möglich«, beginne ich, »Sie können doch nicht hier...«

»Da oben.« Schwerfällig steigt sie die Stiege hinauf. Das Kind ist vorangesprungen.

»Warum wohnen Sie nicht unten? Die Zimmer scheinen doch nicht ausgebrannt zu sein«, frage ich hastig, während ich ihr folge.

»Unten sind zwei hübsche Zimmer, aber die sind zu schade für uns. Der Wirt und das Wohnungsamt geben sie uns nicht. Was glauben Sie denn, wer wir sind?«

Auf dem Boden ziehe ich den Pelz fester um mich. Wir stehen im Durchzug von Fensterloch zu Fensterloch, und der Wind, der draußen in der Sonne auffrischend umherspringt, schneidet kalt durch das ausgebrannte Dachgeschoß. Der Schornstein stößt wie ein Pfeiler schwarz und viereckig empor. Die Türen, die die Mansarden voneinander getrennt haben, sind ebenso wie die Fensterläden verbrannt. Der Fußboden ist angekohlt, und die Planken sind zum Teil aufgerissen. Wären die Fensterlöcher groß, dann hätte das Licht die Kammern trotz aller Häßlichkeit mit Freiheit und Weite erfüllt, so aber bleibt es von den rauchverschwärzten Wänden ausgesperrt. Andererseits bilden die Mauern, in deren Ecken sich die Familie Friesigk angesiedelt hat, den einzigen Wetterschutz, denn in der Mitte des Daches regnet es ein. Auf einer Strohschütte breitet sich die grünseidene Daunendecke aus, auf dem Boden stehen schweinslederne Koffer, aus denen seidene Wäsche quillt. Stuhl oder Tisch gibt es nicht. Der schwarze Boden ist Bett, Tisch und Stuhl. Das Stroh ist die Spende eines gutmütigen Bauern.

Frau Friesigk beachtet mich nicht. Sie zieht den Mantel aus, schlägt die Decke beiseite und legt sich auf ihr Lager, wobei sie den Oberkörper gegen die schwarze Wand lehnt. Die Hände auf der grünen Seide wirken selbst grünlich und gestorben. Sie hat die Augen geschlossen. Es ist für sie die einzige Möglichkeit, sich gegen ihre scheußliche Umgebung zu schützen. Ich stehe am Fenster und blicke in das Geäst der Linde.

Christel hat einen Strohwisch in der Hand, mit dem sie eifrig die Mauer abreibt. Stroh, Gesicht, Hände und das helle Mäntelchen färben sich schwarz. Ich nehme sie an der Schulter und versuche sie bei ihrem Reinigungsspiel zu hindern, aber mit einer geschickten Bewegung dreht sie ihr Körperchen aus meinem Griff, läuft weg von mir und fängt nun am Kamin ihr Reiben und beschwörendes Schwatzen wieder an.

»Lassen Sie sie doch«, sagt Frau Friesigk müde. Sie hat die Lider beim Sprechen nicht gehoben. Ich kauere mich an das Fußende ihres Lagers.

»Zuerst habe ich im Kinderheim gelegen, dort habe ich's vor Krach nicht ausgehalten. Schließlich hat Günther diese ausgebrannten Dachkammern entdeckt. Hier sind wir drei wenigstens zusammen.« Die Stimme wird matt: »Milch und Essen für mich und das Kind bekomme ich nach wie vor bei Schwester Hertha.«

»Wenn ich Ihnen etwas helfen kann.«

»Sie kommen immer, wenn es uns am schlechtesten geht«,

murmelt sie vorwurfsvoll, »damals in Gießen auch nach dem schweren Tagesangriff. Ich werde es nie vergessen. Wir waren gerade aus dem Keller heraufgekommen, da klingelt es, und Sie stehen vor der Tür, mit einem Gesicht, weiß mit schwarzen Querstreifen. Sie hatten auch denselben Pelz an.«

»Ich hatte Angst um Sie und Christel.«

»Ehrlich gesagt, ich habe nicht an Sie gedacht.« – Diese Offenheit scheint ihr wohlzutun. »Wir haben während des Angriffs unten im Keller im Türrahmen gestanden, so etwas Dummes, als wenn uns das geschützt hätte, aber da spürten wir das Schaukeln des Hauses am wenigsten.« Sie öffnet die Augen zu einem Spalt. »Wissen Sie, was das Schlimmste war? Daß Christel stumm blieb, sie gab nicht einen Laut von sich. Daran merkte ich, wie groß die Gefahr war, mehr noch als an den wankenden Mauern. Damals habe ich gedacht, es wäre das Schlimmste, was wir erleben könnten.«

Mir steigt die Qual der vergangenen Jahre wie ein dicker Klumpen in der Brust hoch. »Vielleicht war es auch das Schlimmste, aber wir waren doch noch wir selbst. Wir hatten noch Selbstbewußtsein, und wir hatten noch unser Unglück.«

»Das Unglück hatte uns! Es fraß uns auf! – Wir selbst, wenn ich schon wüßte, was das ist!« Sie lehnt gegen die Mauer wie eine vom Kreuz genommene Maria, das bleiche Gesicht zur Seite gewandt. Ihre Stimme scheint aus den Fugen der Steine zu hauchen: »Sie haben bei dem Angriff alles verloren. Und uns ist ja nichts passiert.«

Sie erschauert und richtet sich auf: »Eins werde ich nie los, nie in meinem ganzen Leben, und das Kind hier drin«, sie zeigt mit einem Finger auf den vorgewölbten Leib, »wird es auch nicht vergessen, wie das Tote auf ihm gelegen hat!« Ihre Augen starren mich mit übergroßen Pupillen an. Über ihre Wangen fliegt eine fiebrige Röte wie der Widerschein eines Brandes. »Im Säuglingsheim neben uns war ein Phosphorkanister durch das Dach geschlagen und ein paar Brandbomben mitten zwischen die Bettchen! Die Schwestern liefen während des Angriffs von ihrem Haus zu unserm, immer hin und her, und retteten die Säuglinge. Zwei Schwestern sind von brennenden Balken erschlagen worden. Günther versuchte, die eine noch hervorzuziehen, aber da stürzte schon die Decke herab. Er konnte gerade noch wegspringen. Und dann hatten wir den Keller voll dieser Würmchen, ohne Betten, in halbverbrannte Decken gewickelt. Manchmal plärrte noch eins, dann starben sie ganz still, man merkte es gar nicht. Siebzehn kleine Tote, alle in unserem Keller, und eines hat mir im Schoß gelegen.« Sie streicht sich über den Leib, verfällt dann in Schweigen, hält sich noch einen Augenblick von der Wand ab, gerade aufgerichtet, bis sie mit einem Seufzer wieder zurückgleitet, wieder an die schwarze Mauer zurück, wieder mit geschlossenen Augen dagegen lehnt: »Woran sind sie eigentlich gestorben? Die letzte Schwester lag bewußtlos in der Ecke – dann bin ich wohl auch ohnmächtig geworden.«

Ich weine, ohne daß ich es merke, ihr blasser Mund aber spricht weiter: »Noch in derselben Nacht kamen die Mütter angelaufen, ganz verstört von dem furchtbaren Angriff. Sie standen stumpfsinnig herum und begriffen gar nichts; sie sahen immer die toten Kinderchen an, suchten sich das eigene heraus und nahmen es dann mit. Eine legte es einfach in ihre Einkaufstasche.« Sie hält inne. »Und da hat sich die Menschheit zweitausend Jahre lang über den Bethlehemitischen Kindermord entrüstet!« Sie verstummt, als wäre sie nicht mehr von dieser Welt.

Millionenfach erlittenes Schicksal der Schwangeren: angstvolles Hetzen in die Luftschutzkeller, Gram und Verbitterung statt Hoffnung und Lebensfreude im Blut, Schmerzen, Krämpfe, Fehlgeburten. Der Mutterleib muß stärker sein als eine Festung, um das Kind durch Bombenschlag und Flucht lebendig in sich zu bewahren und lebendig zur Welt zu bringen. – Diese Menschheit gönnt sich nicht einmal die ungeborene Brut!

»Was das für ein Kind werden soll«, sagt sie leise, der Wind reißt ihr den Satz vom Mund, daß ich sie kaum verstehe. »Ehe es auf der Welt ist, hat es schon mehr durchgemacht als meine Mutter, solange sie lebte.«

Ich wische mir die Tränen energisch mit der Hand ab. »Das Kind wird vielleicht gerade stark und widerstandsfähig und weiß schon Dinge, die wir uns erst bitter erarbeitet haben. Es bekommt schon alles mit.«

»Manchmal wünschte ich, es würde gar nicht leben, oder ich würde mit daran zugrunde gehen. – Aber am häufigsten wünsche ich mir, wir wären damals in Gießen, als wir unter dem Türbalken standen, erschlagen worden.«

»Natürlich, das wäre das einfachste für uns alle gewesen. Trotzdem – wenn ich ein Kind bekäme, jetzt in diesem Dreck, hätte ich wenigstens einen Sinn. Ich würde ja fühlen, daß das Leben, das um mich herum so gemein geworden ist, noch ganz rein und unberührt existiert.« Ich erhebe mich und schüttle das Stroh ab. »Ich frage mich jeden Tag, warum wir eigentlich noch leben. Für wen? Zu welchem Zweck? Aber Sie haben den Sinn in sich!«

Auf der blassen Stirn erscheint eine unmutige Falte. »Ganz schön, wenn mir nur nicht so übel wäre. Die Ideale sind mir vergangen.«

Der Wind stößt mit solcher Kraft durch den Dachboden, daß Christel aufschreit. Doch beruhigt sie sich gleich wieder und reibt weiter die Mauer ab, wobei sie nun schon die Zipfel des Mäntelchens benutzt.

Sie kommt angelaufen und verkündet: »Schmutzig«. Sie ist auch wirklich schwarz angestrichen vom blonden Haar bis zum roten Söckchen. Die Mutter sieht sie nur resigniert an: »Dreckspatz«.

»Schmutzig«, kräht Christel und schwenkt das Wort hin und her.

»Warte nur, wenn Tante Julchen kommt«, sagt die Mutter, doch mit der Drohung entsinkt ihr das letzte Interesse an dem Kinderspiel. Sie hat noch Waschpulver im Koffer. Schmutz ist nicht das schlimmste.

Über die Treppe klappern Schritte. Eine junge Frau mit krausem braunem Haar taucht auf.

»Meine Schwägerin, wir haben sie hier in Wörlitz auf der Straße getroffen«, sagt Frau Friesigk aufgemuntert. »Eigentlich wollte sie weiter, aber meinetwegen ist sie dann geblieben.« Christel birgt ihren Kopf unter dem kurzen Röckchen, und Julchen legt beide Arme schützend über die kleine Nichte. Ein eifriges Gespräch über Wäsche und Kochen springt zwischen den beiden Frauen hin und her, das Kind schreit, der Wind pfeift, und die grüne Daunendecke leuchtet jetzt wie ein Rasenfleck. Die schwarzen Wände haben mit der alltäglichen Familienszene, die nun beginnt, nichts mehr zu tun. Die ausgebrannten Mauern werden bleiben, aber die Familie wird nach der Geburt weiterziehen.

Bei meiner Rückkehr hat sich das Gelände vom »Grünen Baum« mit Flüchtlingen angefüllt. An ihren Karren hocken todmüde Frauen, Männer stehen daneben Posten, ihren Gesichtern merkt man an, daß sie nicht wissen, worüber sie wachen. Ihr Besitz kümmert sie kaum noch, ihre Familie ist ihnen fremd; sie beginnen das große Niemandslager der entlaufenen Soldaten, Volkssturmmänner, der noch nicht wieder zu ihren Berufen Einberufenen zu bilden. Kinder springen umher, spielen Räuber und Prinzessin, Russe oder Amerikaner, verstecken sich hinter Säcken, hinter den Baumstämmen, hinter Gerümpel, gucken mit verschmitzten Gesichtern hervor, verdreckt, aber lustig. Kinderwelt ist nicht Erwachsenenwelt, die finsteren Spiele der Großen werden die bunten Spiele der Kleinen. Ein Mädelchen trägt rote Haarschleifen, ein Junge reißt sie ihr ab, altes Verliebtenspiel, beginnt mit drei Jahren. Wir haben es in den geruhsamen Wohnhäusern, auf den Schulwegen unserer geordneten Kindheit gespielt. Haben wir dabei etwas anderes empfunden als diese lebhaften kleinen Vagabunden?

In dem gepflasterten Hof treffe ich Brigitte, die Haare zerzaust, ihre Kleidung verrutscht und beschmutzt. Doch kümmert sie ihre verdrückte Erscheinung wenig, ihre Aufmerksamkeit ist auf einen jungen Menschen gerichtet, den sie an der Hand hält; ihre Rechte scheint mit seiner Linken verwachsen zu sein; sie trennt sich wohl nie von ihm, so schläft sie mit ihm, so steht sie mit ihm auf, so ißt sie mit ihm. Sie stellt ihn mir kurz vor: »Das ist Egon.«

Der Junge hat schmale, verhetzte Züge. Auf den ersten Blick wirken sie beinahe edel, doch hat ein frühreifes Erleben, eine vorschnelle Gewitztheit sie mit Vorteilsucht und Schlauheit entstellt, als hätte ihm das Schicksal verächtlich eine Handvoll Straßenstaub ins Gesicht geworfen.

Brigitte wird verlegen, doch ihre Verlegenheit vergeht in einer rührigen Unruhe: »Wo sind Sie untergekommen?«

»Im kleinen Teil der Glasveranda.«

Sie stutzt einen Augenblick, überlegt geschwind, ob mein Platz vielleicht der bessere sei, erinnert sich an den halbdunklen, engen Abstellraum und sagt in auffliegendem Triumph: »Wir haben einen breiten Strohplatz oben im Tanzsaal.«

Der blonde Bursche in Soldatenhose und karierter Jacke versucht sich von ihr zu befreien. Sie wendet hastig den Kopf nach ihm, da läßt er die Hand wieder sinken. Er schämt sich vor mir seines Kettendaseins, und Brigitte, die spürt, daß seine Auflehnung durch meine Gegenwart hervorgerufen wird, wirft mir einen flüchtigen Gruß hin und zieht ihn rasch über das von feuchtem Lehm klebrige Kopfsteinpflaster zu einer Hühnerstiege, die von außen zum Tanzsaal hinaufführt.

In der Veranda stehen Berthold und Dr. Friesigk mit besorgten Mienen. Friesigk sieht aus wie ein Gymnasiast, der von einer anstrengenden Radtour zurückgekommen ist. Immer wirkt er viel jünger als seine Frau, obgleich er doch der ältere ist, außerdem ein kluger Ingenieur und Familienvater. Aber das Jungenhafte sitzt ihm im Nacken, auch in dem kecken, ein wenig aufgestülpten Mund, in den munteren Augen. Er begrüßt mich mit der gewohnten höflichen Zeremonie, aber seine Hand faßt sich kraftlos und heiß an. »Meine Frau wird mich natürlich verantwortlich machen, aber was kann ich dafür? Freilich, wenn ich die Koffer damals gleich im Lastwagen mitgegeben hätte, wären sie gerettet. Gerade der Koffer mit der Säuglingswäsche, zu niederträchtig! – Ich stehe eben noch nicht richtig in der Zeit«, fährt er verkniffen fort. »Wir werden hin und her geschoben, aber wir schieben selbst noch nicht. Dieser harte Brocken Moral behindert uns nur.«

»Geben Sie doch nicht an, Friesigk«, wehrt Berthold ab. »Bleiben Sie so anständig, wie Sie sind, dann kommt einmal wieder alles in Ordnung.«

»Aber die Koffer bleiben weg«, beharrt der junge Mann. »Wenn ich damals dem Chauffeur, der das Kinderheim mit dem Lastwagen nach Wörlitz fuhr, Benzin versprochen hätte, das ich mir wieder von woanders ergaunert hätte, dann wären die Koffer jetzt hier. Aber in einem Anfall von Rechtlichkeit habe ich auf den Gemeinschaftssinn gepocht – ich Esel! Zigaretten hätten's schließlich auch getan!«

»Hätte, hätte! Daran können wir alle wahnsinnig werden.« Berthold blickt trübe vor sich hin.

»Die Köfferchen sind also weg und die schöne neue Wäsche!« Wir wenden uns verdutzt um und stehen Butzke und seiner Frau gegenüber. Er meckert vor sich hin. Sein dürrer Hals wirkt wie ausgedreht, der kahle Kopf mit dem stoppligen Gesicht wie eine lädierte Billardkugel. Er hat den

Mund gespitzt und grinst, sein Zynismus ist nicht auf Wilhelmine übergegangen, sie blickt blöde von einem zum andern und beginnt dann mit dem Kopf zu nicken. Dieses Nicken scheint eine selbständige Tätigkeit zu sein, es hört gar nicht auf, es teilt sich dem ganzen Körper mit, bis der verquollene Bauch mitschaukelt und die Knie auf und nieder wippen. Dies alles zum Gemecker des Mannes, der jetzt den Mund aufreißt, in dem das Gebiß fehlt, als wolle er dadurch seine völlige Besitzlosigkeit demonstrieren. Nun streckt er auch noch seine rilligen schmutzigen Hände ausgebreitet vor uns hin und ruft unnatürlich überspitzt: »Futsch, alles futsch!« und schlägt ein schrilles Lachen an, dem gespenstischerweise außer dem Hohn, das es ausdrücken soll, ein echtes Amüsement über den Wahnwitz der Zeit anhaftet.

Berthold ist der erste, der das Peinlich-Unheimliche des Auftritts der beiden Alten unterdrückt und sachlich fragt: »Was ist futsch, Herr Butzke? Doch nicht Ihr Schloß?« Wilhelmines Nicken wandelt sich in Kopfschütteln, wobei sich eine Locke löst und hin und her flattert.

»Also kein Volltreffer?« frage ich sie und erinnere mich an versteckte Soldaten im Stroh und an eine Furie, die im Kohlenkeller die Hitlerbüste zertrümmerte.

»Ausgeraubt!» knurrt jetzt Butzke, »total ausgeraubt!«

»Sind die Russen schon in Dianenhöhe?« Friesigk wird rot vor Zorn.

»Die Volksgenossen!«

»Wer?« fragt Ida Pietzsch, und ihre Augen quellen hervor. Sie steht mit der ganzen Sippe: Mann, Lieschen Fröhlich, die sie als Familienkonkubine einkassiert hat und auf diese Weise unter ihrer Fuchtel hält, Ingrid und Hannelore neben uns. Auch Fräulein Rose und Kuntze sind plötzlich da.

»Und die Kisten im Pavillon?« fragt Kuntze, doch die Rose stößt ihn an und zischt ihn nieder. ›Wir haben gerade noch genug aufzuarbeiten, und die wichtigsten Sachen haben wir ja.‹ Aber vielleicht hat sie es gar nicht gesagt, und ich habe es nur von ihrem spitzen Gesicht abgelesen, die Tyrannei der Chefsekretärin hat sich vervollkommnet.

Butzke antwortet nicht. Er greift mit den Händen in die Luft, faßt keinen Halt, läßt die Arme herunterfallen. Der Kopf von Wilhelmine steht still. »Weißmantel«, flüstert sie, »in der vergangenen Nacht. Uns haben sie in den Pavillon gesperrt zu den Kisten, und die Tochter hat mit der Pistole davor gestanden. ›Ich knalle euch ab‹, hat sie geschrien«, und die Schreie waren so klar in Frau Butzkes Bewußtsein eingedrungen, daß sie sie jetzt als Schreie wiedergab.

Ein Schauer streicht über uns. Wir haben einen Kreis um die alten Leute gezogen, mit den Füßen im Stroh, mit dem Kopf fast an die spinnwebverhangenen Balken stoßend. Das Licht ist trübe, unsere Gesichter ausdruckslos, wenn man das überhaupt von einem Menschengesicht sagen kann. Die Dirne läßt sich von der Kupplerin einen Spiegelscherben halten und schminkt sich. Sie hält mit dem Anstreichen der flapsigen Backen inne und horcht mit gewendetem Kopf auf unser Schweigen. Flucht dann, stößt die Alte an, als hätte sie ihr den Spiegel nicht richtig gehalten. Das fette Weib rutscht hintenüber, der Spiegel fällt ihr aus der Hand und zerbricht vollends. Der Sterbende, der seit gestern hier schläft, rührt sich aber nicht. Die Dirne keift um den zerbrochenen Spiegel. Butzkes sind in sich zusammengesunken, sie schlurren aus unserem Kreis.

Unvermutet höre ich Mutters Stimme: »Das liebe Schlößchen! Wo soll ich dann in Gedanken spazierengehen, wenn jetzt auch das wüst und leer ist? Wenigstens die Erinnerungen sollte man uns doch gut möbliert lassen!«

Die Pietzsch starrt Mutter an. »Die Gärtnersleute waren's! Wer einen Feind hat, der wird heute doppelt gefressen.«

Mutter aber sagt: »Was ist doch in die Menschen gefahren!

Als wären sie von den Bomben angesteckt. Was das Sprengzeug übrig läßt, das müssen sie zerstören.«

»Aber das Haupt der Medusa ist vielleicht gerettet. Und die beiden letzten Kisten von Berthold. Sie standen im Pavillon«, kann ich mir nicht versagen.

Mutter sieht mich abweisend an. »Kannst du dich nicht davon befreien? Du schleppst ja immer noch an dem Stück Stein. Dreitausend Jahre alt! Was nützt es dir? Früher hätte das Haupt der Medusa noch einen Sinn gehabt, den Feind abzuschrecken. Aber aus allem Großen und Furchtbaren wird zuletzt ein ›Kunstwerk‹. Und an so was hängst du noch.«

Ich schäme mich, obgleich ich mir recht gebe. Mutter fährt fort, streng, wie ich sie selten gesehen habe: »In dir halte den Schild mit dem schrecklichen Haupt hoch und wehre dich gegen die Nichtswürdigen. – Und jetzt will ich endlich schlafen.«

Berthold aber verabredet mit Friesigk und Pietzsch, daß sie auch die letzten beiden Kisten noch retten wollen. Noch in dieser Nacht werden sie zum letzten Mal über die Elbe gehen.

Der große Glaspavillon ist in Schlafvorbereitung. Die Insassen sind von ihren Stühlen aufgestanden, die sie nun zur Seite rücken. Tische, Fahrräder, Kinderwagen sind in den Mittelgang geschoben worden und verengen ihn beängstigend. – Das Strohlager, auf das gleich die Decken und Betten gelegt werden sollen, wird erst von den schmutzigen Schuhen niedergetreten; einer dreht sich um den anderen. Dann rollen die Frauen die tagsüber mühsam verstauten Ballen auf, betten zuerst die Kinder nieder, danach legen sich die Männer vorsichtig hin, zuletzt die Frauen inmitten der Familie. Niemand zieht sich aus; nicht, weil man sich vor dem Nachbarn geniert, sondern um die Unordnung nicht zu vermehren und die Umständlichkeit des Aus- und Ankleidens zu sparen. Die Männer lockern ihre Hosenträger, die Frauen öffnen ihre Mieder, und nur die Kinder werden in Nachthemden gesteckt, die lange nicht gewaschen worden sind. Nachts bedrückt der stickige Dunst der zusammengepferchten Leiber die Schläfer. Sie werden heiß und unruhig, die Liegenden richten sich halb auf und ziehen sich dösig die lästigen Kleidungsstücke aus, sinken dann wieder zurück, ihre Körper rucken und zucken, sie fluchen und schimpfen, bis sie eine erträgliche Lage gefunden haben.

Trotzdem ist der große Raum wirklich noch Raum, wenn auch vollgestopft mit Menschen und Gepäck. Unser Strohasyl aber ist eine Spelunke, ein Trödlerladen, eine Schlafkneipe, in dem die Kümmernisse in den Seelen so hoch gepackt sind wie die Koffertürme und Sackbarrikaden in den Ecken. Keine Luft zu atmen, – und wo Luft hereindringt, durch die losen Fenster und die zweite Tür, da entsteht Zug; der üble Brodem wird aufgedunsen wie ein gasiges Aas, das gliederlos und kopflos auf uns lastet, uns quält und in den Traum verfolgt.

Schon beginnt das mitleiderregende Gebell der keuchhustenkranken Doktorskinder, die dicht neben uns liegen, das Schnarchen der alten Vettel, der Gestank des Lungenkranken, der in seinem blauweißgestreiften Sträflingsanzug uns gegenüber hinter der Schranke des Tisches liegt, nun schon die zweite Nacht, halb bewußtlos, oft stöhnend. Er liegt wie ein verendendes Tier auf der Seite, den Kopf ins Stroh gewühlt, – rechts und links von ihm bildet sich ein freier Streifen. Seine Nachbarn rücken noch enger zusammen, die neu dazu Gekommenen, die dickwabbelnde Frau mit dem Kind und die beiden jungen Frauen aus Cottbus kriechen fast übereinander, um der Ansteckung zu entgehen. Sogar die beiden Zuchthäusler, die immer stumm bleiben, sind von ihm abgerückt. Und die große blonde Dirne ist der Alten auf den Leib gerollt, die sich mit schlaftrunkenem Gekeif wehrt.

Mutter liegt mit erhöhtem Oberkörper unter dem locker schließenden Fenster.

»Es wird einregnen, rücke ein bißchen ab«, flüstere ich ihr zu.

Sie schrickt auf: »Regen? Ja, die Luft war eben so rein.«

Als wir die Kissen anfühlen, sind sie schon naß. Wir versuchen, uns am Fußende zusammenzuziehen, – doch ist unser Platz nicht nur in der Breite beschränkt, sondern auch in der Länge: wir stoßen mit den Füßen gegen Koffer, Töpfe und den Tisch, der den Mittelgang zwischen den beiden Lagern verrammelt. Die an der ausgespannten Leine herabbaumelnden Kleider und Mäntel teilen den engen Raum wie ein geflickter und vielfältig gelappter Vorhang. Sie verdecken den freien Blick auf das Gegenüber; wir sehen vom Boden aus nur die zusammengerollt Liegenden, manchmal grobe, schmutzige Sohlen, manchmal scheint ein Gesicht hell zu uns herüber. Ich habe mich auf unserem Platz quer gelegt, durch das Fenster rieselt nun der Regen in sanfter Stetigkeit. Mutter hat den Schirm aufgespannt: »Luft, Luft muß ich haben«, dann schläft sie ein.

Ich liege hellwach auf dem Stroh, es ist meine erste Nacht im Menschenmüll. Der Mond scheint streifig durch das Fenster über unserem Lager. Die Sachen an der Querstange baumeln grotesk wie Gehängte. Berthold ist mit Dr. Friesigk und Pietzsch nach Dianenhöhe gegangen. Die Männer finden keine Ruhe, ihr Gewissen jagt sie dem letzten geistigen Besitz nach. Wir alle haben das Gefühl, wenn wir uns nicht bewegen, bleibt unser Verstand stehen. Wir sind wie mechanische Affen, die auf dem Schicksalsbaum hin und herspringen. Wer nicht mehr springt, fällt vom Baum und bricht sich das Genick.

Deutsche Truppen holpern über das Kopfsteinpflaster der Hauptstraße, dumpfes Murmeln, Anrollen und Stehenbleiben: Ich erhebe mich und trete vorsichtig über die Schlafenden und ihre Koffer, die sie in Greifnähe um sich gerafft haben.

Draußen ist die Luft kalt und erfrischend. Ich habe den Tigerpelz an, in dem ich auch gelegen habe, und fröstele trotzdem. Langsam gehe ich durch den leeren Garten und trete auf die Straße, die voll Pfützen und Löcher ist.

Ein Stabsarzt steht am Rinnstein und wartet auf neue Truppen. Er friert, sein Gesicht ist schmal von Kälte und Abspannung. Ich frage ihn leise, ob er glaubt, daß die Russen wirklich bis hierher kommen. Er zuckt die Achseln. Er weiß nichts.

Ich werde dringlicher, da rafft er sich auf: »Wenn Sie nach dem Westen wollen, dann ziehen Sie bald weiter. Die Russen können jede Stunde hier sein.«

Ein neuer Lkw rattert von Oranienbaum heran; Rufen, Anhalten, Fragen, Antwort von übernächtigten Männerstimmen.

Gleichzeitig rumpelt von Coswig her durch das »Eichenkranz«-Tor ein Bauernwagen. Ich erkenne im Mondlicht Bertholds Kopf, höre seine gute Stimme. Der Wagen hält. Schnell trete ich heran. »Gut, daß du da bist.« Und unvorsichtig füge ich hinzu: »Die Russen kommen, vielleicht noch diese Nacht.«

Berthold hilft einer Frau den Kinderwagen herabnehmen. Jetzt steigt auch der Fuhrmann ab, beide heben drei Kisten herunter und tragen sie zum Pavillon. Ich wundere mich, daß es drei sind.

Die junge Frau hat aufgeschrien. »Die Russen kommen hierher? Und ich bin zum dritten Mal geflohen.« Ihr volles Gesicht verzerrt sich. Sie nimmt den Säugling auf den Arm und drückt ihn an sich. »Da will ich weiter.« Sie versucht wieder aufzusteigen.

»Die Russen kommen nur bis zur Elbe.« Berthold spricht heiser vor Erschöpfung. Der Fuhrmann bestätigt es, die verängstigte Frau glaubt ihm dankbar. Sie beruhigt sich und zieht mit Handkarren und Kinderwagen ins Städtchen, wo ihre Kusine wohnt.

Wir kippen Stühle auf die Kisten zum Schutz vor Regen und um es den Dieben unbequem zu machen.

»Die Russen kommen? Wer sagt das?« fragt Berthold.

»Ein Stabsarzt – eben hier auf der Straße.«

»Auch die Soldaten wissen nichts, keiner weiß etwas – keiner.« Er sinkt zusammen. »Da schleppe ich nun die Kisten über die Elbe – –.«

»Wenigstens sind alle Zeichnungen gerettet«, sage ich tröstend.

Über sein erschöpftes Gesicht gleitet ein Lächeln: »Ja, – und das Haupt der Medusa!«

»Ein Kunstwerk – dreitausend Jahre alt! Ich bin immer noch ein Narr.«

Berthold blickt mich enttäuscht an: »Freust du dich nicht?« Er ist totmüde.

Als wir die Tür öffnen, quillt uns ein stickiger Brodem entgegen. Ich krümme mich wieder zu Mutters Füßen zusammen.

Berthold setzt sich auf den einzigen Stuhl am Tisch. Er hält den Kopf in den aufgestützten Händen und schläft sofort ein. Der Kopf sinkt immer tiefer, jetzt fällt er auf die Tischplatte. Berthold wacht auf und rückt sich neu zurecht.

»Willst du dich auf meinen Platz legen?« frage ich ihn leise. Ich bin zu erregt, kann nicht einschlafen und würde gern auf dem Stuhl wachen. Auch kann ich dann vielleicht den Dieb fassen, der unseren Schlaf ausnutzt, um ein Säckchen Mehl, ein Ende Wurst, eine Dose Fleisch verschwinden zu lassen.

Aber Berthold knurrt: »Ach, Unsinn!« und beginnt seinen Sitzschlaf wieder. Er richtet den Kopf auf die aufgestützten Hände, im Schlaf senkt sich der Kopf wieder, das silbergraue Haar schimmert tiefer durch das Dunkel, geht unter hinter

Töpfen und Geschirr wie ein versinkendes Licht. Gleich wird er wieder aufwachen und die martervolle Haltung erneuern, aber er vermag sich nicht zu rühren, der Schlaf stülpt sich über ihn. Selbst als die große Blonde sich fluchend emporräkelt und den Kleidervorhang so ungeschickt teilt, daß ihm ein Mantel auf die Schultern fällt, erwacht er nicht. Die Dirne nimmt ihm den Mantel ab und läßt ihn zu Boden fallen.

»Mein Mantel!« ruft unterdrückt Frau Dr. W., aber sie wagt nicht aufzustehen, um ihre Kinder nicht zu wecken.

Hannelore mauzt im Traum – ihr Vater nimmt sie beruhigend in den Arm. Frau Pietzsch seufzt nur, Ingrid und Lieschen Fröhlich schlummern dicht aneinandergeschmiegt, in ihre blonden Locken gebettet.

Eine silbrige Öde erfüllt mich. Deutsche, russische, amerikanische Soldaten ziehen lautlos hindurch. ›Ich beginne zu träumen‹, denke ich im Traum. ›Oder sind sie vielleicht wirklich schon da? Das sind doch Amerikaner!‹ Rosige junge Leute, Sportsmänner, Kriegsarbeiter, und führen in ihren Weißblechdosen Amerika mit, schütten alles aus, und ein riesiger See entsteht. Das Land zwischen Elbe und Mulde wird ein großer Michigansee. Niemand kann von einem Ufer zum anderen sehen, niemand weiß, wieviel Städte rundum liegen, wie viele Staaten, – nur die Sterne, die nachts darüber scheinen, können wir von jedem Punkte des Ufers aus erkennen. Die Sonne spiegelt sich in dem blanken Wasser und fragt: »Wer ist die Schönste im ganzen Land? Ei, die liebe Sonne ist die Schönste im ganzen Land. Wenn sie nicht vom Himmel, sondern in Amerika produziert worden wäre, wäre sie noch viel schöner, aber am Himmel ist sie die Allerschönste.« – Und Autostraßen rennen um den Riesensee, breit und fest und staubig. Sie laufen viel schneller als die Autos darauf, die Motore erreichen höchstens eine Geschwindigkeit von 170 bis 190 Stundenkilometern, aber die Straßen haben etwas vom Spleen der Unendlichkeit! Sie liegen einfach da und sausen doch weiter, sie tollen um den See, weiße Bänder, die ineinander verknotet sind, immer rundum, rundum. Kein Auto hält das auf die Dauer aus, kein Mensch hält das aus, aber Erde verträgt mehr als Mensch und Maschine, Erde bleibt liegen als Straße, als Feld wie die Baumwollfelder, die Weizenfelder, die Aprikosenblütenfelder. – Und zwischen allem der See, den die Amerikaner ausgeschüttet haben. Warum sollten sie das nicht können? Sie haben ganze Häfen aus Amerika nach Europa gebracht, sie haben kilometerlange Riesenschläuche mit Benzin von der Küste ins Land laufen lassen, feuergefährliche Schlangen, und sie haben die Gestirne mit ihren Hornissenschwärmen verdunkelt.

Im Traum betrübt es mich nicht sehr, daß sich nun an der Stelle des »Grünen Baums« eine Welle im großen See aufbäumen wird über den Wipfeln der Linden und daß von der roten Kirche, die sich so protzig zwischen den Häusern erhebt, nicht mehr als die Spitze des Turmes auftauchen wird. Der Park wird versunken sein wie ein grünes Eiland, nur noch eine Sage wird von ihm bleiben. Aber auch diese Erinnerung muß verwehen, denn wir alle, die Einwohner von Wörlitz, Oranienbaum, Waldersee und der Elbterrasse – die Heerscharen der Flüchtlinge, die aus ganz Deutschland hier in dieses Ländchen zusammengeströmt sind, wir werden alle versunken sein – ich dehne mich wohlig im Schlaf –, versunken in dem riesigen Michigansee, den die westlichen Ufer der Mulde und die östlichen Ufer der Elbe begrenzen.

»Nein«, sagt eine Stimme in mir, die ich heute abend schon einmal gehört haben muß, »die Russen kommen, noch heute nacht vielleicht.« – »Ja, was wird dann mit dem großen See?« frage ich erschrocken. – »Mit welchem See? – Du träumst wohl? Nirgends ist hier ein See.«

Ich blicke mich um und stehe auf dem »Roten Platz« in Moskau vor der Wassili Blaschenny. Runde Zwiebelkuppeln drängen sich um einen spitzen Turm, die Kuppeln funkeln in buntem Gestein, eine Kückenschar von Kapellchen schart sich eng um die Kirchenglucke. Die vielbrüstige Kirche, das nährende Mütterchen, erfüllt mich mit einfältiger Frömmigkeit, so daß selbst das spartanische Grabmal Lenins und die byzantinische Zarenfestung des Kreml mich nicht verwirren können. Ein Lachen steigt in mir auf, ein roter Trompetenton der Freude, ein Dorfkirmesgekicher und Röckeschwenken beginnen sich in mir zu drehen. Ich sehe vor mir die runden festen Gesichter der russischen Mädchen, spüre die natürliche Kraft, die durch ihre schwere Daseinskruste blitzt. Die jungen Männer aber sind Soldaten und schreiten festen Schrittes in kräftigen Mänteln und Stiefeln einher. Ich träume aus der Erinnerung heraus: nun wandere ich durch die nächtlichen Straßen Moskaus. Hoch oben züngelt die rote Fahne auf dem schwarzen Kubus des Lenininstituts, von unten mit grellem Licht angestrahlt. Rot, rot, rot. –

Schwerfällig taumele ich vom tiefen Schlaf durch das Zwischenreich der Erinnerungen in den Morgen. Der Regen hat aufgehört. Mutter gibt mir den feuchten Schirm. Sie hat ihn während der Nacht im Ellbogen eingeklemmt gehalten.

»Ich habe von Horst geträumt«, sagt sie, »er marschierte in einer langen Kolonne, ach so lang«, – sie verdeckt die Augen mit der Rechten, »es nahm gar kein Ende. Dieses schrecklich große Rußland, da kann er ja gar nicht mehr zurückfinden.«

»Ich habe zum erstenmal seit vielen Jahren wieder ganz lebendig von Moskau geträumt«, gebe ich leise zurück, »aber gut. Ich mußte über irgend etwas lachen – ja, denk mal, am 1. Mai 1928, als ich dort war, fuhren sie riesige Spottfiguren über den Roten Platz –, und heute habe ich geträumt, eine sah aus wie Adolf Hitler, nur mit roten Haaren. Er hüpfte hin und her, und ich mußte lachen, dabei war es doch eigentlich gar nicht komisch!«

Mutter hört aufmerksam zu. »Du bist weit herumgekommen, aber welches war deine weiteste Reise: Japan, China, Amerika, Rußland?«

»Von Schloß Dianenhöhe nach Wörlitz.«

Mutter nickt. »Wo du am schwersten vorankommst, reist du am weitesten.«

Gestärkt erhebe ich mich vom Stroh, nehme Kamm und Bürste, Seife und Handtuch und gehe hinaus. Verstohlen werfe ich einen Blick auf die Kiste mit meinen Schätzen.

Berthold steht schon unter den Bäumen im lebhaften Gespräch mit Flüchtlingen, die eben von jenseits der Elbe eingetroffen sind. Sein Gesicht ist frisch von teilnehmender Erregung. »Bleiben Sie nur hier! Sie werden schon Platz finden. Wir liegen alle dort im Stroh«, schon kann er wieder lachen. »Es wird sich alles ordnen.« Einige Männer wenden sich bitter ab, die Frauen sind zu erschöpft, um zu antworten. »Ob man hier wohl heißen Kaffee bekommen kann?« fragt eine schüchtern. Berthold, der spürt, daß seine aufmunternden Worte nicht den rechten Widerhall finden, fügt schnell hinzu: »Ja, dort ist die Küche, sicher gibt es Kaffee.« Die Frauen entfernen sich dankbar. Heißer Kaffee ist oft der richtigste Trost.

Die Ballade vom Schmutz hat mehr Strophen als jeder Mord- oder Liebesgesang. Sie ist tausend Zeilen lang, und jede dritte Zeile wiederholt: Schmutz, Dreck, Abfall, Jauche und Kot. Es gibt so viele Arten vom Schmutz eines Menschen, und auch die Tiere und die Pflanzen, die Steine, die Erde, der Regen und alter Hausrat haben ihren besonderen Schmutz.

Der Hof vom »Grünen Baum« gleicht einem Blinddarm, einer Sackgasse. Hier sammelt sich Abfall jeder Art. Dickflüssig rinnt er in das rechteckige Gelaß unter freiem Himmel. Der Gestank der offenen Abortlöcher, zu denen die Tür selten geschlossen ist, der Dunst aus der Küche, die Gerüche, die aus den Ställen und Lagerstätten hervorquellen, stehen dick darin, und der Wind wirft nur selten einen reinigenden Hauch hinab. Alles Eintretende: Menschen, Handwagen, Tiere stauen sich. Niemand kann frei vorwärts gehen, eines quirlt ums andere. Außer dem Flüchtlingsgut stehen ausgeräumte Tische und Stühle längs der Mauer zum Garten unter einem vorspringenden Dach. Ein rotes Plüschsofa leuchtet aufdringlich. Es ist die Einrichtung des Gasthofzimmers, das für die flüchtenden Mütter mit Säuglingen frei gemacht worden ist. – Stroh häuft sich auf den holprigen Steinen, Hundekot und zerbrochene Ziegel, der Regen weicht die Erde zwischen dem Kopfpflaster auf und überzieht die grauen Steine mit schwärzlichem Schlamm. Dazwischen fließt Ausgußwasser – aus den Pfützen sprüht es kniehoch.

Scheint einmal eine gelbe Sonne, so wirkt sie billig und ordinär und putzt das Flüchtlingselend mit Jahrmarktsflimmer zu einer unechten Vagabundenlustigkeit auf. Ein rotes Kleid flammt nun unziemlich freudig – die Anzüge der Deserteure wirken grotesk und verräterisch. Die Unzusammengehörigkeit all dieser Menschen, der Pferdeschmutz, der Staub und der getrocknete Lehm auf Stiefeln, Hosen und Rocksäumen werden häßlich sichtbar. Die Mienen der einzelnen, die sich bisher gnädig im gemeinsamen Elend und unter dem gleichen Regenschleier voreinander verborgen haben, zeichnen sich in der Sonne fremd gegeneinander ab. Unter der Schicht des Grams funkelt dort Geist und Güte, hier Gemeinheit, Frechheit, Gier und Bosheit; über diese Züge gießt die Lüge, das Geschwätz einen schleimigen Brei, – auf jener Stirn kauert die Wahrheit wie ein Ausgesetzter auf einsamem Fels. Die Gegensätze scheiden sich im Licht und bekämpfen einander. Die Narben des Krieges werden sichtbar: Der Ausschlag des Leibes und der Seele, der bitter verzerrte Mund, die fahle Hungerfarbe der Eingesperrten und das bleiche Entsetzen im Gesicht einer Frau, deren aufgerissene Augen leblos und quallig vor sich hinstarren.

Das Blut im Augenweiß des kleinen Keuchhustenmädchens vermehrt und verdickt sich, es umschließt die große braune Iris, und wer sie ansieht, erschrickt.

Der Wirt vom »Grünen Baum« weist keinen Flüchtenden von Haus und Hof, den offenen und den geschlossenen Veranden oder dem Grasplatz unter den alten Bäumen. Während die Flüchtenden seinen Besitz entrechten, wird er selbst hin- und hergetrieben. Er fühlt sich aus seinem Eigentum verdrängt und tastet mit unsicherem Gewissen nach einem neuen festen Halt. Unversehens gerät er in das Gleiten und Fluten der anströmenden Massen, humpelt durch den Kaffeegarten und die Gastzimmer und kommt sich wie ein Vertriebener vor, der noch einen letzten Blick in sein Haus wirft, das schon von Fremden eingehaust wird. Trotzdem bleibt er menschenfreundlich. Er hat ein Holzbein aus dem ersten Krieg und aus der Zeit dazwischen zwei bildschöne Töchter. Meist sitzt er in der Küche am Fenster und sieht hinaus in den Garten auf das Gewirr der ungebetenen Gäste, schüttelt traurig staunend den Kopf und beschwichtigt seine Schwiegermutter, die gebeugt, weißhaarig und zeternd durch die Zimmer, die Pavillons streicht, ein Gespenst der Ordnungsliebe, und in ohnmächtigem Grimm hier eine Tasse, dort einen Krug einsammelt, die von den Flüchtenden achtlos stehengelassen worden sind. Sie fühlt sich nicht mehr daheim, ihr Gasthaus wird überschwemmt von einer schmutzigen, dauernd anschwellenden Flut, die die Gänge, Zimmer und Höfe wie Därme prall mit Unrat füllt, bis die Mauern sich zu spannen, auszubeulen scheinen und aus den Ecken, durch die Türen der Menschenbrei fließt. Nirgends fühlt sich die alte Frau sicher vor der Elendsströmung, nicht einmal mehr in der Küche. Denn zum Herd stürzen die Frauen zuerst, um Milch für die Kleinsten abzukochen oder trotz des Verbots den eigenen Topf mit Kartoffeln auf den riesigen Herd zu stellen. Dann schreit die siebzigjährige Wirtin schrill auf und verteidigt mit Schimpfen und Kochlöffelschwingen ihren ureigenen Bereich. Der Schwiegersohn von seinem Fensterplatz her begütigt sie, doch eilt er, seinerseits das Letzte vor dem Zudringen der Menge zu bewahren: die Hausklosetts mit Wasserspülung. Er schließt sie ab und gibt den Schlüssel nur noch an seine Zimmergäste.

Draußen im Hof stehen in dünnen Reihen die Männer und Frauen vor den Aborten. Die Flüchtenden müssen nach allem anstehen, was lebensnötig ist: nach Brot, Fleisch, Kartoffeln, Stunden um Stunden. Und haben sie die dürftige Speise auf Feuerlöchern gar gekocht und sich an wackligen Tischen aus dem Topf sattgegessen, so müssen sie später wieder anstehen, um ihren Leib zu entleeren. Wenn mittags für Kinder, Schwangere und Alte in der Waschküche eine dicke Suppe ausgegeben wird, schneiden die mit dem Futternapf Angetretenen durch die Reihe der Abortanwärter. Auch frühmorgens müssen die Flüchtenden an den beiden Wasserhähnen anstehen – einen Stuhl ohne Sitz neben sich, auf dessen Rand sie vorsichtig ihre Seife legen, das schmutzige Handtuch hängt über der zerbrochenen Lehne. Vor dem Spiegel neben der Windfangtür, die vom Hausflur neben der Küche in den Hof führt, stauen sich Männer und Frauen, fröstelnd in der Morgenfrühe, unrasiert, ungekämmt; immer zu zweien oder dreien recken sie die Arme, um sich mit Pinsel, Seife und Rasiermesser oder mit Kamm und Bürste ein gepflegtes Aussehen zu geben. Aber ihre Gesichter spotten der Mühe, das eiskalte Leitungswasser wäscht ihnen nicht die Anstrengung und die Sorgen von den übernächtigten Mienen, und die tägliche Striegelung von Haut und Haaren verleiht ihrem Aussehen keine Kultur. Sie sehen ruppig aus, verwahrlost, verkommen, die vornehmen Alten wie die gemeinen Jungen, die Damen ebenso wie die Waschweiber, die Studentinnen wie die Arbeiterinnen, die Kriegslüsternen wie die Deserteure! Sie alle tragen den Stempel des Untergangs, der ohne

Größe und darum so niederdrückend ist. Sie sind das geschlagene Heer der Zivilisten, hoffnungslos und verbraucht.

Doch quillt ihre Verwahrlosung in Wahrheit aus einem tieferen Morast als dem Armutsdreck, der ihnen nur bis an die Fußknöchel steigt. Eine allgemeine Niedergeschlagenheit vergast ihr Denken, ihr geistiges Fühlen mit einer dauernden Benommenheit. Qualvoller als der Schmutz im »Grünen Baum« ist der Pfuhl der Verzweiflung, in dem ihre Achtung vor dem Staat, ihre Liebe zum eigenen Volk und ihre Verbundenheit mit der Heimat versinken. Wären sie die einzigen Verratenen, die vom Schicksal ausgewählten Opfer des Zusammenbruchs, sie hätten nicht versagt. Die Stärke hätte sie nicht verlassen. Sie wären einer außerhalb ihres kleinen Ichs gefestigten Macht bewußt geblieben: der Nation. Einen Krieg verloren hat bisher jedes Volk. Besiegt sein allein ist keine Schande. Aus der unterirdischen Quelle des gemeinsamen Schicksals hätte jeder einzelne noch im Qualm der zerstörten Städte, auf der Flucht zwischen den sich heranwälzenden Feindesheeren einen Zukunftsglauben mit den feinen Wurzeln des Unterbewußtseins gesogen. Aber diese tiefste Kraftquelle ist von Lüge und Schuld vergiftet. Die hinabtastenden Wurzeln müssen verkümmern, und die Menschen, die gewohnt waren, sich vertrauensvoll aus diesem Urwasser zu nähren, verfallen in Vereinsamung, und eine gierige Selbstsucht greift um sich. Durch die sich offenbarende Zusammenhanglosigkeit fühlt sich jeder seiner Verantwortung gegen die Allgemeinheit ledig und verwendet nun seine Intelligenz und Energie ungeteilt auf das persönliche Fortkommen. Das Menschliche verfällt mit der Treue zum eigenen Volk, Anstand und gute Sitte lockern sich und bröckeln ab. Der Ellbogen wird die Waffe der Waffenlosen.

Selbst die Vernunft scheint zu einem schreckenerregenden Fabelwesen entstellt: aus der ordnenden Verwalterin der Lebensgesetze wird ein Vampir. Während das Gemüt noch idyllische Plätze hinter den Heckenzäunen der Erinnerung hegt, verwüstet der Verstand schon die noch von einem trügerischen Schimmer überhauchte Zukunft mit dem tödlichen Atem der Wahrheit, die Unfreiheit, Unterwerfung heißt.

Nur ein paar wagemutige Burschen, die sich sechs Jahre lang an allen Fronten mit Tod und Teufel herumgeschlagen haben, sind nach Landsknechtsart entschlossen, sich auch beim großen Erbrechen, das Nachkriegszeit heißt, nicht den Lebensappetit verderben zu lassen. Sie sind die Stacheldrahtschneider des Schicksals, die Minenjäger des Lebens. Sie wissen, daß man Schweine über die verminten Felder treibt und sich dann erst witternd gegen den Feind vorwagt. Feind aber bleibt in dieser kommenden faulen Friedenszeit, in der es von Frieden nicht eine Hühnerfeder, von Zeit aber einen ganzen Eimer voll wässriger Suppe geben würde, jeder, ob Deutscher, Amerikaner, Russe, Engländer oder Franzose, der sich ihrem Drang nach ein paar ruhigen Jahren widersetzte. Ruhe – das ist erst mal das Nötigste, bei Muttern unterkriechen, die Knochen in ein Bett ausstrecken, nicht durch Sonnenbrand oder Sturm und peitschenden Regen ziehen müssen. Wieder mal Mensch sein, nicht immer bloß die Anrede »Mensch« hören. Sobald man sich aber wieder ein bißchen aufgepäppelt haben wird, dann ist es sicher so weit, den abgerackerten Kadaver, der selbst für die Friedhofsmäuse schon zu schäbig ist, noch mal in eine Uniform zu stecken, – falls nicht die tückischen Überbleibsel des Krieges: Seuchen, Hunger, Kälte einen zwischendurch erledigt haben. Für einen Soldaten, der ein echter Soldat ist, so ein Spürhund des Todes, ein Giftschnüffler der Verwesung, riecht es schon jetzt, während sie noch im Kehraus des alten Krieges stecken, bedenklich nach frischem Unrat. Wozu noch Pläne machen? Sich die letzte Kraft aus den Knochen saugen lassen, wenn doch die großen Alliierten untereinander schon wieder aufs beste uneins sind. – »Der Amerikaner kommt? Mensch, mach dich nicht wichtig.« – »Der Russe kommt? Der macht seinen Gegenbesuch. Kannst du dich wundern, Kamerad? Halten wir besser die Schnauze, endgültig. Du und ich, wir wissen Bescheid. Es ist ein harter Krieg. Wenn mich noch etwas wundern könnte, so nur das eine, daß alles abläuft, wie es muß. Beinahe ist dahinter schon wieder eine höhere Gerechtigkeit zu spüren.« – »Mann, hör mit dem lieben Gott auf. Das ist das Letzte, womit du mir kommen kannst.«

Ein Landser hat dem andern Landser nichts zu sagen. Ein Nazi hat dem Nazi nichts mehr zu sagen. Ein Nazi aber wagt nicht einem gewesenen Landser auch nur eine Bemerkung hinzuhauchen, obgleich er ihn erkennt am ausgemergelten Gesicht und den dreckigen grün-grauen Hosen unter der Bauernjoppe. Ein Landser aber, der selbst einmal Nazi war, hat sich seine Gläubigkeit längst an den Sohlen über Wüstensand und Schneefelder abgelaufen.

Das sind nun die Männer, die das zerfallene Land wieder aufbauen sollen! Ausgesaugt bis ins Knochenmark, ohne Glauben an Gott, Deutschland und die eigene Kraft, abgespalten von der Sippe und ohne Verlangen nach der Frau. Eher Angst vor der Frau. Scheu vor ihren Vorwürfen, ihrer Treulosigkeit oder ihrer Ausgehungertheit. Ist man vielleicht noch Mann? Schweigen wir. Dennoch eine unbeholfene Sehnsucht nach dem Kind, das Bedürfnis nach dem warmen Platz in der Familie. Es machen sich spinnwebfeine Fäden geltend, die man längst zerrissen glaubte. Eine Zusammengehörigkeit aus der besseren Zeit her. Hauptsache erst mal, daß die Frau lebt. Vielleicht aber ist sie erschlagen, liegt seit langem unterm Trümmerhaufen, Post gibt's seit Monaten nicht mehr. Wenn die sich heimdröselnden Männer zu diesem Punkt ihres dumpfen Nachdenkens gekommen sind, stockt Gefühl und Grübelei, der Fuß, der vorangehen, die Hand, die die Zigarette entzünden will, – es ist das Ende allen

Denkens erreicht. Denn wenn von der Familie nichts mehr übrig ist, nicht einmal mehr die Leichen, dann, Kamerad, ja verflucht, warum staffiere ich mich wie zu einer Kirmes aus? Laß uns doch weiterlatschen in die letzte große Schlacht hinein, ins Massengrab oder in die alten Konzentrationslager, die sie sicher schon hübsch für uns vorbereitet haben. Die Landser machen sich auf die Suche, sie können die Uniform, die sie am eigenen Leibe zu Lumpen getragen haben, nicht schnell genug abwerfen. Sie wollen frei sein, um suchen zu können, und so beginnen sie ihr Hinterherfliehen, – der Familie nach, und sie haben keine Ruhe, bis sie sie tot oder lebend gefunden haben. Dabei haben sie alle ihre Hoffnung auf die Findigkeit der Frau gesetzt: Wird sich schon rechtzeitig mit den Kindern verdrückt haben aus dem großen Sterben. Dann erst können sie wieder einen tiefen Zug aus der Zigarette tun. So stehen sie im »Grünen Baum« und in den andern Flüchtlingslagern herum, sprechen nicht, wissen nichts mit sich anzufangen, und wenn man wieder hinblickt, sind sie schon nicht mehr da.

Was ist aber aus den Frauen, den »Müttern des Volkes« während des totalen Krieges geworden? Amazonen? Nothelferinnen? Betschwestern? Abgerissene Tugendblümchen, die nun mit zartem Fäulnisduft am Wege verwelken? Sind sie Klageweiber geworden, die sich das Haar raufen, sich gegen die Brüste schlagen und schreien: »Wehe, wehe, was ist uns widerfahren! Wehe, wehe, daß wir unsere Söhne, unsere Männer nicht aus dem Kriege zurückholten, und sei es mit Gewalt!« – Wo bleibt die Seelenmacht der Frau, dieses Allerletzte, das an einem Volke vernichtbar ist? Die Männer, UK-Gestellte, Deserteure und letzte Soldaten, sie trauen Augen und Ohren nicht, sie schweifen verwirrt von Lager zu Lager, um der verblüffenden Tüchtigkeit der Weiber zu entgehen. Ja, wer hätte das geahnt? Wo bleibt der Rosengarten der Gefühle, die Lieblichkeit in Antlitz und Gang, in die wir uns einstmals zur schönen Sommerszeit verliebten? Wo bleibt der Adel der Haltung, die Beherrschtheit der Dame, die wortlose Tatkraft der einfachen Frau? Ach, Gott schütze uns vor diesen Megären, die weniger von Angst als von dem Drange nach einer neuen Ordnung vorwärtsgetrieben werden! Seht sie doch an, die Haufen der Schaffenden, Werkenden, diese tausendhändigen Frauen, die auf tausend Füßen lauter zielbewußte Schritte tun, vom Strohlager zum Feuerloch, vom Kartoffelhamstern zum Brotanstehen. Den Landser gruselt es, er flieht, was er sucht. Und seine Beine wandern träger in Richtung Familie.

Die Frauen aber kümmern sich nicht um vergangene Schrecken oder künftiges Glück; sie sorgen, daß die Gegenwart ein wenig erträglicher werde. Zunächst möchten sie alle aus den Massenlagern heraus, einen Heim-Ersatz finden, den Straßengraben oder den nassen Grasplatz gegen ein Stübchen, ein Ställchen, einen Winkel in der Scheune tauschen. So beginnen sie, straßauf straßab zu rennen, immer mit dem hungernden Blick der Heimatlosen durch das blanke Fenster äugend, auch an Haustüren pochend, ob sich nicht eine Wirtin bereit fände, sie aufzunehmen: ›Ganz gewiß hätten sie nicht viel Zeug und nur zwei kleine Kinder und eine alte Frau.‹ Aber die Eingeborenen zeigen wenig Verständnis für diese Vagabunden, die ihnen das Kriegsende in ihr friedliches Städtchen geschwemmt hat. Sie zucken die Achseln, murren nein und nochmals nein und schließen die Tür mit hartem Schlag. Etwas freundlicher sind die Kriegerfrauen. Diese hassen, ohne daß sie es wissen mögen, ihren einsamen Herd, von dem sie seit Jahren keinem Mann einen Teller Essen reichen konnten. Und immer nur für sich selbst und die Kinder Pellkartoffeln oder Grütze, Gemüse und selten einmal Fleisch kochen, welcher Frau macht das Spaß? Diese verlassenen Frauen also öffnen ihre Küchen, wenn auch zögernd und mit dem Zusatz: »Aber zu essen geben kann ich

Ihnen nichts, und Holz habe ich auch nicht mehr viel«, nicht ungern den Bittenden, die doch selbst noch vor wenigen Tagen oder Wochen am eigenen Herd gestanden haben. Einen Gastherd zu wissen, auf dem man für die Kinder die Milch wärmen, für die Familie das Essen kochen kann, ist der innigste Wunsch aller Flüchtlingsfrauen.

So sind die Frauen auf der Flucht tüchtig bis zum Häßlichwerden, versorgt Tag und Nacht, und die Männer sind gedrückt von der eigenen Vergangenheit und besorgt um die allgemeine Zukunft. Aber das trübste Zeichen des Verfalls unter den Flüchtlingen ist ihre Lieblosigkeit. Es rieselt und rinnt alles durcheinander, doch nichts will sich vereinen. Treue gibt es, Anhänglichkeit, auch Leidenschaft, die Wildblüte am Straßenrand, aber nicht die wunderbare noch über das Gemeinste triumphierende Liebe. Die rote Himbeere des Herzens bleibt ungepflückt. Keine Zuneigung entfaltet sich zart und gewaltig. Kaum daß eine ausstrahlende Wärme von Mutter zu Kind, vom Mann zur Frau, von Freund zu Freund vermittelt. Geliebte und Liebende scheinen nicht mitzutrekken. Der wehrlose Kriegszug der Heimatlosen bleibt stumm – trotz Geschrei der Weiber, Fluchen und Gerede der Männer. Nur manchmal quiekt ein Kind hell auf. Sie haben alle verdorrte Seelen, von Elend, Not, Schrecken und der jahrelang zehrenden Angst verkümmerte Gemüter. Sie haben die Unschuld des Lebens verloren, diese unwiederbringliche Gnade der Schöpfung an die Kreatur. Sie sind stumpf und freudlos geworden, und mit der Freude entglitt ihnen der Sinn ihres Daseins. Sie verloren die Fähigkeit zur Liebe, und ohne die Liebe glückt ihnen kein Zukunftsglaube mehr.

Junge Burschen sind dabei, Frischlinge, denen Krieg und Untergang nicht die kostbare Frechheit geraubt haben, und es sind junge Frauen unter dem grauen Haufen in Kleidern, darauf ein ganzer Garten blüht, einige haben noch so viel Lebenslust, daß sie sich den Mund rot färben – und stehen unversehens wie fremdartige Blumen in Erde und Regen und hoffen, daß einer sie greift und pflückt. Aber die Männer gehen teilnahmslos vorüber. Jeder strebt heim, jede Heimat liegt anderswo. Alle wollen vorwärts, keiner verweilt gern. Die Dialekte klingen durcheinander wie ein Orchester ohne Dirigent, und keine Flöte mag sich zum kurzen Spiel der Geige gesellen, sie ziehen vorüber. Und wenn sie etwas hält, dann ist es die Aussicht auf Essen und Obdach.

Redet nie mehr davon, daß die Liebe nebst dem Hunger die Haupttriebfeder der Menschen sei! Wichtig ist nur der Hunger, danach die Müdigkeit, danach eine gewisse sorgliche Ordnung, eine noch so flache Gewohnheit, die dem Flüchtling eine Stütze für sein entwurzeltes Dasein bietet. Aber Liebe, – Liebe wird nirgends begehrt, verschenkt, vermißt. Die Schlafenden schlafen in ihrer Erschöpfung wie in Steinhöhlen, und kein Laut dringt zu ihnen. Die aber vom Gestank im Pferdestall, vom Schnarchen im Gemeinschaftslager nicht schlafen können, deren Geist irrt gespenstisch zwischen den Ruinen der Vergangenheit zu den Trümmern ihrer Zukunft und achtet des Nächsten nicht.

Nur wenn jenes helle Gezwitscher durch die Glasveranda klingt, heben manche die Köpfe und lächeln unwillkürlich. Es kommt immer von der Schmalseite her, wo die rote Tulpe in einem zerbrochenen Glase auf dem Fenstersims steht. Eine junge Schwangere hat sich dort ins Stroh gewühlt wie eine Kätzchenmutter, das Stroh ist frisch und duftet noch ein wenig. Sie ist ein blondes Ding, und keiner von denen, die ihr gern zuhören, hätte behaupten können, daß sie hübsch sei.

Die Nase ist zierlich, der Mund zu groß, die Stirn zu niedrig, die Wangen zu breit und das ganze Persönchen durch den vortretenden Bauch verunstaltet. Aber eine unwiderstehliche Anmut und eine ständige Bereitwilligkeit, am Leid der andern teilzunehmen, es mit gefälligen Reden wie mit Beileidskränzen zu umwinden oder auch durch einen töricht geöffneten Mund wie durch ein drittes tieferes Ohr allen Jammergeschichten hingebend zu lauschen, macht sie unentbehrlich. Würde uns das Licht genommen werden in der großen Glasveranda, dieses einzig Schöne und Belebende, das uns täglich erfreut und noch nachts mit den Sternen, die durch die Wipfel der Gartenbäume blitzen, in den Schutz der Natur einzubetten scheint, es könnte nicht schlimmer sein, als wenn Bärbel plötzlich mit dem Kindchen im Leib und dem abgeschabten Vulkanfiberkoffer davonzöge.

Obgleich doch nichts Besonderes durch die Butzenscheiben ihrer Worte ans Tageslicht dringt, nur geringfügige Geschehnisse: ein entlaufenes Huhn, die Wiedergabe eines Geschwätzes beim Brotanstehen, die Erwartung, die das kommende Kind im Herzen einer sehr jungen Mutter erregt, und die scheue Hoffnung, daß ihr Mann, von dem sie eine unbestimmte Zeit nichts gehört hat, zu ihr zurückkommen möchte. Dabei wird meist eine aufspringende Angst sichtbar, daß er sie ja nicht finden würde, selbst wenn es ihm gelänge, in das Heimatdorf zurückzukehren. Überhaupt bleibt es ihr rätselhaft, wie sie jemals wieder zusammentreffen sollten, da ihr Dorf doch schon von Russen besetzt ist. Zwar hat sie auf dem Küchentisch einen Zettel zurückgelassen, daß sie in Richtung Wörlitz fliehen muß, aber eine nähere Angabe konnte sie nicht machen, und so zieht sich ihr Gesicht oft in einem unwillkürlichen Schrecken zusammen. In ihrer Herzenseinfalt aber scheint es ihr im Grunde unausdenkbar, daß sie ihren Mann niemals wiedersehen soll. Auf die Wiederbegegnung hofft sie wie auf ein Wunder, das ihrem gläubigen Gemüt nur natürlich erscheint. Wären die Flüchtlingsfrauen nicht ausschließlich mit ihrem eigenen Jammer beschäftigt, so müßte ihnen auffallen, daß Bärbel dieses innig ersehnte Wiedersehen mit einer deutlichen Scheu erwartet. Wenn eine Strohnachbarin einmal nüchtern feststellt: »Ihr Mann muß doch erst vor nicht gar so langer Zeit auf Urlaub gewesen sein«, und dabei mit einem wohlwollenden Blick ihren Leib streift, errötet die Schwangere bis unter die Haarwurzeln, greift dann aber so geschickt in das verworrene Lebensknäuel der anderen, daß diese bald wieder nur ans eigene Durcheinander denkt.

Bis dann eines Mittags ein hellroter Schrei über die Trübnis emporsteigt. Alle wenden ihre Köpfe nach dem Fenster, auf dem die rote Tulpe blüht, und sehen, wie Bärbel in fassungslosem Erstaunen beide Arme hebt, sich aufrichtet und Erschrecken wie Entzücken gleichmäßig in ihrem Gesicht festgebannt scheinen. Sie starrt auf einen jüngeren Mann, der über der Soldatenhose eine Ziviljacke trägt und eben an den Fenstern vorbei zur Verandatür kommt. Niemand hätte ihrem beschwerten Leib eine solche Geschmeidigkeit zugetraut, mit der sie jetzt durch die Lagergefährten hindurchschlüpft und vor dem Soldaten, dem seine Rückverwandlung ins private Leben nur zur Hälfte geglückt ist, stehenbleibt, beide Hände nach ihm vorgestreckt. Der junge Mann blickt anfangs verständnislos drein, dann zuckt die Freude wie ein Blitz über seine Züge. Er sieht nur ihr Gesicht, dieses heitere, helle Gesichtchen, breitet seine Arme aus, die aus den viel zu kurzen Ärmeln der Jacke nackt hervorragen und will sie umarmen. Da spürt er erst, daß sich eine Änderung mit ihr vollzogen hat, eine sehr deutliche, die ihm Anlaß zum Zorn, ja zur Verachtung gäbe. Viel klarer aber fühlt er Rührung und Mitleid. Mit verlegenem Lächeln fragt er:

»Ja, Bärbel, wie kommst denn du hierher?«

Dann nimmt er ihren Kopf in seine schmutzigen Hände und gibt ihr einen schallenden Kuß auf den Mund.

»Ich mußte doch fliehen, Gustel«, bekennt Bärbel und schämt sich vor ihrem Mann, daß sie den kleinen Hof nicht besser beschützt hat. »Die Russen waren schon in Wörpen, da bin ich erst weg.«

»Ist ja gut.« Der Soldat zieht sie an der Hand von der Tür

der Glasveranda unter die Bäume, denn ihm ist plötzlich bewußt geworden, daß ihr Wiedersehen eine wahre Augenweide für die anderen Flüchtlinge ist. Ist ja schon alles egal. Jeder erlebt heute dasselbe und selten eine Freude. Trotzdem, er muß sie erst einmal allein haben.

Bärbel lehnt sich gegen den Stamm der Linde, ein wenig nach rückwärts geneigt, so daß ihr Leib noch stärker hervortritt. Gustav kann nicht mehr darüber hinwegsehen und vielleicht will sie es auch so.

»Du hast dich mächtig verändert«, sagt er und versucht, seiner Stimme Festigkeit zu geben.

Bärbel legt die Hände auf den Leib und blickt schräg vor sich auf ein Unkraut nieder, das noch nicht zertreten worden ist. »Ich wollt's mir nicht nehmen lassen«, murmelt sie mit dem kleinen festen Trotz, der ihr eigen ist. »Ich hab's nicht fertiggebracht«, und starrt wieder vor sich hin.

Der halbe Soldat fingert in seinen Taschen herum, ob er nicht noch eine Zigarette fände, die ihm ein wenig über diese Aussprache hinweghülfe, aber es ist keine in der fremden Jacke. Er muß sich schon allein zurechthelfen. Und da er gar keinen Beistand von außen hat, spricht er ganz einfach, wie ihm zumute ist. »Wegen dem Kleinen ist es ja nicht – aber –.«

Bärbel hebt den Blick: »Ich habe nur an dich gedacht; aber ich hab's nicht mehr ausgehalten.«

Der junge Mann tritt verlegen von einem Fuß auf den anderen, scharrt mit der Stiefelspitze in der Erde. Er fühlt sich schuldig und unschuldig, versteht die Frau, aber will es ihr und auch sich doch wieder nicht so leicht machen. Schließlich murmelt er: »29 Monate. Und das Schwein, der Spieß, hat mich nicht in Urlaub geschickt.«

»30 Monate«, fällt Bärbel mit heller Stimme ein, denn dabei kann sie keiner betrügen, sie hat genau gezählt. Doch dann senkt sie ihren Kopf und sie flüstert: »Daß es gerade zuletzt passieren mußte.«

Dem Soldaten wird das zuviel. Jammern um Tote ist er so gewohnt, daß er es nicht mehr gehört hätte, ja sogar das Nichtjammern hätte er nicht mehr vernommen. Aber um etwas Lebendiges zu klagen, erscheint ihm verrückt. »Wenn's nur ein anständiger Kerl war.«

»Er hatte niemanden mehr«, stößt Bärbel wie im Schwalbenflug daher, »und war so ein schüchternes Kerlchen, gar nicht so ein richtiger Mann wie du.« Ob die Urmutter Schlange ihr dieses letzte listige Wort zugeflüstert hat, oder ob es ihr selbst beim Anblick ihres breitschultrigen Soldaten bewußt wird, ist schwer zu entscheiden.

Gustav streckt die rechte Hand nach ihr aus. »Laß man«, sagt er, und dann kann er nicht anders als auch noch die Linke hochheben und nimmt ihr Gesicht, das er tage- und nächtelang unversehrt in sich getragen hat und das er, wenn es ihm durch Erschöpfung, Todesangst und graue Einöde wie ein Stern hinter Wolken vergangen war, mit der Verzweiflung einer irrenden Seele gesucht hat, wieder zwischen seine Hände und küßt sie noch einmal auf den Mund, dabei behutsam bedacht, nicht unsanft gegen sie zu stoßen.

Als sich ihre Gesichter trennen, sind sie fest miteinander verbündet durch Liebe, Leid und das gleiche Flüchtlingselend, flüchtende Frau, flüchtender Soldat, und der Mann sagt: »Hast du etwas zu essen?« Und Bärbel sagt: »Daß sie dich nur nicht erwischen.« Da aber klopft er stolz auf seine Brust, wo er die Papiere birgt. Sie blinzelt scheu zu ihm hin und freut sich, daß er so vorsorglich gewesen ist. Als sie durch die still gewordenen Reihen der Liegenden zu ihrem Strohplatz unter dem Fenster gehen, sehen ihnen alle mit warmer Teilnahme nach. Mancher hebt den Kopf, mancher nur die Augen. Die Frauen murmeln, ›na, die hat Glück‹, die Männer staunen über die Fügsamkeit des Schicksals, und die Landser denken: ›Alles ist möglich, schlankweg alles.‹

Niemand wird aus der Einzelhaft seines Schicksals entlassen, auch jetzt nicht im Chaos des allgemeinen Zerfalls. Ilonka fällt mir sofort auf, als ich nach einem vergeblichen Hamsterweg mit hängenden Schultern in den Kaffeegarten zurückkehre. Ich gehe direkt auf den Tisch zu, an dem eine dunkelhaarige junge Frau sitzt. Sie hat mich beim Eintreten durch das offene Lattentor mit übergroßen schwarzen Augen angesehen und nicht aus dem Blick gelassen. Sie ist mir unbekannt.

Kaum stehe ich vor ihr, faßt sie nach meiner Rechten: »Ich möchte Ihnen aus der Hand lesen«, sagt sie mit einem zugleich befehlenden und bittenden Ton. Sie spricht ein korrektes Deutsch mit ausländischem Akzent. Meine Hand ist schmutzig, das geniert mich. Die Fremde hebt die Innenfläche nahe vor ihre Augen, ihre Finger sind eiskalt. Kaum hat sie die Linien überblickt, da läßt sie die Hand sinken, ihr Gesicht leuchtet auf: »Die Madonna liebt Sie«, kein Wort mehr. Aber das Leuchten bleibt lange in ihren Zügen. Ein teilnehmendes Gefühl strahlt von ihr aus, während ich gleichzeitig eine merkwürdige Ablehnung verspüre. Sie ist ein Blumenstrauß des Schicksals, mir bei der Rückkehr in den »Grünen Baum« überreicht. Aber eine Freundin wird sie kaum sein. Während ich ihr mit einem Lächeln danke, nehme ich diese neue Erscheinung in mich auf: ihr weißes Gesicht, den schmalen Kopf, um den das Haar straff hochgebürstet ist, um oben ein wucherndes Lockengärtchen zu bilden. Die Brauen unter der nicht sehr hohen Stirn sind künstlich verschmälert, die Wimpern schwarz getuscht und der üppige Mund unter einer feinen, sich neigenden Nase zyklamenrot gefärbt. Sie trägt ein Sportkostüm und einen Jumper, beides von unaufdringlicher Farbe. Aber je aufmerksamer ich sie mir einzuprägen versuche, desto mehr vergeht sie. Sie sitzt leibhaftig vor mir und ist doch schon nicht mehr da. Dieses Sein und zugleich Nichtsein verwirrt mich, so daß ich den

Blick von ihr ab auf ihre Umgebung wende. Jetzt erst bemerke ich mit Beunruhigung Brigittes Knaben schräg gegen sie gesetzt. Sein blondes Haar ist aus der Stirn gestrichen, so daß sein Gesicht merkwürdig weiblich aussieht, während gleichzeitig ein verderbter Zug störender als sonst sichtbar wird. Er sitzt wie ein halb geöffnetes Taschenmesser der Fremden zugewandt, so daß er sie fast mit dem Kopf und den Knien berührt. Als er mich erkennt, wird er eine Spur verlegen und rückt sich ein wenig zurecht. Die Unbekannte neigt mir ihr Schneewittchengesicht zu und flüstert: »Ich komme aus der Tschechei, ich heiße Ilonka.«

Ich setze mich auf den freien Stuhl ihr gegenüber, nenne meinen Namen und sage ein bißchen herausfordernd: »Können Sie denn Ihr eigenes Geschick aus Ihren Händen sehen«?

»Dazu brauche ich meine Hände nicht. Ich weiß es. Ich werde umgebracht werden, entweder erschossen oder ersäuft«, sie lächelt, »in nächster Zeit.«

Ich bin zurückgeprallt und starre sie entsetzt an. »Und das sagen Sie so ruhig?«

Ilonka sieht mich mitleidig und überlegen an. »Können wir etwas gegen das Schicksal tun? Sie liebt die Madonna und mich liebt sie nicht. Das ist der Unterschied. Darum wird es Ihnen immer gut gehen, auch wenn Sie jetzt unglücklich sind, und mir wird es schlecht gehen, selbst wenn ich glücklich bin.« Die Worte rinnen klar und leicht aus ihrem Mund. Sie bewegt ihre Mienen kaum beim Sprechen. Das Reden scheint allein Aufgabe des Mundes zu sein, denn die Augen bleiben schwermütig, nur zuweilen blitzt darin ein Frohlocken auf.

»Aber wenn Sie wirklich an Ihre Prophezeiung glauben, können Sie dann nicht einen Ausweg finden?«

»Ich will gar nicht. Für mich lohnt sich das Leben nicht mehr. Meine Familie ist liquidiert, alle – und ich habe zusehen müssen.«

Ich spüre ein Würgen in der Kehle, mir wird übel und

schwindlich. Schande, durch ganz Europa getragen, und nur diese Schande, nur unser Verbrechen, nichts von Guttat würden wir in der nächsten Zeit in öffentlicher und privater Anklage hören müssen. – »Nur weil ich einem SS-Mann gefiel, hat er mich gerettet. Dafür ist er dann erschossen worden. – Ich bin später mit den Soldaten aus der Tschechei fort.«

»Warum sind Sie nicht dort geblieben? In Ihrer Heimat?«

»Weiß nicht.« Sie zuckt die Achseln. »Verstehen Sie immer, warum Sie so oder so handeln müssen? – Ich ließ mich fortschwemmen mit der Armee. Vielleicht wollte ich aus der Gegend weg, wo alles passiert war. Auch habe ich damals schon gewußt, daß ich nicht für lange gerettet bin. Manchmal habe ich wohl in dem großen Durcheinander dieses Gefühl verloren, aber seitdem ich hier bin« – ihre Augen gleiten suchend unter den Bäumen hin und bleiben schließlich an Egons Gesicht hängen, der ihr mit gespielter Blasiertheit zuhört –, »kriecht es wieder dichter an mich heran. Es macht mir beinahe Spaß zu spüren, wie sich etwas Unheimliches um mich schlingt. – Woher kommst du eigentlich?« fragt sie Egon plötzlich aufmerksam.

Der Junge ist so verblüfft über die direkte Anrede, daß er nur stotterte: »Kam von der HJ direkt zur Flak.« Er reckt den Hals und schuddert wie ein Vogel, der hochfliegen will, aber nicht die Kraft dazu findet.

Ilonka lacht: »Ach, du Jüngelchen, bist du schon 17 Jahre alt?«

Egon errötet, als wäre sein Kopf in Himbeersoße getaucht. »18 bin ich. Und gestern war mein Geburtstag.«

Ilonka klatscht ihre weißen kühlen Hände gegeneinander und ruft zu mir herüber, als wollte sie mich an dieser unverhofften Freude beteiligen: »Das müssen wir feiern. Ich habe noch eine Büchse Neskaffee. Geh, Jungchen, und hol einen Topf kochendes Wasser.«

»Wurst kann ich geben«, erkläre ich sofort, froh dem Gestrüpp der furchtbaren Bekenntnisse entronnen zu sein und an der Stelle, wo eben noch ein Tribunal stand, einen gemütlichen Kaffeetisch in Aussicht zu haben. »Aber Brot habe ich nicht genug.«

»Brot habe ich«, Egon erhebt sich, um Kaffeewasser und Brot zu holen.

In diesem Augenblick weht eine helle Flamme heran, Brigitte steht am Tisch. Ohne die Tschechin oder mich zu beachten, greift sie heftig nach seiner Hand und stößt hervor: »Ich suche dich überall, wo warst du denn?«

Die Leidenschaft spricht mit einer solchen Zügellosigkeit aus ihr, daß ich die Augen niederschlage, doch habe ich vorher noch flüchtig Ilonkas erbleichtes Gesicht gestreift. Die Veränderung ihrer Züge ist entsetzlich. Es ist kein Gesicht mehr, sondern die Maske einer Toten, auch wiederum nicht einer Toten, sondern einer zum Tode Bestimmten, einer Totenbraut, die mit geschminkten Lippen und fein gepinselten Brauen ihren Bräutigam erwartet. Von ihren Lippen gleitet ein sanftes Stöhnen, ihre schwarzen Augen gleichen erloschenen Fackeln.

Auch Brigitte hat sich von Egon fort der Tschechin zugewandt. Sie schweigt, aber ihr Gesicht hat etwas vipernhaft Gefährliches bekommen. Keine dieser beiden Frauen, die sich auf den ersten Blick als Feindinnen erkannt haben, spricht ein Wort, und auch ich bin von dieser elementaren Abneigung zu benommen, um vermitteln zu können.

Egon nestelt mit unsicheren Händen an seiner karierten Joppe. Er fühlt sich durch Brigittes herrische Anrede in seiner Männlichkeit herabgewürdigt und gibt in unvermutetem Aufbegehren zurück: »Was willst du denn von mir?«

»Was ich will?« fragt Brigitte und wiederholt noch einmal, »was ich will?« Ihre Energie zerfällt. Unerwartet nachgiebig erklärt sie: »Ich habe dir Zigaretten besorgt. Du hattest doch keine mehr.« Dabei zieht sie aus der Tasche ihres Mantels eine frische Schachtel.

Jetzt ist es Egon, der gierig zugreift. Er reißt ihr die Zigaretten aus der Hand, murmelt »danke schön«, und ein Hauch von jugendlichem Kavalierstum glättet seine Züge.

Als ich von den beiden wieder zu Ilonka hinüberblicke, hat sie sich schon erhoben und geht durch den Kaffeegarten unter den Linden dahin mit anmutigem Gang, eine Einsame. Brigitte und Egon blicken ihr verlegen nach. Der Junge macht eine impulsive Bewegung, um sie zurückzuholen, besinnt sich dann aber und geht mit seiner Freundin dem Hof zu.

Es ist Abend geworden. Die Luft klebt lau zwischen den Bäumen. Ida Pietzsch brennt eine gelbzüngelnde Keiferei ab. Die große Dirne flüstert mit einem blassen Zuchthäusler im Holzverschlag. Die Kuppelmutter aber kreischt mit entfesselter Stimme und flatternden Haaren im Hof vor den Wasserklosetts, schlägt mit der Hand gegen die Tür, bis der Wirt verängstigt heranhumpelt und den sorgfältig gehüteten Schlüssel wortlos ins Schlüsselloch steckt. Das blutäugige Mädchen zerrt ihr Brüderchen böse an den Haaren, so daß der Kleine einen erstickenden Hustenanfall bekommt und der schweigsame Doktor sich zu seinem Töchterchen wendet: »Fängst du auch noch an?« – todtraurig und leise. Da weint Anni helle Tränen aus ihren blutigen Augen. Ich selbst habe Heißhunger nach dem gedruckten Wort, und da ich kein Buch habe, beginne ich mir Gedichte aufzusagen, stockend und geniert.

Flüchtlinge sind keine Leidenslämmer; zwar kommt es nicht zum Aufruhr, doch zu einer flackernden Unruhe. Die Rast macht uns rastlos. Einer haßt und mißachtet den andern, keiner traut mehr dem Nachbarn, die Geduld ist zerborsten, und die Ungeduld fließt verpestend heraus.

Da bricht das Unwetter los. Sogleich atmen die Menschen tief und befreit, sind über die eigene Erregung verwundert und verstummen.

Drei Wolkenberge schieben sich mit weißen Spitzen gegen uns vor. Die Sonne hat sich im Westen niedergekauert und glüht uns mit roten Lichtern an. Im Sprung liegt sie und will den Himmel verschlingen. Aber selbst, wenn sie mit der Tatze ausholte, risse sie höchstens einen Abgrund von Bergmassiv zu Bergmassiv. Die Klumpen graublauer Wolken verwandeln das flache Städtchen in ein Gebirgsdorf, wir sind eingekeilt im Kessel eines Tals, und die gelbe Tigerin beleckt uns nur noch ein wenig mit Licht. Wüst schießt der Wind aus dem Norden und treibt den Gegenwind, der ihn aus der Westecke anspringt, vor sich her. Heulen und Fauchen dynamischer Lüfte, schrille Blitze, zuschlagender Donner, Großangriff der Natur; der Mensch verkriecht sich, bekreuzigt sich, Frauen und Kinder halten Augen und Ohren zu. In die Bäume ist die Furcht pflanzlicher Kreatur gefahren, sie recken ihre Äste hilfeschreiend in die rasenden Winde und hoffen, dem Gewitter zu entfliehen. Aber ein Baum kann nicht entfliehen, nie ist er ein Flüchtling; auch wenn ihm die Krone vom Blitz zerrissen wird und ihm die Arme abgeschlagen werden, wenn er zerspalten wird, bleibt er mit seinen Wurzeln noch im Grund. – Abrupt stocken die Stürme, über den Himmel ist eine milchige Blaubeersuppe ausgegossen, weiße Glocken und dunkle runde Blaubeeren schwimmen darin. Wir fürchten uns und sind voll Sorge, daß der Sturzregen, der gleich herunterschlagen wird, die ungeschützten Koffer und Kisten treffen und durch das sperrige Holz eindringen wird, daß die Betten naß vom Regen werden, die Kinder schreien, die Eltern laut schimpfen. Tiefer aber fürchten wir das Göttliche. Gott spricht aus den Gewittern. Gott spricht aus dem brausenden Meer. Gott spricht aus dem Prasseln der Bomben, dem Bersten der Geschosse. Aber wie selten lächelt Gott. Wie selten spüren wir: Der Allmächtige freut sich am Leben.

»Ich habe Angst«, sage ich am Morgen zu Berthold, als wir auf dem Uferdamm der künstlichen Kanäle zwischen blühendem Weißdorn entlang gehen.

»Wovor hast du Angst?«

»Du sagtest in Dianenhöhe: es wäre ein wunderbares Kriegsende: die Natur sei noch die Natur, der Mensch an Leib und Seele noch ein Mensch, zwar verrottet und verstört, aber immer noch zwei Beine, zwei Arme, Kopf und Herz.«

»Genau so habe ich es nicht gesagt«, Berthold wendet mir zögernd seinen Blick zu.

»Aber gemeint hast du es noch viel schlimmer, weil du Schlimmeres weißt. Du kennst schon die ›noch besseren‹ Waffen.«

»Wir wollen jetzt nicht daran denken.«

»Jetzt. Gerade jetzt und immer«, sage ich hartnäckig.

»Es hat keinen Sinn.«

»Keinen Zweck, aber doch einen Sinn.«

»Du solltest dich schonen. Du behängst dich mit fremden Leiden. Es ist zu schwer für dich.« Er streichelt mir über das Haar.

»Auch das Leiden ist noch unser Bereich, und die Verzweiflung ist auch noch unser Menschliches, aber was ich in der Nacht gesehen habe, das hatte nichts Menschliches mehr.«

»In der Nacht?«

»Ganz früh am Morgen. Ich habe heute früh, als ich mich aufrichtete und hinaussah, nichts gesehen. Nichts.«

Berthold hat sich eine Zigarette herausgenommen, zündet sie aber nicht an.

»Keine Bäume, keine Flüchtlinge, keine Karren, nicht den Zaun, nicht die Straße – nichts. Das dauerte so lange, daß ich mich fragen konnte, warum ich nichts sehe, denn ich merkte, daß meine Augen sehen konnten, und ich erkannte doch nichts. – Wird es so sein? Daß nur noch Staub dasein wird, darunter Erde und darauf nur Staub. Weiter nichts! Wird es so sein?«

Wir blicken uns in tiefem Erschrecken an. Was einer weiß, ist immer noch persönlicher Zufall. Was eine Gruppe von Menschen entdeckt und geschaffen hat, bleibt immer noch wie in einer Eierschale geborgen. Erst wenn es sich der Ahnung aller bemächtigt, wird es herandrohende Wahrheit.

Die Bomben, die Kellernächte, stürzende Häuser, verblutende Menschen, die Fehlgeburten der Frauen, das Zerrissenwerden der Männer – verwüstete Felder, all dies: schreckliche Größe der Menschen.

Furchtbares Elend der Menschen. Es erschien uns in dieser Stunde tragbar, da es immer noch wir waren. Aber das Nichts, wer rechtet mit dem Nichts? Wer überlebt das Nichts?

»Hast du es Mutter erzählt?« fragt Berthold. Ich nicke. »Und was hat sie gesagt?«

»Der Mensch ruht nicht, ehe er sich nicht selbst zerstört hat.«

»Weiter nichts?«

»O doch: ›Und darum wollen wir leben! Erst recht. Und wenn wir es überleben‹ – dabei machte sie Augen so groß wie blaue Laternen – ›dann wollen wir noch einmal so anständig, so tapfer und so fleißig sein. Es muß ein neuer Grund gelegt werden.‹ Danach hat sie die Toten um Beistand angerufen.«

»Wenn sie es nur zulassen«, bemerkt Berthold trübe, aber er meint nicht unsere Toten, sondern unsere neuen Herren, »dann würden wir allerdings tüchtig anpacken, aber ob anständiger –?«

»Das habe ich Mutter auch gefragt, aber sie hat mir als Antwort eine Tasse Bohnenkaffee gekocht und ein Stück rohen Schinken gegeben. ›Erst das Leben und dann die Moral‹, hat sie dazu erklärt.«

Berthold runzelt ein wenig die Stirn. »Woher hat sie das?« Denn wir hatten unsere Vorräte aus Dianenhöhe längst verteilt.

»Von Ida Pietzschs Zuchthäuslern. Mutter sagt: ›Die Küchenschaben kriechen aus den Winkeln. Das Leben geht weiter. Und wenn es bei den Kakerlaken anfängt‹.«

Wir mußten unwillkürlich lächeln. Mutter hat uns wieder auf die Erde und in die Gegenwart zurückgeführt. Wir sind stehen geblieben, und Berthold zündet sich jetzt seine Zigarette an. Hoch über uns fliegt ein Vogel. Berthold zeigt nach oben:

»Die ›Friedenstaube‹ der Amerikaner, sagt er mit schwankender Stimme, »ein Fieselerstorch! Wenn er nicht beschossen wird, bedeutet es Unterwerfung.«

»Der Frieden wird nichts anderes sein als so ein Flüchtlingslager im ›Grünen Baum‹. Zwischen zwei Trecks ein bißchen Ausruhen.«

»Das würde Mutter nicht sagen«, bemerkt Berthold vorwurfsvoll. Ich seufze ein wenig. »Man muß schon sehr alt sein, um immer zu hoffen.«

»Gut«, erklärt Berthold entschlossen, »laß uns nicht ohne Vertrauen sein!«

Geflüster und Gewisper streicht durch die Stadt, die Häuserchen schwatzen mit funkelnden Scheiben. Die Menschen haben ihre grauen Münder aufgetan und ihre Augen blank geputzt; verschüttetes Vertrauen wird schüchtern sichtbar, und manche Hoffnung springt keck von den Lippen. Hier klingt ein Scherzwort und dort eine lustig-derbe Antwort. In der Schlange der nach Brot anstehenden Frauen kommt es zu keinem Handgemenge, nicht eine Frau reißt der anderen das Brot aus dem Korb, und die Männer zeigen sich verständig beim Fleischanstehen, sie prügeln nicht gleich drauflos, wenn einmal ein ›Zivilistenschwein‹, so ein stets UK-Gestellter, vor einem Landser in der Reihe wartet. Alle haben ihren Sinn auf Höheres gerichtet, und dies scheint in der Luft zu schweben. Eine sonntägliche Fröhlichkeit beschwingt die Gemüter und macht die Bewegungen der Menschen leicht und auch ein wenig aufgebläht wie Segel, die vor dem Wind treiben über einem großen See.

»Die Amerikaner kommen!« Wer es noch bezweifelt, der wird es gleich erleben. In Dessau sind sie schon und über die Mulde auch, in Waldersee und Oranienbaum. ›Ach, so schlagt doch die Hände zusammen, Frau Nachbarin, und fleht, daß sie auch nach Wörlitz kommen. Die Amerikaner, die haben doch alles: Brot und Milch und Konserven und Kaffee, und sollen freundliche Burschen sein. Schließlich haben wir ihnen ja auch nichts getan. Waren wir vielleicht in Amerika, haben wir die Städte zerbombt wie in England und Polen? Und von Rußland wollen wir schweigen, an Rußland wollen wir nicht denken, sonst fängt der Specht unseres Gewissens wieder an zu pochen. Ein großes Glück, daß die Amerikaner kommen. Wenn sie doch schon hier wären! Könnte man ihnen nicht die Zeit wie einen roten Teppich entgegenrollen und ihnen Blumen streuen und kleine Mädchen in weißen Kleidern zur Begrüßung schicken? Die Häuser mit Fahnen bewimpeln, mit den Friedensfahnen, die weiß wie Laken und Totentücher sind?‹

Im Hof »Zum Grünen Baum« zwitschern alle Hoffnungsmeisen; die Flüchtlinge setzen sich auf ihre Kisten und auf die wackligen Stühle mit ausruhsüchtigem Hinterteil. Denn warum sollen sie weiterfliehen, wenn doch die Amerikaner wirklich bis hierher kommen? Hier sitzen sie. Und alles andere werden sie jetzt erst einmal abwarten. Diese plötzliche Stauung bringt Hof und Kaffeegarten, die Veranden und Zimmer des Gasthofs zum Überschwappen. Die Menschen scheinen aus den Fenstern zu tropfen, wenn nicht leiblich, so doch mit ihren Stimmen. Ein Rufen und Gelächter ist da, und die kleinen Frechdächse versuchen auf die Bäume zu klettern, von zeternden Müttern am Hosenboden heruntergeholt. Alle behaupten, den Fieselerstorch gesehen zu haben, und einige haben ihn sogar wirklich gesehen. Der Frieden, der gestern noch ein fernes Phantom war, steht jetzt als eine pralle junge Frau mitten unter ihnen. Jeder glaubt, ihre frische Haut, ihr herzhaftes Gesicht zu erkennen. Zwar tut sie noch ein bißchen spröde, aber man sieht es dem roten Mund an, daß er gern und bald lachen wird. Die Flüchtlinge sind vor Erwartung berauscht. Jeder versucht, dem anderen etwas Gutes zu tun.

Am nächsten Morgen kommen die Amerikaner. Nicht eine Truppe, nicht ein Troß, kein Fähnlein, keine Kolonne, überhaupt keine Mannschaft. Drei Jeeps fahren vor das Rathaus, die Insassen des ersten steigen aus und verschwinden in der offenen Tür. Eine orangerote Fahne wird gehißt, ein Zettel angeschlagen: Wörlitz gehört zum amerikanischen Besatzungsgebiet. Die Soldaten kommen wieder heraus, schlaksig, groß, blond, gucken sich nicht einmal um, obgleich doch genug Wörlitzer zum Anschauen dastehen, schwingen sich in die Karosse und flitzen fort. Feierlich ist das nicht. Uns wird der erste Begriff von schlichter Demokratie vermittelt. Eingeborene und Flüchtlinge sind sehr beeindruckt. Die Handlung ist zum Symbol vereinfacht und hätte auf einer chinesischen Bühne gespielt werden können: Wie bei einem chinesischen General jedes Fähnchen auf dem Haupt eine Truppe bedeutet, so verkündet jeder Insasse der Jeeps eine Armee mit Panzern, Flugzeuggeschwadern, Infanterie, Bagage, Ambulanz, Benzinschlange. Schon einer von den Jungs, – frische Kerle, freundliche, rosige Gesichter, die weißen, festen Zähne gegeneinander malmend, – bedeutet eine Macht, die wir erfahren haben. Schau auf die Städte, die sie in Trümmer schlugen, blick auf die zurückgelegte Strecke von Caën bis zur Elbe, dann siehst du, was sie geschafft haben: Land verschlungen wie ausgehungerte Erdfresser, haben aber gar kein Interesse am Boden, wollen damit gar nicht sagen: ›Dies ist von uns erobert und bleibt unser Besitz‹, sondern: ›Dies ist von der Freiheit für die Demokratie erobert.‹ Alles für die Idee und ein bißchen als künftiges Absatzgebiet. Vorläufig aber wollen sie uns wieder zu Menschen machen, uns ›Germans‹! Also mal das Unauffällige herzeigen, kein Tschingdarassa, keinen Schneid, keine goldstrotzende Protzerei: drei Jeeps, eine Fahne und Schokolade an die Kinder verteilt.

Bald sind sie wieder fort wie ein Traum in der Sekunde vor dem Erwachen, und wenn nicht die Süßigkeit in der Hand der Kinder pappte und die Fahne vom Rathaus wehte, könnten wir glauben, es sei ein Spuk gewesen.

Die Zuschauer stehen mit langen Nasen: ihnen ist gründlich imponiert worden. Eine solche Nonchalance kommt aus einer Echtheit, aus einer Sicherheit, die wir nicht einmal dann ganz nachfühlen können, wenn wir uns die Bedeutungslosigkeit des Wörlitzer Ländchens klarmachen. Eine fremde Natur hat uns aus dem Stegreif eine der Haupthandlungen der Geschichte vorgespielt in einer uns so neuen Tonart, daß selbst der Einfältigste begreift: hier ist eine andere Welt eingezogen. Aber wenn uns auch ihre Schlichtheit die eigene Sucht nach militärischem Gepränge beschämend vor Augen führt, so wird uns gleichzeitig erkühlend eine Gleichgültigkeit gezeigt, von der für die Zukunft vielleicht nichts Böses, aber auch nichts sonderlich Gutes zu erhoffen ist. Hier wird ohne Haß mit Gerechtigkeit und Zweckmäßigkeit gehandelt werden. Wenn wir aber mit Gerechtigkeit behandelt werden, kann nichts Förderndes geschehen. Hoffnung birgt allein noch die Zweckmäßigkeit. Welchen Vorteil hätte es für die Großkontinentler, so einen zerstörten Eingeborenenkral wie dieses Deutschland am Leben zu erhalten? Doch vielleicht kann im Hinblick auf den Gesamtblock, in dem es steckt und der immerhin der Mutterboden des großjährigen Amerika ist, seine Rettung Wert haben, auch als pädagogische Demonstration im völkerrechtlichen Sinne. Wenn auch vorläufig nur als Seuchenkranker in Quarantäne zur Ausheilung angenommen, dann zu kontrollierter Arbeit zugelassen, darf es nach vieljähriger Bewährungsfrist wieder auf ein bescheidenes Dasein hoffen. So bringt das Eintreffen der Jeeps wirklich Anlaß zu einem gelinden Zukunftsglauben. Ob Nazi oder Naziopfer wird dabei fürs erste nicht bedacht. Für feinere Unterschiede ist die Zeit noch nicht gekommen.

Wir wissen nicht, wie ein Ereignis, selbst wenn wir es herbeiwünschten und in unserer Phantasie hundertmal vergegenwärtigten, wirkt, wenn es wirklich eintritt. Die Sieger sind schon so oft durch meinen Seelenraum gerollt, geflogen und marschiert, daß ich sie meiner Vorstellung vertraut glaubte. Nichts Erschreckendes haftete ihnen an. Aber als sie leibhaftig erschienen, durchtrommelte mich ein Schmerzenswirbel längst versiegt geglaubter Gefühle von Ehre und patriotischem Stolz, die nicht einmal so sehr mir selbst, eher einem dumpfen Urton der Menschheit entsprangen. Meine Blicke schauen verständnissuchend nach Menschen aus, die wie ich das große zerschlagene Vaterland beklagen müssen. Vergebens. Sie alle sind dem Augenblick zugetan, lachen und schwenken beim Gehen die Arme. Nichts ist übriggeblieben von ihrer hingebenden Anbetung an das Reich, das sie noch vor kurzem zum Fetisch ihrer Verehrungssucht erhoben haben. Nur die kargste Zeitspanne ist ihnen noch gültig. Sie fühlen Sonne und werden warm, die Nacht zieht empor und sie frieren, der Magen ist satt und sie hungern nicht mehr, der Kopf sinkt ins Stroh und sie schlafen. Jetzt sind die Amerikaner gekommen; das bedeutet Entspannung, Ruhe. Kein Auge trübt sich, kein Mund bricht in eine Klage aus. Der Krieg ist verloren, Gott sei Dank, endlich ist er zu Ende. Es lebe der Frieden, – und der Sieger lasse uns leben.

Ich gehe an einem bunten Gärtchen vorbei und spüre, wie mich die Erde mit gütiger Gier ansaugt. ›Ich falle, ich stürze‹, denke ich hilflos. Da schiebt sich mir ein Zaun in den Rücken wie ein achtsamer Freund, als habe er schon vorsorglich nach mir ausgeschaut. Ich lehne mich dankbar an, die Tränen springen über meine Wangen. Entehrung, Verelendung, Verworrenheit und vor allem Mißtrauen, das wie fressendes Unkraut aufgehen würde, Mißtrauen des Einzelnen gegen den Einzelnen, des Einzelnen gegen sein Volk, des Volkes gegen die Welt und der Welt gegen jenes Volk, das die Nazis ausgeworfen hatte, werden mir schockartig gegenwärtig. Während der Anklage der Menschheit und unserer kargen Verteidigung, in der Not der Nachkriegszeit, im Schauer der Ruinen, hinter Pappfenstern am kalten Ofen, bei Hunger, Seuchen, inmitten seelischen Verfalls, welche Widerstandskraft und welcher Gleichmut würden nötig sein, um dieses Leben, das uns allen bevorsteht, zu ertragen! Wie wird zwangsläufig der Mensch den Mitmenschen als Bazillenträger des Unglücks fürchten! Die Selbstsucht wird uns des festen Zusammenhalts berauben, dieser allerletzten Möglichkeit, die Achtung der Feinde durch Treue zum eigenen Schicksal wieder zu erringen.

Da höre ich die Stimme des Versuchers: »Möchtest du Sieger sein?« Ich erschaudere. Nein, ich möchte nicht Sieger sein. Ich möchte in keinem Jeep, in keinem Generalsauto vorfahren mit dem Recht des Eroberers und erklären: »Dies Land besetze ich.« Ein Land, ist das nur Stein und Erde, Felder und Wälder und Gärten? Land bedeutet Menschen. Wie kann ich Menschen für die Dauer gewinnen, wenn nicht durch Freundschaft? Wird man aber einem Sieger die Freundschaft glauben? Hat er sich nicht eben noch feindlich gezeigt? Nein, nein, ich möchte nicht gesiegt haben. Lieber selbst elend sein als über das Elend herrschen. Bergehoch würde sich auf mich die Verantwortung für das geschlagene Volk häufen, das ich nicht kenne, für das hungernde Volk, das ich nun werde ernähren müssen, für das von Tyrannei verratene, verdorbene Volk.

Ich möchte nicht gesiegt haben, denn ich weiß zu viel über meine eigene Unzulänglichkeit, um andere beherrschen zu können, Menschen, von deren Herkommen und Gewohnheit ich nichts verstehe, mit denen ich noch nicht im Bauernhaus geschlafen habe, deren Hausfrauen ich noch nicht die heimischen Gerichte kochen sah, in deren Schulen ich nicht eintrat als Sechsjähriger, deren Schulen ich nicht verlassen habe als Siebzehnjähriger; ein Volk, durch dessen Wälder und Städte ich aber einmal in einer glücklichen Ferienzeit gefahren bin, und ich fand alles so ›lovely‹ und so ›strange‹. Nun aber sollte ich wiederkehren mit der Miene des moralisch und militärisch Überlegenen und meine Freunde von früher aufsuchen und in ihre von Überanstrengung, Schlaflosigkeit, Hunger und Scham zermürbten Gesichter blicken und noch Freude und Mut genug finden zu erklären: »Ich bin Dein Sieger?« statt beide Arme zu öffnen und zu rufen: »Hallo, boy, what's about Lieschen?« jenem blonden Mädchen, das uns beiden gefiel, und dann zu erleben, wie der Kumpan von einst nur antwortet: »Beim Angriff umgekommen!« Nein, nein, ich möchte nicht in das Land meiner Freundschaft, Achtung und Liebe wiederkehren, nachdem der Totentanz darin ausgerast hat und statt der Universitäten, auf denen ich meinen Verstand bildete, und der winkligen Wirtshäuser, in denen ich mich am Wein berauschte, bis ich die eigene Sprache lallte wie die Sprache der Fremden, und statt des heimlichen Stübchens meines Mädchens, statt all des Liebenswerten und Kostbaren dieses altertümlichen Landes nur Trümmer vorfinden, von uns geschlagen, – nur weil dieses Volk in die Fänge des Teufels geraten war. Hochmut und

Scham beschlügen mein Sieger- und Wiedersehensglück mit Mehltau, und die rechthaberische Vernunft begehrte vergebens gegen den Vorwurf meines Gemütes auf. Schlug die Strafe nicht zu hart hernieder, blindlings auf Schuldige und Unschuldige? Sind die Unschuldigen unter den Besiegten nicht genau so unschuldig an den Greueln der Nazis wie ich an der Zerstörung ihrer Städte, der ich nicht aus einer Superfestung Bomben gleich Riesenhagelkörnern auf sie herabschüttete? – Unselige Verworrenheit, da Schuld und Unschuld sich zur gräßlichen Vermählung schlingen und sich niemals wieder reinlich scheiden können vor irdischem Gewissen. – In meiner Unsicherheit könnte ich gar nicht anders, als aus dem Schutt das übriggebliebene Schöne herauszuwühlen und in den zerstörten Herzen, die mir doch einmal so vertraut waren, nach den Überresten unserer gemeinsamen Jugend zu suchen. Was nützte mir die Freiheit der ganzen Welt mit all ihren Herrlichkeiten, wenn ich mich doch selbst als der reichste aller Sieger zu arm fühlte, diesem Volk, das mir vielfältig nahe stand, wahrhaft zu helfen, indem ich es von seinem Schicksal befreite?

Wenn ich hier noch lange an dem wackligen Zaun lehne, wird der alte Mann, der mir gegenüber in seinem Gärtchen Salat schneidet und mich schon zweimal erstaunt angesehen hat, vielleicht bald den Mund auftun: »Seien Sie doch fröhlich, junge Frau. Es ist Frieden. Die Amerikaner sind da. Sie haben meiner Enkeltochter Bonbons geschenkt, rote und grüne.« Und dann werde ich ein wenig bitter hinüberrufen: »Ihre Tochter geht sicher einmal nach Amerika. Sie wird sich wieder verheiraten mit einem von den großen gutgenährten Soldaten, und Ihre Enkeltochter wird den ganzen Tag Bonbons naschen können und auch Schokolade, drüben in Amerika.«

Erst die Bomben, dann die Quäker. Zertrümmerte Kathedralen, Schlösser, Museen, Städte, eingetauscht gegen ein bißchen Liebe und Schokolade. Was kostet eine Büchse Kaffee, eine Packung Lucky-Strike? Den Dresdener Zwinger, die Würzburger Residenz und Tote, Tote, Tote. Reiß' die Bitternis aus dem Herzen, du selbst bist mit schuld, weil du die Greuel überlebt hast. Schuldig ist, wer übrig bleibt. Wer Anstand besaß, kam um. Schenkt man dir noch Vitaminplätzchen, schwarzen Tee, Zigaretten, nimm es dankbar. Bettler dürfen nicht mäkeln. Demut ist der Stolz der Sklaven. Für das Kind, das Schokolade nicht kennt, ist sie Mannah des Friedens. Vergiß 30 Jahre satter bürgerlicher Kultur, werde zum Säugling, kau dankbar die Erstlingsgabe aus der Hand des Siegers. Kinder haben Recht, sie haben kein Vorurteil. Junge Mädchen haben das Recht, mit jungen Männern über große Wasser zu fahren und einfach glücklich zu sein. Dies wird die einzige Möglichkeit sein für den Sieger, den großen schweren Sieg zu ertragen. Die jungen deutschen Frauen und Mädchen haben etwas Frisches und Ordentliches, sie scheuen sich vor keiner Arbeit, lachen gern und werden rundgesichtige, rosige Mütter sein, die ihren Boy als gummikauenden Erlöser anbeten. Man sollte die Menschen immer so für sich handeln lassen. Dann wäre alles einfacher.

Es ist kaum eine halbe Stunde vergangen, seit die Jeeps in Wörlitz vor das Rathaus fuhren. Gefühle und Gedanken vermögen Niedersturz, Besinnung und zaghaften Aufstieg in Minuten zu vollbringen. Die Sonne hat mein tränenfeuchtes Gesicht getrocknet. Gegen die Erde gestemmt, strecken sich die Knie, der Kopf hebt sich und atmet tief die stärkende Luft ein. Im Haar spüre ich die Wärme der Sonne, meine Hände, die geballt in den Taschen vergraben sind, lösen sich, sie steigen empor wie Verbannte und strecken ihre Finger. ›Fünf Finger an jeder Hand‹, ist das nicht ein Reichtum in all der Armut? Zehn gesunde Finger an zwei gesunden Händen, zehn gesunde Zehen, recht lustige Zehen, immer bereit, im Schuh ein bißchen zu spielen, an einem wandertüchtigen Fuß, ist das nicht ein wahres Geschenk? Zwei Augen, um sehen zu können, ein Verstand, um zu denken, ein Herz, um zu fühlen, ein aufrechter Körper, ein unverwundeter Leib, gilt das nichts? Besinne dich, bevor du klagst, besinne dich auf alles, was dir geblieben ist, und die Fülle der Gaben wird dich erschrecken mit der Aufgabe, sie sinnvoll anzuwenden. Du bist auf dich gestellt. Kein Staat schützt dich, kein Gesetz hilft dir, deine gesellschaftliche Stellung ist verloren, deine Leistung fragwürdig, deine Freunde sind in alle Himmelsgegenden verstreut. Dennoch: Wer hilft, dem wird geholfen. Die Last, die du trägst, bringt dich vorwärts. Wenn du die Verantwortung, die dir als einziger Wert geblieben ist, von dir wirfst, so wird die große Gottes-Verantwortung dich verwerfen. Indem du lebst, lebst du für andere. Indem du fortexistierst, existiert mit dir ein winziger Teil von dem, was du als vernichtet betrauerst: das Volk. Wo du sein wirst, wird sich Heimat bilden.

Die Erde unter meinen Füßen lacht in tausend feuchten Lehmfältchen. Wir sehen uns an von Angesicht zu Angesicht. Ich beuge mich herab, sie schaut herauf: unzerstörbar, ewig neu gebärend, Gräser, Würmer, Tier und Mensch. Das Vaterland vernichtet, doch die Mutter Erde bleibt.

Am Zaun entlang spazieren Arm in Arm Sophie und Franz, und das schwarzlockige Töchterchen und die braunlockige Schwiegertochter tänzeln hinterdrein.

»Die Amerikaner sind da!« ruft Sophie frohlockend. Das graublonde Haar leuchtet in der Sonne, als sei es wirklich nur blond – und ihre Augen sind vor Erregung kräftig aufgeblaut. »Ich bin ihnen entgegengelaufen, und wir haben sie am Stadteingang erwartet, sie blieben dort ein Weilchen stehen, drei von den komischen Autos ohne Tür, wo man so schnell herein- und herausspringen kann. Ich habe vor Glück weinen müssen.« –

Franz lächelt geschmeichelt. »Ein Amerikaner hat gefragt: ›Warum weint die Frau?‹ Und Melanie hat geantwortet, – wie hast Du gesagt, Melly?«

Melanie, die Schwiegertochter, wiederholt: »She is so happy, that you come in.«

Sophie nickt stolz mit dem Kopf. »Da hat mir der Soldat eine kleine Packung geschenkt, ein Wunderwerk mit Keksen, einem Zitronenpulver, Zucker, Bonbons, ›dinner‹ steht darauf.«

»Ja«, antworte ich etwas mühsam, »die Amerikaner sind sehr praktisch in ihrem Proviant und sehr freundlich, daß sie uns etwas abgeben!«

Franz möchte gern weiter, er wittert, daß ich die aufgeregte Freude Sophies nicht teile. Er weiß plötzlich, daß sich seine Frau verkehrt benommen hat. Sein männliches Gesicht mit den starken Brauen, dem schwarzen Schnurrbart über einem roten Mund verdüstert sich, aber Sophie ist nicht so leicht einer Freude zu berauben.

»Die Amerikaner sind auch sehr großzügig zu den Nazis«, plaudert sie weiter, »dann hat es doch wenigstens Sinn, daß wir über die Elbe geflohen sind. Franz wird ganz bestimmt in einem der Dörfer auf dieser Seite seine Praxis eröffnen können!«

»Ich bin ganz sicher, daß es euch gelingt«, meine Augen kneifen sich zusammen.

Sophie merkt nichts, aber Franz versucht sie am Arm mit fortzuziehen. Er spürt, daß ich denke: Es wird euch auch in Zukunft gelingen, gut zu leben, wie ihr unter Hitler gut gelebt habt. Kork schwimmt immer oben.

Aber Franz ist kein Kork. Er war ehrlich vom Heil der Nazis überzeugt, und als er nicht mehr glaubte, blieb er doch aus Anstand und zu Deutschlands Rettung weiter in der

Partei. Auch Sophie ist kein Kork. Sie ist eine Freundin der Freude. Die Ursache ihres Entzückens ist dabei nicht wichtig. Wenn ich an ihr Gewissen pochte, würde ihr Gesicht sogleich vergrauen, die Augen verblassen, und die plaudernd vorgewölbten Lippen zögen sich bekümmert kinnwärts. Sie ist nur gedankenlos, und sie pflegt ihre Gedankenlosigkeit als den Humus ihres Herzens.

»Ich will nur sehen, ob der Jeep noch vor dem Rathaus steht«, ruft sie mir zu und geht an Franzens Arm beschwingt davon.

Jorinde und Melanie sind schon vorangeeilt. Die Luft duftet von frisch entfaltetem Grün, und es gibt eine Ecke in meinem Herzen, wo ich die Freunde von einst um ihre Arglosigkeit beneide!

Im »Grünen Baum« stehen Mutter und Frau Friesigk beieinander.

»Schande!« schreit die Schwangere, »ich schäme mich unter die Wurzeln der alten Bäume hier!« Und sie schlägt mit der Rechten gegen die rissige Rinde einer Kastanie. »Erst werfen sie uns die Städte kaputt, jagen uns auf die Straße wie Hunde, bringen die kleinen Kinder um, und wenn sie dann kommen, laufen wir ihnen noch entgegen und jubeln ihnen zu!«

Mutter streichelt ihren Arm. Friesigk, den ich jetzt erst bemerke – immer übersieht man ihn im ersten Moment neben seiner Frau –, blickt beunruhigt umher. Zwei Mädchen, die vorübergehen, wenden neugierig ihre Köpfe und nicken lebhaft. »Wir haben ihre Städte ja auch angegriffen. Und wir haben sogar angefangen«, sagt er.

»Ja, wir! Wir hatten die Nazis, aber die Feinde, das sollen doch normale Menschen gewesen sein! – Daß die Toten nicht auch noch aufstehen und mit Fahnen wedeln!«

»Wer bleibt im Krieg anständig?« fragt Berthold, der im selben Augenblick wie ich von der anderen Seite herantritt.

Frau Friesigk reckt sich, daß ihr Leib gewaltig hervortritt: »Warum macht die Menschheit Kriege? Warum? Warum?« Sie starrt uns mit brennenden Augen an.

Berthold und Friesigk blicken schuldbewußt zu Boden. Immer sind Männer vor einer schwangeren Frau, die sich gegen den Krieg empört, schuldbewußt. Da erklärt Mutter zu unser aller Verblüffung: »Was die Masse verdirbt, muß der Einzelne wieder ausbügeln!« – Und den Kopf hebend, fährt sie fort: »Ich bin auch den Amerikanern entgegengegangen. Wir sollten allmählich anfangen, uns vom Krieg frei zu machen.«

»Du?« frage ich fassungslos.

»Ja, ich. Deine Mutter.« Und direkt zu Frau Friesigk gewandt, der eine Zorneswelle das Gesicht rötet: »Ich wollte doch sehen, was die fliegenden Ungeheuer ausgebrütet haben.« Sie lacht gutmütig: »Nichts als Kücken! Die fliegenden Krokodile haben Kücken geheckt!«

»Kücken, Kücken!« schreit Christel. Sie hat sich ängstlich hinter den Rock meiner Mutter verkrochen und guckt jetzt mutwillig hervor.

»Aber wer hat die Kücken in die Ungeheuer gesteckt und wer hat sie gelehrt, auf den Knopf zu drücken, daß die Bomben herabprasselten?« fragt Berthold.

»Ich glaube, ich gehe zu den Russen«, sagt Friesigk. Wir starren ihn an. Er hat mit ausdrucksloser, fast leiser Stimme gesprochen, aber der Ton seiner Worte dröhnt in uns lauter als die Schreie seiner Frau.

»Warum zu den Russen?« Berthold ist betroffen.

»Da ist was zu tun«, murmelt Friesigk verlegen über die Bestürzung, die seine Absicht hervorgerufen hat.

»Wir werden Sie hier brauchen«, antwortet Berthold bedrückt.

»Natürlich«, Friesigk richtet sich etwas auf. »Aber dort drüben ist auch alles zertrümmert, und da waren wir die

Kücken in den fliegenden Krokodilen, die jemand gelehrt hatte, wie einfach es ist, auf den Knopf zu drücken.«

Überraschenderweise hat die Erklärung ihres Mannes Frau Friesigk beruhigt. Sie blickt vor sich hin und sagt dann mit einer ganz anderen Stimme: »Die Russen sind auch von Müttern geboren« und wendet sich schwerfällig ab: »Komm, Günther, wir wollen zu Abend essen.« Bevor sie sich aber entfernen, ruft sie uns zu: »Ich habe ein Bett im ›Weinlaub‹, dort hat der junge Hartmann ein Behelfshospital für uns Frauen eingerichtet, sogar eine Ärztin hat er organisiert! Und da sich Mutter offensichtlich freut, fügt sie hinzu: »Bärbel aus der Glasveranda erwartet auch bald ihr Erstes.«

Dann geht die kleine Familie über das zertretene Gras vom »Grünen Baum« dicht nebeneinander hinaus. Mit der Linken hält die Schwangere ihren Mann und mit der Rechten ihr Kind.

Wir drei blicken ihnen schweigend nach. Dann sagt Berthold: »Er ist mein tüchtigster Ingenieur. Der Gerechtigkeitswahn wird noch manchen umbringen.« Und in bitterer Ironie schließt er: »Das Land der Zukunft heißt Sibirien – für viele von uns.«

Am nächsten Morgen rollt ein Auto an aus Piesteritz, vollbesetzt mit Männern und Frauen. Sie erfüllen sogleich den Kaffeegarten unter den Bäumen mit anmaßendem Getöse. Sie schaffen sich Platz durch ihre Vielzahl und durch die Bestimmtheit und Geschlossenheit ihres Auftretens. Die anderen Flüchtlinge mit ihren Handkarren und Kinderwägelchen werden auseinandergetrieben, an den Zaun gedrückt. Ein mittelgroßer Mann mit Ledergamaschen und Glatze tut sich als Anführer hervor. Er gibt Anweisungen, kurz und klar. Seine Leute umstehen ihn gehorsam und nicken beifällig mit dem Kopf.

Der Anführer ist ein Feuerwehrmann des Piesteritzschen

Stickstoffwerks, alter SA-Mann, gehaßt und übel beleumundet. Durch Parteigewalt erhielt er die Polizeiaufsicht im Werk. Sein hageres Gesicht mit festem Gebiß zeigt Brutalität und Intelligenz. Er hält sein Häuflein zusammen; bald maßt er sich Kommandorecht an, nicht nur über seine Autohorde, sondern im Bereich des »Grünen Baums«. Nach zwei Tagen erhebt er sich bereits zur Hilfspolizei von Wörlitz aus eigener Machtbefugnis. Er und seine Leute tragen weiße Armbinden mit schwarzer Aufschrift: »Hilfspolizei«. Die amerikanische Besatzung beachtet ihn nicht, sie achtet überhaupt nicht auf uns, sie flitzt zuweilen zum Eichenkranztor herein und heraus, und die Insassen blicken nicht rechts oder links. – Nur ein Befehl wird ausgegeben, daß Waffen und Munition abgeliefert und die Barrikaden niedergelegt werden müssen.

Der Feuerwehrmann stürzt sich gierig auf diese Anordnung. Er macht ihre Ausführung zu seiner Obliegenheit. Er läßt ausrufen im »Grünen-Baum«-Bezirk, daß morgen früh um acht Uhr alle Männer, ganz gleich welchen Alters, antreten sollen. Ein Grund wird nicht angegeben.

Die Männer versammeln sich, Gehorsam gewohnt, viele besorgt, daß sie sofort in Richtung Unbekannt abmarschieren müssen, die Frauen ängstigen sich, – die Kinder gucken mit runden Augen auf die Väter, die im Regen geduldig warten. Endlich verkündet der Piesteritzer mit Befehlsstimme: »Antreten zum Waffen- und Munitionssammeln und zum Abbau der Barrikaden.«

Die Männer rücken aus in Sechserreihen. Berthold mit ihnen. Sie sammeln in Wiese und Wald bis zur Elbfähre Handgranaten und Munition wie Kinder Ostereier im Gras und unterm Laub. Jeder denkt seinen Teil bei diesem traurigen Geschäft: ein waffenloses, ein wehrloses Volk der eine, – ein waffenloses, ein ehrloses Volk der andere. Waffen ohne Männer, Kriegslast gesammelt von Männern, die zu lange Waffen getragen oder von solchen, die UK gestellt, an den

Wunderwaffen mit gerechnet, gezeichnet, geschweißt haben. Jetzt können sie sich ihre heimliche Wunde offenbaren, daß sie sich vom Führer verraten fühlen. Sie alle gleichen Glaubenskämpfern, deren Heiland sich als ein falscher Christus erwies, als Zerstörer und Wahnsinniger – und sie möchten sich an die Stirne schlagen und die Fäuste ballen über die schändlichen Lügen und ihren heftigen Glauben. Fast alle bekennen, daß sie schon immer mißtraut haben. Wenige nur wagen noch ihre sture Führertreue zuzugeben. Aber es gibt immer noch einige, die ihn selbst als den Verratenen beklagen. Die Männer sprechen halblaut zueinander. Die Angst vor den Spitzeln der Amerikaner oder der Russen sitzt ihnen im Nacken.

Die Männer haben ihre Köpfe trostlos gesenkt. Es geht manchem klar und vielen dumpf durch den Sinn, daß Worte, die bisher heilig waren, wie Vaterland, Ruhm und Heldentum, nun für lange verfemt sein werden, und daß sie selbst froh sein können, wenn sie einmal statt der großen Heimat ein bescheidenes Fleckchen für sich und ihre Familie finden. Gelehrte und Arbeiter, Bauern, Angestellte, Ingenieure und Ärzte, sie alle streifen durch den herrlichen Wald und heben die Waffen auf, die die desertierenden Soldaten von sich warfen, um zu werden wie sie: zivil und ihrer eigenen Arbeit möglichst bald zugetan.

So wird der Wald frei vom Krieg; doch an seinem Rande häufen sich Waffen und Munition zu Hügeln, – und der liebliche Wörlitzer See wird das feuchte Arsenal von Maschinengewehren und Handgranaten, und auch die riesigen Augen der Scheinwerfer, die ehedem weiß und scharf den Himmel nach Fliegern ableuchteten, sind darin untergegangen. Kleine muntere Jungen tauchen nach Pistolen und Patronen und johlen laut bei jedem neuen Fund! Das meiste aber ist zu tief versunken – es ruht im Schlamm wie Eisenskelette von Urtieren unserer technischen Zeit: das Pulver wird feucht, die Läufe verrosten, die weggeworfenen Monturen verbleichen und zerfallen zu Morast.

Von der Waffensuche kehren die Männer kleinlaut zur Feuerstelle heim. Sie kommmen sich entmannt vor und ihrer wahren Aufgabe, Schützer der Familie und des Volkes zu sein, endgültig beraubt. Aufatmend und doch mit einem heimlichen Groll stellen sie wieder einmal fest, daß ihre Frauen von dem großen Ereignis nicht erschüttert sind. Für so eine Frau ist eben der Kochtopf wichtiger als ein verlorener Krieg! Sie hat keinen Weitblick, und der Augenblick ist für sie die Ewigkeit.

»Primpke«, ruft eine dicke Frau nach rückwärts, während sie ein Paar Unterhosen auf die Leine hängt. »Primpke«, ruft sie noch einmal und schon entschiedener, als sie nicht gleich die schwerfälligen Schritte ihres Mannes hinter ihrem Rücken hört. Und als er endlich dasteht, fragt sie ihn über die Schulter hinweg, ohne sich groß umzusehen, denn sie weiß es im Geiste seit 40 Jahren, wie er so dasteht, immer etwas verlatscht in den Beinen, den Bauch vorgereckt, ob er noch einen hat wie früher oder keinen mehr wie jetzt, ob er in der blauen Monteurjacke dasteht oder in der schäbigen Soldatenmontur: »Wo warst du nun?« Da sie weiß, wo er war, nämlich auf Waffensuche, und er weiß, daß sie ihn nur aus altgewohnter Übung fragt, um ihn auch auf der Flucht nicht ihre Herrschaft vergessen zu lassen, antwortet er geduldig: »Auf Waffensuche, Befehl der Amerikaner.«

Frau Primpke fragt mit einer hinterhältigen Freundlichkeit: »Wo habt ihr denn die Waffen gelassen?«

Primpke antwortet noch ganz bieder, aber schon mit dem dunklen Untergefühl, daß er an der nächsten Frage hängen bleiben wird: »Zur Abgabe aufgestapelt und den Rest im Wörlitzer See.«

»Mann«, sagt Frau Primpke und wendet ihm jetzt ihre

volle Gestalt zu, wobei sie die Linke in die Hüfte stemmt und mit der Rechten sich nachdenklich über den grauen Scheitel fährt, »warum solltet ihr denn die Waffen suchen?«

»Weil Frieden ist, Alte, warum denn sonst?«

»Gut. Dann sage mir aber mal, werden die Amerikaner, weil nun Frieden ist, auch alle ihre Waffen sammeln und ins Wasser werfen?«

»Nein«, erwidert der Meister, »das glaube ich nun wieder nicht.«

»Warum nicht? Wenn doch Frieden ist?« fragt seine Frau zurück.

»Weil sie gesiegt haben«, und dabei beginnt Primpke mit dem rechten Fuß voll Ungeduld und auch vor Unsicherheit zu scharren, denn er kennt die Hartnäckigkeit seiner Alten.

»Wenn wir aber doch Frieden haben«, fährt Frau Primpke durchbohrend fort, »dann brauchen doch auch die Sieger keine Waffen mehr, oder was meinst du?«

Primpke findet diese Reden ungehörig. Aber seine Alte war schon so bei den Nazis. Immer hat er gezittert, daß sie ihn mit ihren Fragen um seinen Amtswalterposten und um die Extraration bringt. »Über die Amerikaner zu urteilen, ist nicht meine Sache, Mutter, damit wollen wir überhaupt nicht erst anfangen. Was die bestimmen, das ist nun mal so, und am besten, man sagt gar nischt.«

»Ja«, sagt Frau Primpke, »das mag alles richtig sein, aber mit den Waffen, das verstehe ich nicht. Wo sie doch den ganzen, großen Ozean haben, um die vielen Waffen hineinzuschmeißen.« Über ihr Gesicht, das rot und gedunsen ist vom Waschen und im Augenblick auch von einer unterdrückten Lachlust, wetterleuchtet es. Sie sieht sich ihren Meister an. Fragen verboten, denkt sie, und dabei braucht man nur mit der dümmsten Frage ein bißchen unter der Oberfläche zu bohren, und gleich quillt einem ein ganzer Eiterklumpen als Antwort entgegen. Aber so sind die Männer: Fragen – aber nur am grünen Tisch. Wenn sie hier im »Grünen Baum« den Mund auftun, dann weiß sie schon, was kommt.

Und richtig. »Was gibt's denn heute zu futtern?« fragt der Meister hinter ihr.

Das können sie fragen, jeden Tag fünfmal, und wenn's ginge, noch öfter: »Pellkartoffeln«. Die Alte wendet nicht einmal den Kopf nach ihm. Sie hat sich wieder dem im Lufthauch hin- und herpendelnden Wäschestück zugewandt.

»Aber weißt du, Primpke, daß ich damals aus dem damastnen Tafeltuch für dich die Unterhosen habe nähen lassen, war ein prima Einfall. Früher blühten die Lilien zwischen Kalbsbraten und Leipziger Allerlei, heute blühen sie auf deinem Allerwertesten.« Dabei streicht sie über die ungeflickten Unterhosen, aus deren Leinengrunde die eingewebten Blumen glänzen. Vernünftig reden kann man mit so einem Mann ja nicht. Denken muß man für den und handeln auch noch – wenigstens so im richtigen Leben. Sie wendet sich dem Feuerloch zu, hebt den Topf Pellkartoffeln herunter, klemmt den Deckel mit beiden Daumen dagegen und gießt ihn ab.

Der Feuerwehrmann hat sich mit der Waffensuche verdient gemacht, er hat Befehlskraft in den Knochen und versteht es, Anordnungen mit straffer Stimme zu verkünden. Aber es gelingt ihm zum letzten Mal. Eine kaum spürbare Zersetzung seiner Gruppe ist eingetreten, der Zusammenhalt lockert sich. Die Männer stehen nicht mehr ohrenhörig um ihn, sie trotten für sich zwischen den Stämmen umher oder besprechen sich unterdrückt zu zweit oder zu dritt. Die Frauen kochen ihre Kartoffeln auf einem wackligen rostigen Eisenofen, dessen Rohr schief gen Himmel ragt. Beim Essen sitzen sie nicht mehr alle um einen Tisch; ihr Führer springt unruhig unter den Bäumen hin und her, seine aufdringliche Wichtigtuerei verflackert, selten spricht er noch mit starker Stimme: »Alle mal hergehört, Leute« – eher möchte er sich verkriechen in den Schatten des aufstrebenden jungen Hartmann. Er ordnet sich ihm unter mit selbstbewußtem Diensteifer. Aber der Einundzwanzigjährige will keinen Gewaltigen der früheren Macht neben sich. Er wittert Veränderung und Neues, darum muß er unbeschwert bleiben, und so übersieht er den strammen Feuerwehrmann, denn er hat lange keinen Jeep durch die aufgeweichten Wege von Wörlitz rollen sehen.

Im gepflasterten Hof vom »Grünen Baum« hält eine Bäuerin ein rotbraunes Huhn an den Flügeln hoch, es wehrt sich hilflos mit dem Kopf und verkrallt die Füße. Böse und traurig schreit die Frau: »Peter, gib das Messer aus dem Sack!«

Der schwarzhaarige Junge springt heran und reicht ihr den blanken Stahl. Sie greift hastig danach, die Linke kann das Huhn kaum noch halten. Jetzt schwingt sie das Messer unnötig hoch und schneidet der Rotbraunen den Hals ab.

»Geh doch weg, Junge, du wirst ganz bespritzt«, schreit sie wieder, denn der Zehnjährige starrt blöde auf das geschlachtete Huhn, aus dessen Hals ein roter Blutstrahl auf die Steine schießt. Er möchte den Hühnerkopf aufheben und in der Hosentasche vergraben, aber dann dreht er sich kurz um und rennt davon, durch das offene Verbindungstor in den kahl getretenen Garten. Er sieht den großen Blonden, der gestern mit ihm zusammen aus Lüdersdorf ankam, ein spitzgesichtiger Vierzehnjähriger mit langer dünner Nase, schlottrig in den Gelenken, strolchig und ausgemergelt, der ihm in seinem rheinischen Dialekt versprach, ihm zu zeigen, wie man mit Handgranaten Fische fängt, aber er dürfte es niemandem verraten. Handgranaten wüßte er genug, man müßte nur so am Ufer des Sees entlanglaufen – er kicherte hämisch. Ob die gefangenen Fische auch bluten? Den Kleinen graust es ein wenig, aber da sieht er schon seinen neuen Freund mit zwei anderen Jungen. Sie stehen nahe dem Holz- und Abfallplatz bei der offenen Veranda und haben die Köpfe über etwas zusammengesteckt, das er nicht erkennen kann. Es kränkt ihn, daß er nicht mehr allein das Geheimnis weiß. Um sein Erstlingsrecht vor den zwei Neuen zu beweisen, schlendert er recht gleichgültig heran und ruft über ihre Schultern: »Na, wie ist denn das mit dem Ding da?«

Erschrocken versteckt der Vierzehnjährige die beiden Eierhandgranaten in den Hosentaschen. »Mensch, du bist wohl total verrückt!« ruft er wütend, als er Peter erkennt. »Mensch«, wiederholt er leiser – mit langgedehntem e und gezischtem sch –, »du willst uns wohl verpfeifen?«

Der Kleine ist ganz verdutzt. Ihm sind die Tränen nahe, aber er reißt sich zusammen und echot zurück: »Mensch, tu doch nicht so!« – Dabei Mensch mit ö rund ausbuchtend mit vorgeschobenem Unterkiefer.

»Also ihr wißt Bescheid«, sagt der Anführer zu den Neuen, die etwas ratlos dabeistehen. Sie nicken kurz: »Um ein Uhr, wenn alle essen«, damit will er zur Seite verschwinden.

»Ich komme mit«, beharrt Peter, ängstlich, daß er wirklich nicht dabei sein soll, »du hast es mir zuerst gesagt.«

»Hast du eine Schnitte, aber dick geschmiert – mit Margarine?« Der Ältere grinst, als der Kleine zu stottern anfängt: »Ich weiß nicht, ob Tante noch Brot hat.«

Der Vierzehnjährige verhärtet sich an des Jüngeren Hilflosigkeit. »Die Tante wird schon was mitgebracht haben.«

»Ja, ein Huhn.«

»Na also, Mensch« – mit dünnem, hellem e und kurz befehlend vorgestoßen – »da bring mir mal einen guten Happen.«

Peter nickt, ihm wird übel, wenn er sich an den Blutstrahl erinnert und an das böse, verkniffene Gesicht der Bäuerin. »Aber wenn sie mir nichts gibt?«

»Dann klaust du's, – wird doch nicht das erste sein, was du organisierst!« Der Blonde stößt den Kleinen mit spitzem

Ellenbogen, daß er schwankt. »Um ein Uhr hinter der Brücke.«

Der Schwarzkopf sieht ihm verwirrt nach. Er möchte losheulen, aber da sieht er, daß die beiden Neuen ihn anstarren und feixen. Schnell rennt er weg.

Die Bäuerin sitzt gebückt, beide Ellenbogen auf die Knie gestützt und rupft das Huhn. Ihr ist todeselend zumute. Das Rotbraune hatte sie im Winter in der Küche, im Sommer im Gärtchen, wo es frei zwischen den Beeten herumlief. In diesem Frühjahr wollte sie es wieder brüten lassen, – es war ihr gutes Stammhuhn, die Urmutter der jungen Hühner. Weil es das beste Legehuhn war, hatte sie es mit auf die Flucht genommen, töricht in der unbestimmten Zuversicht, daß es sie weiter mit Eiern versorgen würde. Nun mußte sie es schlachten, sie konnte es nicht füttern. Das hätte sie sich gleich denken können, zu dumm, – und außerdem wird es zäh und hart sein. Die Frau reißt die Federn aus und murmelt Verwünschungen.

In die mittägliche Ruhepause klingen vom See her nacheinander zwei Schüsse. Alle schrecken auf, denken an »Werwolf« und die dafür angedrohten Vergeltungen. Ein kurzes Geschwätz schwelt auf, das aber bald verglimmt, die Müdigkeit leimt die Geflüchteten auf ihre Sitze und Strohlager und verschließt ihre Lippen.

Als ich in die Küche gehe nach heißem Wasser für Kaffee, begegne ich vier Jungen, einem ausgemergelten blonden Vierzehnjährigen, einem kleinen schwarzen Steppke mit dunklen Augen und zwei Nachzüglern, die ich mir nicht genau ansehe. Die ersten beiden tragen ein Bündel silberner Fischchen an einem runden Draht. Ihre Jungengesichter zeigen den spitzbübischen und schuldbewußten Triumph geglückter Heimlichkeit.

»Könnten Sie uns vielleicht die Fische braten?« Der große

Blonde gibt die Beute Tante Lieschen, die mit hochrotem Gesicht am Herd steht.

»Woher habt ihr denn die?« fragt die dicke Tante, die Schwägerin des Besitzers, allen Heimatlosen gutgesinnt und wohlvertraut. Es genügt ja eigentlich schon, wenn die Mütter hier für ihre Kinder kochen dürfen, wenn aber nun die Kinder noch selbst ankommen! »Die Fischchen sind ja das reine Geierfutter, – sowas fängt doch ein ordentlicher Angler nicht.«

»Haben wir ja nicht geangelt«, prahlt der Blonde frech, »die haben wir mit Handgranaten gesprengt!« Nun ist das Geheimnis heraus. Der Anführer hat es selbst verraten! Dem kleinen Schwarzen stockt der Atem vor Schrecken.

»Mit Handgranaten?« fragt Tante Lieschen und erinnert sich an den mittäglichen Knall. »Wo habt ihr denn die Handgranaten her?«

»Haben wir im Gebüsch gefunden!« antwortet der Vierzehnjährige verschüchtert und trotzig.

Die Kelle fällt polternd in den leeren riesigen Suppentopf, und Tante Lieschens breite Hand klatscht dem Jungen ins Gesicht. »Laß dich nicht noch einmal erwischen, du!« – und sie fuchtelt ihm mit der Faust vor der Nase. »Kinder mit Handgranaten spielen!« Sie reckt sich auf und stemmt beide Hände in die Hüften: »Ein anständiger Fischer tut so was überhaupt nicht – nur Räuber!« ruft sie hinter den beiden her, denn die Nachzügler haben sich bald verdrückt. Dann wendet sie sich dem Ofen zu, öffnet das Herdloch und schiebt frische Scheite nach. Als sie sich schnaufend wieder aufrichtet, sagt sie kopfschüttelnd zu mir: »Was sagen Sie nun? Kaum haben die Männer aufgehört, fangen die Jungen wieder an!« –

Die Jungen sind schnell aus dem Hof gerannt und halten erst am See inne.

Um seine Ehre wiederherzustellen, schlägt der Blonde vor,

die Fische über dem offenen Feuer im Freien zu braten: »Am Spieß!«

»Aber von unserem Huhn bekommst du nun nichts!« Peter ist mutig geworden.

»Vom Huhn?« Der Große denkt nur noch an Fische. »Ach so«, – er tut hochmütig – »das schmeckt mir sowieso nicht.« Einen Augenblick will er den Jüngeren zur Strafe von seinem Mahl ausschließen, aber rechtzeitig fällt ihm ein, daß er dann vor niemandem mit seiner Kunst, Fische zu rösten, protzen kann. So läßt er ihn mitkommen – und zunächst Holz sammeln.

Der Kleine springt erlöst umher: Er wird Fische essen, und das kostet seine Tante kein Stückchen vom Huhn. –

Zwei Tage lang ist im »Grünen Baum« kein anderes Geschwätz im Schwange als die Geschichte von den Knaben mit den Fischen. Allen tut es wohl, sich endlich einmal über etwas gemeinsam erregen zu können. Selbst die Mutmaßungen über das künftige Geschick treten hinter dieser Kindermär zurück, und die beiden Bürschchen gewinnen ein Ansehen wie kleine Stars oder Verbrecher. Während aber der Vierzehnjährige vom Rhein, schon vielfach umhergetrieben von Bomben, Brand und dem Elend der Landstraße, gleichsam abgeschliffen ist, so daß weder eine Ermahnung noch selbst die klatschende Ohrfeige Tante Lieschens einen tieferen Eindruck auf ihn machten, beginnt der kleine Schwarzhaarige, obgleich er auch aus dem Westen ist und ebenfalls die Schrecknisse der Bomben erlitten hat, sich besorgniserregend zu verändern. Die Frau, die das Huhn geschlachtet hat und dann mit solcher Wut die Federn ausrupfte, daß im Hof vom »Grünen Baum« eine braun-rot-scheckige Wolke aufgeflogen war, ist zwar vor Kummer über den Verlust ihres kleinen Höfchens fast blind gegen fremde Qualen, dennoch wird ihr eines Morgens, als Peter sich unruhig im Stroh wälzte, bewußt, daß mit dem Jungen etwas nicht in Ordnung ist. Sie ist eine gutherzige Frau, und der Schnitt in die Kehle des Huhnes schmerzt sie immer noch, als habe sie sich selbst den Finger abgeschnitten. Sie wendet sich anfangs barsch, dann, als sich das Kind nur noch tiefer vor ihr zurückzieht, mütterlich dringend ihm zu. Als sie ihm endlich das Geheimnis seiner Verstörtheit unter kollernden Tränen entlockt hat, stürzt sie in die Küche zu Tante Lieschen, wo ich gerade am Herd lehne und mich von einem langen, erfolglosen Hamsterwege ausruhe.

»Der Junge hat einen Traum gehabt!« ruft sie ohne Einleitung zu uns hin. »Was so ein Kind heute träumt! Davon kann einem Erwachsenen Angst werden.« Sie läßt sich auf einen Küchenstuhl fallen.

»Einen Traum?« frage ich so erstaunt, als hätte ich Wort und Bedeutung nie gehört.

Tante Lieschen, die uns gerade ihr gewaltiges Hinterteil zukehrt, während sie aus dem untersten Fach des Küchenschranks eine große irdene Schüssel nimmt, richtet sich langsam auf: »Warum soll so'n Kind nicht träumen? Als ich aus Münster kam, damals, habe ich jede Nacht geträumt, nichts wie Bomben und Sirenen und prasselnde Häuser, und ich bin doch eine ganz kräftige Frau. Das hat sich erst nach Monaten beruhigt. Kein Wunder! So was hat ja die Menschheit noch nicht erlebt.«

»Ja«, sagt die Bäuerin, »das mag wohl so sein. Wenn die Menschen ganz was Neues erleben, dann müssen sie es noch immerfort träumen, weil sie nicht damit fertig werden. Nun erst so ein kleines Kerlchen.«

»Die Kinder tun mir überhaupt leid. Was können die dafür?« Tante Lieschen nimmt vom Herd einen Krug gewärmter Milch, schüttet sie in die Schüssel, tut Hefe dazu und schneeweißes Mehl, rührt alles mit raschem Schwung und fährt fort: »Von uns hat jeder schon was pexiert und sich seine Strafe verdient, ob das nun mit Feuer vom Himmel fällt oder ob er langsam an so'ner Krankheit zugrunde geht, die Strafe kommt. Aber die Kinder, nee.« Sie entfaltet ein frisches Küchentuch, breitet es über den Hefekloß und schiebt ihn auf die Kante des Ofens zum Gehen. »Da frage ich mich doch, wo bleibt Gottes Gerechtigkeit?« Und sie stemmt wieder die Arme in die Hüften und blickt ernsthaft von einem zum andern.

»Was hat denn der Junge geträumt?«

Die Bäuerin blickt mich verwirrt an. »Ja, das ist eine merkwürdige Geschichte. Ich weiß auch gar nicht, ob ich sie richtig zusammenkriege.« Und dann erzählt sie uns, von welchem Traum der Junge in der Nacht, nachdem er die Handgranaten in den stillen Teich geworfen hatte, heimgesucht wurde.

Peter träumte, er stand am Ufer des Sees. Es war Nacht, aber der Himmel hell und ohne Gestirne. Da kamen zwei Männer auf ihn zu, von jeder Seite einer, und er erschrak. Der eine war ein Gestreifter, lang und dürr, und der andere war noch ein richtiger Soldat in Uniform mit Handgranaten im Gürtel und einer Maschinenpistole an der Seite. Als der Junge die Waffe sah, ängstigte er sich noch mehr, und er versuchte, die Handgranate, die er in den Händen hielt, zu verbergen. Aber der lange Gestreifte hatte sie schon erkannt, obgleich er doch wie ein Gespenst aussah und man gar nicht merkte, daß er Augen im Kopf hatte. »Du mußt nicht die Handgranate ins Wasser schmeißen, dann bringst du ja alle Fische um!« sagte der Gestreifte, und die Stimme klang hoch und dünn, als wenn sie von einem Kirchturm käme. – »Das wäre gelacht!« rief der Soldat. »Ein ordentlicher Junge muß auch eine Handgranate werfen können. Was soll denn sonst später aus dir werden?« Als der Kleine noch zögerte, packt er ihn bei seinem Stolz: »Bist wohl so ein Muttersöhnchen? Hast wohl noch keine Bombe fallen hören?« – »Ich bin aus Wuppertal.

Wir haben jede Nacht Alarm gehabt, und in einer Nacht sind so viele gekommen, daß es bloß so krachte und alles brannte. Da sind die Leute brennend ins Wasser gesprungen und ertrunken.« Das Kind schüttelte sich vor Entsetzen. – »Dann gib die Handgranate her«, sagte der Häftling, »ich will sie vergraben.« – »Dann mußt du doch erst recht lernen, mit Granaten umzugehen.«

Der Soldat blickte den Jungen mit funkelnden Augen an, als ob Messer darin blitzten. Dem Kleinen wurde übel, er fühlte, wie ihn eine böse Lust ergriff, und es war ihm, als hätte der Soldat seine beiden Arme um ihn gelegt und mit seinen groben Händen die Granate gehoben, abgezogen und weit in den See hinausgeworfen, doch waren seine eigenen kleineren Hände auch immer dabei, der Soldat hatte sie nicht losgelassen. Ein Knall ertönte dumpf und fern, als fielen weit weg Bomben. Der Himmel hatte sich hochgehoben, war grünlich und verzog alle Falten seines Gesichts, als ob Wellen darüber spielten. Der Gestreifte und der Soldat waren fort. Der Knabe griff an sich herunter und fühlte, daß er statt seines Anzugs etwas Glattes, Schuppenartiges anhatte. Nun merkte er auch, daß er nicht mehr am Ufer, sondern unten in der Tiefe des Sees stand. Die Wasser umflossen ihn, ohne daß er ihre Nässe spürte, und das grünlich blaue Dämmerlicht, in dem anfangs alles verschwommen blinkte, begann sich sacht zu klären.

Da sah er, daß aus den Uferlöchern, unter Steinen hervor, zwischen Algen Fischlein verängstigt und aufgeregt hin und her schossen. Ihre silbernen Leiber glitzerten im Mondlicht. Ein feines Weinen und Jammern begann, denn viele von den Fischen schwebten mit dem hellen Bauch nach oben zur Oberfläche. Sie waren getroffen, und ein rastloses Entsetzen bemächtigte sich durch den unerwarteten Angriff aus der Luft aller Bewohner des Sees. Der Kleine öffnete seinen Mund und rief: »Essen müßt ihr mitnehmen für zwei Tage und ein Fläschchen Milch für den Jüngsten. Denn wer gibt euch denn Milch unterwegs? Und den Schmuck, daß man noch etwas zu verkaufen hat, und vergeßt den Kochtopf nicht. Ohne Kochtopf seid ihr verloren.« Da hängten all die flüchtenden Fische sich eine blanke Schneckenschale an ihren Krebskarren, und dann begann die Flucht. Als sie kaum eine kleine Strecke fortgeschwommen waren, hielten sie inne. Ihre glatten silbernen Leiber, von der Last des Gepäcks schwerfällig geworden, schaukelten, als wenn sie von einer Strömung ungewiß hin und her getrieben würden. Ein alter Fisch, dem Moos auf dem Rücken wuchs, sprach: »Wo wollen wir denn hin? Sie können uns überall erreichen, in den Städten und auf den Straßen. Nur wenn wir uns trennen und jeder für sich flieht, besteht die Hoffnung, daß ein Teil von uns gerettet wird.«

Da erstarrten die Fische vor Schrecken und schauten sich in die großen vortretenden Augen. Denn der Zusammenhalt war ihre letzte Herzensstärkung, und sie fühlten sich einzeln ganz verloren. Aber seufzend erkannten sie, daß der Alte recht hatte, und sie verstreuten sich in dem Gewässer. Jeder suchte einen Stein, unter dem er sich ducken konnte. Aber als sie sich eine Weile von der größten Hast und Angst verschnauft hatten, bemerkten sie, daß sie sich doch wieder alle unter den gleichen großen Stein und in dieselbe Bucht des Sees zusammengedrängt hatten. Da waren die Fischfrauen zufrieden: »Wenn wir alle zusammen sind, so können wir uns in der Not immer beistehen, und beim nächsten Angriff sind wir entweder alle mit einem Schlage tot, oder wir bleiben weiter alle am Leben. Ein einzelner, der allein übrigbliebe, wäre doch ein gar zu armseliger Fisch.«

Als die flüchtenden Fische dieses beschlossen hatten, wurde ihnen wohler zumute. Aber der Junge, der im Traume alles hörte und sah, nicht so ordentlich, wie es hier erzählt wird, aber doch dem Sinn nach genau so, spürte plötzlich eine quälende Unruhe. Eine Bedrohung zitterte durch das Wasser. Er blickte ängstlich rundum, und als er auf dem Grund des Sees nichts Drohendes erkennen konnte, wandte er den Blick in die Höhe. Da bemerkte er mit eisigem Schrecken, wie sich eine riesige Hand hob, die etwas Dunkles hielt. Der Kleine schrie: »Rettet euch doch! Rettet euch!« obgleich er wußte, daß die Fische seine Menschenstimme nicht verstehen konnten. In diesem Augenblick schleuderte der Soldat die Handgranate. Ein furchtbarer Schlag durchzuckte das Kind, und es erwachte.

»Mir ist gleich aufgefallen, daß er quallennaß war am Körper, so hat er sich geängstigt. ›Nie mehr will ich das tun. Nie mehr‹, hat er gemurmelt und losgeheult.«

Tante Lieschens mächtiges Gesicht hat sich während der Erzählung des Traumes immer mehr verdüstert. Jetzt schlägt sie mit der Faust auf die Tischplatte, daß Brotkrusten und Salatstrünke durcheinandertanzen. »Was aus den Kindern werden soll, das kann und kann ich nicht begreifen! Eine Schande ist das, eine Schande!« Sie erhebt sich schwerfällig, geht an den Herd, lüftet das Tuch über dem Teig und erklärt zufrieden: »Der ist gut gegangen. – Kommen Sie mal heute nachmittag. Ich werde dem Jungen ein ordentliches Stück geben!« –

Die Flüchtlinge quellen jetzt zur Tür hinein, um sich eine Tasse Kaffee auszubitten. Tante Lieschen hebt den Deckel von einem riesigen Topf und schenkt Tasse nach Tasse den heißen Trank aus.

Im Hof hüpft das blutäugige kleine Mädchen auf einem Bein herum, immer den größten Katzenkopf als nächstes Sprungziel auswählend. Sie hat sich dieses Spiel eben erdacht und spielt es mit heißer Begeisterung. Ihr Keuchhustenbrüderchen und der kleine Schwarzköpfige stehen dabei und blicken andächtig und neidisch zu ihr hin. Obgleich der Hof groß genug ist und Katzenköpfe genug darin gepflastert sind, wagen sie doch nicht, ohne Erlaubnis des kleinen Mädchens dieses Spiel einfach von selbst zu beginnen, da es ja das Spiel des kleinen Mädchens ist.

»Warum springt ihr denn nicht?« ruft die Blutäugige mit einer heftigen Gebärde der Arme. Die Jungen stellen sich eingeschüchtert neben sie. »Nein, nein«, ruft zeternd die kleine Megäre, »nicht neben mir, hinter mich! Dahinten hin!« Und sie weist in die Nähe des Aborts.

Das Keuchhustenbrüderchen hält sich gleich die Nase zu und schreit: »Da stinkt's. Ich geh' da nicht hin.«

Peter bleibt stehen und bohrt in der Nase. Dann macht er sich zögernd auf den Weg.

Das Mädchen steht auf einem Bein, ein rotröckiges Vögelchen, und sieht dem Jungen nach. »Bist schön dumm«, quiekt sie, »da stinkt's ja. Komm' doch her. Zu zweit können wir gut springen!«

»Peter!« ruft die Bäuerin, »was machst du hier?«

Wir sind eben aus Tante Lieschens Küche gekommen, die Windfangtür hat erst gequietscht und schättert jetzt nach. Wir stehen im Hof und sehen auf die drei Kinder, die zwischen den schmutzigen Steinen in dem häßlichen Hof herumspringen, als wäre es der schönste Spielplatz.

Das Mädchen, geschwinder als ihr neuer Freund, begreift eine ihr noch unbekannte Gefahr und ruft schnell: »Er spielt mit mir. Wir springen auf den Steinen.«

Peter nickt, und eine zarte Röte steigt in sein verfallenes Gesichtchen. Er wirkt wie sein eigener kleiner Bruder, und es wird wohl mancher Rauferei mit dem blutäugigen Mädchen bedürfen, bis er seinen Knabenmut wiederfindet.

»Na, dann spielt mal«, und die Frau fügt in einer überflüssigen Vorsorge hinzu: »Aber lauf nicht an den See.«

Der Junge erzittert. Sein Gesicht verzieht sich, als wolle er in Tränen ausbrechen. Da schreit seine neue Herrin im

Befehlston: »Nun mach schon«, und fügt gönnerhaft hinzu: »Da hast du einen schönen Stein zum Anspringen. Aber sieh dich gleich nach dem nächsten großen um. Wir zählen alle Fehlsprünge, und wer am meisten hat, verliert.«

Peter steht schon mit hochgezogenem Bein da wie ein kleiner komischer Vogel. Eifrig äugt er nach dem nächsten großen Kopfstein.

Die Bäuerin gibt mir die Hand: »In einem sind doch die Kinder glücklicher als wir: sie können noch spielen.« Dann trennen wir uns.

Ich verlasse die Kinder und den »Grünen Baum«. Obgleich ich müde bin vom erfolglosen Hamstern in den Dörfern, vom Anstehen am Brotladen und vom Anstehen am Herd, treibt es mich fort aus dem Rührtopf der Masse. Ständig schwatzt und schabbert es um mich, ruft und werkt mit Stimme und Gebärden, umschnürt mich immer enger und gönnt mir keinen freien Atem. Ich habe Verlangen nach Einsamkeit wie eine dürstende Pflanze nach Regen. Könnte ich nur ein einziges Mal für mich sein, meine eigenen Gedanken denken und mein eigenes Leid spüren, sicher wüchse in mir eine neue Zuversicht.

Ich gehe in der Allee grüner Platanen zum Judentempel. Im Judentempel, so genannt, weil er eine Stiftung der Juden für ihren Herzog war, ist es feucht und eisig wie in einer Gruft; der Winter hat sich hier eingesaugt. Durch die kleinen Fenster über der Galerie trübt nur graues Licht. Eine Scheibe ist zerschlagen, und der Wind stößt kalt herein. Da die Tür durch das Hin- und Hergehen offen steht, liegen die Flüchtlinge in einem dauernden Zug. Aber keiner rührt sich oder scheint es auch nur wahrzunehmen. Ein Kerker kann nicht schädlicher und trostloser sein. Auf einer dünnen Strohschicht liegen Greisinnen und Kinder, junge Frauen mit wunden Füßen, alte Männer, Soldaten, die aus dem Lazarett noch fiebernd oder mit unausgeheilten Verwundungen entlassen worden sind, und niemand fühlt sich für sie verantwortlich. In der Mitte des Tempels, dort, wo sich einst eine antike Statue erhoben hat, brennt ein Feuerchen wie ein rotes, entzündetes Auge. Ein älterer Mann springt wie ein Rumpelstilzchen von einem Bein aufs andere immer um das Feuer herum, um sich die klammen Glieder zu erwärmen. Aber auch er spricht nicht. Die Liegenden heben nicht einmal die Köpfe. Sie sind stumm. Nur ihre Blicke sehen mir müde und erstaunt nach.

Ich hatte gehofft, hier in der Stille für uns einen größeren Strohplatz zu finden, aber selbst in dieser feuchten Tempelhöhle ist jedes Lager belegt. Kaum öffne ich die Tür, die über einen sanften Abhang zum Park hinabführt, da schlägt mir wie aus einem Hinterhaus der beizende Rederauch von Weiberstreit und Männerzank entgegen. Dicht beieinander stehen Männer, Frauen, Karren, Kinder. Ausgesperrt scheint auch hier die freie Luft. Die Gräser grünen nicht, die Sträucher sind grau, und die Weiber lassen ihre Beschimpfungen wie giftige Insektenschwärme gegeneinander los. Dazu schwingen sie Bratpfannen, die die Männer eben, um ein Gericht zu bereiten, vom Karren geknüpft haben. Aber wie alle Höhlen- und Stubeneinwohner sind auch diese Frauen feige, nicht an Freiluftkämpfe gewöhnt und wagen nicht, mit den Pfannen gegeneinander vorzugehen, sondern vertrauen die ganze Wut ihrem oft erprobten Schandmaul an. Die Männer, die anfangs mitgezankt haben, sind an den Rand des Hügels gedrängt worden, stehen verlegen herum und wagen sich nicht in den Bereich der streitbaren Megären. Die Gesichter der Keifenden brennen in Röte, die Augen blitzen durch das Gewölk der Rede. Ihre Haare hängen strähnig herab oder springen schlangenhaft um den Kopf. Die Mäntel spannen sich eng um füllige Leiber, die aber weniger vom Fett als von übereinandergezogenen Kleidern dick sind. Die Füße stemmen sich in lehmverklebten Schuhen fest in den nachgiebigen Rasengrund, oder sie springen wie aufgeregte Teufel hin und her. Was den Kampf entfacht hat, kann ich nicht erkennen. Wer Gegner und wer Mitkämpfer ist, ist nicht zu unterscheiden. Jede schreit gegen die andere. Freundinnen scheinen im Nu zu Feindinnen zu werden. Feindinnen befreunden sich im Ausspruch eines einzigen Satzes. Güte und Gutmütigkeit scheinen endgültig getilgt.

So heftig brandet das Gezeter und Toben inmitten von Karren, Kindern, aufgetürmten Rucksäcken, Kisten, daß ich anfangs eine mächtige Alte nicht wahrnehme, die inmitten der Erregung unbeteiligt und regungslos auf einer Holztruhe sitzt, neben sich ein graues Ding gehuscht. Aber als ich sie erst einmal erfaßt habe, weiß ich sofort, daß sie die Hauptperson ist und gerade durch ihre Stummheit die Gemüter so heftig erregt und die Weiber in der Runde tanzen läßt. Ihr Gesicht ist kupferfarben, die grauen Haare sind glatt hintenüber gestriegelt und zu einem winzigen Dutt zusammengedreht. Ihr mächtiger Oberkörper steckt in einem rostbraunen Jumper, der gegen die kraftvoll andrängenden Brüste allzu nachgiebig ist. Der Leib hält mit dem Busen eine Linie, und nur die Knie recken sich in einem weiten Rock aus brauner Wolle vor und lassen von ihrer Höhe den Stoff in mächtigen Falten bis zu den Knöcheln herabsinken. Die Alte hat die Hände wie zwei Tatzen breit ausgespreizt auf die Oberschenkel gelegt, als halte sie sich an der eigenen Stärke fest. Die Lippen sind zusammengepreßt, und die Augen sind unter den Lidern so versunken, daß es aussieht, als wären sie geschlossen. Von ihrer Gestalt geht eine aufrührerische Spannung aus. Obgleich sie auf einer Kiste sitzt, scheint sie doch zu thronen. Ein Urweib, dem Krater der Masse entstiegen.

»Was ist hier denn los?« frage ich einen Mann, der neben mir steht.

»Die Alte da will nicht von der Kiste runter. Wir wollen

doch hier Feuerstellen bauen, damit wir uns etwas Warmes machen können, aber die rückt und rührt sich nicht.« Er knurrt, sieht blaß und mager aus und wagt keinen Angriff.

Ich schiebe mich durch die Zuschauer auf die Frau zu. »Warum wollen Sie eigentlich nicht ein Stückchen beiseiterücken?«

Erst scheint sie mich nicht zu hören. Dann gleiten ihre Augen von unten den Tigerpelz langsam und staunend hinauf, bis sie endlich mein Gesicht erreichen. Wir sehen uns an.

»Wat heßt denn 'n Stückchen rücken? Nu, warum denn nich?« In ihren Augen, die rötlich braun sind, funkeln Spott und Kampfeslust.

»Warum tun Sie's dann nicht!«

Der Mund verzieht sich zu einem Grinsen: »Weil die recht haben wollen. Darum.« Sie verstummt, die Lippen gleichen wieder zwei grauen Strichen, das rötliche Funkeln der Augen birgt sich unter die Lider, die Hände, in die bei der Rede eine kaum spürbare Bewegung geriet, liegen wieder ruhig. Die Rotgesichtige scheint ein Marktweib zu sein, und in meinem Geiste türmen sich Körbe voll Rotkraut, Tomaten, Äpfeln, Kartoffeln und alle Herrlichkeiten des Gartens. Eine dicke Scheibe Brot mit Margarine und Schweinernem würde ich dafür hergeben, um zu ergründen, welchen Schatz die Kiste birgt. Aber das Weib glubscht mich feindselig an, weil ich nicht fortgehe, rückt mit dem dicken Hintern hin und her und stemmt kampfbereit die Hände in die Hüften: »Wat wollense eejentlich?«

»Stör' ich Sie denn? Auf dem Rasen kann jeder stehen.«

Sie brummt etwas und pufft das graue Etwas, das eine Fledermaus, ein Staubwedel oder ein Puckelinchen sein kann, mit dem Ellbogen zur Seite, daß das graue Ding in den Rasen fliegt. Doch den Puff erwidert das Wesen nicht mit dem leisesten Ausdruck. Der Ellbogen der Alten scheint in ein Spinnwebnetz getroffen zu haben. Puckelinchen, das gar keinen Buckel hat, wischt hoch und hängt sich wieder über eine Kante der Kiste.

Die Weiber, die einen Augenblick innegehalten haben, in ihrer keifenden Liturgie, beginnen das Geschrei von neuem, doch unfroher. Die Männer haben angefangen, rund um die Alte wortlos und vernunftgemäß ihre Feuerstellen einzurichten. Allmählich wird das Gekeif der Frauen von den dunklen ruhigen Stimmen der Männer, die sachliche Anordnungen geben, abgelenkt, beruhigt, bis es ganz verstummt.

»Kieken Se sich det an, det is de Kultur von heute: drunter Rasen, drüber Beene und von Benimm keene Spur«, und sie rückt sich gravitätisch zurecht. Unvermutet aber bricht sie in ein donnerndes Gelächter aus, daß die Köpfe der emsig Tätigen anfangs unwirsch, dann staunend und zuletzt mit einem ungewissen Lächeln antworten.

»Zum Heulen is det«, schreit die Alte über die feindlichen Scharen, und die Tränen springen ihr über die dicken Backen. »Aber mir lächert es nur noch«, und sie läßt eine neue knatternde Salve los. Und die Männer, die das Feuer auf dem feuchten Gras endlich zum Aufflackern bringen, und die Weiber, die die Pfannen und Töpfe als Kampfgerät schwangen, rühren die Graupen langsamer ein und hören mit Augen und Ohren, denn was die Alte nun zu mir hinspricht, kommt ihnen allen aus dem innersten Eingeweide:

»Hörn Se mal, ick frage Sie, ham wa nich ins Paradies jelebt? Wenn Se Berlin kennen, na, ha ick recht oder nich? Frauchen, kommen Se mal 'n bissel ran. War'n Se mal im Kadewe oder bei Wertheim? Bis Hertie wer'n Se sich ja nich valoofen ham. Aber ick sage Ihnen, dat war det Paradies. Allet for nischt. Seh'n Se mir an. Ha ick een Umfang oder nich? Und so wahr wie ick hier uff de Kiste sitze, for 95 Pfennje ha ick mir ne Bluse jekooft, jriin mit weiße

Pünktchen. Schön prall hat se jesessen. In der Halle ham se jleich alle jesagt: ›Die olle Witten, die hat sich wieder ausstaffiert‹, und 'n Rock, hier seh'n Se, immer noch detselbe Jewebe, 10 Jahre alt. Wat hat's jekostet? 1,95. Vasteht sich, im Ausvakauf. Also wenn ick bei Wertheim rinkam, wirblig wurd's mir vor de Oogen, nischt wie Pracht und Fülle, un for wat? For Pfennje. Damals ha ick schon jesagt, Aujust, ha ick jesagt, det is sozial. Aujust hat immer bloß mit'n Kopp jenickt, der war 'n bißchen dusselig jeworden mit die Jahre. Un keen großes Jedöns davon jemacht, nich in die Zeitung jeschrieben: ›Wir sind sozial‹, in die Zeitung jeschrieben: ›Wir sind billig!‹«

Kommißstullen kauend stehen Frauen und Kinder jetzt um uns. Das Essen beginnt über den Feuern leise zu brodeln. Ein paar Männer rauchen Pfeife. Manche haben ihre Sitzkisten näher gerückt. Bosheit und Krampf weicht mit jedem Wort der Alten von ihren Mienen. Det war Berlin! Hertie und der Alex und die Tegeler Forste. Gelebt ham wer, und billig war's. Die Warenhäuser waren das Paradies, die Alte hat recht. Sie sind alle aus Berlin.

Und sie fährt fort: »Hörense mir uff mit de Polletik. Det is bloß für die Männer, wo für de Soldaten zu schlapp und for det Handwerk zu jroßmäulig sind. Wenn jedes seinen jesunden Menschenverstand brauchte un nich über seine Kaffeetasse rausspucken wollte, wär de janze Wirtschaft in Ordnung. Keen Jequatsche und keen Jedränge! – Aber de Männer! Quatschen uns de Bomben uff'n Hals, und keene Vernunft, bis de janze jrüne Erde ratzekal is wie vor de Schöpfung. Dann könn'n wa wieda anfangen, wie Adam und Eva ins Paradies, nackigt, vasteht sich! Dat heeßt, wenn se noch zwee Männeken übriglassen, wa?«

Ihr Gesicht zieht sich in tiefsinnige Falten. Die Flüchtlinge stehen da wie gescholtene Kinder. Um uns herum wischt die Fledermaus, ängstlich und frech, zupft mich am Rocksaum und springt manchmal aus ihrer Zwergenhaftigkeit auf und starrt mir ins Gesicht.

»Husch«, macht das Weib, und das graue Wesen verschwindet im Rücken der Gewaltigen.

»Ha ick mir ooch wat uffjehuckt, is plemplem, bei'n Anjriff verschitt worrn, ha'n se wieda rausjebuddelt!« Ihr schmutziger Zeigefinger tippt gegen die breite Stirn. »Aber könn'se jejen an? Nich de olle Witten. Ick sare Ihnen, ick bin det Opfer von meine Jüte! Erst fing det janz harmlos an. Det fusselt mir immer so um de Beene in de Halle und um die Körbe mit Jrünkohl. Denk ich mir weiter nischt bei, laß se klauen, denk ich. Aber wie se denn jeden Tag und jeden Tag kommt, fraje ick mir«, die Alte stemmt die mächtigen Arme in die Hüften, »so'n Mitesser kannste auf die Dauer nich verratsjonieren, und ick blas se kurz an; da verkrümelt se sich in de Ecke, wo ick de Säcke un de leeren Körbe habe, piept nich und macht blos Oogen wie so'n jeprüjelter Hund. Wat soll man da tun? Jeb ick ihr 'ne Kelle Suppe, Jraupen. – Janz doll wird se bei Alarm! Je doller det Jebumse, desto mehr Rumjezapple. Jeht überhaupt nich mehr von meine jriene Seite. Schließlich kriegt de Halle ooch'n Ding ab, da muß ick det Wurm mit nach Hause nehm. Und als et denn 'n Aujust uff't Dach erwischt hat, ick sare: ›Mann, die schmeißen doch noch, un du uffs Dach, biste denn 'n Held oder 'n vanünftja Mensch?‹ Aber nee, den hatt's jepackt, der mußte ruff, bloß weil 'n eener Drückeberjer jenannt hat. Richtig hatta eens verpaßt jekriejt, gleich dot! Ha ick mir det Wesen injepackt, ooch zum Kisteschleppen, un denn ab. Bloß weg von Berlin.« Die Alte schnauft grimmig. Und die kämpferischen Frauen sehen beziehungsvoll die Männer an, die alle solche »gewesene« sind: Gewesene Nazis, gewesene Soldaten, gewesene Helden. –

»Was haben Sie nun eigentlich in der Kiste? Einen Silberschatz?« frage ich endlich neugierig.

»Nee, junge Frau! Ick bin doch nich dämlich. Silba und den janzen Tresor, dafür jibt's nur eenen sichern Ort, unter't Kloo.« Die Zuhörer lachen befreit, Kinder quietschen.

»Alles andere wird abjesucht, von de lieben Volksjenossen.« Man räuspert sich und nickt verständnisvoll.

»Hier is wat Nützliches, so recht wat for de Zukunft!« Die Frauen sind nicht mehr zu halten und schieben sich jetzt im engen Kreis näher. Ein Kind schreit, bekommt einen Klaps. Die Männer haben Hunger und sehen nach dem Essen. Die Alte beugt sich vor und fragt rundum, ihre listigen Augen funkeln: »Brauchen Se nich 'n scheenen jelben Lumpen oder 'n Flicken, janz wat Feinet, Brokat oder so, für die anjebrannten Kleider?«

»Bei mir ist alles restlos verbrannt«, jammert eine. Eine junge Frau mit wuschligem Kopf fängt an: »Ich habe doch nur noch, was ich auf dem Leib trage«, eine dritte läuft aber schon zu ihrem Rucksack, eine vierte zum Pappkarton, alle treten, trippeln zu ihrer aufgetürmten Habe, zerren an den Schnüren, wühlen mit den Händen im Durcheinander des Geretteten, ziehen hier eine Bluse, dort einen Rock hervor, tragen alles zur Alten, halten es ihr hin wie die versengten Fahnen nach einer Niederlage. Das Weib betrachtet die Überbleibsel mit Zufriedenheit, schiebt den Unterkiefer vor, schüttelt den Kopf und konstatiert: »Anjesengt, durchlöchert«, hebt ein Kleid hoch, prüft es: »Stick Ärmel fehlt«, nickt finster bestätigend: »Vorne in der Brust 'n Loch«, greift nach einem Rock, den ihr eine andere zwischen die Fänge schiebt: »'n Teil vom Hintern«, streckt dann beide Arme von sich und schiebt alles zurück. Haut sich mit der flachen Hand auf die mächtigen Oberschenkel und schnauft: »Die olle Witten jeht mit de Zeit. Det will ich Euch beweisen!« Ihr gewaltiger Körper hebt sich unerwartet leicht vom Sitz, sie schlägt mit der Faust gegen die Kiste: »Da soll'n Se Oogen machen!« Nimmt aus der Tasche einen Schlüssel und öffnet das Vorhängeschloß, zieht das Schloß heraus und schlägt den Deckel zurück: Wir blicken mit übereinander gedrängten Köpfen in ein Durcheinander von bunten Stoffresten.

Das Weib strahlt: »Nu, wat sajen Se nu? Is det Zukunftsjefühl oder nich?«

»Lumpen!« rufen wir verdutzt. »Die ganze Kiste voll Lumpen!«

»Lumpen, jawoll!« Die Alte greift mit beiden Armen in die wollenen, seidenen, samtenen, gestickten Flicken, wühlt zwischen blumigem Kretonne, glänzenden Chintz mit Rosengirlanden, bischofslila Brokat, purpurnem Atlas, nachtschwarzem Samt, Resten eines Küchenhandtuchs, einem Fetzen Spitze. Ihr Gesicht rötet sich, vom Bücken muß sie asthmatisch schnaufen, zärtlich greift sie einen Streifen rosa Batist heraus, hält ihn in die Höhe: »Det is meine Fahne, friedliche Ausbesserungsarbeit.« Sie läßt ihn mit einem Seufzer zurückfallen, streicht noch einmal mit der Rechten über den bunten Plunder, klappt dann mit lautem Knall die Kiste zu, hängt das Schloß ein, schließt ab und richtet sich triumphierend auf: »Det ham Se sich wohl nich jedacht, det Se hier Trost und Hoffnung finden? Für jedet Kleed die richtige Farbe, allet wird hibsch jeflickt und kriejt eenen neuen Avec.«

Die Frauen haben rote Backen, sie wühlen mit schmutzigen Händen in köstlichen Fetzen und fühlen sich seit Jahren wieder sorglos-glücklich wie damals im Paradies.

Das Weib aber steht daneben, statuenhaft im lang herabwallenden erdfarbenen Rock, die Hände auf dem Bauch gefaltet; das Puckelinchen zwischen ihre Knie gedrückt, guckt von den froh erregten Frauen staunend zur Alten empor. Die grinst: »Det is nischt for Dir«, langt in den Busen, zieht ein Stück Zucker vor und schiebt es dem Grauchen in den Mund. Hält dann wieder Wacht über Frauen und Lumpen und denkt nicht einmal an Gewinn.

Ich kehre langsam zurück. Mein Verlangen nach Fürmichsein und Besinnung ist nur noch stärker geworden. Doch der Mensch kann dem Menschen nicht entgehen. Nahe dem ›Eichenkranz‹ begegnen mir der Schloßherr und seine Frau. Der weiße Terrier läuft voran. Leicht wankend ihr Gang, die Mienen zerknittert, die Augen eingedrückt, ohne ein Wort füreinander. Frau Minna trägt einen zerdrückten blauen Rock und eine schmuddelige Bluse. Butzke hat die Melone auf dem Kopf zurückgeschoben, streckt den ausgehungerten Leib vor und weiß nicht, warum er hier zwischen den Sträuchern und dem See einhergeht und nicht schon versucht, in den Trümmern von Dessau seine Vergnügungsstätte für frische amerikanische Soldaten aufzubauen. Als sie mich erkennen, versucht die alte Frau ein Lächeln, der Mann bleibt mürrisch. Es ist das erstemal, daß wir uns nach Ausraubung des Schlosses wiedersehen. Aber keiner von uns wagt daran zu erinnern. Man muß sich abfinden. Kleinerer oder größerer Verlust bleibt dabei unwesentlich. So begrüßen wir uns nur mit der Frage aller Flüchtlinge: ›Woher, wohin?‹ und kennen die Antwort aller Flüchtlinge: ›Von Zuhause her zum Nirgends hin. Zwar möchten wir zur Mulde, aber wir können nicht laufen. Wir haben keinen Wagen und müssen darum bleiben. Die Alten können im Straßengraben verrecken, die Jungen springen in die Mulde und schwimmen darüber!‹

Ich weiß keinen Rat, mein Kopf ist leer. Wir trennen uns mit laschem Händegeben. Kaum bin ich ein paar Schritte entfernt, schäumt eine Woge deftiger Schimpfereien aus dem Munde des Mannes über seine Frau. Ich wende mich nicht um, doch stelle ich mir vor, wie sie den Kopf zwischen die mager gewordenen Schultern duckt. Der Mann schimpft, vielleicht tut es ihm wohl. Vielleicht aber reißt ihn der Unflat seiner Rede tiefer in den Unflat der Gegenwart.

Plötzlich knallt seine Stimme scharf hinter mir her. Unwillkürlich wende ich mich nach ihm um. »Wissen Sie, worauf ich mich am meisten freue? Wie ich mir jedes Stück, jedes einzelne Stück wieder zurückholen werde. Der Kerl soll den Frieden genießen. Den bringe ich nicht nur ins Gefängnis, sondern ins Zuchthaus.« Seine Stimme überschlägt sich vor Wut. Mir beginnt vor der rächenden Gerechtigkeit des Nachkriegs zu grauen.

Kaum verstummt die grobe Männerstimme, da stößt schon das spitze Gekeife einer Frau gegen mich. Um die Ecke biegen Fräulein Rose und der alte Kuntze. Ihre Nase ist spitzer geworden, ihr Gesicht schwammig. Sie hat den Kopf nach ihrem Begleiter gedreht und hackt auf ihn ein. Der weißhaarige Mann fällt unter ihren Hieben zusammen. Das Kinn senkt sich auf die Brust, die Knie knicken ein, und die Sohlen heben sich kaum noch vom Boden. Er hat sich beim Einkauf untüchtig gezeigt. Fräulein Rose stutzt, als sie mich erkennt. Ihre Züge sind aufgedunsen von Rechthaberei und Anmaßung. Auch geht sie in einer herausfordernden Weise, wobei sich Kinn und Bauch vorschieben. Sie läuft herum wie eine mit Bosheit gefüllte Injektionsspritze, die ihre Redekanüle sogleich dem Nächsten ins Fleisch jagen wird. Wir mustern uns kühl und feindselig. Aber ihr Geltungsdrang ist stärker als ihre Ablehnung, und in einem aufschäumenden Wortschwall berichtet sie mir, daß sie ein Zimmer gefunden habe in einem Dachgeschoß, kaum möbliert, aber mit festen Wänden und Glas in den Fenstern, und daß sie Kuntze halb verhungert und frierend gefunden und ihn aus Gutmütigkeit zu sich genommen habe. Sie hausten nun zusammen, die Mäntel dazwischengehängt.

Ich sehe Kuntze an, der kaum den Blick zu heben wagt. Seine Hand ist feucht und schwach: »Fräulein Rose war so freundlich mich aufzunehmen, sie versorgt mich auch mit Essen.«

Doch diese Anerkennung genügt seiner Sekretärin noch nicht. »Wir arbeiten zusammen«, zischt sie. »Herr Kuntze versucht, die verbrannten Zeichnungen aus dem Gedächtnis wiederherzustellen, und ich helfe ihm dabei.« Nun erst ist der Triumph vollendet. Sie hat ihn umzingelt. Ein Ausbrechen ist nicht mehr möglich. Wieder blicke ich zu Kuntze hin. Er ist einen Schritt beiseite getreten an den Rinnstein und vermeidet es, mich anzusehen. Fräulein Rose hebt die Einkaufstasche und sagt nun schon ganz im Ton des Sklavenhalters: »Das Anstehen teilen wir uns so ein; er steht an, und ich komme dann und kaufe ein. Denn das Einkaufen kann man ja einem Mann nicht überlassen.« Dabei versucht sie, mich vertraulich anzublinzeln. Mein Gesicht verschließt sich, aber die Rose, die meinen Widerwillen spürt, will auch mir gegenüber auftrumpfen: »Wenn die Russen erst hier sind, werde ich mich gleich als Dolmetscherin melden!« Sie mißt mich tükkisch.

»Viel Glück«, sage ich und wende mich angeekelt ab.

Fräulein Rose antwortet nicht, aber Kuntze ruft mir einen schüchternen Gruß nach. Er schämt sich. Sie ist ein Scheusal, aber er braucht sie.

Ich schreite jetzt rascher aus, habe genug von meiner »Einsamkeit« und möchte nur noch zu denen, die zu mir gehören. Da steht direkt vor dem Hotel-Hospital »Zum Eichenkranz« ein Mann an seinen Karren gelehnt im schwarzen Rock wie ein zurückgebogener Laternenpfahl, hat auch einen Hut aufgestülpt, doch kein Gesicht leuchtet darunter, ist ein verloschenes Licht. Plötzlich reißt er den Mund auf und bricht in ein schreckhaftes Gelächter aus. Wie ein Geysir steigt das Lachen in ihm auf und überschüttet ihn. Er biegt und bäumt sich und muß sich am Sackzipfel festhalten, der über den Karrenrand hinausragt. Was gibt's in dieser Elendswelt zu lachen? Eine Frau, die vorbeikommt, wirft ihm einen bitterbösen Blick zu, doch kann das den Laternenmann nicht hindern, sich weiter vor Lachen zu biegen. Dabei lacht er gar nicht. Das Lachen schüttelt ihn. Es ist ein Dämon, der ihn hin und her wirft. Jetzt lacht das Lachen nicht mehr, es gurgelt aus ihm heraus.

»Wie komisch«, ruft der Mann nun laut über die Schicksalsgefährten hinweg, die an ihm vorbeiziehen. »Alle diese haben eine unsterbliche Seele!« Manchen bösen Blick muß er dafür einstecken, aber er ist ja kein Blickfänger. Blicke sind keine Fliegen, die er mit der Hand fangen oder verscheuchen könnte. Die Blicke flitzen an ihm vorbei. »Ach Gott, könnte ich doch einmal die unsterbliche Seele sehen!« Das wiehert er geradezu heraus, biegt sich waagerecht vor erschütterndem Gelächter, doch klingt das Lachen nicht mehr. Es ist erstickt. Der Mann gibt keinen Laut mehr von sich, lehnt jetzt stocksteif am Karren, lüftet einmal wie zum Gottesgruß den Hut, setzt ihn wieder auf und steht da, harmlos wie ein Bürger am Sonntagmorgen.

Ich muß an mich halten, daß ich mich nicht ebenso in Gelächter erbreche. Denn gerade das Sterbliche prangert sich in jedem Gesicht an, das Skelett knöchert aus jeder Gestalt, und jede Hand gehört Knochenmann und Knochenfrau. Aber die unsterbliche Seele habe ich in keinem Auge, in keinem Lächeln, nicht in einem zaghaften oder hellen Wort auffunkeln sehen. Not ist zerhäckselter Alltag, Elend zertrümmerte Materie, an der noch Bewegungen, Gedanken, Ziele der Menschen hängengeblieben sind. Aber vom Unsterblichen habe ich nichts verspürt.

»Warum dichten Sie nicht, gnädige Frau?« fragt mich Ilonka, und über ihr Gesicht flieht bei dieser Anrede ein Lächeln voll zarten Hohnes. Sie hat mich nicht in den »Grünen Baum« einkehren lassen, hielt mich einfach auf, als hätte sie mir etwas Wichtiges mitzuteilen. Und ich hatte keine Kraft zu widerstehen. Wir gehen über die Brücke an einem kleinen Tümpel vorbei. In dem Tümpelchen steckt ein Inselchen, auf dem Inselchen steht eine Urne, und alles ist von grünen Weiden, grünen Algen, grünem Gras überwachsen.

»Eine tote Prinzessin«, bemerkt Ilonka mit einer Kopfbewegung hinüber.

Dann schreiten wir durch ein Wäldchen, wo es nach frischem Frühling und feuchtem Rasen duftet, dazwischen blüht verwilderter Rhododendron, violett und weiß. Ein kiesbestreuter breiter Weg führt längs des Ufers, nur dichte Weißdornsträucher, Paradiesäpfelbäumchen und Ebereschen trennen uns vom Wasser. Ilonka bleibt stehen. Der Rasen neigt sich zum See, das Gras ist trocken, und obgleich es schon spät am Nachmittag ist, wärmt uns die Luft noch wohlig. Wir lassen uns am Ufer nieder. Das Licht umspinnt uns mit freundlicher Vertrautheit. Im Gras kriechen Käfer, und der Flieder duftet, wie Flieder stets duftete.

»Einmal möchte ich einem Dichter begegnen«, beginnt Ilonka, »dem würde ich alles erzählen wie es war. Die andern Menschen verstehen das nicht.« Ihr Gesicht ist vom Purpur der untergehenden Sonne überhaucht.

Ich blicke über den See hinweg zum Judentempel, der sich mit der Grazie eines Nippes zwischen grünem Gebüsch auf dem Hügelchen erhebt, und schweige.

»Manchmal denke ich, die Dichter sind gestorben«, fügt sie leise hinzu.

»Was wollen Sie mit Dichtung?« frage ich. »Kann man sie essen? Oder sich damit zudecken? Höchstens mit dem Papier Feuer machen.«

»Man kann sie auch singen«, sagt Ilonka und blickt mich verweisend an. »Wenn man ein Gedicht singt oder spricht, wird einem gleichzeitig kühl und warm zumute. Ich dachte, Sie dichten selbst?«

»Ich weiß nicht, ob ich je gedichtet habe«, entgegne ich widerstrebend. »Es ist so schwer, Worte für die allereinfachsten Dinge zu finden. Ich möchte sagen: ein Mensch hat

Hunger, aber wenn ich hinschreibe ›ein Mensch hat Hunger‹, dann ist das zu wenig, nur vier Worte. Und was ist es in Wirklichkeit! Ein Entsetzen.«

Ilonka blickt in das verglühende Rot der Sonne, das jetzt noch ihren ungeschminkten Lippen einen Schimmer von Röte leiht. »Vielleicht soll man nichts vom Hunger dichten. Ich möchte es nicht lesen. Ein Dichter soll das Böse auch gar nicht so gut kennen, sonst erschrickt das Herz. Dichten ist Worte wie Vögel im Schmetterlingsnetz fangen. Immer sind doch die Vögel zu groß für das Netz, selbst wenn sie noch so klein sind. Und es gibt ganz bunte Vögel, blaue, rote, gelbe, alle Farben auf einem Flügel, und die schillern dann durch das grüne Netz. Das ist hübsch. Aber vom Hunger, nein. Sie müssen sich nicht damit quälen.« Sie bricht eine Fliederdolde ab ohne Stiel und nimmt sie zwischen die Zähne.

»Ich muß«, erwidere ich, »ich muß das schreiben, was hier ist, gerade hier. Denn hier ist alles. Wir ruhen am Ufer des Sees im Grase und führen anmutige Gespräche. Es ist ein warmer Tag. Dort drüben in dem Judentempel liegen die Menschen im Eiskalten, weil die Steine die Winterkälte behalten haben, auf Stroh wie umgemäht. Und obgleich sie frieren und die Luft feucht und schrecklich ist, trauen sie sich doch nicht, nachts einfach im Grase zu schlafen. Außer den Büschen und Bäumen und den Blumen weiß niemand hier, was sein Sinn ist, wozu er lebt und was aus ihm werden soll. Aber vielleicht weiß es diese hier.« Ich ziehe aus der Tasche einen zerdrückten und schmutzigen Brieffetzen und reiche ihn Ilonka.

Ilonka liest langsam, zwischen ihren Brauen entsteht eine tiefe Falte: ›... glaube mir, immer. Wie du auch zurückkommst, als Krüppel ohne Arm und ohne Bein, du wirst doch derselbe für mich geblieben sein. Wenn ich dich nur wiederhabe! Alle die Russen und die Amerikaner können nichts gegen meine Liebe, und wenn sie so zahlreich wären, daß ganz Deutschland grau von ihnen wird. Und weil meine Liebe so stark ist, ... Es war ja nicht unsere...‹ Sie reicht mir ihn wortlos zurück.

»Das ist unsere Dichtung heute«, sage ich.

»Dichtung. Aber wie es sein wird, wenn alles so kommt, wie sie jetzt schreibt? Das möchte ich nicht wissen. Ich hasse die Menschen, hochmütig sind sie noch in ihrem Elend.«

»Ich lerne sie eben erst kennen«, entgegne ich und stecke das Papier sorgfältig wieder ein. »Ich habe gar nicht gewußt, wie Menschen sind, wie großartig und wie gemein.«

»Jeder ist zu allem fähig«, konstatiert Ilonka, »Dieb, Hehler, Betrüger und Mörder.«

»Mörder?« frage ich.

»Keine Angst mehr vorm Sterben oder vorm Töten. Aber die Seele töten bei lebendigem Leibe, das kann auch heute noch nicht jeder.« Ilonkas Lippen sind fast violett im gelben Gesicht. »Weil sie keine Phantasie haben. Der SS-Mann, der mich damals gerettet hat, sagte ›Schneewittchen soll nicht sterben‹. Er hatte Phantasie, man kann ja auch nur lieben, wenn man Phantasie hat. Er konnte mich nicht töten, und deshalb wurde er von den anderen umgebracht. Sie dachten, ich wäre geflohen und ließen mich laufen, aber ich hatte mich in einem Heuschober versteckt. Der Anführer ging einfach an ihn heran und schoß ihn ab wie einen tollen Hund. Das Gehirn spritzte herum, und der Körper zuckte noch.« Ihre Hände fallen herab.

Der Himmel ist von einem entzündeten Gelb. Wir erheben uns, stehen einen Augenblick wortlos nebeneinander.

»Ich müßte längst fort«, sagte Ilonka.

»Zur Mulde?« frage ich.

»Zur Mulde.«

»Die Russen werden also über die Elbe kommen?«

Ilonka zuckt die Achseln. »Ich müßte jedenfalls längst fort.«

»Allein?«

»Vielleicht.«

Wir haben die Chaussee erreicht. Ida Pietzsch geht vorbei und flüstert eifrig mit einem kleinen Mann im zerlumpten Anzug. Sie erkennt uns, und ihre Augen werden sekundenlang ausdruckslos vor Erstaunen. Dann scheint die Nasenspitze zuerst etwas zu begreifen, sie hebt sich in die Höhe und glänzt, als gäbe es nur die Nase in dem Gesicht. Unerwartet kommt sie direkt auf uns zu und sagt, ohne zu grüßen: »Die Blonde rennt überall herum und sucht«, sie macht eine Pause, streift über Ilonka hinweg – »jemanden«, dreht sich genau so ruckartig zurück, daß ihr kurzer Rock wippt, und läuft weiter neben dem Zuchthäusler her, mit vorgeneigtem Kopf auf ihn einsprechend.

Ilonka ist noch bleicher geworden. »Lassen Sie den Egon«, bitte ich leise.

Ilonka will ausweichen, sagt dann aber überraschend offen: »Überall ist er. Er klebt an mir wie – wie –«

»Brigitte wird wahnsinnig, wenn sie den Jungen verliert. Sie ist vollkommen fertig. Erst ist ihr Mann im Krieg gefallen, dann hat ihre Jugendliebe sie enttäuscht, und dann hat sie diesen jungen Menschen – gerettet. Sie war nicht so, sie hat sich ganz verändert.«

»Wer ist denn noch, wie er war?« gibt Ilonka zurück, »aber die Blonde ist böse geworden, böse.«

»Sie weiß es, und das quält sie so. Darum ist sie noch viel unglücklicher, als Sie es sind.« Ilonka verstummt. Ich sage traurig vor mich hin: »Sie ist verloren.«

Ilonka wendet sich ab. Dabei sehe ich, daß ihre Schulterblätter unter der Jacke hervorstechen. Sie macht ein paar Schritte, kommt noch einmal zurück: »Der Junge erinnert mich an etwas, aber ich weiß nicht woran. Ich muß immer mit ihm zusammensein, weil ich einmal wissen möchte, an wen er mich erinnert.«

Wir stehen wieder am Tümpelchen mit der Urne der toten Prinzessin. Von fern her tönt ein Pfiff wie das Locken eines Vogels. Ilonka hebt den Kopf. Der Pfiff wiederholt sich. Sie will nicht zu ihm gehen. Aber als er zum dritten Mal pfeift, folgt sie ihm mit gesenktem Kopf.

An der Straßenkreuzung steht Egon und wartet auf sie. Im Weggehen blicke ich noch einmal zurück. Ich sehe die beiden wie dünne Silhouetten gegen den vergilbenden Himmel.

»Wo warst du denn?« fragt mich Mutter, als ich in den ›Grünen Baum‹ zurückkehre. Sie steht hochaufgerichtet neben dem Ausguß, wo die verrückte Majorin wieder ihre Wäsche spült. Mutters weißes Haar ist über der Stirn steil in die Höhe gebürstet, ihre blauen Augen blicken mich streng an. »Es wäre besser, wenn du jetzt bei uns bliebst. Es ist nicht die Zeit, sich mit eigenen Gedanken abzugeben.« Als sie mein gequältes Gesicht bemerkt, fährt sie energisch fort: »Und fall' mir nicht in die Verzweiflung, da holt dich keiner heraus. Außerdem, wie es auch wird: Leben lohnt immer.«

Die Majorin hat den zerzausten Kopf zu uns gewendet, ihre Hände spülen eifrig weiter, immer dasselbe Wäschestück. Mutter streicht mit der rauhen Rechten über mein Gesicht: »Komm, leg dich ins Bett.«

»Ins Bett?« frage ich so ungläubig, als verspräche sie mir das Paradies.

Mutter freut sich. »Wir haben drei Betten im Gemeinschaftsraum. Ich habe mit der alten Wirtin eingehend gesprochen.«

Ich falle auf das Bett und versinke in tiefen Schlaf.

Als ich aufwache, ist es Nacht. Ich weiß nicht, wo ich bin, aber der Dunst, das Röcheln, das Schnarchen der Mitschlafenden zeigen mir rasch an, daß ich im Gemeinschaftsraum bin. In aneinandergereihten Betten liegen Männer, Frauen,

Kinder. Durch die niederen Fenster geistert bleiches Mondlicht.

Eine junge Frau, die mit ihren vier Kindern auf einem Bett liegt, muß sich im Schlaf unvorsichtig zur Seite gedreht haben, denn das Einjährige beginnt zu plärren, schlägt mit den Fäustchen um sich, stößt den dreijährigen Bruder, der ein trompetenhelles Geschrei erhebt, der Siebenjährige patscht ihm mit der Hand ins Gesicht, die neunjährige Älteste erhebt sich mit halbem Oberkörper, versucht mit ihren kleinen Armen über die drei Brüder beruhigend hinwegzustreichen, wobei sie beschwörend ein paar Worte flüstert. Die Mutter hebt schlaftrunken den Kopf und läßt ihn wieder nach hinten fallen.

Ich stehe auf, stolpere über einen Koffer, den ich am Abend vorher mit der Kante unter dem Bett habe vorstehen lassen. »Unordnung bringt Unglück«, hat Mutter gesagt, aber in einer empörerischen Mißlaune habe ich nicht auf sie gehört. Jetzt wäre ich beinahe hingeschlagen, halte mich gerade noch am Bettknauf fest. Dann stoße ich gegen den Tisch, und als ich die Tür öffne, geschieht es mit einer Fülle koboldartiger Geräusche, die mich erschreckt hinaustreiben. Hinter mir vernehme ich Schimpfen und Fluchen.

Der Hof liegt kalkweiß mit tiefschwarzen Schatten. Die Luft scheint aus Firnenhöhe herabzuwehen und ist von eisiger Klarheit. Ich schlage den Pelzkragen hoch. Die Hände habe ich in die Taschen vergraben. Leise gehe ich über das Kopfsteinpflaster. Die Bäume vom Kaffeegarten rauschen mit vollen Blätterkronen. Hinter mir her kommen Männer; als sie eine Frau bemerken, bleiben sie stehen, gehen dann durch das offene Tor unter die Bäume.

An der mondbeschienenen Wand des Saalanbaus führt eine Holzstiege in den Hof hinunter. Oben auf dem Treppenpodest vor dem Eingang zum Tanzsaal steht eine schmale Gestalt und blickt unbeweglich mit emporgewandtem

Gesicht in den Mond. Als sie mich hört, senkt sie den Kopf und fliegt dann wie eine windgetriebene Feder zu mir herab. Es ist Brigitte.

»Sie sind es«, flüstert sie heiser, »ich habe immerfort an Sie gedacht. Wissen Sie, wo Ilonka ist?« Brigitte nähert mir ihr von weißblondem Haar umstrahltes Gesicht. Ich trete betroffen einen Schritt zurück, glitsche dabei mit dem rechten Fuß aus und gerate ins Wanken. »Ich weiß nicht.«

»Waren Sie nicht mit ihr zusammen?«

»Doch. Ich weiß nicht mehr genau, wann.« ›Jenseits des Schlafes‹, aber dann besinne ich mich: »Gestern.«

Brigitte packt mich am Pelz und läßt ihn enttäuscht wieder los. »Gestern habe ich sie selbst noch gesehen. Mir geht die Zeit auch ganz durcheinander.« Sie geht unschlüssig an mir vorbei. »War Egon dabei?«

»Nein.«

Brigitte dreht den Kopf hin und her. »Sie wissen alles noch von damals, als wir uns das erste Mal im Wald getroffen haben beim Holzsammeln.«

Ich nicke, Brigitte biegt sich zurück und mißt mich mit einem Blick voll hohnvoller Trauer: »Sie meinen, damals jammerte ich nach Paul, und heute ist es der Egon, und ich wäre so ein Stück Abfall!« Sie bäumt stolz und verächtlich den Kopf, daß die Locken wie eine helle Woge hintenüber schäumen: »Und wenn schon!«

»Brigitte«, bitte ich, »lassen Sie doch den Egon laufen. So ein Jüngelchen.«

Sie fällt in sich zusammen, wird klein und zart, und das Mitleid steigt warm in mir auf: »Sie können mir glauben«, gesteht sie, »alles habe ich versucht. Ich habe ihn vor mir selber gemein gemacht, ich habe ihn ein SS-Schwein genannt, obgleich er bloß in der HJ war, ich habe ihn einen Feigling, einen Deserteur beschimpft, obgleich ich ihm selbst das Zivilzeug besorgt habe. Ich habe ihm keine Zigaretten mehr gegeben, damit er wegbleibt, und wenn ich ihn zwei Stunden nicht gesehen habe, bin ich herumgelaufen wie eine Verrückte. Ich komme nicht dagegen an. Er braucht mich bloß anzusehen – und mir wird schwindlig.«

»Niemand kann Ihnen helfen«, murmele ich frierend.

An uns vorbei schleicht gekrümmt eine Frau zum Aborthaus. Die Tür quietscht und scheppert nachträglich. Die Außentreppe wirft einen längeren Schatten. Mir ist ekel und nüchtern und hoffnungslos zumute. Ich habe das Gefühl, nicht ich selbst, sondern ein nächtliches Phantom zu sein, das in einer Tragödie auftritt, ohne sein Stichwort zu kennen.

»Ich hatte mir schon alles ausgedacht. Wir wollten nach Berlin zurück und dort versuchen, ob wir nicht die Wohnung noch ausbauen können. Es war fest verabredet. Da kam Ilonka, diese schwarze Hexe.« Brigitte empfindet einen so tiefen Haß gegen die Tschechin, daß sie von ihr nur mit unterdrückter Stimme spricht, als fürchtete sie, in einen Schrei auszubrechen.

Vor Abspannung und Kälte zittere ich nun so stark, daß meine Zähne aufeinanderschlagen: »Um Gotteswillen, Brigitte«, ich streichle ungeschickt ihre Schultern. Dabei merke ich erst, daß sie keinen Mantel trägt, sondern nur ihr dünnes Kleid. Ich ziehe den Pelz zur Hälfte aus, trete nahe an sie heran und lege ihn mit über ihre Schultern. »Sie werden sich erkälten. Die Nacht riecht nach Schnee.«

In der halben Umhüllung meines Mantels beginnt Brigitte vor Kälte am ganzen Körper zu schlottern, als werde ihr erst durch die wärmende Hülle die eigene unzureichende Kleidung bewußt. »Ich werde sie umbringen«, preßt sie zwischen den Zähnen hervor. »Wenn sie mit dem Jungen getürmt ist, werde ich die beiden schon finden. Und ich werde sie umbringen.«

Brigitte ist nicht mehr schön. Die Leidenschaft hat die

Anmut ihrer Züge getilgt. Ihr immer noch grell geschminkter Mund wirkt wie eine rote zertretene Blume. Die Nase hat sich gekrümmt, und die Wangen senken sich von den Schläfen zum Kinn in einer Schräge, die dem mageren Gesicht eine dreieckige Form gibt. Als ich ihr das erste Mal am Waldrand begegnete, war sie eine hübsche, junge Frau, und die Sehnsucht verlieh ihr einen wehmütigen Reiz. Jetzt sieht sie verwildert und unedel aus. »Ilonka können Sie nicht umbringen. Begreifen Sie das nicht! Selbst, wenn Sie sie töten. Dann wird sie in Ihnen und dem Jungen weiterleben wie ein Gespenst und euch nicht in Ruhe lassen. Mit einem Mord schafft man doch keinen Menschen aus der Welt!«

»Trotzdem«, wiederholt Brigitte verbissen, »dann sind die beiden wenigstens nicht mehr zusammen!«

Mein Mitgefühl ist erloschen. Ich kann mich nur noch schweigend zurückziehen. Selbst der Wunsch, Ilonka und Egon mögen schon über die Mulde geflohen sein, bewegt mich nicht, denn ich fühle mit Bestimmtheit, daß Brigitte sie einmal, diesseits oder jenseits des Flusses, aufspüren wird, unausweichlich.

Auch für Brigitte ist das Gespräch zwecklos geworden. Sie löst sich aus der Umhüllung und gleitet grußlos zur Treppe, steigt erschöpft Stufe um Stufe empor, öffnet die Tür einen Spalt und verschwindet.

Die Frau, die eben an uns vorbeiging, kommt zurück, beide Hände auf den Leib drückend: »Ich habe immer solche Krämpfe, wenn ich meine Tage habe.« Sie bleibt in einiger Entfernung stehen und sieht nach mir hin.

»Haben Sie ein Bett?« frage ich.

»Ja, ein Bett mit meinem Mann zusammen. Die Mutter schläft im Rollstuhl, sie ist gelähmt. Wenn der Mann sich bloß nicht immer so räkeln würde, ich könnte schreien vor Schmerzen.«

»Wollen Sie mein Bett? Ich kann sowieso nicht schlafen.« »Danke schön. Morgen geht's ja weiter«, erwidert die Frau. »Ich möchte mich so gern einmal ruhig lang ausstrecken.«

»Aber Sie können doch in dem Zustand nicht laufen!«

»Wer fragt denn danach! Wir müssen bis zur Mulde und dann rüber. Mein Mann fühlt sich hier nicht sicher. Er meint, bei den Amerikanern wird es nicht so streng sein.« Sie lehnt sich gegen das Treppengeländer.

»Bleiben Sie noch, wenigstens bis wir einen Wagen für Sie finden.«

Die Leidende schweigt einen Augenblick: »Ich muß doch den Rollstuhl mit Mutter schieben. Hermann nimmt die große Karre. Nein, nein, wir müssen zusammenbleiben. Ich laß' den Mann nicht allein! So ein Mann hat doch keinen Verstand. Der immer mit seinem Treu und Glauben. Ich sage zu ihm: Wenn du was gefragt wirst, laß mich antworten. Die vielen Jahre Angst um ihn ausgestanden, als er an der Front war, und jetzt wegen dem bißchen Unwohlsein? Nee, das wird auch noch gehen. Wenn ich in den Bunker mußte, hat mich auch keiner gefragt.«

Mir kommt ein hilfreicher Einfall. »Ich habe Pyramidon bei mir, wenn ich nicht irre, sogar hier in der Tasche.« Ich fingere in der rechten Pelztasche und finde wirklich eine lose Tablette. »Können Sie irgendwo ein Glas Wasser bekommen?«

»Ich nehme eigentlich nur homöopathische Mittel«, erwidert die Frau unschlüssig.

»Sie können ruhig Pyramidon nehmen«, antworte ich etwas gereizt über diese törichte Sturheit und reiche ihr die Tablette.

Die Fremde nimmt sie mit kalten, spitzen Fingern. »Wenn Sie meinen –«, sagt sie gedehnt und steckt sie in den Mund.

»Aber Sie können sie nicht so hinunterschlucken. Sie schmeckt je schrecklich bitter!«

»Ach, das ist nicht das Schlimmste«, und sie kaut die Tablette als sei sie ein Bonbon, wendet sich um, krümmt sich plötzlich unter Krämpfen, aber ehe ich sie stützen kann, hat sie sich schon weitergeschleppt. Bevor sie die quietschende Tür öffnet, dreht sie sich noch einmal um: »Danke schön!« Die Tür scheppert lange hinter ihr her.

Seit einer Woche haben wir nun schon Betten im Gemeinschaftszimmer vom »Grünen Baum«. Wir strecken uns und liegen, aber wir finden keine Ruhe. Ein Flüchtlingslager ist kein Zuhause. Die Angst ist die Seuche der Zwischenzeit und des Zwischenlandes, des schmalen Streifens zwischen Elbe und Mulde. Seit Tagen hat sich kein Amerikaner mehr gezeigt – und noch kein Russe. Wir wünschen uns das Verhängnis herbei, nur damit endlich eine Entscheidung fällt. Berthold sieht verfallen aus. Er hat die Kisten mit den Zeichnungen unter die Betten geschoben. Weder Friesigk noch Pietzsch erwähnen sie auch nur. Kuntze hockt wohl in der Dachkammer und registriert. Eines Morgens stöbert uns Fräulein Rose auf, gelblich im Gesicht und kurzatmig: »Können Sie Kuntze hier nicht unterbringen?« fragt sie, ohne zu grüßen.

»Warum behalten Sie ihn nicht? Sie haben doch ein Zimmer für sich«, fragt Berthold zurück.

»Ich halt's nicht mehr mit ihm aus.« Sie sieht von einem zum andern, als rufe sie uns zu Zeugen auf. »Er ist verrückt geworden.« Und als wir weiter schweigen, berichtet sie stockend: »Zuerst ging es ganz gut. Er hat mir auch beim Einkaufen geholfen, aber jetzt sitzt er wieder auf der Kiste, ißt auch nicht mehr – bis er tot herunterfällt. Er sagt es ja auch: ›Sie sollen mich ruhig abschießen‹«.

Berthold geht mit ihr sofort hin. In einem einstöckigen Haus weit draußen, wo die Hauptstraße zu einzelnen kleinen Häusern übergeht, sind die beiden einquartiert. Eine adrette junge Frau öffnet einen Türspalt und sagt, als sie Berthold sieht: »Nehmen Sie ihn fort von hier. Er hat eine Waffe. Er bringt uns alle ins Unglück.« Neben ihrem Rock gucken zwei Kinder neugierig hervor.

Die Stufen knarren. Vor einer niedrigen Bodentür hält die Rose inne. »Hier«, aber sie wagt nicht zu öffnen. Berthold klopft an. Niemand antwortet. Er klopft noch einmal und ruft: »Kuntze, ich bin es. Ich wollte einmal nach den Zeichnungen sehen.« Es bleibt still. »Vielleicht ist er fortgegangen«, sagt Berthold zu der Rose.

»Bestimmt nicht, Herr Direktor. Er sitzt darin und antwortet nicht.«

Berthold will öffnen, die Tür ist abgeschlossen.

»Das macht er jetzt öfter. Ich habe schon eine Nacht hier auf dem Korridor zugebracht.«

»Kuntze«, beginnt Berthold wieder, »ich wollte etwas Wichtiges mit Ihnen besprechen, öffnen Sie doch«, und er rüttelt an der Klinke.

Ein schlurrendes Geräusch ist zu hören. »Das sagen Sie bloß«, flüstert eine heisere Stimme.

»Öffnen Sie doch einen Spalt«, rät ihm Berthold.

»Dann stellen Sie den Fuß dazwischen.« Aber der Schlüssel dreht sich trotzdem im Schloß, und die Tür wird ein wenig geöffnet. Ein Auge funkelt mißtrauisch heraus. Als Kuntze Berthold erkennt, sagt er leise: »Aber ich lasse nur Sie herein.« Rose schluchzt auf, nickt dann: »Wenn ich wenigstens meine Sachen herausnehmen könnte.«

»Gut, ich komme allein.« Da öffnet sich die Tür, und Berthold tritt ein. In dem schmalen Bodengelaß ist die Kiste nahe ans Fenster gerückt, dagegen lehnt ein Karabiner. An der Wand stehen durch einen über eine Schnur gehängten Mantel getrennt ein Bettgestell mit hölzerner Unterlage und auf der anderen Seite die Matratze. Neben der Matratze türmt sich ein Gebirge von Koffern, Kisten, Körben und Paketen bis zur Decke, davor die offene Schreibmaschine, über der Roses Vergißmeinnichthut hängt.

Kuntze steht vor Berthold stramm: »Alles zum Abholen bereit«, meldet er und hält den ausgedörrten Kopf steif in die Höhe. Berthold sieht den greisenhaft verfallenen Körper, das verstörte Gesicht. »Gut«, sagt er, hebt die Hand zu einer unsichtbaren Mütze, »rühren Sie sich. Es ist der Befehl gekommen, daß Sie umquartiert werden.« Kuntze steht noch eine Weile aufgerichtet, fällt dann zusammen, der Kopf hängt herunter. »Aber Herr Direktor«, flüstert er, »die Zeichnungen sind ja alle in Ordnung.«

»Das haben Sie großartig gemacht«, erklärt Berthold und klopft ihm auf die Schulter. »Wir nehmen die Kiste und Sie gleich mit und bringen sie erst mal in Sicherheit.«

»Wohin?« fragt Kuntze und ist ganz klar. »Glauben Sie, im ›Grünen Baum‹ sind die Zeichnungen sicher. Dort wird doch zuerst Razzia gemacht.« Er lacht, der Moment der Klarheit ist vorbei. »Vorwärts marsch«, und er hebt die Beine und will zur Tür hinaus.

Berthold hält ihn zurück. Er hat sich besonnen: »Das Quartier muß erst freigemacht werden für Sie. Aber vor allem muß das Ding da weg.« Berthold nimmt den Karabiner an sich. »Wo haben Sie den bloß her?«

»Gefunden, Herr Direktor, im Wald gefunden.«

Berthold erinnert sich der Waffensuche und daß Kuntze neben ihm ein heimliches Vergnügen gezeigt hatte. »Besitz von Waffen ist verboten.«

Kuntze lacht spitzbübisch: »Wenn Sie gefunden werden.« Er flüstert Berthold ins Ohr: »In der Uhr draußen entdeckt sie niemand.«

Berthold stutzt, er hat keine Uhr auf dem Boden gesehen und bewundert die Findigkeit des Verstörten. »Ich komme gleich zurück« und will hinausgehen. Kuntze hält ihn am Arm zurück. »Es tut mir leid, Herr Direktor, daß ich Ihnen auch noch die Mühe machen muß, aber mein Kopf ist nicht mehr ganz klar. Ich finde mich auch gar nicht mehr zurecht.«

Berthold wendet sich ihm zu, auch er trostlos und ohne Hoffnung: »Wir sind alle nicht mehr ganz klar. Wenn Sie sich jetzt einmal richtig ausruhen, dann können Sie nachher wieder mit uns arbeiten.«

»Es wird nichts mehr. Mit mir wird es nichts mehr.« Kuntze sieht zu Tode erschöpft aus.

»Denken Sie an unsere Aufgabe. Sie wissen doch, wir werden gebraucht – für den Frieden.« Aber da Berthold selbst nicht glaubt, kann er keinen Glauben suggerieren.

Kuntze wendet sich mit gekrümmtem Rücken ab und hockt sich auf die Kiste. Berthold geht langsam hinaus und schließt die Tür hinter sich. Rose hat gehorcht.

»Er wird keine Schwierigkeiten mehr machen, aber er muß sofort unter ärztliche Aufsicht.« Berthold steckt den Karabiner in die alte Standuhr, die auf dem Boden abgestellt ist. Rose erzittert. »Bleiben Sie hier«, ordnet er kurz an.

Im Treppenhaus wartet die junge Frau auf ihn. »Der Kranke wird sogleich abgeholt«, sagt Berthold, »beunruhigen Sie sich nicht.« Die junge Frau will etwas antworten, aber da ist Berthold schon auf der Straße. ›Abgeholt‹, denkt er, ›aber von wem und wohin? Sicher ist nur, er muß hier fort.‹

Ich bin Berthold und Rose besorgt nachgegangen und treffe ihn mitten auf der Hauptstraße. Er sieht selbst aus wie ein Kranker. »Steht es so schlecht mit ihm?« frage ich bestürzt.

Berthold nickt: »Seit ich das Werk leite, hat Kuntze mit mir gearbeitet, also fast dreißig Jahre. Ein Gehirn wie ein Kristall und jetzt –. Natürlich muß er ins Hospital. Hat nicht der junge Hartmann im »Eichenkranz« ein Krankenhaus eingerichtet?«

»Ist überbelegt.«

»Aber irgendwo muß er hin.« Wir gehen nebeneinander. »Auch muß der Karabiner aus der Uhr fort«, und als ich ihn nicht gleich verstehe, erklärt er mir kurz: »Ich habe den

Karabiner in einer alten Standuhr versteckt. Wenn die Russen ihn finden, stellen sie alle an die Wand.«

»Da hilft nur Ida Pietzsch«, überlege ich, »und ihre Freunde. Bitte geh' zu Kuntze, ich komme gleich.«

Er dreht sich unschlüssig fort, aber ich wiederhole mit Bestimmtheit: »Wir kommen gleich nach.«

Entschlossen gehe ich in die Gaststube der »Drei Linden«, wo Ida Pietzsch und der Zuchthäusler ihre Tauschgeschäfte machen.

Beim Eintritt glaube ich, in ein Panoptikum geraten zu sein, wo in Wachs, Sturheit und Banalität der Spießer in gespenstischer Wirklichkeit nachgebildet ist. Ihn hat keine Granate zerrissen, keine Bombe aus der Luft vernichtet, die Flucht hat ihn nicht zerrieben. Er sitzt auf dem Sofa, trinkt Ersatzbier oder Ersatzkaffee, Frauen stricken mit ernsten Gesichtern. Ein muffiges Schweigen brütet über allen.

Nur an einem Tisch hocken zwei windige Gestalten. Ida Pietzsch und der kleine Zuchthäusler. Sie kehren den Leuten den Rücken und verdecken im Gespräch den Mund mit vorgehaltener Hand. Als ich zu ihnen trete, sehen sie mich abweisend an.

»Ich brauche einen Platz im Hospital«, erkläre ich ohne Umschweife. Und auf Idas erschrockenen Blick füge ich hinzu: »Kuntze ist schwerkrank. Gefährlich, lebensgefährlich.« Der Kleine sieht mich forschend an mit den sehr blauen, blankgeputzten Augen in dem listigen Altmännergesicht.

Ida Pietzsch ist überfordert. Kakao, worauf sie sich jetzt spezialisiert hat, aber ein Bett im Krankenhaus –. »Das ist doch voll« meint sie und geniert sich doch, daß sie nicht einen Platz im Hospital organisieren kann. Der kleine Alte kichert spitz. »Aber erst, wenn ich drin bin.«

Ida horcht mit Augen und Ohren, und sogar noch die

Locken spreizen sich vor Aufmerksamkeit. Ihre Blicke schießen hin und her, aber sie sieht noch keine Lösung.

»Dann ist ja wirklich jedes Bett besetzt«, sage ich enttäuscht.

»Wenn ich hineingehe –, aber ich finde Carbolgeruch scheußlich.« Der Alte blickt uns listig an.

In Ida Pietzsch funkt es : »Ist denn das möglich?« fragt sie aufgeregt.

»Warum nicht?«

»Sie sind doch schon untersucht und registriert«, werfe ich ein.

»Entlaust. Und bißchen auf den Brustkasten geklopft. Aber wir sind ja alle heute dürr.«

»Und Sie selbst?« frage ich.

»Ich bleib sowieso nicht. Was Beine hat zum Laufen, das läuft doch.«

Wir wagen es noch nicht zu glauben. »Kostet?« fragt Ida nüchtern und kehrt zur Realität zurück.

»Ich friere so leicht«, murmelt der Alte und hüstelt.

»Eine Jacke kann ich Ihnen geben«, erkläre ich schnell.

»Abgemacht!« Der Alte streckt mir seine knochige Hand hin.

Dann gehen Ida und ich zurück zu Berthold und Kuntze. Wir finden sie in friedlichem Gespräch. Kuntze kommt auch sogleich mit. Berthold führt ihn direkt ins Hospital. Er erklärt der Ärztin und Hartmann den Tausch. Anfangs widerstrebend, erklären sie sich dann rasch bereit. Kuntze sitzt lächelnd dabei. Nur selten zuckt Verwirrung über seine Züge, dann gleiten seine Hände unruhig über seine mageren Schenkel. Aber Berthold versichert ihm: »Ich kümmere mich um die Kiste«, und sogleich liegen die Hände still, Kuntze nickt beruhigt und vertrauensvoll.

Ida und ich sind zurückgeblieben. Wie zwei Kumpane hocken wir uns auf die Kiste. Wir sind zufrieden. Die Rose hat ihren Vergißmeinnichthut aufgesetzt. Sie marschiert mit großen Schritten in der Kammer auf und ab: »Jetzt lege ich die Matratze ins Bett, und dann brauche ich nur noch einen Schrank, einen Tisch und einen Stuhl –.« Sie hat uns vergessen.

»Und was zu leben«, bemerkt Ida.

Der Vergißmeinnichthut steht still mit seiner Trägerin. »Als Dolmetscherin –«, aber sie fährt nicht fort. Ihr Mund hängt hilflos offen, sie streicht sich mit der spinnigen Hand über die Stirn. »Die Akten!« fällt ihr ein: »Die Zeichnungen! Holt die Kiste von hier fort. Gleich! Heute noch! Sie hat hier nichts mehr zu suchen. Ich will nichts mehr damit zu tun haben!«

»Werktreue« flötet Ida. »Treue ist die höchste Tugend der Mitarbeiter. Auch wenn Sie einmal kein fettes Gehalt bekommen und Altersversorgung aus der Pensionskasse.«

Rose spießt die Pietzsch mit ihren Blicken auf. Die aber pufft mich erst mit dem Hinterteil, dann mit dem Ellbogen und sagt schließlich: »Haben Sie es gehört? Die Kiste hat bei dem Fräulein Chefsekretärin nichts zu suchen.«

»Ist mir doch alles egal«, zetert die Rose. »Vorbei ist vorbei«, stürzt sich auf die Schreibmaschine, zerrt sie vor und verkündet mit wirrem Triumph: »Die verkauf' ich auch, ich vertausch' sie! Dann weiß niemand mehr, daß ich mitgearbeitet habe – kein Beweisstück.« Und, als würde ihr jetzt erst klar, daß die Pietzsch zwar boshaft, aber immer die Pietzsch ist, wendet sie sich jetzt mit flehendem Gesichtsausdruck ihr zu: »Ganz billig gebe ich sie her, gegen Margarine oder Speck oder – was es gerade gibt –.« Die Krempe des Hutes ist ihr tief in die Stirn gesunken.

›Sie will ihre Galeere los werden. Ihr Schreibmaschinendasein von gestern, und neu anfangen‹, denke ich erschüttert.

Ida Pietzsch aber betrachtet sie mit kaltem Entzücken: »Nichts«, sagt sie scharf. »Nichts! Wer will heute eine

Schreibmaschine?!« Dann erhebt sie sich und geht würdig hinaus. Ich blicke mich noch einmal um und folge ihr. Die Stiegen knarren unter unseren Füßen. »Nun hat der Kuntze sie doch noch klein gekriegt. Mit dem Verstand nicht, aber mit der Verrücktheit.« Und sie grinst, daß ihr Gesicht auseinanderzuklappen droht.

Plötzlich schießt etwas Blumengeschmücktes an uns vorbei, holt uns an der Haustür ein und zischt mit einem Gesicht weiß vor Entsetzen: »Der Karabiner!«

Jetzt ist Ida Pietzsch übertrumpft. Sie blickt mich erschrocken an.

»Der Karabiner von Kuntze. Mein Mann hat ihn in die Standuhr auf dem Boden gesteckt.«

Uns fällt das Atmen schwer, und gar nichts will uns einfallen. Endlich raffe ich mich auf: »Ich werde ihn nachts holen und in den Teich werfen.« Die Rose atmet erleichtert auf. Ida aber runzelt die dünnen blonden Brauen und fragt: »Allein?«

»Am besten allein.«

»Nicht am besten allein. Ich komme mit.«

Ich weiß keinen Dank, kann ihr auch keinen Handel vorschlagen. Die höchste Gefahr unternimmt man immer gratis.

Die Russen stehen an der Elbe bei Coswig. Wittenberg ist erobert, und die Herzen der Menschen erbeben. Die Wörlitzer beginnen sich zu ängstigen. Die Angst steigt von der staubigen Straße auf, dringt durch die löchrigen Schuhe und Strümpfe bis zur Haut, kriecht durch die Schäfte der Bäume und die Stiele der Blumen, grünt im Salat, und wer ißt oder seine Blicke am Park erquicken will, ißt doch nur wieder Angst und saugt Angst durch die Augen in sich hinein. Alle drei Schichten der Wörlitzer Bewohner sind durchsickert von trüber Ahnung. Die Einwohner und die Evakuierten schieben sich verwirrt umeinander, greifen mit Händen, die nichts halten, denken Gedanken, die keinen Entschluß fassen, laufen im Kreis. Die alten Flüchtlinge aber werden von neuem Schrecken aufgestöbert und weitergetrieben zur Mulde hin nach Dessau, während ein Gewimmel neuer Flüchtlinge vom jenseitigen Ufer der Elbe ganz Wörlitz mit Karren, Kindern, Jammern, Betteln, Fordern, stumpfsinnigem Warten überzieht. Auf dem grünen Rasen unter den mächtigen Bäumen, in Pferdeställen, in denen noch die warmen Pferdeäpfel liegen, in Kuhställen auf stinkendem Stroh, in den Höfen neben der Dunggrube, im Heu der Scheunen, im Strohlager der Tanzsäle, im Staub der Straße, im Dunkel der Hausflure, in jedem freien Zimmer, auf jedem Stuhl sitzen, liegen, stehen Flüchtlinge. Der Ort quillt über, der Park hätte das Menschengeziefer gern in den See geworfen, aber der See ist voll von den Gerippen der Kriegsmaschinen, und die Menschen wären nicht einmal darin untergegangen.

Fliehen oder bleiben?

Ida Pietzsch legt die Karten. Ein Tisch ist mitten in die kleine Veranda gerückt. Die Frauen nehmen eifrig die abgegessenen Teller herunter, um Platz für die Karten zu machen. Ida Pietzsch setzt sich wie hingewischt auf den Stuhl, der schief am Tisch steht, ihren neuen Kumpan, von uns mißliebig betrachtet, dicht neben sich. Pietzsch übersieht ihn. Zigaretten verklären für ihn die Flüchtlingsnot. Der kleine Zuchthäusler fegt mit der flachen Hand Krümel und Kartoffelschalen vom Tisch. Seine Augen sind aus blauem Porzellan und haben mit der zerknitterten Verkommenheit seiner Züge nichts gemein. Die Umstehenden schweigen erwartungsvoll. Eine wichtige Handlung wird zelebriert. Auch die Männer haben ihren Hohn über das dunkle Hellsehen verloren. Die dümmste Kartenlegerin kann nicht mehr lügen... Die Wahrheit ist zerbröckelt. Manches davon gerät zwischen die Weissagungen einer Kaffeeschwester, manches zwischen die amtlichen Berichte. Ida Pietzsch sieht verrückt und unordentlich aus. Ihr hochgekämmtes Haar steht strähnig vom Kopf ab, die Augen sind vor Erregung verdunkelt, am Hals leuchtet rot das hysterische Ekzem. Da sie still sitzen muß, während Lieschen Fröhlich als oft bewährtes Medium die Karten mischt, erlischt sie fast völlig. Ihr pfiffiges Gesicht bekommt einen idiotischen Ausdruck, die flache Brust sinkt ein, die Schultern heben sich, der Rücken wird krumm. Nur ab und zu krächzt ihre heisere Stimme den Töchtern oder ihrem Mann einen Befehl zu. An dem Schicksal, das sich vor ihr entfalten soll, ist sie unbeteiligt. Sie gibt nur die Anweisung: »Heben Sie ab, – mit der linken Hand auf sich zu.« Dann nimmt sie die drei Häufchen und blättert sie schnell durch. Hastig, fahrlässig beginnt sie die Karten aufzuwerfen, immer in schiefer Reihe, die Bilder halb verdekkend. Die letzten Karten fallen fast vom Tisch. Sie schaut auf das vor ihr ausgebreitete Kaleidoskop von Zahl und Figur, sinnt und pickt dann wie ein Vogel im Stoßflug die aufblinkende Voraussicht. Plötzlich funkelt ihr Gesicht vor Wissensmacht und Rechthaberei. Sie demonstriert uns Laien, wieso und aus welcher Konstellation sie das Künftige ablese. Niemand widerspricht, denn keiner kann die Karten deuten.

Ihre heisere Stimme erhebt sich: »Am dritten Tag von heut' an, sehen Sie hier die dritte Reihe, – tritt eine Änderung ein.« Sie stutzt, reißt fahrig die Karten zusammen, nun selbst erschrocken, legt sie nochmals auf, je drei: »Wieder die Änderung, da können Sie sagen, was Sie wollen.« Wir schweigen. »Die Russen kommen.«

»Elbe ist Grenze«, erklärt Berthold, bemüht um Festigkeit.

»Oder die Mulde«, bemerkt Pietzsch.

»Das halbe Deutschland«, sagt Friesigk – und wiederholt tonlos: »Das halbe Deutschland.«

Der Zuchthäusler kratzt sich den stoppeligen Schädel. Seine Blicke springen von einem zum andern, er spitzt schon den Mund, um uns von seinem unterirdischen Wissen mitzuteilen, doch schweigt er.

»Kurtl, gib mir eine Zigarette.«

Pietzsch zündet eine Zigarette an, raucht einen Zug und reicht sie seiner Frau.

Ida Pietzsch steckt sie schief in den Mund, schlägt die Beine übereinander, die Backen glühen, die Stimme ächzt: »Jetzt prüf' ich noch einmal!« Sie mischt ungeduldig, legt die Herzdame in die Mitte, zieht »Was mich deckt, was mich schreckt, was mich liebt, was mir steht bevor, was mir nicht entgeht«, je drei Karten nacheinander auf sich zu, zu Füßen, zur Linken, zur Rechten: »Da!« Ihre Stimme zischt auf, der Zeigefinger der Rechten stößt nacheinander auf den Pique-König, den Pique-Buben, den Treff-Buben, den Treff-König. Erschöpft rafft sie die Karten zusammen und wirft den Packen nachlässig auf den Tisch. »Die Russen kommen.«

»Nicht über die Elbe«, wiederholt Berthold.

»Über die Elbe.«

Ida Pietzsch stiert vor sich hin. Der Zuchthäusler quietscht wie eine Ratte und verschwindet.

Mutter sagt in das bedrückende Schweigen: »Wenn die Russen wirklich kommen, wovor sind wir dann geflohen?«

Berthold und ich beschließen, zur Mulde zu fahren. Zwei Königsbergerinnen, Mutter und Tochter, fahren mit. Es gelingt uns, den Bauernsohn Hans für die Fahrt zu gewinnen. Wir sind ein Wagen voll Zauderer, unentschlossen warten wir ab, daß uns das Schicksal einen tüchtigen Stoß gibt: über die Mulde oder über die Elbe.

Wir überqueren die Autobahn Dessau-Berlin, die platt und breit daliegt und doch unbefahrbar ist, da alle Brücken vom Heer auf dem Rückzug gesprengt wurden. Rechts ragt aus einer Wiese ein hohes, stark verzweigtes Baumgerippe warnend empor.

Bei Waldersee belebt sich der Waldweg mit Polen und Ukrainern, den verschleppten Ostarbeitern, die sich zum Zuge in die Heimat sammeln. Ihre Stroh- und Laubhütten lugen wie Pilze aus dem Walde und den Wiesen. Niedrig, meist mit schräger Wand, stehen sie dicht beieinander oder einsiedlerisch vereinsamt. Kochstellen aus geschwärzten Ziegelsteinen daneben mit zerbeultem Geschirr, zerrissene Wäsche und Kleidung wie Vogelscheuchen an Stangen zum Trocknen gehängt. Papier knüllt unordentlich zwischen dem Laub des Vorjahres. Zu zweit und dritt schlendern die heimatlosen Gestalten über die Chaussee in die Gartenstraßen von Waldersee, arm, verkommen, freudlos und hungrig. Eine Frau leuchtet mit hellrotem Rock, aber ihr Gesicht ist düster. Frauen und Mädchen tragen bunte Kopftücher und graue, wattierte Jacken, die mit einem Strick gegürtet sind.

Wir rollen durch enge Straßen, an Gärten vorbei. Der Bauer hält vor der Hahniger Mühle. Er zeigt mit dem Peitschenstiel auf das offene Tor: »Hier ist der Eingang zur Wasserstadt. Versuchen Sie Ihr Heil! Mich finden Sie beim Bauern Peschke dort um die Ecke.«

Wir gehen aber nicht zur Wasserstadt, sondern direkt zur Mulde.

Die Mulde ist ein idyllischer Fluß in lieblicher flacher Landschaft. Die Westgrenze des letzten schmalen Streifens deutschen Landes. Weite Wiesen dehnen sich vor uns bis zum weidenumbuschten Ufer. An der »amerikanischen« Seite drüben erhebt sich ein waldartiger Park, dahinter sieht man die Türme von Dessau.

Wo sind die Tausende von Flüchtlingen, die vor uns zur Mulde zogen und hier in Regen und Kälte ausharrten? Die

Armseligen, die das nahe Ufer nicht erreichen konnten? Gerücht? Alles Gerücht? Nur wenige Familien lagern nahe dem Gebüsch, doch zwischen den Weiden am Ufer scheint es lebendiger zu sein. – Angstvolles Rufen, unterdrücktes Geschrei: »Fräulein, ziehen Sie doch Ihre Jacke an, die rote Bluse sieht man ja, dann schießen sie.«

»Wer schießt?«

»Der Ami, er läßt keinen rüber.«

»Ein toter Neger schwimmt im Wasser.«

»Gibt's denn überhaupt eine Brücke?«

»Nu freilich, in der Wasserstadt!«

»Was sie da mit den Menschen machen! Frau, wenn Sie das erlebt hätten, wüßten Sie erst, was uns bevorsteht.«

Ein alter Mann im Gehrock stößt erbost seinen Stock, der von oben bis unten mit Andenkennägeln beschlagen ist, in den weichen Wiesengrund: »Hören Sie, vorige Woche hieß es plötzlich, sie lassen Flüchtlinge durch. Wir zogen also zur Wasserstadt mit den schweren Koffern und den Bettsäcken. Haben Sie die Brücke bei der Mühle gesehen? Fast völlig zerstört, lebensgefährlich, aber wir alle rüber um sechs. Als wir in der Wasserstadt angekommen sind, heißt es: ›Nix hier. Nicht über diese Brücke, die Wasserstadt ist für deutsche Flüchtlinge gesperrt. – Sie lassen nur heimkehrende Ausländer, Franzosen, Belgier, Holländer, hinüber, aber die Brücke bei Raguhn ist frei.‹ Alle wieder zurück mit Koffern, Kindern, Handwagen, über die halbzerstörte Brücke zurück. Und in Raguhn war die Brücke gesprengt. Wir sind erst gar nicht nach Raguhn, wir schaffen es nicht, nein, wir hatten keine Courage.«

Seine Frau ist schwarzhaarig, breitgesichtig, trägt eine grünseidene Bluse und ihren guten Rock. Ihre Stimme scheppert blechern: »Sonntag heißt es nun wieder, sie lassen doch über die Brücke bei der Mühle. Wir wieder mit Koffern und Betten hinüber, da hatten sie inzwischen einen schmalen

Notsteg gebaut. Früh um sechs, als wir ankommen in der Wasserstadt, heißt es: ›Warten bis ein Uhr‹, in der Sonne, ohne was zu trinken, zwischen all den Menschen, und um fünf am Nachmittag ließen sie dann endlich zwanzig Leute durch, nur Frauen und Kinder. Wir mußten wieder zurück. Wir sind die letzten von den Flüchtlingen, seit drei Wochen sind wir hier in Waldersee.«

»Und wo sind die anderen?«

»Rüber, sie haben es eben riskiert – im Boot, oder sind geschwommen – manchmal läßt der Ami auch einen Schub Deutsche mit durch. Aber wir haben keine Courage. Mein Mann ist zu schlapp.«

Der Alte im Gehrock und der grauen Mütze blickt vergrämt nach Dessau hin: »So nahe liegt das, und man kommt nicht rüber, wenn man keinen Schnaps hat. Woher sollen wir den nehmen?«

»Wir müssen's heut versuchen«, die Frau wird eifrig, ihre Mienen straffen sich, ihr matter Blick wird scharf. ›Das ganze Leben ist ein Elendstreck. Wer zurückbleibt, den fressen die Ratten und Mäuse im Stroh. Also vorwärts, schlimmer kann es nicht werden.‹ Die Frau in der grünseidenen Bluse ist stehengeblieben und blickt starr zum andern Ufer. ›Was dahinter wartet – ist die Sorge von morgen. Morgen kann uns ein neuer Schrecken ereilen. Darum mit aller Kraft hinüber.‹ Die grünseidene Bluse zieht den Gehrock mit sich fort.

Stimmen über die Mulde herüber – hinüber:

An der zerstörten Brücke stehen zwei Frauen, erregt, voll heimlichen Getues. Ein ausgetretener Pfad führt seitlich zum Ufer hinab. »Drüben sitzt ein Neger, sehen Sie, der ist gutmütig.«

Geduldig sitzt auf der anderen Seite ein Schwarzer im Stahlhelm, die Maschinenpistole zwischen den Knien im Profil zum Fluß, der Brücke den Rücken gekehrt. Auf der

Bank neben ihm zwei junge Deutsche. Lautes Rufen mit vorgewölbten Händen:

»Ist dort ein Fräulein Schulz aus Oranienbaum?«

Frauen schreien zurück nach kurzer Umfrage: »Nein!«

Besinnen drüben, dann wieder Frageruf: »Kann jemand eine Nachricht nach Oranienbaum, Kleiner Weg 3, weitergeben?«

»Ja!« schreit Berthold.

»Fräulein Schulz möchte Freitag früh um sieben hier sein.«

»Wird bestellt«, ruft Berthold, befriedigt, helfen zu können.

»Eine Frau darf über die Brücke klettern«, ruft einer der beiden Deutschen nach kurzer Rücksprache mit dem Neger.

Schneller Wortwechsel zwischen der Königsberger Tochter und einem Mädchen, das die Gelegenheit mit benutzen will. »Ich bin Lehrerin in Dessau«, erklärt sie. Ruf zurück: »Dürfen zwei kommen?«

Anfrage an den Neger, der seine Haltung nicht ändert. »Ja, zwei genehmigt.«

Die Tochter und das Fräulein beginnen hinaufzusteigen.

Im Anfang ragt ein Stück geborstener Brücke in die Luft, dann streckt sich nur noch ein schmaler Halt quer hinüber, danach erkennen wir hinauf und hinab und drüben am andern Ufer ein Durcheinander von Eisenteilen.

Ein Mann beginnt mitzuklettern. Die Wache bemerkt es. Läßt die Deutschen schreien: »Mann zurück!«

Der Mann kehrt um.

Die Lehrerin kann das Eisengestänge nicht übersteigen, der Rock ist zu eng.

Die junge Königsbergerin klettert unverzagt weiter, die Mulde fließt hoch und schnell. Die Mutter neben uns ängstigt sich. Jetzt hat es die Tochter geschafft. Sie erscheint am anderen Ufer. Wir hören sie einen freundlichen Gruß tauschen mit dem Neger.

Doch wird der Soldat jetzt aufmerksam. Die Lehrerin ist zwischen dem Gestänge hängengeblieben. Er legt seine Maschinenpistole nieder, geht zum Brückenfuß und beginnt, sich gewandt an Arm und Bein haltend, den Brückenpfosten zu erklettern. Er reicht dem weißbekleideten Mädchen die Hand, sie greift zu – er packt fester, vermag sie aber nicht über das Wasser herüberzuheben. Da klettert er tiefer, beugt sich weit vor und greift das Mädchen um die Taille, hebt sie herüber und trägt sie das gefährlichste Stück sicher ans Ufer.

Wir wandern weiter – die Königsberger Mutter bleibt zurück, wartet auf die Rückkehr der Tochter.

Der tote Neger treibt unter der Brücke durch, im blutigen Hemd mit ausgebreiteten Armen; er liegt auf dem Rücken, starr und steif und gedunsen, bis zu den Knien sichtbar – das braune Gesicht dem Himmel zugekehrt. So tot ist er wie totes Holz, das in das Wasser geworfen wurde. Seine Uniform ist erdfarben, nur die Blutstreifen leuchten, er ist zu tot, um uns zu rühren. Eine Frau schreit erschreckt: »Der tote Neger – oder ist es ein Weißer? Wenn sie lange im Wasser liegen, soll die Haut ja braun werden.«

Der tote Soldat ist flußabwärts auf einen abgesprengten Brückenteil getrieben. Dort liegt er fest, Beine und Arme von sich gestreckt, den Hinterkopf im Wasser. –

Wieder Stimmen über der Mulde. Beiderseits Frauen:

»Habt ihr genug Kartoffeln?« ruft die junge Frau mit Kind auf unserer Seite.

Die Alte auf dem Dessauer Ufer zögert, sie sieht ihre Nachbarin an: »Wohl, wir haben genug.«

Die junge Frau: »Glaub ich ja nicht!«

»Doch, doch, ist wahr –«

Die junge Frau: »Braucht ihr sonst nichts?«

»Essig hätten wir gern, Essig und Salz.«

»Ist gut. Das nächste Mal.«

Die junge Frau hebt das Kind hoch, es kreischt vergnügt. Die alten Frauen drüben rufen und winken – zu weit für eine Zärtlichkeit. »Auf Wiedersehen, Mutter«, ruft die junge Frau. »Wann kommst du wieder?«

»Dienstag!«

»Komm zeitiger, um zwölf wird die Wache abgelöst.«

Die beiden alten Frauen wenden sich langsam und bedrückt ab.

Die junge Frau setzt ihr Kind wieder ins Wägelchen. »Guck, die hübschen Blumen«, murmelt sie. Das Kleine hat Augen wie blaue Sterne, das Weinen zuckt ihm schon ums Näschen. Die Mutter bückt sich und pflückt wilde Stiefmütterchen, sie weint, sie verbirgt ihr Gesicht, indem sie sich tief hinabbückt. In einer Grasmulde blühen gelbblaue, kleingesichtige Stiefmütterchen. Helle bunte Flecke auf grünem Grund. Der Himmel leuchtet blau, die Wiese grün.

Eine Frau im gelben Badeanzug mit Bettsack auf dem Kopf durchwatet die Mulde; das Wasser reicht ihr bis zur Brust. Als sie die Hälfte erreicht hat, kommt drüben das amerikanische Auto mit der Wachenkontrolle.

Der Posten brüllt ihr zu: »Go back, go back!«

Die Frau mit der schweren Last auf dem Kopf bittet, umsonst, sie muß umkehren und zurückstapfen – kaum hat sie unser Ufer erreicht, ist das Auto schon fort.

Die Wache sitzt wieder gemütlich da und guckt dem tapferen, aber drolligen Herüber und Hinüber zu.

Die Frau kurz entschlossen macht wieder kehrt, watet erneut durchs Wasser und erreicht das Dessauer Ufer. Gutmütig hilft ihr der Ami beim Abnehmen der Sachen. Dann geht sie zurück und holt auf dem Wasserwege in wiederholtem Hin und Her alle Koffer.

Ihr Mann in der Badehose trägt drei Auflegematratzen auf dem Kopf hinüber, den Wintermantel und ein paar Kleiderbügel darauf. Ehe er im moorigen Grund Fuß faßt, fallen die Matratzen ins Wasser – er packt sie entschlossen von neuem und geht langsam seiner Frau nach zum jenseitigen Ufer.

Groteske Karyatiden!

Auf dem schmalen Steg hinter den Weiden trifft Berthold eine weinende Frau mit Kind, erschöpft von Hunger und Ratlosigkeit. Sie will hinüber, ist zu ungeschickt, den Weg durchs Wasser zu wagen, auch weiß sie nicht, ob sie das Kind oder den schäbigen Koffer mitnehmen soll. Nimmt sie zuerst das Kind huckepack, wird der Koffer gestohlen; trägt sie zuerst den Koffer, fällt das Kind vielleicht ins Wasser. Ganz gleich an welchem Ufer: Das Kind kann ins Wasser fallen und der Koffer geplündert werden. Seit Tagen jammert sie im Weidengebüsch umher, die mitgebrachten Lebensmittel sind verzehrt, das Kind schreit, die Frau schluchzt, sie ist klein und verkümmert, vielleicht ist das Wasser auch zu hoch für sie. Woher, wohin? Die Fragen, die hier jeder an jeden stellt:

»Aus dem Coswiger Zuchthaus«, erzählt die Frau unbesorgt und wiegt das Kind auf dem Arm, »zwei Jahre habe ich gesessen. Meine Tante war dran schuld, sie ist geköpft worden, und mein Onkel und dem seine Frau und der Konrad, was ihr Sohn ist, haben alle ein paar Jahre Zuchthaus.«

»Aber weswegen denn?«

Die Frau späht über das fließende Wasser und zuckt die Schulter: »Wegen Lebensmittelkarten! Meine Tante wohnte auf dem Lande und schickte mir immer Lebensmittelkarten. Ich wundere mich gleich, denke aber, na, die ist Selbstversorgerin und hat die Karten übrig. Aber wie das so weitergeht, wird mir das doch unheimlich, und da kam's auch schon raus. Sie haben sie geschnappt: die Tante hat im Coswiger Zuchthaus manchmal geholfen, wo doch die Lebensmittelkarten gedruckt wurden, und da hat sie immer welche eingesteckt und an uns alle verschenkt. Gut hat sie's ja gemeint, aber es war doch nachher zu schlimm.« Ihre Rede fließt gleichmäßig von ihrem grauen dünnlippigen Mund, oft unterbrochen von »wahr, wahr«, während ihre Blicke sehnsüchtig über die Mulde streifen. »Und jetzt will ich rüber.«

Plötzlich nimmt sie den abgestoßenen Koffer auf und eilt mit kurzen überstürzten Schritten näher ans Ufer, sie hat dort einen Mann beobachtet, von dem sie Hilfe erhofft; aber schon steigt der Mann mit nacktem Oberkörper ins Wasser, auf dem Kopf seinen zusammengewickelten Anzug, und geht bedächtig los. »Nehmen Sie doch mein Kind«, schreit die Frau. Der Nackte horcht, stutzt, kann aber sein Gesicht nicht wenden, er geht schwer gegen die Strömung an. »Oder meinen Koffer!« Der Mann stapft unaufhaltsam weiter, und die verkümmerte Frau rennt mit Aufbietung der letzten Kraft mit Kind und Koffer zu jener Stelle im Gebüsch, wo die starke Frau im Badeanzug eben zum fünftenmal angekommen ist. Sie steigt zwischen den Weiden hoch auf die Wiese und setzt sich schaudernd vor Kälte ins Gras. Die Sonne spendet ihr einen wärmenden Schein.

Die Verzweifelte stürzt sich auf sie mit lebhafter Gebärde und dringlicher Rede. Die Muldegängerin ist zu erschöpft, um Nein zu sagen, auch tut ihr wohl das Kind leid, sie nickt matt mit dem Kopf.

Etwas später hebt die Frau im gelben Badeanzug das sich wehrende Kind auf die Schultern, schlingt die Ärmchen, als sei es nur ein fröhlicher Scherz, sich um den Hals und steigt behutsam zur Mulde hinunter. Die Mutter hat inzwischen mit ruckartiger Bewegung Kleid und Schuhe ausgezogen, ein Päckchen daraus gerollt und zusammen mit dem Koffer auf den Kopf genommen; nach einigem Zögern geht sie der Fremden durchs Wasser nach. Die Mulde steigt ihr bis ans

Kinn, aber sie hält den Koffer mit beiden hocherhobenen Händen fest und erreicht das Dessauer Ufer.

Dort sitzt der Mann, der die Matratzen herübergeschleppt hat – mit abgeschnallter Beinprothese. Und dann kehrt die Frau noch einmal durch den Fluß zurück, um ihre Kleider zu holen.

Wir gehen am Weidengebüsch entlang, vereinzelt tauchen Frauen und Männer zwischen den Ästen auf, man hört Schreien und Rufen, die Stimmen werden kräftiger, furchtloser, – keine Angst mehr – der Ami rührt sich nicht, er will nicht einmal Schnaps, er greift hilfreich zu.

Uns entgegen kommt ein Neger in Uniform und Stahlhelm. Fest schreitet er aus, er ist breitschultrig, nicht groß, auch nicht untersetzt, sein Gesicht ist rund, von sattem Braun. Wir sehen uns an. Sein voller Mund verzieht sich zu einem gutmütigen Grinsen, seine Augen blicken listig zu mir hin. Als ich vorbeigehe, sagt er etwas, das ich nicht verstehe. Anscheinend will er mir eine wichtige Mitteilung machen. Um seine Freundlichkeit zu erwidern, rufe ich: »Good morning.«

Er ist schon vorüber – da dreht er sich um, lacht über alle Zähne: »Good morning.« – Was hat ein Ami auf dieser Seite zu suchen? Befehl oder Liebschaft? – Wichtiger aber ist: Wie ist er über das Wasser gekommen?

Etwas weiter finden wir eine Gruppe Flüchtlinge unter einer deckenden Weide, unten an der Wurzel liegt ein breiter Kahn.

»Der Neger hat den Kahn gebracht«, rufen sie uns zu, »kommen Sie nur näher.« Ein alter, aufgeregter Mann, ein Kinderwagen, zwei Kinder, zwei Frauen, auch eine alte Frau klimmen den glitschigen Abhang hinab, übersteigen die Wurzel und kriechen mühsam ins Boot. Berthold reicht ihnen ihre Koffer und Bündel nach.

»Meine Schuhe«, ruft ein Mädchen, »Hedi, gib mir meine

Schuhe«, – ein hübsches Geschöpf springt auf die Wiese zurück, findet auch richtig die Schuhe und wirft sie ins Boot.

Das Boot ist nur halbvoll, die Menschen sind vor Angst und Gehetztheit ungeschickt. Berthold versucht, sachliche Ratschläge zu geben, umsonst – niemand hört auf ihn. Ein Mann mit Hitlerbärtchen stakt und rudert, man sieht deutlich, er hat noch nie in einem Boot gestanden, zwei Halbwüchsige waten im Wasser und ziehen am Seil, daß das Boot an einem Strudel vorbei hinüberleiten soll. Am anderen Ufer zieht ein Mann mit voller Kraft am Seilende und brüllt Befehle, die schlecht oder gar nicht ausgeführt werden.

»Laß das Seil tief«, schreit eine Rothaarige, die bis zur Brust im Wasser steht und das Boot zu gängeln versucht. »Achtung, die Leiche kommt!«

Die Leiche treibt heran, – und schwimmt mit schwacher Drehung vorüber.

»Das Seil hoch – zieht – rudert!« Der Kahn wird langsam, schwerfällig über die Mulde gezogen. Jetzt legt er drüben an – ein Ami kommt auf dem Rade daher – wieder ein Schrecken, aber er bleibt im Schatten der mächtigen Ufereiche und stört nicht.

»Vater!« ruft Hedi den Mann mit dem Hitlerbärtchen, der eilig mit Rucksack den Abhang emporklimmt: »Bring Sonnabend eine Flasche Wein mit und Tabak!«

»Ja«, schreit der Vater und verschwindet hinter Büschen.

»Wir haben nämlich noch unser Gepäck hier, und das bringe ich Sonnabend hinüber«, schwatzt die Kleine erleichtert und streicht sich die Locken aus der Stirn. –

Enttäuscht ziehen Frauen mit Kindern und Säuglingen ab. Die Frauen keuchen unter schweren Bettsäcken. »So ein Elend diese Menschheit, so ein Elend über uns zu bringen! Diese Nazilumpen«, schimpft eine Alte.

Warum sind die Frauen voreilig weggelaufen? Es war doch genug Platz im Boot, aber sie glaubten einfach nicht mehr, daß sie einmal Glück haben würden! Es gehört Zähigkeit und Mühsal dazu: Glück zu haben und selbst einmal im Boot zu sitzen, das zum andern Ufer fährt.

Die Halbwüchsigen rudern das Boot langsam zu dem aufgeweichten Weidengrund zurück. Berthold hilft.

In der Mulde taucht jetzt ein Kopf auf – eine Frau schwimmt herüber, es ist die junge Königsbergerin. Die Mutter frottiert ihren nassen Körper mit einem Taschentuch.

Unter überhängendem Weidengebüsch, so nahe am Ufer, daß das Wasser seine Füße netzt, liegt ein junger Mensch und kaut an einem Grashalm.

Als ich die hängenden Zweige wie einen Vorhang zur Seite nehme, dreht der junge Mann mir ungehalten das Gesicht zu. Der Grashalm fällt ihm vor Bestürzung aus dem Munde, er richtet sich unwillkürlich auf.

Auch ich bin erschrocken. Der Bursche ist Egon und doch wiederum nicht. Die pagenhafte Anmut, die ihn so verführerisch machte, ist abgefallen, sogar sein blondes Haar ist verstaubt. An dieser Veränderung hat Tieferes als Hunger und Vagabundentum mitgewirkt. Ein böses Erlebnis muß sein Gemüt verwahrlost und seine Widerstandskraft gebrochen haben.

Wir mustern uns mißtrauisch. Ich lasse den Zweigvorhang hinter mir wieder zu Boden fallen, so daß wir wie Gefangene in einem grünen Käfig hocken. »Wo sind Brigitte und Ilonka?«

Egon will eine frech abweisende Miene aufsetzen, schon zischelt er: »Woher soll ich das wissen?« –

»Sie sind doch mit Ilonka zur Mulde gegangen, und Brigitte ist hinter euch her und hat euch gesucht.«

»Ich weiß nicht.«

»Sie wissen es wohl. Nur Sie. Wo sind Ilonka und Brigitte?«

»Lassen Sie mich in Ruhe! Was geht Sie das überhaupt an?« Er will aufspringen.

Ich fasse ihn am rechten Handgelenk und drücke ihn wieder zu Boden: »Sie können ganz ruhig sein, von mir erfährt es keiner, ich möchte es nur für mich wissen.«

Noch besteht die unsichere Hoffnung, daß Ilonka schon über die Mulde geflohen ist, doch warum ist Egon zurückgeblieben? »Wo ist Brigitte? Oder hat sie euch gar nicht gefunden?«

»Wie ein Gespenst stand sie plötzlich vor uns, drüben im Stall beim Bauern, wo sie uns haben schlafen lassen. Sie war ganz weiß im Gesicht, und die Haare waren so silbrig wie Christbaumlametta und die Lippen so blaß, und dann sah sie uns mit einem finsteren Blick an.« Er schüttelt sich.

»Konntet ihr denn nicht über die Mulde?«

Der Junge macht eine hoffnungslose Gebärde: »Das war ja hier das reine Feldlager. Tausende haben hier gelegen in Regen und Wind. – Und der Ami hatte uns nicht reingelassen. Und kein Stück Brot aufzutreiben. Am dritten Tag ist Ilonka krank geworden. Da hat uns der Bauer endlich einen Platz im Stall gegeben. Es stank fürchterlich. Aber was sollten wir machen? Dort konnte sie wenigstens im Stroh liegen, und ich bin auf die Dörfer gerannt und habe was zusammengebettelt!« Er verkrampft die Hand im Gras. »Die verfluchten Bauern! Schon auf dem Wege hierher mußten wir alle Augenblicke eine Pause machen. Sie legte sich einfach in den Straßengraben und blieb liegen. Sie hatte auch Angst vor der Mulde, schon gleich im Anfang sagte sie, es wäre ihr Totenfluß –.« Vom Gesicht des Jungen ist das Verkommene und Dreiste abgefallen, er sieht mich mit verstörten Augen an.

»Und im Stall, wie habt Ihr Euch da vertragen? Ist Brigitte bei Euch geblieben, oder ist sie weitergezogen?«

»Sie ist bei uns geblieben. Es war auch dann wieder ganz nett. Sie ist ja so geschickt und hat gleich vom Bauern Milch für Ilonka bekommen. Und Ilonka ist nach dem ersten Schrecken auch wieder aufgelebt. Die Frauen waren ganz friedlich. Haben miteinander beraten, wie wir über die Mulde kommen. Ob ich Ilonka an dem Abend einen Augenblick zu unvorsichtig angesehen habe? – ich mußte ja immer so aufpassen, wenn Brigitte dabei war – oder was plötzlich los war, weiß ich nicht. Die Bäuerin war gerade rausgegangen, die Hühner füttern, hat uns noch freundlich eine Kanne Kaffee gebracht, da wird es so still zwischen den beiden Frauen, ich merk' erst nichts, aber dann kriecht mir ein Gruseln durch die Glieder, wie früher bei der Flak, wenn gleich danach eine Ladung runterkam. Am liebsten hätte ich mich in Deckung geworfen. Die beiden sehen sich in die Augen, so als hätten sie glühende Greifzangen drin und wollten sich gegenseitig die Seele herausreißen, dann plötzlich sagt Ilonka mit einer ganz fremden Stimme: ›Heute nacht schwimme ich durch die Mulde‹ und sieht dabei Brigitte an, daß mir kalt wird. ›Gut‹, sagt Brigitte, ›ich komme mit.‹ Das klang so drohend wie die Aufforderung zu einem Duell, obgleich es doch jede Nacht vorkam, daß Leute durch die Mulde schwammen, es war gar nicht besonders gefährlich. Und damit habe ich mich dann auch beruhigt.«

»Konntet ihr nicht bei der Fischerei mit dem Kahn übersetzen?«

»Habe ich auch gleich gesagt, aber die beiden waren wie versessen, wollten unbedingt durch die Mulde schwimmen. Es wär ja auch weiter nicht schlimm gewesen, denn Gepäck hatten wir keins. Aber mir war das Ganze nicht geheuer. – Die Nacht war pechschwarz, kein Mondlicht, dicke Wolken, und ich sage noch: ›Wir können doch ebensogut nächste Nacht‹ – aber die beiden wollten durchaus nicht warten. Bevor wir losgehen, nimmt Ilonka ihr goldenes Kettchen ab mit der Mutter Gottes dran, das sie immer unter dem Jumper getragen hat und hängt's mir um den Hals.« Er zieht unter dem schmutzigen Hemd ein dünnes Kettchen hervor, an dem eine Goldmünze mit dem Muttergottesbild hängt und steckt es wieder sorgfältig weg. Seine Stimme zittert: »Mir wird ganz angst: ›Ilo, warum gibst du mir denn das Amulett?‹ frage ich sie und will ihr das Kettchen wiedergeben, aber sie hat's mir schon über den Kopf gezogen: ›Damit's dir immer gut geht‹, und küßt mich auf die Stirn und auf beide Augen.« Der Junge weint. »Gleich kommt auch Brigitte, tut, als hätt sie nichts gemerkt, aber sie hat natürlich alles gesehen, das spür ich so an ihrer Art, wie sie mich nicht ansieht und beim Rausgehen die Stalltür zuknallt. Wie wir schon an der Straße sind, macht die Bäuerin noch einmal die Tür auf und ruft hinter uns her:

›Wartet doch bis morgen nacht, Ihr findet ja nicht!‹

Bei dem hellen Lichtschein wird mir wieder angst, und ich denke, es ist alles Wahnsinn mit den beiden Frauen, wo doch der Krieg zu Ende ist. Hätt' ich mich lieber verdrückt. Wäre einfach zurückgeblieben oder zur Seite ins Gebüsch gesprungen. Sie hätten's nicht gleich gemerkt, und nachher hätten sie mich nicht mehr gefunden. Aber sie zogen mich wie mit einem Lasso hinter sich her. Ich konnte ganz einfach nicht weg. – Natürlich haben wir uns auch verlaufen. Brigitte lief hierher und Ilonka dahin, jede wollte den genauen Weg wissen, aber schließlich kamen wir doch auf die Wiesen und stolperten nun drüber hin, plötzlich sahen wir etwas schwarz vor uns auffunkeln, da waren wir schon ganz nah am Wasser. Jetzt sagt Ilonka zu Brigitte: ›Ich kann gar nicht schwimmen‹ und fängt an, sich auszuziehen. Rock und Jumper und Strümpfe und bindet sich die Sachen mit den Strümpfen zusammen und hält sie mit der rechten Hand auf dem Kopf, so geht sie zum Wasser. Ich bin so bestürzt, daß ich sie erst gar nicht aufhalte, es ist kalt und naß und mich schaudert's, weil ich mich nun auch ausziehen soll, und ich sehe sie schon vor diesem schwarzen Gefunkel stehen, ein dünner heller

Strich. Um Brigitte kümmere ich mich gar nicht mehr, sondern renne Ilonka nach, da sehe ich, sie steht schon bis zur Wade im Wasser. Ich reiß mir also die Sachen runter und vor allen Dingen die Stiefel ab, nehm auch alles auf den Kopf und gehe ihr nach in die Mulde.

Das Wasser ist scheußlich kalt, und der Grund geht bald abschüssig, ich hab ihre Hand genommen und will sie zurückziehen, da stößt sie mich mit solcher unerwarteten Kraft von sich, daß ich einknicke, springt auch schon was Helles an mir vorbei, hat aber gar keine Sachen auf dem Kopf, das sehe ich noch, und wirft sich mit beiden Armen ins Wasser. ›Brigitte‹, rufe ich, ›hier ist es tief, wir können nicht durchwaten.‹ Ich hör nur das Wasser plätschern und sehe ganz diesig den hellen Kopf an dem schwarzen vorbeischwimmen. Sie scheint mit Ilonka nichts Böses im Sinn zu haben, vielleicht hat sie sich's anders überlegt und will wirklich nur über die Mulde. Als ich wieder hochkomme, merke ich, daß Ilonka nicht mehr da ist. Ich tappe um mich, schreie ›Ilonka‹, angle mit Füssen und Händen, schließlich schmeiße ich die Sachen an die Böschung, tauche und bekomme sie auch richtig noch zu fassen, ziehe sie an die Oberfläche, sie hat Wasser geschluckt, ich will mit ihr zum Ufer zurück, da spüre ich, daß wir in eine Unterwasserströmung geraten, die mir glatt die Beine wegreißt. Ich kann nur mit dem linken Arm rudern, mit dem rechten halte ich Ilonka, da schreie ich laut nach Brigitte. Mir wird auch schon schlapp, da fühle ich, mehr als ich sehe, daß etwas heranschießt, einen Arm nach dem andern vorwirft wie beim Kraulen. Brigitte taucht neben mir auf, ihre Beine treten Wasser, sie ruft: ›Pack mich um die Taille‹, aber ich sage bloß: ›Du kannst nicht zwei schleppen.‹ Da nimmt sie Ilonka.

Ich fühle mich plötzlich leicht und frei, auch keine Strömung mehr, wohl weil ich allein wieder höher komme, aber nun gerät Brigitte mit Ilonka in die Tiefe. Die Strömung zerrt ihr die Beine weg, ich will zu ihnen, um Ilonka von der anderen Seite zu nehmen, aber wie ich mich besinne, sind sie gar nicht mehr bei mir. Ich schwimme ein paar Stöße zur Mitte hin, sehe nichts, dreh um und fange wieder an zu schreien. Ganz fern hör ich eine Stimme, weiß erst nicht, ob mit dem Strom oder gegen den Strom, doch müssen sie ja von der Strömung abgetrieben sein, ich schwimme ihnen also nach, so schnell ich kann, immer laut rufend und hör auch immer noch, dann schon ganz fern und leise Brigittes Stimme. Aber wie ich ein großes Stück geschwommen bin, bekomme ich keine Antwort mehr, sehen kann ich nichts, ich schwimme noch ein paarmal im Dunkeln hin und her, rufe immerfort: ›Brigitte‹, bis ich die Wache auf mich hetze, die losbrüllt und in meiner Richtung ein paar Schüsse ins Wasser knallt. – Da bin ich weit unten ans Ufer gekrochen und hab die Besinnung verloren. – Brigitte muß in einen Strudel geraten sein, sie war eine tüchtige Schwimmerin.« Egon schluckt. »Erst wollte Brigitte die Ilonka umbringen, aber dann sind sie beide zugrunde gegangen, weil die Brigitte Ilonka retten wollte. – Man kennt sich nicht aus, in der Todesgefahr, was man da tut.«

Durch die dünnen Blätter der Weide sehen wir die Mulde sonnenfunkelnd vorüberfließen. Die Luft außerhalb des grünen Verstecks ist frühlingswarm und kräftig. »Kommen Sie hier heraus, Egon«, sage ich, »Sie können hier nicht liegen bleiben.«

»Was soll ich denn draußen? Arbeiten kann ich ja nichts.«

»Haben Sie schon etwas gegessen?«

Er schüttelt den Kopf. Ich gebe ihm die mitgenommenen Schnitten, in die er gierig hineinbeißt.

Schüsse knattern hintereinander, maschinell unpersönlich. Der Neger, der Charly genannt wird und an der »Wörlitzer

Brücke« Wacht hält, steht drüben am Ufer und schießt warnend in die Luft. Die gesprengte Brücke ist überkrabbelt von Menschen. Eine deutsche Stimme schreit: »Alle herunter von der Brücke!« Dann krachen wieder Schüsse. Die waghalsigen Kletterer können nicht schnell genug umkehren, – wieder Schüsse. Der Neger, der eigentlich Bob heißt: »My name is Bob«, hält seine Maschinenpistole hoch und knallt in die Luft.

Als wir aus unserem Weidenversteck herauskriechen, steht Berthold in unserer Nähe. Er ruft den Leuten zu, die sich wie benommen oben auf der Straße sammeln, daß sie sich rasch zerstreuen sollen. Die Müßiggänger entfernen sich zögernd, sie wollten das Schauspiel genießen, einen beim Herüberklettern ins Wasser fallen zu sehen.

Berthold ruft mir zu: »Wir wollen zurückfahren!« Er bemerkt Egon gar nicht.

Ein alter dürrer Mann mit schlappem Rucksack, auf dem kahlen Schädel eine Melone, hinter sich eine lahmende Frau im schmuddligen Rock und schmutziger weißer Bluse, kommt auf dem schmalen Wiesenpfad entlang. Der Terrier springt vor ihnen her. Schloßherr und Schloßherrin von Dianenhöhe. Frau Minnas Hand fühlt sich wie ein knochenloses Weichtier an. Doch kein Schatten eines tief wirkenden Kummers liegt über seinen Besitzern. – Was für eine Sparbüchse von Widerwärtigkeiten ist doch der Mensch! Nimmt alles in seinen Seelenbauch auf, Groschen nach Groschen und bleibt scheinbar unversehrt, bis ihn das Schicksal wie ein Jahrmarktsschweinchen zerschlägt.

»Seit drei Wochen warten wir auf eine Gelegenheit, hinüberzukommen. Aber es ist nicht möglich.« Der Melonenmann sieht seine Frau an, dann mißbilligend an ihr vorüber zur Mulde.

»Heute liegt ein Boot da.«

»Wo?« Butzke blickt mich ungläubig an.

Dort hinten an der Böschung. »Ein Neger ist damit herübergerudert.«

Die Melone wird vom Schädel gelüftet und der strichschmale Mund spricht: »Danke!«

Berthold fragt teilnehmend: »Haben Sie schon genaue Nachricht über Ihren Besitz in Dessau?«

Butzke wackelt mit dem Kopf: »Hab wohl versucht, einen Kundschafter hinüberzuschicken, aber sie stecken's Geld ein und verschwinden nach dem Westen.«

»Ich würde rübergehen – und auch wiederkommen.« Wir vier blicken erstaunt zu Egon hin, der sich strafft und den ausgemergelten Greis entschlossen ansieht.

Butzke antwortet nicht gleich. Er streift mit zusammengekniffenen Augen über das schöne verwahrloste Gesicht des Jungen, über die Mulde hinweg in Richtung Dessau, zieht die Blicke langsam wieder zurück wie Patrouillen und fragt schließlich bedächtig zu mir gewandt: »Kennen Sie den jungen Mann?«

»Gewiß, ich kenne ihn«, antworte ich schnell und bleibe auch schon stecken, denn meine Antwort ist Wahrheit und Lüge zugleich. Mit der Frage war ja nicht das bloße Kennen gemeint, sondern die Frage bedeutete: ›Kennen Sie den jungen Mann so gut, daß Sie für ihn einstehen können?‹ Dies aber konnte ich gerade nicht, eben weil ich ihn zu gut kannte. Wer aber konnte überhaupt noch für den andern bürgen in dieser allgemeinen Auflösung?

Berthold sieht mich erstaunt an. Egon ist rot geworden, und Butzke, aufmerksam gemacht durch mein Stocken, hat sofort gespürt, daß ich voreilig dem halbflüggen Menschen eine Verbindung schaffen will, die ihm, Butzke, teuer werden kann. Aber such einer sich heute vertrauenswürdige Leute. Man muß es einfach probieren. Und der Alte reckt sich hoch, daß man glauben könnte, sein Gerüst knarren zu hören, und sagt zu Egon: »Versuchen wir's mal. Sehen Sie zu, wie Sie nach Dessau rüberkommen, nach der Breitestraße fünfundfünfzig, wieviel vom Tanzsaal noch steht und vom Restaurant.«

»Und von der Wohnung im ersten Stock«, mischt sich Frau Minna ein.

Ihr Mann fährt sie grob an: »Ersten Stock! Der ist doch weggebombt, hast Du wohl vergessen!« – Die Alte wird sofort wieder klein, sie scheint in den feuchten Wiesengrund zu versinken. – »Aber der große Saal war nur angeschlagen, ein bißchen kräftig zwar, aber trotzdem. Den könnte man wieder herrichten lassen.« Er wird eifrig, hebt den harten Hut und setzt ihn wieder auf: »Hören Sie überhaupt einmal herum, wie sich die Amis aufführen und wie die Lebensbedingungen drüben sind.« Jetzt erst betrachtet er Egon aufmerksam.

Doch der frühere HJ-Führer versteht es, den Blick eines Vorgesetzten mit Gleichmut und Widerstandskraft auszuhalten. Dieser Greis wird ihn nicht umkippen: »Ich stell auch gleich fest, wie Sie am besten hinüberkommen, besorge einen Kahn und so weiter.«

»Wenn Sie das können«, meint Butzke gedehnt und überlegend, »dann können wir ja sehen, ob wir auch weiter zusammenbleiben!« Er sieht den Jungen nicht an, dessen Hab-Acht-Haltung er nicht traut, er blickt über die Wiese und denkt: Taugen tut ihr alle nichts, ihr Bürschchen, aber allzu viel taugen wär' für das Leben, das uns bevorsteht, auch ganz untauglich. – Er reicht Egon die Hand, die dieser mit festem Druck ergreift.

»Ich schwimme gleich rüber, auf Einzelne schießt die Wache nicht, – und wenn Sie morgen früh wieder herkommen, dann berichte ich Ihnen.«

Die bestimmte Redeweise gefällt dem Alten. Unschlüssig fragt er: »Soll ich Ihnen nicht etwas Geld mitgeben?« Frau Butzke nuschelt mit den Händen über Bluse und Rock.

»Danke! Mach' ich aus Gefälligkeit.« Egon steht jetzt lang aufgeschossen da, sehr dünn, aber in aufrechter Haltung. Er genießt es, einmal einen Gefallen tun zu dürfen.

»Also morgen früh, gegen elf Uhr, hier an derselben Stelle«, wiederholt Egon, und man spürt deutlich, wie sich alle seine Kräfte für diesen Auftrag spannen.

»Breite Straße fünfundfünfzig«, wiederholt Butzke, nun doch erstaunt, daß ihm hier scheinbar wirklich eine Hilfe erwächst.

»Geht in Ordnung«, ruft der Junge und will sich schon bücken, um sich im Weidenversteck auszuziehen. Doch macht er noch einmal kehrt, springt knabenhaft zu mir, ergreift meine Hand und schüttelt sie kräftig. »Alles Gute – und dank' auch schön.« Dann zieht er sich unter die Weiden zurück.

Von dem Schloßherrn ist die Unentschlossenheit abgefallen. »Jetzt werde ich erst einmal nach Dessau gehen, mir dort wieder ein Auskommen verschaffen, und dann wird das Schloß neu hergerichtet. – Und nicht ein Stück werd' ich den Halunken schenken!« Er hebt drohend seinen Stock und fuchtelt in der Richtung der Elbe.

Gleich darauf verabschieden sie sich von uns und ziehen erwartungsvoll am Ufer der Mulde entlang, zwei alte Leute ohne Kinder, Schloßherren mit ausgeraubtem Schloß, Besitzer von Schutt und Trümmern in Dessau und der öden Leere eines Tanzsaals. Zähe der Melonenmann, nicht gerade treuherzig und zuverlässig, aber ehrgeizig, zum bedingungslosen Weiterleben entschlossen, willfährig die Rock- und Blusenfrau. Und der Terrier springt voran.

»Da haben sich zwei gefunden! Die Halbgaren und Halbguten haben jetzt ihre große Zeit«, bemerkt Berthold.

Die Wiese funkelt wie ein riesiger Smaragd, feingeschliffen, in vielen tausend noch taubenetzten Gräsern. Die Schüsse vom Dessauer Ufer sind verstummt, die Menschen haben sich zerstreut, der Kahn, der so mühsam hinübergeseilt worden ist, liegt wieder harmlos am Ufer, bald wird der Neger zurückkommen und darin übersetzen. Als ich mich umwende, sehe ich nur einen einzigen blonden Kopf über dem sanft fließenden Wasser. Egon hat sich also schon auf den feuchten Weg gemacht. Der Wachtposten, wieder beruhigt, weil die Brücke leer ist, ruft dem einzelnen Schwimmer einen Scherz zu.

Ein idyllisches Flüßchen, die Mulde. Es gab keine Nacht, in der zwei Frauen in ihrem pechschwarzen Wasser untergingen. Und der tote Soldat, der sich am Brückenpfeiler im angetriebenen Strauchwerk verfangen hat, ist sicher ein Wahnbild meiner Phantasie.

Wir suchen den Bauern Peschke. Das Pferd ist schon angeschirrt, die Königsbergerinnen haben jede ein Brot als Draufgabe bekommen. Sie sind unglücklich, aber wiederstandsfähig. Von den Verwandten und deren Wohnungen in Dessau haben sie nur Schutt gefunden. Was darunter liegt, wagen sie nicht, sich vorzustellen.

Wir fahren im tiefen Wald. Die Welt rundum ist grün. Hoch hinauf schirmen uns die dichten Kronen. Plötzlich macht der Wagen einen Ruck. Wir drehen uns erschrocken um: ein junger Mann ist aufgesprungen: »Nehmen Sie mich ein Stück mit!«

»Das wird zu schwer fürs Pferd.«

»Dann wenigstens bis Vockerode, bei der Steigung springe ich ab.«

Hans nickt mit dem Kopf: »Woher, wohin?«

Der Mann blitzt mit Augen und Zähnen: »Nach Hause natürlich!«

»Wo ist das?«

»In Salzburg.«

»Weiter Weg.«

»Die paar hundert Kilometer.«

»Und die Russen?«

Er wird still und pfeift sich eins.

Erst als ich den Kirchturm von Wörlitz wieder über den Bäumen auftauchen sehe, frage ich Berthold: »Warum haben wir eigentlich nicht versucht, über die Mulde zu kommen?«

Er sieht mich an: »Wir gehen nach Berlin. Wer noch eine Heimat hat, soll dorthin zurückkehren.«

Bei der Einfahrt ins Städtchen knallt Hans munter mit der Peitsche. Der Braune wittert den Stall und trabt flott voran, die kleinen Häuser umgeben uns vertraut und doch schon ferngerückt wie Erinnerungsbilder.

Wir finden Mutter in dem Entbindungsheim, das im Gasthof »Zur Weintraube« untergebracht ist, auf der Bettkante zwischen Frau Friesigk und Bärbel, wie sie ihnen Geschichten aus der Oberförsterei erzählt. Mutter arbeitet seit Tagen in dem behelfsmäßigen Heim, sie ist erschöpft, aber frohgemut. Als wir eintreten, sehen uns alle drei freundschaftlich, aber abweisend an, sie wollen nicht gestört werden in der friedlichen, weiblichen Welt, wo unter Schmerzen Kinder geboren werden und wo allein noch die Lage des Kindes bei der Geburt, der Kräftezustand der Mutter wichtig ist und ob die von den Strapazen der Flucht erschöpfte Wöchnerin auch genug Milch für das Neugeborene haben wird.

Der Raum ist halbdunkel hinter niedrigen viereckigen Fenstern, die Wände braun, die Decke altersgeschwärzt. Es riecht immer noch mehr nach verschüttetem Wein als nach Desinfektionsmitteln. Die weißen schmalen Betten nehmen sich unpassend nüchtern aus. Unser bunter Bericht von der Mulde findet wenig Anteilnahme. Nur als ich vom Neger Charly erzähle, lächeln die beiden jungen Frauen. Auf den schwer feststellbaren Wegen ererbter Vorstellungen verbindet sich Neger mit ›kinderlieb‹.

Mutter geht mit uns, verspricht den jungen Frauen aber, gleich zurückzukommen. Bärbel sieht ihr verängstigt nach.

Unter dem Schild »Zur Weintraube« vor der Tür sagt Berthold: »Wir haben uns entschlossen, nach Berlin zurückzukehren.«

Mutter nickt zustimmend. Sie findet es selbstverständlich, da vernünftig und das Gemüt befriedigend: »Aber ich komme nicht gleich mit, erst später, wenn wieder Ordnung herrscht.« Als sie mein erschrockenes Gesicht sieht, erklärt sie: »Ihr habt einander, aber die beiden jungen Frauen brauchen jetzt eine Mutter. Man muß immer beim Schwächsten bleiben, wo man hilft, ist man auch am sichersten.«

Es ist ein gelblicher Abend. Wir gehen nebeneinander an dem kleinen Rathaus vorbei, um die Ecke beim Schlächter, dessen Tochter mir immer eine tüchtige Portion Knochenfleisch gibt, vorbei am Bäcker, wo man nicht mehr gar so lange nach Brot ansteht. Ich denke, nichts ist so groß und richtig wie eine Mutter. Jede Mutter ist die Mutter von allen.

»Ich muß nach Kuntze sehen«, aber Berthold geht doch mit uns zuerst in den Gemeinschaftsraum und dann vor den Ausguß, um sich zu waschen. Mutter streckt sich auf ihr Bett, aber sie ist unruhig. Auch Berthold und ich sind zum Umsinken müde. Wir liegen da mit offenen Augen, es ist etwas Unsichtbares um uns, das den Schlaf vertreibt.

Ein Fremder tritt ein in einem schwarzen Anzug. Auch sein Gesicht ist feierlich, als käme er von einer kirchlichen Handlung. Er stellt sich mitten zwischen die Betten unter die schwache rötliche Birne und sagt halblaut zu einem andern, der abwehrend und ängstlich zu ihm aufsieht: »Heute nacht. Ich habe Russen am Rande von Wörlitz gesehen.«

Als hätte ein Wecker gerasselt, werden alle die Hoffnungslosen und Müden, die schon auf die Betten gesunken sind, hellwach. Die Frauen recken sich hoch und halten mit der

Hand die Blusen zu. Die größeren Kinder starren erschreckt in das Licht.

Mutter murrt: »Wenn sie schon endlich hier wären! Ich kann dieses Geschwätz nicht mehr hören.« Aber sie sagt es doch so leise, daß nur ich sie verstehe.

Der Mann unter der Glühbirne hat einen kahlen Kopf, auf dem sich das Licht spiegelt. Sein orientalisches Gesicht ist bleich und weichlich mit schwarzumränderten, vorquellenden Augen, roten vollen Lippen.

Berthold steht ruckartig auf, drängt sich durch die Zuhörer und packt den Neuen am Arm: »Machen Sie keine Panik, Mann. Behalten Sie es für sich!«

Der bleiche Mensch, der eine tiefe Narbe über der Stirn hat, zuckt zusammen. Er wird kleiner und dünner, die Weste schlottert, die Jacke hängt locker herab. »Für mich?« gibt er ebenso halblaut zurück. »Aber ich habe doch keine Angst vor den Russen!« Er fühlt sich in seiner Leidensehre getroffen.

Ein Mann und eine Frau fallen wieder erschöpft auf ihre Matratze zurück: »Noch eine Stunde«, murmelt die Frau und schläft schon wieder im Sprechen. – Einige Schlaftrunkene beginnen, sich auf ihren Betten anzuziehen. Der Schlaf steckt ihnen noch wie ein Knebel im Mund, die Kinder plärren. Ein paar Männer stehen plötzlich fertig angezogen im Raum, die Frauen haben die Kinder nun so weit, daß sie mitlaufen können. »Mach schon, Mann.« – »Worauf wartest du noch, Frau?« Aufmachen und Zuschlagen der Koffer. Öffnen und Zuschnüren von Bündeln. Antreiben durch Angst, – Furcht, die die Gleider steif oder übertrieben gelenkig macht. Von Müdigkeit betäubte Panik. »Wie weit ist es zur Mulde?« – »Auf welcher Seite haben Sie die Russen gesehen?« »In der Richtung auf Coswig? Dann kommen wir vielleicht nach Dessau hin raus.«

Der Mann steht umquirlt von packenden, knurrenden, gehetzten Menschen. Er blickt sich rundum und versteht es nicht. Er wiederholt immer wieder: »Ich habe keine Angst vor den Russen«. Dabei legt er seine bleichen, fleischigen Hände gespreizt über die Brust. Aber niemand hört mehr auf ihn, auch als er eindringlicher wiederholt: »Nein, wirklich, vor dem Erschossenwerden habe ich keine Angst.« Niemand fragt nach ihm und seiner Angst. Da beginnt er laut zu lamentieren, rollt die Augen, wirft die Arme in die Luft und will durchaus nicht stille sein. Auch als Berthold und ich, während wir den anderen beim Packen helfen, ihn zu beruhigen versuchen. »Lassen Sie mich doch«! brüllt er. »War denn einer von euch in Hamburg?« Der Name der grauenhaft verstümmelten Stadt steht mit Feuerzeichen über den Köpfen der Gejagten, daß sie sekundenlang innehalten beim Schnüren, beim Anziehen, aber nicht nach dem Unheilverkünder, sondern in die dunklen Ecken des Raumes blicken. So verharren sie, und erst als das sengende Unglück so unerträglich wird, daß es selbst die Zuhörer kaum noch bei lebendigem Leibe ertragen können, werden sie zum heulenden Chor.

»Hunderte, Tausende von Frauen und Kindern habe ich lebendig verbrennen sehen«, schreit der Mann. »Wie sie da in Ruß und Schutt lagen, nicht mehr sehen konnten und Rauch und Asche atmeten. Die Luft war schwarz und dick, wir wußten nicht mehr, ob es Tag oder Nacht war. Feuer und Schwefel fielen vom Himmel und immerfort schwere Sprengbomben. Wir waren schon ganz taub von dem Dröhnen in der Luft. Alle schrien laut um Hilfe, aber es konnte sie ja niemand retten. Überall brannte es, die Bäume brannten, der Asphalt war glühender und klebriger Brei, die Zäune brannten, die Vorgärten, wo die Menschen hinauswollten, überall nur Flammen. Die Häuser stürzten ein. Eine Frau schrie: ›Ich will ja gern sterben, wenn ich nur die Sonne noch einmal sähe!‹ Oder sie schrien: ›Gebt uns doch einen Genickschuß wie den Juden!‹ Die Frauen brannten am ganzen Leibe und warfen sich in den Schmutz, um sich zu löschen, und die kleineren Kinder, die bei den Müttern Schutz suchten, klebten sich auch mit Phosphor voll und fingen auch an zu brennen! Die Frauen stießen die Kinder von sich, um sie zu retten, aber dann verbrannten sie doch alle zusammen, kleine und große Fackeln.«

Unvermittelt ist er still, sein Kopf wankt hin und her, der Unterkiefer hängt ihm herab.

Eine grauhaarige Frau mit einem Säugling auf dem Arm wimmert auf: »Meine Tochter, meine Tochter!« Das Kind gleitet ihr aus den schlaff gewordenen Armen, ein Junge fängt es auf, blickt verwundert und nun auch schon mit zuckenden Mundwinkeln auf das Bündel, das ihm da entgegenfiel. Ein haltloses Jammern streicht durch den Raum, kann zu den Fenstern nicht hinaus, wird immer dicker, schwerer, die Frauen packen nicht mehr, die Männer starren dumpf vor sich hin. Der Triumph des bleichen Hamburgers ist vollkommen. Oft ist er ein Feigling genannt worden, weil er Epileptiker war und D.u. gestellt. Endlich konnte er sich brüsten: Er ist der Unglücklichste. Wollüstig fährt er fort, um das Heulen und die Angst ja nicht entweichen zu lassen. »Manche haben sich in der Erde eingegraben, in der Erde haben sie nicht gebrannt, nur die Köpfe ragten heraus, die Verwandten kamen und brachten ihnen zu trinken und zu essen – den Köpfen.«

»Still! Hören Sie auf!« Die Männer wehren sich, sie wollen ihn niederbrüllen, die Frauen weinen oder sind vor Entsetzen erstarrt. Aber der Hamburger will nicht aufhören. Gerade setzt er wieder zum neuen Bericht des Entsetzens an, da steht Mutter mit den hochaufgebürsteten weißen Haaren und dem geraden rechtschaffenen Gesicht vor ihm und schlägt ihm rechts und links ins Gesicht. »Noch ein Wort, Mensch, und wir schnüren dich zu einem Paket und werfen dich in den Teich.« Abschreckenderes fällt ihr nicht ein. Ihre Stimme ist laut und ruhig. »Du verbreitest die Pest.« Sie duzt ihn, als wäre er ein Knecht des Unglücks und sie dazu berufen, Ordnung zu schaffen. Der Mann starrt sie an, das ist ihm noch nicht widerfahren. Er ist stolz auf die Katastrophe. Er hat sie nicht umsonst überlebt. Er kassiert die Zinsen im Geschwätz und den Angstrufen derer, die nicht dabei waren. Aber empören kann er sich nicht. Zurückschlagen kann er nicht. Eher fühlt er sich nach dem ersten Erstaunen befriedigt. Jetzt hat es ihn auch getroffen. Wer, das ist nicht so wichtig. Die Muldeflüchtlinge haben einen Augenblick aufgeschaut, dann in Mutters ruhiges entschlossenes Gesicht gesehen, noch einen Moment zugewartet in der Annahme, daß der Hamburger toben würde, dann aber sind sie alle auf einmal aus der Tür hinausgeschoben, hinausgestoßen, -gequollen. Die Tür war nicht breit genug, Kinder schrien, Männer fluchten, Frauen kreischten. Dann wird es unheimlich still. Die Stille saugt uns Zurückgebliebene ein. Wir geben nicht mehr einen Groschen für unser Leben.

Der Mann ist in sich zusammengesackt, hat sich auf einen Stuhl fallen lassen, breitet die Arme auf dem Tisch aus und legt seinen Kopf darauf.

Mutter bleibt neben ihm stehen. »Sie gehören ins Krankenhaus«, sie gießt ihm aus der Thermosflasche warmen Kakao ein. »Trinken Sie das erst einmal, und dann bringt mein Schwiegersohn Sie ins Spital.«

Der Hamburger sieht sie von unten herauf mißtrauisch an, nimmt dann den Becher und trinkt dankbar wie ein durstiges Kind. Dann fängt er an zu weinen. Die Tränen laufen über seine aufgedunsenen Backen, jetzt schluchzt er, aus Tropfen wird ein Rinnsal. Er steht wieder halb aufgerichtet am Tisch, weiß nicht, ob sich setzen oder ganz aufstehen, ob bleiben oder den Flüchtlingen folgen.

»Bring ihn hier weg«, sagt Mutter zu Berthold.

»Jeder Platz ist belegt«, gibt Berthold ungewiß zurück.

»Für so einen muß Platz gemacht werden«, erklärt Mutter.

Berthold nickt. »Kommen Sie!« Er will den Hamburger mit sich nehmen. Doch an der Tür bleibt dieser stehen, dreht sich zu Mutter um und sagt: »Kommen sie nicht mit?«

»Gehen Sie nur immer, ich komme schon«, vertröstet ihn Mutter. Der Mann rührt sich nicht. »Kommen Sie gleich mit.« In seinen Zügen zeigt sich eine Verbohrtheit, die Mutter stutzig macht. »Gut«, sagt sie, »ich komme mit.«

Der Mann ergreift ihre Hand, preßt sie und murmelt: »Nur wir zwei. Zur Mulde.«

Mutter macht sich mit einem Ruck frei: »Ich muß erst noch packen«, erwidert sie ebenso leise, als wäre es ihr beider Geheimnis.

Der Mann senkt den Kopf, als dächte er nach. Dann reißt er die Tür auf und ruft: »Ich häng mich auf«, und ist fort, ehe Berthold oder Mutter ihn zurückhalten können.

Berthold geht ihm noch nach, sieht nichts, hört nichts. Es ist still und finster draußen. Da wendet er sich zum Hospital. Bevor wir heute früh zur Mulde fuhren, hat er Kuntze noch aufgesucht. Er fühlte sich nicht besser und nicht schlechter.

Mutter sieht jetzt erschöpft aus. Sie sagt leise zu mir: »Ich muß mich doch einen Augenblick ausruhen. Der arme Mensch. Aber vielleicht war ihm nicht mehr zu helfen. Er hat seine Rettung nicht überstanden.« Dann setzt sie sich auf ihr Bett.

Der Gemeinschaftsraum ist fast leer. Nur in den Ecken hat sich noch Lebensunrat angesammelt, den nicht einmal der eiserne Besen der Furcht forttreiben kann. Wir fühlen alle, er bringt sich wirklich um, der Gerettete. Aber niemand geht ihm noch nach. Wir beneiden ihn, weil er einen Entschluß, der in uns allen geistert, ausführt. Tod ist billig geworden, Tod ist köstlich. Tod ist Erlösung. Selbst Mord gilt als Flucht ins Paradies, das sich niemand anders wünscht, denn als ein ereignisloses Nichts. Jeder Selbstmörder ist ein Flüchtling aus dem Treck der Flüchtenden auf der Erde in den Treck der Flüchtenden in Nirgendwoland. Die Selbsttöter sind der große Fallschirmtrupp, der ins Nichts springt.

»Selbstmord ist Sünde«, sagt der Pfarrer rechthaberisch, der seine Gemeinde jenseits der Elbe verließ. »Ein Christ nimmt sich nicht das Leben.«

»Nein«, sage ich. »Ein Christ stirbt widerspruchslos.«

Ein Unbekannter sitzt am kalten Ofen und spricht in das Schweigen: »Wenn es noch den alten Gott gäbe, müßte es ihm vor so vielen Hiobs grauen.« Und er macht eine weite Handbewegung über uns alle hin.

Mutter bürstet ihr weißes Haar, daß kein Härchen mehr ausspringt, und sie ordnet ihr Kleid, als erwarte sie Besuch. Jetzt hält sie ihre Hände still: »Gott kann alles – immer noch.« An Horst darf sie nicht denken. Sie muß an die Kinder denken, die geboren werden. Helf ich den jungen Frauen, hilft jemand meinem Sohn. Man darf nicht mit dem Geschick schachern, dennoch ist am ausgleichenden Wirken nicht zu zweifeln. Gerechtigkeit wirkt geheimnisvoll.

»Warum hat er dann Fritzchen nicht vorm Eis gerettet?« ruft Maria. Es ist die schöne Maria, die immer noch die Perlenkette trägt. Aber sie ist nicht mehr schön, sie hat nun seit Wochen die Waschküche als Flüchtlingsküche geleitet und täglich kaum mehr als drei Stunden geschlafen. Keine der anderen Frauen hat ihr geholfen, nur ihre Mutter und die Schwester und die beiden Männer. »Auf dem Haff, als wir übers Haff flohen, damals im Januar, das Eis knirschte und krachte schon in langen Sprüngen –«, sie muß erzählen, weiß nicht warum. In jeder Ecke dieses Raumes sitzt einer, der sein schlimmstes Erlebnis erzählt. Sie erbrechen sich, sie reinigen einander in gegenseitiger Beichte, bevor das letzte Unheil über sie kommt. »Auf einmal springt das Eis direkt vor uns. Ein breiter Spalt. Karl reißt die Pferde gerade noch zurück, ich nehme das Kleine aus dem Kinderwagen und die Tasche mit dem Schmuck, da stürzt der Kinderwagen ins Wasser, und ich merke dabei gar nicht, daß Fritzchen an meiner Seite immerfort wimmert: ›Ich kann nicht mehr‹ und sich einfach aufs Eis fallen läßt.« Sie hält inne und blickt wild um sich: »Dann bleibe liegen, habe ich gesagt in meinem Wahnsinn und bin zurückgerannt, weil Karl die Pferde nicht mehr halten kann. Vor uns das Loch im Eis wird immer größer, und Mutter ist ohnmächtig geworden. Plötzlich spüre ich, daß Fritzchen nicht mehr neben mir ist. Ich renne zurück, aber ich komme gar nicht mehr so weit. Das Wasser hat schon die Stelle überspült.« Sie verstummt so unvermittelt wie sie begonnen hat.

»Und das Kleine?« fragt Ida Pietzsch, die sich dazu gekauert hat, die eigene fahle Angst in der Stimme.

»Erfroren.« Marias Stimme klingt nun grausam nüchtern. Zuletzt sind die Pferde krepiert, da sind wir gelaufen – und haben Mutter getragen und das Kleine. Unterwegs haben wir meine Schwester getroffen mit einem Knecht. Ihren Mann haben sie erschlagen.«

Eine schwere Hand legt sich auf ihre Schulter. »Sie sollen nicht daran denken, Frau«, sagt Karl und wischt sich die Tränen aus den Augen.

Der Hiob erzählt vor sich hin, und es ist ihm gleichgültig, ob einer zuhört oder nicht. »Mein Schicksal ist gewöhnlich: Mein Sohn ist in Afrika gefallen, meine Tochter war Krankenschwester in Rußland und ist vermißt. Mein Haus wurde bei einem Luftangriff zerstört. Meine Frau starb vor Schrekken am Herzschlag.« Er blickt in das trübe Licht: »Ich selbst bin auf dem linken Auge erblindet und sehe mit dem rechten nur noch verschwommen. Ich bin Rechtsanwalt und werde infolge meines Augenleidens meine Praxis nicht mehr ausüben können. Jetzt bin ich Flüchtling. Zum Hiob fehlt mir die hartnäckige Herausforderung Gottes.«

»Gott hilft nur dem Gläubigen«, fällt der Pastor ein, zwar

menschlich erschüttert, dennoch befriedigt, daß ein Zweifler bestraft worden ist.

»Ich könnte fragen, warum ließ Gott mich ungläubig werden?« entgegnet der Rechtsanwalt, »aber ich frage nicht. Ich habe gar keine Kraft mehr.«

Die Ankläger Gottes sind die letzten Gläubigen. Aber die Trostlosen helfen auch Gott nicht mehr.

Mutter holt den kleinen Lederkoffer unter dem Bett hervor und zeigt mir Horsts Bild, das sie immer mit sich getragen hat im Luftschutzkeller und auf der Flucht: das Glas ist gesprungen, als wäre eine Kugel dagegen geprallt. Mutter streicht mit der Hand darüber: »Das Glas ist zersprungen, doch das Bild hat nicht die kleinste Schramme. Ich glaube, er war in großer Gefahr, aber ihm selbst ist nichts geschehen.« Sie hüllt das Bild wieder sorgfältig in einen seidenen Schal und legt es in den Koffer zurück. »Ich verstehe nicht, wie das Glas zerspringen konnte. Es ist eben ein Zeichen. Und die kann man ja nie ganz erklären.«

»Guter, alter Mann!« endet eine zierliche Frau mit einem Gesicht bleich wie ein Licht in der Winternacht, aber niemand weiß, wen sie meint. »Es gibt nicht mehr so viele gute Menschen.«

Eine Ostpreußin mit breitem flachem Gesicht blickt sie herausfordernd an: »Warum soll Ihr Bauer nicht gut sein? Wenn er doch alt werden konnte? Wir haben zwei erfrorene Kinder vom Wagen gekippt, die waren steif wie Bretter.« Kein Schluchzen. Ein Bericht. Wird erst später aufgetaut.

Ein Halbwüchsiger hat an einem Radio herumgefingert. Übermäßig laut dröhnt der Bericht einer jungen Polin aus dem KZ: »Ich bin nur verschont geblieben, weil ich in der Kapelle spielen mußte, während die anderen vergast wurden, damit man ihre Schreie nicht hören sollte«. Die dünne Stimme der Überlebenden zerschneidet die Reden. Ein Mann schlägt dem Jungen auf die Hand und stellt das Radio ab.

Mutter erhebt sich und geht zur Tür: »Nicht jetzt!« Sie schaudert. »Büßen werden wir noch lange genug. Aber mit Grauen in mir darf ich nicht an das Bett zur Geburt gehen.« In ihrem Gesicht ist noch das Entsetzen über das eben Gehörte. Sie wird sich vor keiner Verantwortung drücken, selbst wenn sie zur Verantwortung gar nicht zugelassen war. Aber ihre Hände werken schon am Neuen.

Noch unschlüssig, ob ich mit Mutter gehen soll oder ob ich Berthold im »Eichenkranz« aufsuche, trifft mich ein mahnender Blick von Ida Pietzsch, sie braucht das Wort gar nicht auszusprechen: ›Der Karabiner!‹ Ich hatte ihn vergessen. Wir wollen nebeneinander hinausgehen, da drängt sich uns Lieschen fröhlich entgegen. Sie ist rot vor Erregung und stößt hervor: »Ich habe ihr eine Ohrfeige gegeben. Ist mir egal. Ich konnte es nicht mit ansehen.« Sie blickt Ida trotzig an.

»Wem?« fragt die Pietzsch und weiß schon die Antwort.

»Ingrid. Sie putzt sich und malt sich den Mund rot an. Ich habe gefragt: ›Hast du keine Angst. Weißt du denn, was sie mit dir anstellen werden?‹ Da ist sie frech geworden.«

Ida fragt nicht weiter. Sie kann sich denken, wie die freche Antwort ihrer Tochter an die Geliebte ihres Mannes gelautet hat. »Wo ist sie jetzt!«

Lieschen schüttelt hilflos den Kopf: »Weggerannt. Ich konnte sie nicht halten.« Sie schluchzt nervös.

»Und Hannelore?«

»Ich habe sie zum Vater gebracht.«

»Und wo ist mein Mann?«

»Er sitzt bei den Koffern.«

»Macht doch endlich die Tür zu! Rein oder raus! Müssen denn die Weiber immer quatschen?« brüllt ein Mann.

Wir ziehen die Tür hastig hinter uns zu und treten vor den Gasthof. Der Himmel ist sternenlos. Wir drei schweigen. Es hat keinen Sinn, die Tochter zu suchen. Auch keinen Sinn, sich selbst als Posten neben die Koffer zu setzen und den

Mann herumzuschicken. Ich denke an eine Nacht auf der Elbterrasse, als eine verzweifelte Mutter ihre Tochter in den Planwagen der Soldaten suchte. Damals waren es Deutsche. – Ida weint, dann wischt sie sich mit dem Handrücken entschlossen übers Gesicht: »Kommen Sie!« und macht ein paar Schritte ins Dunkle voran, dreht sich noch einmal zu Lieschen um: »Geh in die Veranda und schmier dir Ruß aufs Gesicht. Mach ein altes Weib aus dir«, schreit sie plötzlich, »damit du nicht auch so ein Hurenmensch wirst.« Dann rennt sie davon. Ich hole sie nur mühsam ein.

Wir kommen zu dem niedrigen Haus am Ausgang von Wörlitz. Es ist totenstill. Das Haus ist dunkel. Wir klopfen. Nichts rührt sich. Ida ruft: »Fräulein Rose!« Aber auch das Fenster bewegt sich nicht. Wir picken mit den Fingerspitzen unten an die Scheiben. Warten. Picken. Leises Flüstern. Nichts. Da schlage ich Radau, und Ida ruft laut: »Fräulein Rose!« und nochmals: »Fräulein Rose!« Der Alarmruf bewegt die Luft und dirigiert die verängstigten Menschen an Fenster und Tür. Die Haustür wird geöffnet, wir schieben uns hinein. Wieder die junge Frau und auf der Treppe die Rose. Beide starren uns wie Gespenster an. »Was wollen Sie denn?« fragt endlich die junge Frau. Sie ist städtisch angezogen, anscheinend möchte sie fliehen, hat sich aber dann doch nicht entschließen können.

»Etwas aus der Standuhr holen!« Und wir steigen schon die Treppe hinauf an der Rose vorbei. Wir öffnen die Tür der Standuhr, die schief nach außen hängt, Ida Pietzsch greift hinein, findet ihre Situation grotesk und grinst: »Wie so ein Flintenweib.« Dann steigen wir hastig die Treppen hinab. »Hoffentlich ist er nicht geladen«, sage ich. Die Haustür wird leise hinter uns geschlossen und doppelt verriegelt.

»Wohin?« –

»In den Park.«

»Da werden schon Russen sein.«

»Man sieht ja nichts.« Ida macht sich und mir Mut, sie trägt den schweren Karabiner, aber die Angst wetzt unsere Sohlen. An der Kirche vorbei über den friedlichen Platz mit den Pfauen unter den herabhängenden Weidenästen hindurch an der Buche rührt sich etwas. Auf dieser Bank wollte ich einmal ausruhen, jetzt sitzt jemand anders darauf. Wir verhalten den Schritt. Unser Herz trommelt im Hals, aber auch der Niedersitzende ist starr vor Angst. Gerade, als wir uns fragen, ob es vielleicht nur ein Stück Holz sei, steht er auf und tastet sich Schritt für Schritt zu den Weiden. Sucht er ebenfalls Zuflucht oder uns? Wir atmen nicht. Durch den Blättervorhang erkenne ich weißlich-blondes Haar, ein Augenpaar blickt mich an. »Sophie?!«

»Wer ist da?« fragt sie erschrocken. »Ach du, Ilse. Seid ihr nicht über die Elbe?«

»Wir wollen zurück nach Berlin.«

Aber sie hört mich gar nicht. »Ist hier noch jemand?« fragt sie.

»Ja«, antworte ich. »Wir sind zusammen hier.«

»Hast du Melanie gesehen und Jorinde?«

»Nein«, antworte ich kurz. Aber Ida sagt giftig: »Werden sich wohl auch putzen für die Russen.«

»Nein, nein! Aber sie sind nicht da. Ich warte seit Stunden hier unten. Bin schon halb in Coswig gewesen.«

»Hast du Russen gesehen?«

»Überall«, sagt Sophie, »auf kleinen Pferden oder zu Fuß. Aber sie haben mir nichts getan. Sie haben gerufen und gelacht.«

»Und dein Mann?«

Sophie schweigt. »Ich weiß nicht«, sagt sie zögernd. »Ich weiß gar nichts. Er war doch in der Partei.«

»Da wird er wohl mit den Mädels nach Hause gegangen sein, nach Wittenberg. Regen Sie sich nicht auf.« Sophie tut Ida leid.

»Er ist nicht in Wittenberg, und die Mädels sind auch nicht in Wittenberg. Ich habe Flüchtlinge von dort getroffen.«

Wir denken alle dasselbe. Die Stille hockt unter der Weide mit solch durchdringender Deutlichkeit wie vor wenigen Wochen die Schreie des Pfaus aufstiegen. Sophies Stimme ist brüchig: »Er hat einmal gesagt: ›Wenn die Russen wirklich kommen, bringe ich mich um, und die beiden Mädel nehme ich mit.‹«

Es gibt keinen Trost mehr.

»Geh zu deiner Schwester und zu dem Enkelkind«, sage ich noch, dann zieht mich Ida mit fort. Wir werfen den Karabiner in den künstlichen Teich. Es klingt metallisch, er muß auf andere Waffen gefallen sein: »Dumme Bestie!« Und Ida Pietzsch spuckt noch ins Wasser.

Unsere Füße kleben am Boden. Wir schleppen uns über das Kopfsteinpflaster, aber als wir an der Veranda vorbeikommen, geht Ida noch nicht hinein, und ich gehe nicht in den Gemeinschaftsraum. Wir stehen uns im Finstern gegenüber und möchten uns ein gutes Wort sagen, aber wir sind zu müde. Da nimmt mich Ida am Arm: »Ich muß noch mal zu Kuntze.« Es war genau das, was ich auch wollte.

Kuntze hat am späten Nachmittag einen Herzanfall gehabt. Sein Atem ist kaum noch spürbar. Seine Hände liegen lang ausgestreckt rechts und links auf der dünnen Decke, unter der sich der abgezehrte Körper abzeichnet. Berthold beugt sich über ihn: »Ich bin es, Kuntze.« Der Sterbende scheint ihn nicht gehört zu haben. Berthold streicht zart über seine Hand. Er setzt sich auf einen Schemel neben das Bett und legt das Gesicht in die geöffneten Hände, die Ellbogen sind auf die Knie gestützt. Auch er verharrt reglos. Nur allmählich wird seine Gegenwart dem Dahinscheidenden bewußt. Er bewegt die Hand, die nahe Bertholds liegt, und Berthold, obgleich er die Augen verdeckt hat, spürt das Zeichen und hebt den Kopf. »Kuntze«, sagt er, »ich bin bei

Ihnen. Wir sind wieder zusammen.« Er hat sich erhoben und spricht in das Ohr des schon Abwesenden: »Wir sind wieder zusammen, wie immer, Kuntze, Sie wissen doch, all die Jahre, wie immer.«

Mit unsäglicher Mühe hebt der Sterbende ein Augenlid. Ungewiß, ob er Berthold erkennt. Doch der Schein eines Lächelns verbreitet sich über seine Züge. Da nimmt Berthold sich zusammen und beginnt mit kräftigerer Stimme: »Die Zeichnungen –.« Aber Kuntze macht mit der Rechten eine ausstreichende Gebärde und bewegt den Kopf leise hin und her.

»Nicht die Zeichnungen«, sagt Berthold. »Alles umsonst gewesen?« Der Kranke liegt wieder bewegungslos, er nimmt nicht mehr teil. Berthold richtet sich aus seiner gebückten Haltung auf, er hat ein Geräusch hinter sich gehört. Pietzsch ist eingetreten mit Lieschen Fröhlich und Hannelore, hinter ihnen Dr. Friesigk. Am Fußende steht die Ärztin und nickt mit dem Kopf. Im Hintergrund im Halbdunkel zeigt sich der junge Hartmann. Auf den anderen Betten fangen die Schläfer an, sich zu bewegen. Ida Pietzsch und ich gehen nahe an das Sterbebett, und in das ehrfurchtsvolle Schweigen hinein schüttet Ida ihre Tränen, ihren Schmerz und ihre Verzweiflung über die Tochter, über den treulosen Mann, über die Flucht, die Bomben und die Angst. Auch über den alten, stets freundlichen Mann. Ihr ganzer Körper ist vom Schluchzen erschüttert. Schließlich hat ihr erschöpfter Körper keine Kraft mehr, er fällt in sich zusammen wie ein zusammensackendes Bündel. Ihr Mann tritt zu ihr und stützt sie. Der Sterbende atmet noch einmal auf und streckt sich. Das Lid des rechten Auges ist hochgezogen. Berthold drückt es ihm sanft zu. Das Gesicht des Toten ist klein, weiß und edel. Das Lächeln des Todes verklärt es nicht. Die Ärztin zieht das Bettuch über ihn. »Wir werden alles ordnen«, sagt sie zu Berthold.

Wir verlassen schweigend den Krankensaal. Es war das Letzte, was uns zu tun blieb. Wir fühlen uns seltsamerweise frei. Frei – für das anrollende Geschick.

Die Wolkendecke ist aufgerissen. Der Mond sendet helle Strahlen. Auf der Straße kommt uns Ingrid entgegengelaufen. Sie winkt uns von weitem und ruft erregt: »Ihre Mutter hat mich geschickt. Ich soll Ihnen sagen, Frau Friesigk hat ein Mädchen bekommen.« Und wichtig fügt sie hinzu: »Es wiegt fünfeinhalb Pfund. Ein rechtes deutsches Elendskind. Aber es lebt.«

Durch das »Eichenkranztor« rollen die ersten Russenwagen, aber wir fürchten uns nicht.